国家社会科学基金重大项目“构建我国主流价值文化研究”（11&ZD021）阶段性成果

道德·价值·文化丛书

论当代中国价值观

江　畅／著

科学出版社
北京

图书在版编目（CIP）数据

论当代中国价值观 / 江畅著．—北京：科学出版社，2016
（道德·价值·文化丛书）
ISBN 978-7-03-047645-6

Ⅰ．①论…　Ⅱ．①江…　Ⅲ．①社会主义建设—价值论—研究—中国　Ⅳ．① D616

中国版本图书馆 CIP 数据核字（2016）第 049122 号

丛书策划：侯俊琳　樊　飞
责任编辑：侯俊琳　樊　飞 / 责任校对：赵桂芬
责任印制：徐晓晨 / 封面设计：无极书装

编辑部电话：010-6403 5853
E-mail：houjunlin@mail.sciencep.com

科学出版社 出版
北京东黄城根北街 16 号
邮政编码：100717
http://www.sciencep.com
北京凌奇印刷有限责任公司 印刷
科学出版社发行　各地新华书店经销
*
2016 年 1 月第　一　版　　开本：720 × 1000　1/16
2021 年 7 月第四次印刷　　印张：25
字数：550 000

定价：119. 00 元
（如有印装质量问题，我社负责调换）

“道德·价值·文化丛书”

编　委　会

前言

本书是《论价值观与价值文化》(科学出版社，2014年)的姊妹篇，是对它的补充和完善。《论价值观与价值文化》一书以价值文化为中心，从价值观与价值文化关系的角度着重对我国的主流价值观和价值文化作了探讨，试图从理论和实践的结合上揭示我国主流价值观的基本内涵和中国特色，系统回答我国主流价值文化构建的必要性、目标、任务和路径，以为我国文化强国建设提供一种可供参考的理论方案。本书在《论价值观与价值文化》对当代中国价值观及其构建本身进行系统探讨的基础上，试图对当代中国价值观作全景式的讨论，表达当代中国价值观对一般价值、人类价值、中国价值、人生价值的一种观点。虽然这个讨论并非完整无遗，但所讨论的问题却是重要的，并且为人们所普遍关注的。

当代中国价值观主要是指改革开放以来中国的主流价值观。自实行改革开放开始，我国一直在探索当代中国价值观，包括实践上的探索和理论上的探索。实践上的探索就是进行中国特色社会主义建设事业，理论上的探索就是构建中国特色社会主义理论。党的十六届六中全会提出建设社会主义核心价值体系、党的十八大提出培育和践行社会主义核心价值观之后，对当代中国价值观的理论探索更加自觉、更加主动。笔者是当代中国价值观探索的见证者和参与者。自20世纪80年代开始，笔者就一直致力于有关当代中国价值观方面问题的思考和写作，发表了一系列这方面的论文，并产生了较重要的影响。本书整合的是笔者近20年撰写的直接涉及价值问题的一些重要论文。这些论文试图回答价值和价值观的一般含义和要求，以及当代人类共同价值观、中国主流价值观和个人人生价值观的基本内容、其理论构建和实践构建面临的难题等方面的问题。虽然这些论文所表达的是笔者个人的学术观点，但它们反映了这一代学人思考和探索当代中国价值观问题的心路历程，也是当代中国价值观理论探索及其所取得的成果的组成部分。

全书分为四个部分，分别讨论一般价值、人类价值、中国价值和人生价值问题。这里所说的“价值”既含有观念的意思，也有现实的意味，而这里关于价值现实的考虑本身也是理论性的。因此，上述四个方面的价值的含义和外延不是十分确定的，大致上指有关这些方面的价值问题，包括理论和现实、观念和践行等诸多方面。

“一般价值篇”主要讨论有关价值观的一般问题，着重阐述“好生活”和“好社会”的基本内涵，以及笔者所主张的幸福主义价值观的基本观点。这一部分主要涉及四方面的问题：

一是价值、价值观念和价值体系的含义及其相互关系。需要特别提出的是笔者对价值观的理解。通常认为，价值观是人们关于价值的最一般看法或总的根本的看法。笔者认为这种观点不仅过于抽象，而且也不准确。在笔者看来，价值观实际上是一种价值观念，是那种根本的总体的价值观念。这种价值观念不是一种单一的价值观念，而是一种价值观念的体系，或者说观念的价值体系。[①]这种观念价值体系的现实化就是现实价值体系，它是社会文化的深层结构。

二是个人意义上的有价值的生活即“好生活”或幸福生活，包括其基本内涵、结构及对于人生的意义。幸福在不同时代有不同的突出涵义，在古代主要体现为德性，近代以来主要体现为利益，进入20世纪30年代以后又体现为享受，而笔者主张应当体现为优雅。优雅是幸福的当代形态，因而这部分对有关优雅的问题进行了较充分的阐述。

三是社会意义上的有价值的生活即“好社会”。笔者认为，今天国家已经成为人类基本共同体，是典型的“社会”形态。因此，这部分讨论了人类社会国家化过程，国家作为基本社会形态的应有的目的和使命，同时也讨论了好社会应具备的一些德性或规定性，特别是自由、平等和公正，并提出了作为现代社会管理方式的政治之好坏的评判标准。

四是幸福主义价值观的基本概念、命题和主张。幸福主义是一种伦理学，也是一种价值观。笔者认为，当代人类社会和当代中国越来越认同幸福主义价值观，并在努力将这种价值观变成幸福主义的现实生活和社会文化。在这部分，笔者着重阐述了幸福主义的五个基本命题，即幸福是人类追求的终极目的，智慧是实现幸福的最佳途径，德性是人格完善的可靠保证，和谐是生存环境的理想状态，优

---

① 参见江畅《论价值观与价值文化》，科学出版社，2014年，第21页。

雅是当代人类的应有选择。这五个命题背后隐含的是走幸福之路、做智慧之人、修德性品质、创和谐环境、过优雅生活这五种幸福主义的基本主张。

"人类价值篇"主要讨论全球化背景下人类应有价值的问题，特别是人类共同价值体系及其构建问题。这部分论述的问题主要有四个方面：一是全球化背景下人类共同体系构建的必要性、基本含义和构建途径问题，包括这种价值体系的价值理念及核心理念幸福问题。其基本看法是认为构建人类共同价值体系势在必行。二是多元化时代人类的价值冲突状况和价值趋同走向。针对这种格局，作者提出了人类走向和谐的必然性、和谐世界的图景及其构建的路径。三是人类主流价值模式更新的问题。近代以来，人类的主流价值观是西方近现代主流价值观。这种价值观有其巨大的优势和冲击力、渗透力，也给人类带来了现代文明和繁荣，但它本身是有缺陷和弊端的，而且产生了严重的社会后果。因此，人类必须寻求超越这种价值观的先进价值观，否则人类将会加速灭亡进程。四是人类中心主义问题。近几十年来，世界学术界关于人类中心主义有许多讨论和争议，我们应当表达我们对这一问题的态度。中国是大国，并正在向强国迈进，人类价值问题应成为中国关注的重大问题，当代中国价值观应当回答这些问题，并阐明我们的态度和立场。这部分反映了我们对当代世界应追求的价值的基本态度，因而理应属于当代中国价值观的组成部分。

"中国价值篇"主要是对《论价值观与价值文化》一书有关当代中国价值观本身的问题的讨论作一种补充和深化阐释。这部分主要研究了四个方面的问题：一是当代中国价值观的来龙去脉和中国特色问题，着重讨论西方价值观对当代中国价值观形成的影响，中国在西方价值观影响下自觉构建价值观的历程，以及当代中国价值观与传统文化、马克思主义的关系问题。笔者主张，必须在正确认识和妥善处理当代中国价值观与西方价值观、传统价值观和马克思主义的关系的基础上，努力构建超越于或优越于当代西方价值观的当代中国价值观。本书提出了构建超越当代西方价值观的先进价值观的必要性及路径。二是关于社会主义核心价值观的践行问题。笔者提出，核心价值观的宣传教育对于其培育和践行固然极其重要，但不能局限于此，还必须使核心价值观道德化、法制化和政策化。本书具体讨论了核心价值观道德化、法制化和政策化的必要性、含义和实践路径。三是当代中国道德体系构建问题。笔者提出，当代中国的市场经济、民主政治和现代法治要求建立与之相适应的道德体系，包括道德价值体系、道德规范体系、道德品质体系和道德情感体系。道德体系是社会价值体系的基础和依据，也是其核心内容。本书具体研究了道德规范体系和道德情感体系的构建问题。四是价值和文化自我批判问题。一种文化是与其相应的价值观的体现，对文化进行自我批判实质上就是对价值观进行批判。这种批判的目的不是否定，而是使社会的价值和文化沿着正确的轨道充满活力地发展和繁荣。本部分着重阐述了文化自我批判的含义和意义，以及应具备的条件和应做的工作。

“人生价值篇”围绕作为人生终极价值目标的幸福对有关人生价值的一些问题作了较深入的研究。这些问题主要包括人生中的幸福、完善与享受的关系问题，涉及品质、情感和意志的德性、仁爱、智慧等本身的问题及其相互关系问题，以及人格及其完善的问题。笔者提出，人格完善是人生幸福的主观充分条件，但实现人生幸福还需要具备必要的客观条件，也还需要对生活的反思和回味，这样才可能产生幸福感。不言而喻，有关人生价值问题的观点和理论当属当代中国价值观的范畴。

这20年是中国社会发生翻天覆地变化的历史时空，也是笔者本人学术研究从不成熟走向成熟的时期，因而本书收集的有些较早论文中的一些内容不一定完全能与今天的时代对接，也可能与后来的论文的内容不完全一致，甚至所使用的概念或其含义也发生了变化。虽然对这些内容作了某些必要的修改和调整，但为了尊重历史起见而未作大的变动。其变动主要有三个方面：一是对一些概念作了调整，如：以前使用“优雅生存”的概念，现在改为人们更愿意接受和使用的“优雅生活”概念；以前没有对“价值观”、“价值观念”、“价值体系”等概念作辨析，因而它们的关系比较模糊，现在作了适当的辨析，这更便于读者对这些概念之间关系的理解。二是补充了原来没有谈及的一些内容，如：最初提出幸福主义的基本命题和主张是三个，涉及幸福、智慧和优雅，后来又先后增加了和谐和德性的方面，因而本书所呈现给读者的是五个幸福主义命题和主张。三是有个别文章是两篇文章整合而成的，如“当代的价值冲突与价值趋同”是两篇论文组合而成的。除一篇文章外，其他文章均已公开发表或近期发表。所有这些文章，不论是十几年前发表的，还是至今尚未发表的，在笔者看来它们今天仍有价值或读来会给人以些许启发。这就是笔者选择收入其中的依据。是否果真如此，还需读者朋友检验。

本书是笔者作为首席专家的2011年国家社科基金重大招标项目“构建我国主流价值文化研究”（11&ZD021）的阶段性成果之一，也是笔者作为“中国特色社会主义道德文化协同创新中心”之“社会主义核心价值体系与价值观研究分中心”首席专家、“中国特色社会主义价值观协同创新中心”研究员、“马克思主义理论与中国实践协同创新中心”研究员、“中华文化发展协同创新中心”研究员和“湖北省道德与文明研究中心”研究员的一项研究成果。本书的出版得到了中国特色社会主义道德文化协同创新中心、湖北省教育厅“十三五”省属高校优势学科群“中国文化传承与发展”建设项目和“高校传承创新主流价值文化研究”项目的经费资助，得到了科学出版社科学人文分社的大力支持，本书的责任编辑樊飞先生为本书的出版提供了全力帮助，在此一并深表谢忱！

目录

人生价值篇

一般价值篇

价值的基础、内涵和结构*

自19世纪末开始，西方一些思想家力图拓宽价值论的研究领域，在伦理学之外建立研究一般价值问题的一般价值论。与此同时，他们从经济学中引进“价值”（value）概念作为一般价值论的最基本概念。尽管自“价值”引入哲学以来思想家们越来越多地使用这个概念，但并非所有的学者都把“价值”（value）这个词及其相应的形容词“有价值的”（valuable）作为价值论或伦理学的基本概念，许多学者更喜欢用传统的价值概念：“好”（good）。不过在一般价值论的影响下，人们在使用“好”时已不限于传统的道德意义，而是扩大到日常的“好”的意义。所以，在当代学术界，“价值”或“有价值的”与“善”或“好”是意义大体一致的概念。对于这个哲学概念，哲学家们的理解很不一致，甚至是完全对立的，这种分歧不只是字面上的、概念上的，而是实质性的、根本性的，关涉对所有价值问题的理解，关涉对整个人生问题的理解。

一、价值的基础和含义

“善”这个词，无论在西方语言中还是在中国语言中，本来是一个形容词，意为“好的”或“善的”。它有时也作名词用，意为“好”或“善”，但通常作形容词用，作为形容词，它用来指“某物是好的”。这里就发生了意义的分歧：它是指“X对于……是好的”呢，还是指“X本身就是好的”呢？在前一种意义上，“好的”是“对于……好”（good for），在后一种意义上，“好的”是“自身好”（good in itself）。这里很明显，“对于……好”具有相对的、主观的意义，而“自身好”具有绝对的、客观的意义。

这种意义的分歧并不只是理解上的差异，而是涉及价值论或伦理学观点上的一个重大的、也是根本的分歧。价值存在于哪里？或者说，人们根据什么认为一个事物是有价值的？这个问题就是价值的基础问题，或者说就是价值的本体论或本体论问题。在这个问题上存在着以下三种基本的看法：

第一种看法是认为价值存在于事物本身，是事物本身的属性。根据这种看法，

---

* 原发表于《江汉论坛》2000年第7期，中国人民大学复印报刊资料《哲学原理》2000年11期转载，原标题为《论价值的基础、内涵和结构》。

价值是事物自身具有的，完全不取决于人是否需要、追求、享受和评价它，甚至独立于上帝的意志之外。由于把价值看作是独立自存的客观性质，因而这种观点被认为是客观主义的。这种价值客观主义通常具有价值绝对主义倾向，认为世界上存在着某种终极价值，事物所具有的价值是这种终极价值的体现。

第二种看法是认为价值取决于人，是人的需要或欲望所指向的对象。根据这种看法，事物本身不具有价值，某物之所以有价值是因为它为人们所追求或使人得到满足，因而价值主要取决于人的需求，离开了人，世界上根本不存在什么价值，这种观点被认为是主观主义的。值得注意的是，这种观点并不认为主观需求就是价值，而是认为主观需求所指向的东西才具有价值，这种价值主观主义通常具有价值相对主义倾向，认为所有的价值都是因人、因时、因地而异的，根本不存在纯粹客观、独立自存、永恒不变的终极价值。

第三种看法是认为价值存在于人（主体）与客体（事物）的关系之中，是主体与客体之间的需要与满足关系。根据这种看法，价值既不取决于主体，也不取决于客体，而是存在于客体的属性或功能等与主体需要之间的一致性关系之中。在这种“关系说”看来，客体的属性等是客观的，主体的需要（不包括欲望）也是客观的，因而作为两者之间的一致性关系的价值也是客观的，是一种客观的价值事实。由此看来，这种观点似乎是一种价值客观主义。然而事实并非如此，这种观点实质上是价值主观主义的。因为它同样把人的需要看作是价值的首要条件，同样承认价值必须有载体。区别只在于把需要与想要分开，强调需要的客观性。然而，人的需要与欲望是分不开的。需要已经欲望化、主观化，人为地把需要与欲望分开在理论上会遇到不少困难。

价值客观主义的看法在理论上是难以成立的。因为人们所说的价值都是相对而言的，一个孤立的事物只有各种不同的属性和功能，无所谓价值，只有当它与另一个事物发生了关系，它才具有了价值的性质。我们说一个事物有价值，并不是说这个事物本身具有价值，而是说这个事物对于别的什么事物具有价值，价值就存在于这种“对于”之中。价值主观主义看到了价值的这种“对于”性质或相对性，这是合理的。但是，这种观点把价值仅局限于人，无法解释世界中普遍存在的价值现象，而且会得出许多与常识、科学相违背的结论。应该说，价值是普遍存在的，但并不是独立自存的，而是存在于事物之间的相互关联之中，其基础在于事物的相互依赖性，归根到底在于一个事物对于另一个事物的有用性（usefulness）。这就是价值的本体论或本体论基础。

价值是普遍存在的，但在人这里有其特殊性。对于人而言，价值一般地说也是事物对于人的有用性。但由于人能意识到自己需要什么，并能将需要转变为对对象的欲望。因而只有那种能满足欲望的对象才被看作是有价值的。能作为满足欲望对象的事物对于人是具有有用性的，但对于人具有有用性的事物并不都能成为欲望的对象。只有一个事物能成为欲望的对象，并能满足欲望，它才具有价值。因此，对于人来说，价值不仅取决于事物对于人的有用性，还取决于人对事物的欲望，取决于事物与欲望之间的契合性。事物是价值的载体，欲望是价值的根据，事物与欲望之间的契合性是价值的实质。一个事物是否有价值以及它的价值大小就看该事物能否满足欲望以及满足欲望的程度。在这里，价值有三个要件：一是事物的有用性，二是欲望的指向性，三是事物对欲望的满足性。这三个要件就构成了价值的伦理学基础。

从价值的伦理学基础可以看出，事物对于人的有用性与人的欲望的指向性之间的差异必然会导致这样的情况发生：一些客观存在的事物对于人确实有价值，但由于人没有对它产生欲望而并不被人认为有价值；而人的欲望所指向的事物，有些被认为是有价值的，但并不真的对人有价值，有些确实对人有价值，但不是现实存在的。这是一种人所特有的价值误区。这种价值误区是人在本体论意义上的误区，或者说是与人的存在相伴随的误区。随着人类认识的发展，这种误区的范围会缩小，但永远也不可能完全走出这个误区，这种误区是人在价值选择和追求上之所以发生错误的终极根源，但它的存在并不是完全消极的，这种误区的存在为人们的价值观和价值观念的变化和转换提供了可能，为开发人的需要和欲望，改变人的需要和欲望结构提供了可能，尤其为创造那些欲望所指向而现实中不存在的事物从而使人生活得更好提供了可能。从这个意义上可以说，这种误区的存在是人类之所以有价值创造活动的根据。

与价值的基础相一致，我们可以从本体论和伦理学两个层次上理解价值的一般涵义。

从本体论的意义上看，价值就是一事物对另一事物的有用性。这里所说的“事物”和“有用性”都是本体论意义上的，也可以说是最广义上的。“事物”是指宇宙中相互联系的一切存在，包括实体、属性、功能、过程、关系、活动，等等。“有用性”是指一事物所具有的有助于另一事物生长、存在和发展或能对另一事物产生积极效果的一切性质，包括物质性的、能量性的和信息性的性质。

本体论意义上的价值规定包含了以下几层意蕴：第一，这一规定是就人类可见的宇宙而言的，就是说，价值是宇宙中任何一个事物对任何一个其他事物的有用性；第二，这一规定不仅是就现实而言的，而且是就可能而言的。就是说，价值是一事物对另一事物现实具有和可能具有的有用性；第三，这一规定是就肯定意义而言的，就是说，有用性是与无用性和有害性相矛盾的概念，价值只涵盖对另一事物的有用事物，不包括对另一事物的无用和有害的事物。换言之，价值概念像自由、真理、正义、爱情等概念一样，对于人类来说，永远只具有肯定意义，不具有否定意义。

从伦理学的意义上看，价值就是人的欲望所指向的、能满足人的欲望的事物的有用性。这里所说的“事物”也是指宇宙中的一切存在；这里所说的“有用性”则是指一事物有助于人生长、生存和发展或能对人产生积极效果的一切性质。这一伦理学意义上的价值规定是与本体论意义的价值规定相一致而又外延较狭窄内涵较丰富的价值规定，可以说，本体论意义上的价值规定是广义的价值规定，而伦理学意义上的价值规定是狭义的价值规定。

伦理学意义的价值规定所包含的特定意蕴在于：第一，价值不是一般意义上的事物的有用性，而是人的欲望所指向并能满足欲望的事物的有用性。就是说，单纯的事物有用性，单纯的欲望指向，单纯的能满足欲望性都不能构成价值，只有它们三者共同具备才构成价值；第二，事物对于人的有用性关系不是自发形成的，而是人为构成的，通常是人选择和追求的结果。人是价值的轴心和尺度，在价值关系中处于主体地位。没有人，就没有这种价值关系和价值；第三，事物的有用性是指事物有助于至少无害于人（包括人类整体、人类群体、人类个体）的生存、发展和享受，一切不利于或有害于人的生存、发展和享受的事物都不具有价值，或者这样说，对一个特定的人具有价值的事物，至少不能对所有其他人不利，更不能有害；第四，人的欲望及其满足既包括对能直接满足生存、发展和享受事物的目的性欲望及其满足，也包括对有助于获取能满足生存、发展和享受事物的工具性欲望及其满足，因而以人的欲望为根据的价值可以区分为目的性价值和工具性价值。

尽管本体论意义上的价值与伦理学意义上的价值意义不尽相同，但不难发现这两种意义的价值有着共同的结构式，这就是：“X 是有价值的” = “X 对于……是有价值的”，这个结构式表明，价值无论在什么意义上都是相对的，而不是绝对的，宇宙中不存在对所有事物都有价值的价值。

二、人的价值与对于人的价值

人类整体是宇宙中的一类事物，人类个体是宇宙中的个体事物，因此可以从本体论意义上和伦理学意义上考察人类整体和人类个体的价值问题。从这两个角度考察所涉及的是人自身的价值问题。另一方面，又可以从伦理学的意义上，即以人的欲望为根据考察宇宙中的事物包括人自己对于人的有用性。从这个角度考察所涉及的是事物对于人的价值问题。这是两个相互关联而又不完全相同的问题。在到目前为止的哲学研究中，对这两个问题的研究还没有作出必要的区分。这是导致价值研究中的诸多混乱和问题的重要根源之一。

人的价值无论是从本体论上看还是从伦理学上看，都是指人的有用性，只是在本体论意义上是指人对宇宙中任何事物（包括人）的有用性，而伦理学意义上是指人对人的有用性。

人对宇宙中任何事物的有用性问题属于本体论的范畴，没有必要在这里进行详细的讨论，不过有两个问题值得提出：一是人类的存在及其活动是否使人类所栖身的地球及人类所涉足的宇宙空间更美好的问题。自从人类在地球上出现以来，随着人类文明的进化，人类越来越成为地球的主宰。然而，人类的存在和活动不仅没有使地球和宇宙更美好、更和谐，相反在日益干扰和破坏着地球和宇宙的平衡和和谐，这不仅对地球和宇宙不利，而且日益从根本上威胁着人类的生存。这个问题的严重性已经为人类所认识，但远远没有从根本上改变把人类看作是地球和宇宙的统治者的价值观念和奴役般地对待地球和宇宙的生存方式。二是人类是不是宇宙的最后目的的问题。进入文明社会以来，人类不仅相信人是万物之灵长，而且相信人类是宇宙的最后目的。根据这种观念，宇宙万物乃至宇宙本身的存在完全是为了人，为了人生存得更美好，其价值的大小就取决于它们对于人的有用性的大小，这种观念今天看来是没有科学根据的，只不过是人类自己的一种偏见。但是，这种偏见仍然影响着人类对待宇宙万物的态度和方式。

人对人的有用性问题，就是伦理学意义上的人的价值问题。长期以来，思想家们都把人的价值看作是一种绝对价值或者目的价值。就是说，人本身就具有价值，这种价值不取决于任何外在的因素。即使一个人对任何其他事物包括人没有任何有用性，他也是有价值的。我们经常把只具有人的形体的白痴或植物人甚至胎儿看作是人，就是因为认为他们具有人的这种绝对价值。世界的万物中为什么只有人才具有这种绝对价值，而其他任何事物都不具有这种价值，这在学理上是无法证明的，过去人们只是相信这一点，似乎并没有考虑到为此提供证明。如果有什么理由的话，也许在于以下两点：一是相信人是宇宙的最后目的。既然人是宇宙的最后目的，宇宙中的其他一切事物最终都不过是人的手段，那当然人就具有了绝对价值。然而，我们没有理由证明人是宇宙的最后目的，尽管我们盲目地相信这一点。二是相信人是上帝的宠儿。既然人是在上帝之下，万物之上，上帝创造宇宙的目的完全是为了人的需要，那么人当然具有绝对价值，而宇宙万物只具有相对价值。同样，尽管我们可以把这一点作为宗教信念，但没有科学的根据证明这一点。

如果我们进行哲学的或理智的思考，我们就不能不承认，人并不具有过去人们所相信的那种绝对目的价值。人的价值就在于对于任何事物包括人的同类和自己的有用性，从伦理学意义上看，就在于对于人包括自己的有用性。

人是一个复杂的概念。从外延上看，人至少可以划分为三大类：人类整体，人类群体（包括国家、民族、社区、企业、团体、家庭等），人类个体（个人)。因此，人的价值也可以区分为人类整体的价值、人类群体的价值、人类个体的价值。人类整体的价值在于对于人类群体、人类个体以及人类整体自身的有用性；人类群体的价值在于对人类整体、人类个体、人类其他群体以及该群体自身的有用性；人类个体的价值在于对人类整体、他所参与其中的人类群体、他与之打交道的其他人类个体以及该个体自身的有用性。

在对待人的价值问题上，过去至少存在着以下三方面的片面性：第一，谈人的价值时只谈人类个体的价值而不谈人类整体和人类群体的价值，好像只存在个人的有用性问题，不存在整体的有用性问题；第二，谈人的价值时只谈个人对他人和整体（包括群体）的贡献而不谈整体、群体、他人以及他自己对自己的有用性问题，好像人的价值问题就是个人如何为他人、社会作贡献的问题；第三，谈人的价值时只狭隘地强调贡献而忽视了人的有用性的其他方面，贡献不等于有用性，有用性的含义广泛得多。在许多场合下，即使一个人没有对他人作一点贡献，仅他的存在对他人都具有有用性。

人的价值在于人对于任何事物包括人的有用性，而对于人的价值则在于任何事物包括人对于人的有用性，即对于人生存、发展和享受的有用性，对于人的价值属于以上所谈的伦理学意义的价值，但不是完全意义上的，而是在部分意义上的。就是说，从欲望可能指向的对象的角度看，对于人的价值属于伦理学意义的价值。

对于人的价值包括两个方面：一是物对于人的价值；二是人对于人的价值，对于人有价值的物的范围十分广泛，包括自然事物，也包括人为事物。对于人有价值的人的范围也非常广泛，包括不同的人群，如人类、不同的群体、不同的个人等，也包括人的活动，如认知活动、生产活动、消费活动，等等。在对于人有价值的物和人这两方面中，人是具有根本意义的。这不仅因为人所面对的事物日益人化，而且因为人的生存、发展和享受越来越离不开他人和社会。

对于人的价值实质上还是一种潜在的价值、自在的价值，只有当人认识到这种价值并纳入到欲望的范围，使之成为欲望的对象，并把它们作为生活的目的或实现生活目的的手段时，它们才成为现实的价值、自为的价值。但是，认识物和人对于人所可能具有的价值，这是人产生对它们的欲望并追求它们的前提，人类的历史在一定意义上可以说就是不断认识物和人对于人可能具有的价值的历史。

三、目的价值与手段价值

人的需要或欲望所指向的对象在理性的作用下就会成为人追求的目标或活动的目的。如果以人为中心即以人的需要来思考问题，就不难发现人的需要所指向的目的有两类：一类是旨在直接满足这些欲望的目的，这就是作为目的的目的或基本目的，简称为“目的”；另一类是旨在最终实现这种基本目的的目的，这就是作为手段的目的或派生目的，简称为“手段”。由于人的欲望所指向的无非是目的和手段，同时只有当一个事物作为目的或作为手段时它才能成为满足人的欲望的事物，因而目的和手段对于人都是有价值的，而且对于人而言的所有价值都无非是目的（性）价值和手段（性）价值这两类。这里的目的价值所指是基本目的的价值，即对于人来说是直接的价值，能够直接满足人的生存、发展和享受需要，这里的手段价值是相对于基本目的而言的手段的价值，这种价值对于人来说是间接价值，不能直接满足人的生存、发展和享受需要，而只能满足实现目的（包括基本目的和派生目的）的需要，目的价值和手段价值构成了两个不同的基本价值领域或价值类型。

明确地从目的和手段的角度把价值划分为目的价值和手段价值并强调两者不同的，是古希腊哲学家亚里士多德，他在其名著《尼各马科伦理学》中提出，如果在实践中有某种为其自身而期求的目的，而一切其他事情都要为着它，而且并非全部抉择都是因他物而作出的，那么，这一为自身的目的也就是善自身（或价值自身）。而那些以善自身为目标的他物就是外在的善。他认为，善自身是灵魂的善，因而是主要的、最高的善。其言外之意，外在的善是次要的、派生的善。显然，亚里士多德这里的善自身实际上就是目的善，而外在的善就是手段善，在

《大伦理学》中，他更明确提出，有些善是目的，有些善是手段，而且强调目的总比那些手段更好，如健康比为他健康的东西（如医药）更好。

在亚里士多德之后，把价值划分为目的价值和手段价值成为一种主流观念。后来也有一些学者对价值的领域作了其他的划分。例如，美国哲学家培里把价值划分为道德价值、宗教价值、艺术价值、科学价值、经济价值、政治价值、法律价值和习惯价值八类；美国哲学家刘易斯在亚里士多德的基础上进一步把价值划为内在价值、固有价值、工具价值和贡献价值；我国比较流行把价值划分为物质价值、精神价值、人的价值等等。但是，到目前为止，亚里士多德的划分仍然为更多的人所接受。其所以如此，是因为这种划分不仅最简单，便于把握，易于记忆，更重要的是便于判断和权衡价值，十分有助于作出正确的价值判断和选择。

如果我们把价值体系看作一种立体的、向四周扩散的动态结构，那么亚里士多德的划分可以说是把人作为其中的中心，把人的直接需要所指向的各种目的作为其中可以扩展的内圆，把指向各种目的的各种不同层次的手段作为其中可以扩展的外圆。在这种体系中，作为中心的人是根本，一切价值归根到底都取决于人。作为内圆的目的，一方面根源于人的需要和欲望，是完全由人规定的，其价值取决于满足人的欲望的程度，因而所有目的的价值都可以称作为“满足性的价值”。这种价值同时又是相对于人而言的所有价值中的最高层次，是衡量所有手段是否有价值以及价值大小的根据。作为外圆的手段，有着无限多的层次，上一层次的手段又会成为下一层次的目的，它们各自的价值取决于对上一目的实现的贡献，因而所有手段的价值都可以称作“贡献性的价值”。

如果与其他的价值分类进行比较，就可以进一步发现目的价值和手段价值的分类要比其他的分类更合理。培里曾根据现实生活的不同领域把价值划分为八大类，至少有三个明显的问题：一是普通人很难记全这么多的类型；二是把所有的价值归结为这八大类是不周延的，因为这八个方面不能涵盖人的生活的各方面，而且人的实际生活领域是不断变化的；三是在这八种类型中，人们无从辨识哪些是基本价值，哪些是派生价值，因而容易导致人们在价值判断和选择时发生偏差。这三个问题对亚里士多德的分类来说是不存在的。

我国流行的把价值划分为物质价值、精神价值、人的价值三大类型，也有两个不足：其一，物质价值、精神价值、人的价值存在着交叉关系，尤其在现代社会，许多东西很难说清楚是物质的还是精神的（如政治、信息的价值）。还有，人的体力是不是物质价值？人的智力是不是精神价值？如果是，它们与人的价值是什么关系？这些问题是这种分类无法说清楚的。这种逻辑上和事实上的混乱在亚里士多德的分类中是不存在的。其二，把价值划分为物质价值、精神价值和人的价值，很容易导致人们认为物质价值的层次最低、人的价值的层次最高，而这种结论可能会导致消极的实践后果。这种问题对于亚里士多德的分类也是不存在的，因为根据这种分类，对于同一主体来说，目的的价值始终高于手段的价值，而无论其是物质性的还是精神性的。

说目的对于人有价值，并不是就目的本身而言的，而是就符合目的的事物而言。例如，说快乐是人的目的，并不是说快乐作为目的本身就是有价值的，不是说快乐本身就具有“满足性”，而是说能产生快乐的事物是有价值的。这种能直接产生快乐的事物是目的（性）价值的载体，具有目的价值。因此，目的价值在目的之外，而不在目的本身。在这种意义上也可以说，目的性的价值就是合目的性的事物的价值。在这里，目的只是一种价值尺度，而不是价值载体，它是用以衡量事物是否具有目的性价值及其价值大小的。

与目的是价值尺度而不是价值载体相反，手段是价值载体而不是价值尺度。例如，生产力对于社会发展是一种手段，那么，生产力的手段性价值存在于生产力本身。但是，生产力的价值的衡量尺度却不是生产力本身，而是作为它的目的的社会发展。人们是根据生产力有利于社会发展而说生产力是有（目的性）价值的。也就是说，生产力的价值在于它对社会发展的“贡献性”。因此，一方面，手段价值在手段本身，而不在手段之外；另一方面，手段价值的衡量尺度在手段之外，而不在手段本身。在这种意义上也可以说，手段性的价值就是某种事物合目的性的价值。

由以上分析可以看出，目的和手段是在“合目的性”的意义上成为对人有价值的，成为“满足性价值”和“贡献性价值”的。因此，合目的性是理解价值的关键，是价值的特质之所在。无论是目的性价值，还是手段性价值，其价值的根据都在于“合目的性”，差别只在于：目的性价值是合目的事物的价值，而手段性价值是事物合目的的价值。

价值体系及其制度化*

今天的人类社会都是以国家为基本单位的。国家的结构十分复杂，事实上社会的结构更为复杂。国家的结构是人为构建起来的，社会的结构同样也是人为构建起来的。社会结构和现象纷纭复杂，但是，透过复杂的社会现象，我们就可以发现，在整个社会现象的背后存在着一种规定着整个社会结构和现象的价值体系。价值体系是一个社会的深层结构。一个国家的复杂社会现象归根到底都是社会价值体系的表现。国家和社会的结构总是根据一定的价值体系构建起来的，价值体系如何决定着一个国家、一个社会的命运，决定着一个国家国民的生存、发展和享受。因此，一个国家选择什么样的价值体系，怎样从理论上和实际上构建合理的价值体系，不仅对于国家的构建和完善具有根本性意义，而且事关全体社会成员个人的人生幸福。

一、价值体系的含义及其与价值观念的关系

人的活动都是追求价值的，但是人的价值追求并不是盲目的、随意的，而是有根据的。这种根据就是人所确立或所选择的原则。这些原则包括目的原则，其中最重要的是我们的一切追求究竟为了什么，还包括手段原则，即怎样达到目的的原则。这些原则就构成了人的价值体系。价值体系是人的一切活动的深层结构。价值体系，最简单地说，就是作为追求什么价值和怎样追求价值根据的内在价值原则系统。这些原则一般都是以观念的形态存在的，尽管有时以一定的形式表达出来、使之明确化、成文化，但并不总是如此，而且明确化、成文化的价值原则仍然是以观念为基础的。从这种意义上说，价值原则实质上就是价值观念，价值体系实质上就是价值观念体系。另一方面，价值原则又是人们活动的根据，人们总是以一定的价值原则为根据、并在一定的价值原则的指导下进行活动的，因而价值原则客观上对人的活动具有一定的规范性、约束性。从这种意义上看，价值原则又不只是价值观念，同时又是活动规范，价值体系又是活动规范体系。总的看来，价值原则同时具有观念性和规范性，是价值观念和活动规范的统一，而价

---

* 原发表于《人文杂志》1998 年第 1 期，中国人民大学复印报刊资料 1998 年第 5 期转载，原标题为《论价值观念》。该文收入本书时作了较大的修改。

值体系则是价值观念体系和活动规范体系的统一。价值体系是由价值原则构成的，但显然价值原则并不等于价值体系。价值体系是由一系列价值原则构成的，是这一系列价值原则的协调化、系统化。价值体系的这种特点决定了价值体系的形成和变化较之某种价值观念或价值原则的形成和变化更缓慢、更艰难。

什么是价值观念？从字面上看，价值观念就是关于价值的观念。要完整地把握价值观念的含义，必须完整地把握价值和观念的含义。

在理解价值方面，历来有两方面的误区：一是把价值理解为道德价值，即善恶，并以此为尺度衡量一切，事实上否认了道德价值以外的一切价值；二是把价值理解为目的价值（或称内在价值）并以此为尺度衡量一切，事实上否认了目的价值以外的一切价值。前一种误区随着一般价值论研究的兴起正在逐渐得到克服。第二个误区虽然早在亚里士多德那里就已注意到，但至今仍常常为研究者所忽视。人们在谈到价值的分类时有时还能注意到工具价值（或外在价值），但在对价值进行界定时却常常忽视了应涵盖这一重要内容。目前中国所有关于价值的定义都存在这方面的缺陷。例如，把价值理解为主体与客体之间的关系的观点就是如此。这种观点实际上只是把符合人的目的的东西看作是有价值的，而忽视了对于目的有价值的东西是有价值的。当然，从终极的意义上看，所有的价值都可以说是相对于人而言的，但是有许多价值对于人的直接目的或需求而言十分间接，甚至谈不上有什么价值。例如，粮食对人有价值，因为它能满足人的需要。如果以人的需要为尺度，农药就没有什么价值。但是它确实有价值，它的价值是相对消灭害虫而言的。这里的农药只具有工具价值，而不具有目的价值。事实上，世界上具有目的价值的事物是极少的，绝大多数事物只具有工具价值。显然，如果把价值仅仅理解为目的价值，关于这种价值的观念就是不完整的，按照这种不完整的价值观念指导行为就会导致不良后果。

在理解观念方面，人们常常把观念理解为关于事物的观点和看法，有时为了突出其特点，强调它是关于事物总的观点和看法。笔者认为，这种看法是不确切的。观念总是以一定的观点或看法为基础，但并非就是观点或看法。它是心灵以一定的观点或看法为依据所构想的、形成后又有形无形地规定着认识和行为的概念（conception，notion）或图式（pattern）。这种图式一经形成，它就积淀为深层的心理结构，成为确定不移的信念，并因而成为人的一切活动的范型和定势。这种范型由于经过了人心灵的构造，而且总是具有鲜明的价值指向，因而一般来说不存在真理性问题，而只存在正确性问题。

如果我们像这样理解价值和观念，我们对价值观念是什么的问题就不难有一个比较完整、准确的把握。简单地说，价值观念就是人们在关于各种事物所具有的各种价值的观点或看法基础上所形成的对这些事物所具有的这些价值的信念。这种信念是人们进行价值判断和选择、确立价值取向和追求的范型和定势。这里我们可以看出价值观念与价值认识的差别。价值认识可以大致地分为两个层次：具体的价值观点和看法，如“科学技术是第一生产力”；一般的价值观点和看法，即通常所谓的价值观，如“快乐是善”。当人们只是形成了这样的价值认识时，它们还不是价值观念，只有当它们成为人们的信念，并从而成为人们进行价值判断和选择，确立价值取向和追求的范型和定势时，它们才成为价值观念。这里值得指出的是，人们常常把价值观和价值观念混为一谈，这是不对的。价值观是一般的价值认识，它可能成为一般的价值观念，但并不等于一般价值观念。价值观作为一般价值认识是比较容易变化的，只有当人们确信这种价值观，并自觉不自觉地用这种价值观指导自己的思想和行为时，它们才成为价值观念。可以这样说，一般价值观念总是体现价值观，但价值观并不就是价值观念。根据这种理解，价值观念的含义十分广泛，有许多价值观念是与事实观念一致的。例如，“科学技术是第一生产力”，就是一种事实观念，又是一种价值观念。由此看来，人的观念实际上有三类：单纯的价值观念，单纯的事实观念，既是价值观念又是事实观念的两重性观念。人们通常把价值观念仅仅理解为单纯的价值观念，这种理解不仅是片面的而且是有害的。因为这种理解在自觉构建价值观念时，特别是在更新价值观念时容易忽视那些两重性的观念，而这些观念对于人的行为和实践通常是十分重要的。

二、价值体系的意义与评判

人在世界中生活一般都有自己的价值体系，但是，作为个体的人的价值体系与作为整体的人的价值体系并不是完全相同的。从作为个体的人的角度看，价值体系包括目的原则和怎样实现目的的原则，但在怎样实现目的的原则中除了包含手段原则（通过什么手段实现目的）外，不一定包含规则原则和制约原则，至少不一定包含一定国家或社会所期望的规则原则或制约原则。然而，从作为整体的人，特别是国家的角度看，价值体系不仅会包含目的原则和手段原则，而且必须包含规则原则和制约原则。作为特定人群的国家像任何一个个人一样必定会通过一定的手段达到一定的目的，因而必定会有目的原则和手段原则，这是显而易见的。那么，国家的价值体系为什么必须有规则原则和制约原则呢？这是因为国家是相当数量的人群的集合，国家的活动是通过不同的单个个体的自主活动实现的。不同的单个人在自主活动的过程中，必定会发生相互妨碍甚至相互伤害。为了避免这种情况的发生，就需要一些适当规范人们活动的规则。这些规则总是根据一定的原则确定的。确定这些规则的原则，就是规则原则。有了规范活动的规则还不够，因为有些人可能不在意这些规则，更有一些人为了自身利益胆敢故意违犯这些规则，因而必须对这种故意违犯规则的行为有惩治措施。这种惩治也不是任意的，而应当是恰如其分的，这样就必须有一定的原则。这种原则就是制约原则。

价值体系作为人们活动的根据，从根本上规定着人们的价值判断和选择、价值取向和追求，对于个人成为什么样的人、社会成为什么样的社会具有决定性的作用。在世界上，每一个人都有其独特性，这种独特性使人与人之间显现出差异性、多样性。这种独特性的根源在于什么？自古以来，思想家为寻求这个问题的答案煞费苦心。如果忽略生理结构这一方面，那么我们可以说人的独特性的根源就在于心理结构。与其他动物的心理结构不同，人的心理结构总是以某种信念作为范型和定势的，因而是一种观念化的结构。因此，人的独特性的根源就在于人的观念体系，在于作为观念体系核心和主体的价值体系。人的生活就是一个追求目的的过程。这一过程包括两个方面：有什么样的目的，怎样达到目的。价值体系规定着这两个方面，价值体系的不同决定着这两个方面的差异。有什么样的目的的根据在于价值体系的目的系统。这个系统中有哪些目的观念和原则，哪一种是根本的，总体的目的是什么，规定着人的生活目的的确定。每一个人的目的观念和原则不尽相同，他们所确立的生活目的也各不相同。怎样达到目的的根据则在于价值体系的手段系统、规则系统和制约系统。这些系统中有哪些原则，哪一些是主要的，规定着实现生活目的的道路和方式。每一个人在所有这些原则方面的差异比在目的原则方面的差异还要大得多，因而他们所确立的生活道路和生活方式更是差异巨大。由于人的独特性的根源在于价值体系，因而一个人要成为什么样的人，关键在于要构建什么样的价值体系。

在世界上，每一个社会都有其独特性。这种独特性的根源在于什么？当代比较流行的看法是认为这种根源在于文化。这种看法当然是对的，但我们还必须进一步探求文化差异的根源。文化差异的根源又在于什么？我们认为，就在于作为文化深层结构的价值体系和作为价值体系内在灵魂的价值观念。无论是否自觉意识到，每一种社会都有一种占统治地位的价值体系，正是这种价值体系，规定着整个社会的运作的内容和方式、运动的目标和方向，规定着整个社会的性质和面貌。例如，从人类历史和现实看，价值目的观念不同，规定着一个社会是民主社会还是专制社会、自由社会还是极权社会；价值手段的原则不同，规定着一个社会是市场经济社会还是自然经济或产品经济社会、竞争社会还是保守社会、开放社会还是封闭社会；价值规则原则和制约原则不同，规定着一个社会是法治社会还是人治或德治社会。

如果说价值体系对个人成为什么样的人、社会成为什么样的社会具有决定性的作用，而价值体系无论就个人而言还是就社会而言、无论就历史而言还是就现实而言都存在着差异，那么存不存在判断价值体系好坏、优劣的标准呢？随着文明的进步，人类的价值体系日趋多元化，似乎每一种价值体系都有其存在的根据，而且历史上存在过的每一种价值体系在今天都有人为其存在的意义辩护，例如中国传统的以道德为轴心的价值体系、西方古希腊以美德为轴心的价值体系和中世纪以上帝为轴心的价值体系至今至少在学术界仍有市场。然而，我们认为，尽管在历史上和现实中存在的每一种价值体系都有其存在的根据，甚至都有其比较优势，但是仍然可以而且应该进行价值体系好坏、优劣的比较，仍然存在着判断价值体系好坏、优劣的最终标准或根据。这种标准或根据就是价值主体（国家、群体、个人等）生存发展的根本的、总体的需要。价值主体的需要多种多样，有根本的，有派生的；有局部的，有总体的。随着人类的进化，价值主体在需要的基础上又在生长着无限多的想要。分别以这些不同的需要和想要为轴心构建起来的价值观念对于价值主体生存发展的意义显然是不一样的。只有基于价值主体的根本的总体的需要，而且能更好地满足这种需要的价值观念，才是好的和优的，否则就是坏的和劣的。

既然价值体系存在着好坏、优劣，那么价值主体在构建价值体系时就存在着要理性地判断和选择的问题，在价值体系构建起来后就存在着要自觉地调整和更新的问题。这种判断、选择、调整、更新的最终根据就是价值主体对自身根本的总体的需要及其更好地满足这种需要的方式的认识。长期以来，人类虽然在其他认识方面取得了重大成就，但这方面的认识却局限和偏差很大。这种认识上的局限和偏差导致了历史上存在过的价值体系（无论以道德为轴心的价值体系还是以美德、上帝为轴心的价值体系）的根本不正确性。尽管这些传统的价值体系都有其历史的合理性，而且各自之中包含着至今仍可借鉴的有意义的内容，但它们都是建立在错误的认识前提之上的，没有真正反映、更不能真正适应人类生存发展的根本和总体的需要。近代以来，随着人类自我认识的拓展和深化，正在逐渐构建一种更适合人类根本和总体需要的现代价值观念体系，但这一构建过程远未完成，甚至并未得到各国的普遍认同。由于价值体系自身的惰性和传统价值观念的历史惯性，即使人类对自身有了更清楚的认识，要构建起现代价值体系，也还需要一个艰难甚至痛苦的过程。在这一过程中，需要我们理性地判断和选择，需要我们自觉地调整和更新。

三、社会价值体系的结构

社会价值体系是一种十分复杂的系统，存在着不同维度、不同层次的子系统和要素，而且它们之间存在着错综复杂的相互作用机制。正因为如此，人们可以从不同的角度对价值体系进行考察和分析。价值体系作为人的活动及其结果背后的根据，是人适应活动的需要构建起来的，它的结构与人的活动的逻辑结构具有一致性，因而我们最好从人的活动的逻辑结构考察和分析价值体系结构。从这个角度看，社会价值体系大体上可以划分为四个子系统，它们分别是目的或目标系统、手段系统、规则系统和制约系统。

目的系统主要是由关于目的的原则构成的系统。目的原则根源于并且通常对应于人的需要，是直接基于对能满足人的需要的事物的认识而形成的。随着人类文明的进步，人的需要及满足需要的事物日益朝着多层次、多维度的方向发展，呈现出复杂的结构。这一事实决定了当代人类关于目的的原则也日益呈现出多层次、多维度、向未来开放的复杂结构。不过，无论这一结构怎样复杂，其中总包含着基于人的根本的、总体的需要所形成的关于人的根本的目的的价值原则和关于人的总体的目的的价值原则。前者总是原初的，而后者则总是抽象的，但它们分别从纵向和横向两个角度规定着所有其他的目的原则乃至所有的价值原则，成为人们所有价值判断的终极标准和所有价值追求的终极目标。由于不同人的需要总是不尽相同，更由于它们对什么是人的根本的和总体的需要的理解总是千差万别，因而无论从历史看还是从现实看，人们关于终极目标的观念总是迥然有异，并由此规定着人们价值原则的基本取向及其整个体系也各不相同。这也就是不同历史时期、不同民族或国家、不同个体的价值体系为什么不同的根本原因之一。

手段系统主要是由关于实现目的的手段的原则构成的系统。手段原则根源于并通常对应于实现目的的需要，是直接基于对有可能达到目的的事物的认识而形成的。手段一般都是相对的，因而几乎所有的手段同时又是另一种手段的目的；同样，除了直接对应于人的需要的目的之外，几乎所有其他的目的同时又是实现另一种目的的手段。随着人类文明的进步，手段与目的的这种因果关系不断地朝着纵深的方向发展，手段的层次不断增加。人的目的是多维度的，不言而喻，手段也是多维度的。与目的原则相比，手段原则由于与人的实践活动更接近而更易于改变、更新、转换，始终处于动态变化过程之中，这类原则常常是社会价值体系更新的突破口和主要内容。这样看来，手段系统不仅像目的系统一样，是一种多层次、多维度、朝未来开放的复杂结构，而且比目的系统还要复杂得多，内容还要丰富得多。从因果关联的角度看，甚至可以说除了关于人的直接目的原则以外，所有其他的价值原则，包括规则原则和制约原则，都属于手段系统。尽管如此，在任何一种手段系统中总至少有一种作为实现终极目标的基本手段观念，它规定和制约着所有其他手段观念。由于不同个体和群体的终极目标及整个目的系统不同，他们的手段系统也很不相同。

规则系统主要是由关于在运用手段实现目的的过程中（包括选择手段和确立目的本身）应遵循的规则的原则构成的体系。规则原则根源于并对应于社会秩序的需要，从社会的角度看，是直接基于对有利于社会秩序正常的要求的认识而形成的，从个体角度看，则是直接基于对社会现存的各种规则自愿或不自愿地认同而形成的。在现代社会，规则十分复杂。从生活的不同领域看，有公共生活规则，职业生活规则，社交生活规则，家庭生活规则，等等。从作用的不同方式看，有法律规则，道德规则，习俗规则，等等。所有这些规则并不是分工明确的，而常常是相互交叉的。因此，在现代社会，人们的规则原则也十分复杂。在规则原则中，也有某种主要的或一般性的原则，如遵纪守法的原则。由于规则原则并不总是而且也不可能总是与现实的规则一一对应，因而那种一般性规则原则是否明确，就直接规定着人们对待各种具体规则的态度。因此，确立一般性规则的原则对于现代人来说就是十分重要的了。

制约系统主要是由关于保证规则有效遵循的制约机制的原则构成的体系。制约原则也根源于并对应于社会秩序的需要，是直接基于对规则遵循的必要性和有效性的认识而形成的。从人类历史看，制约机制多种多样，如法律、道德、政治、权威、舆论、习俗、良心，等等。与此相应的制约原则也是多种多样的。但是，在不同的历史时期、不同的民族国家，占主导地位的制约原则是很不相同的。在传统社会，道德、习俗通常是主导原则，而在现代社会，法律、舆论则成为主导原则。制约原则的不同因而往往成为衡量一个社会是否现代化的标志之一。

所有这四个子系统各自有一定的相对独立性，其中某一子系统的某一要素发生变化并不一定就会引起整个社会价值体系结构的变化，但整个结构有鲜明的目的性，这就是怎样使价值目的有效地实现。正是这种目的性，使整个结构形成为一个有机的整体。以上这种结构性分析，有助于我们了解哪些是人的目的性原则，哪些是实现目的的手段性原则，从而可以避免人类历史上过去常常出现的把手段性原则当作目的性原则的偏差。

四、社会价值体系的构建与制度化

人有价值体系作为人活动的根据，这是人不同于宇宙万物的重要标志之一。人之所以有价值体系，最根本的原因在于人有理性。价值体系归根到底是人在长期的生活经验中反复实验和权衡所总结出来并逐渐达到彼此协调的、被认为是最有利于自己生存发展的整套原则。因此，可以把价值体系看作是人为构建的结果，尽管这种构建可能是自觉的，也可能是不自觉的，所构建的价值体系可能是完整一致的，也可能是不那么完整一致的，可能是正确的，也可能是不正确的。不同价值体系构建的方式不尽相同，这里我们着重讨论社会价值体系构建和个人价值体系构建以及两者之间的关系。

从人类历史来看，有以下三种不同的构建社会价值体系的基本方式。

第一种构建方式是经验方式。在人类历史上，社会的价值体系的构建在相当长的时期内是根据人们的社会生活经验和价值认识，特别是统治者的生活经验和价值认识。这样构建起来的价值体系一般都是经验性的，这种经验性的价值体系存在着诸多缺点，其中特别明显的有以下三方面：一是短视性，即考虑眼前的、近期的价值，忽视未来的、长远的价值；二是局部性，即只考虑生活的某些方面的价值，如财富、权力等，而忽视生活的整体价值以及各种价值之间的平衡、协调；三是偏狭性，即只考虑统治者的利益，而不考虑全体社会成员的利益，把两者看作是完全对立的、不可调和的，而不是把它们看作是可以兼顾的、可以相互促进的。这样构建起来的社会价值体系所产生的后果是社会矛盾、对立、冲突，乃至战争普遍存在。

第二种构建方式是集权的独尊方式。这是集权制国家构建社会价值体系的方式。以这种方式构建社会价值体系不是完全根据经验，而是根据理论，但这种理论必须是与统治者的利益和需要相一致的。统治者可能以两种不同的途径来构建所需要的社会价值体系。一种途径是从已有的各种不同的理论价值体系中选择那种符合统治者利益需要的理论价值体系作为根据来构建社会价值体系。例如，中国汉代以后选择儒学作为社会的价值体系就是采取这种途径。另一种途径是统治者培植一批御用文人来根据统治者的利益和愿望构建理论价值体系，然后根据这种理论来构建社会的价值体系。无论哪一种途径，一旦一种理论价值体系成为了社会价值体系的根据，就在国家中取得了独尊的地位，一切与之不一致的理论和观点都被视为大逆不道的异端而被大加讨伐。这种集权的独尊构建方式，虽然克服了原始经验构建方式的一些局限，但仍然存在着三个致命的缺陷：一是偏狭性。这种构建方式的出发点、目的和轴心都是统治者的利益，而不是全体国民的幸福，没有也不可能找到两者共同实现的契合点；二是独尊性，这种构建方式排除了其他的理论，排除了批判，也就排除了创新，因而所构建的价值体系很可能是干瘪的、单调的，缺乏生机和活力；三是欺骗性。通过这种方式构建起来的社会价值体系有理论上的根据，特别是统治者为使之被全社会接受，为了证明自己所构建的价值体系的合理性，就培植一些御用文人为自己的价值原则作论证、注释，宣传和辩护，这样就使它披上了合理化的外衣，很容易欺骗大众、欺骗舆论，使人们难以识别其真相。这样构建起来的价值体系虽然可能一时能得到国民的认可，但最终会为大多数国民所反对、所否弃。

第三种构建方式是多元的方式。这是以民主为基础的分权制国家构建社会价值体系的方式。这种构建价值体系方式的前提是容许提出各种不同的理论价值体系，在各种理论价值体系中主要通过立法的途径选择适合构建能最好地反映全体国民需要和愿望的理论价值体系作为社会价值体系。构建所根据的理论价值体系可能是同一种理论价值体系，也可能是多种理论价值体系的整合。作出选择的机构一般是代表民意的立法机构，以及对立法机构和国民负责的政府。当社会价值体系构建起来后，不是排除所有其他的理论价值体系，不是拼命为既定的社会价值体系进行论证，而是允许不同的理论价值体系同时存在，允许不同的思想家提出异议和批评，并能适时地根据合理的理论观点对已经建立起来的社会价值体系进行必要的调整。因此，这样构建起来的社会价值体系是一种开放的、动态的价值体系。它始终保持生机和活力，并由于经常不断地进行着调整，因而一般不需要作大的改革。显然，这样一种构建社会价值体系的方式是最合理的方式，也是最佳的方式。

社会价值体系确立的最显著标志是使社会价值体系制度化和意识形态化。社会价值体系之所以要制度化，是因为只有制度化才能使社会价值体系中的一些基本原则正式确定下来，使之成为具有一定约束力的法律制度，成为国家、各种社会组织以及全体国民活动的依据。社会价值体系之所以要意识形态化，就是要通过各种意识形态表明国家的价值态度、价值取向和价值选择，表明国家赞成什么、反对什么，并通过各种意识形态的途径使全体国民认同社会价值体系，使社会的价值体系转化为各种组织和全体国民的价值体系。从这种意义上看，社会制度和意识形态既是社会价值体系的体现，又是社会价值体系的保障。

除了专制独裁的政治统治之外，任何国家的社会价值体系都会制度化，都会意识形态化。但是，在不同类型的国家，社会价值体系制度化和意识形态化的情形是不同的。在集权制国家里，作为社会价值体系体现和保障的社会制度是刚性的，是不允许批评的，因为它经不起批评，害怕批评。作为社会价值体系体现和保障的意识形态是唯我独尊的，也是不允许批评的，因为它也经不起批评，害怕批评。与此相反，在分权制的国家，社会制度是弹性的，不仅可以批评，而且欢迎批评，它就是要求通过批评来改进。意识形态则是开放的、宽容的，允许各种与意识形态所倡导的不同的一切思想观点存在，可以与各种不同的思想理论观点共存共荣。它愿意接受来自各方面的批评，而且要求通过批评来完善。它是靠它自身的合理性存在的，而不是靠强制力而存在的。

与社会价值体系的构建不同，个体价值体系的构建更为复杂。对个人价值体系构建影响最大的当然是社会价值体系。社会价值体系通过社会制度、意识形态既以强制性也以非强制性的方式对个人的价值体系的构建发生影响。但是，对个人价值体系构建产生影响的决不只是社会制度和意识形态，还有不少其他因素，如自古以来人类有过的各种理论价值体系和各种社会价值体系、风俗、习惯、父母的影响、个性，等等。这种情况在开放的社会尤其明显。一般说来，任何国家的管理机构都希望全体国民接受其社会倡导的价值体系，但并不是任何社会都能做到这一点。要真正使全体国民都接受社会倡导的价值体系，必须有两个条件：其一，国家所倡导的价值体系是合理的，而且是最适宜的。就是说没有任何其他的社会价值体系比国家所倡导的价值体系更能体现全体国民的需要和愿望。其二，国家所倡导的价值体系是一定层面上的，而不是无所不包的。就是说，国家的价值体系只反映和保障全体国民的根本的总体的需要，而不是对国民的一切需要、一切活动都作出详尽无遗的规定，国民在构建自己的价值体系方面有一定的自己的空间。国家的价值体系只能成为个人价值体系的一部分，决不能成为个人价值体系的全部。如果一个国家的全体国民的价值体系都是同一的，即使都是国家倡导的，也是可怕的，因为在这样的国家，国民就不会有自己的个性，就没有自己特殊的追求和特殊的生活。事实上，这种绝对清一色的国家也不可能存在，即使在最专制的社会，全体国民的价值体系也不可能是与社会价值体系完全一致的。

五、价值体系的调整和更新

社会价值体系的调整，主要是指在现有的社会价值体系范围内对社会价值体系结构进行调整，以使其结构更优化。调整的内容主要包括对社会价值体系中不同原则进行重新定位。之所以要对社会价值体系的结构进行调整，可能是因为过去是正确、合理的结构由于社会生活的变化而变得不再正确、合理了；也可能是因为过去的结构本来就不正确、不合理，只是过去没有认识到而现在认识到了。价值原则的重新定位不只是会引起社会价值体系量的变化，也可能引起社会价值体系质的变化。例如，在一种既具有道德系统又具法制系统而以道德作为主要的社会制约机制的社会的社会价值体系中，如果将其结构调整为以法制为主要的社会制约机制，整个价值体系和社会可能会发生根本性的变化，即从德治走向法治。社会价值体系的更新，主要是指对现有的社会价值体系进行全面的或部分的改换，以使其内容更合理。更新的内容从根本上说是那些不适应甚至妨碍社会价值体系的主体更好地生存、发展和享受的那些价值原则。这些需要更新的价值原则可能是过时的，就是说它曾是正确、合理的，但随着社会生活的变化，变得不再正确、合理了；也可能本来就是不正确、不合理的，由于人认识的局限过去没有认识到而现在认识到了。社会价值体系的调整与更新并不是完全分离的，在很多情况下是结合在一起的，调整可能引起更新，更新也可能引起调整。广义地说，社会价值体系的调整也属于价值体系更新的范围。

社会价值体系的调整和更新是十分艰难的。社会价值体系是根据价值观念构建的，因此社会价值体系的调整和更新首先是价值观念的调整和更新。我们知道，价值观念是内化于人的心灵深处的定势和信念，要改变这种深层的心理结构，人的心理会本能地反对，因而很不容易。另一方面，社会的价值体系一般都被制度化和意识形态化。社会制度和意识形态从一定意义上说就是它们所体现的价值体系的保护机制。因此，要调整和改变社会价值体系，会受到社会制度的限制，也会遭到意识形态的阻挠和反对。更重要的是，一种价值体系、一种社会制度、一种意识形态，甚至是一条价值原则，即使对社会的大多数人不利，但仍然可能对少数人有利。要变动或改变它们就会遭到这些既得利益者的阻挠和反对。他们会利用现有的制度和意识形态理由很充分地指责、反对变革。历史上许多事实充分证明了这一点。人类历史上最著名的社会价值体系转换也许当数西方从传统社会走向现代社会的转换。这一过程是从1300年发生的商业革命开始的，一直到第二次世界大战结束才基本完成，前后经历了六百多年“血与火”的痛苦历程，而且经历了文艺复兴、宗教改革、启蒙运动、政治革命、产业革命、哲学革命、科学革命、技术革命等一系列自觉的观念更新运动和艰难的斗争。中国历史上的商鞅变法、王安石变法的悲惨下场更表明了价值体系调整的极度艰难性。

社会价值体系的调整和更新是艰难的，但却是不可避免的，更是必要的。因此，问题不在于社会价值体系要不要调整和更新，而在于怎样调整和更新，怎样使调整和更新更少地付出“血与火”的代价。对此，有以下几个问题是值得注意的：

首先，必须增强对不断调整和更新价值观念的必要性的意识。不断调整和更新社会价值体系的不可避免性和必要性置根于人追求生活得更好的本性之中，置根于由人的这种本性所必然导致的不断变化的社会生活事实之中。增强对不断调整和更新社会价值体系必要性的意识，就可以使人们在调整和更新价值观念的过程中从被动走向主动，从自发走向自觉，不仅适应这一过程，而且主宰这一过程。

其次，必须增强反思和批判现行社会价值体系的意识。人类所构建的任何社会价值体系都不会是十全十美的，否则就不存在调整和更新价值观念的问题，如果人们特别是思想家和政治家能经常反思并以批判的态度对待已经构建起来的社会价值体系，就能够及时地发现其中的问题并及时予以解决，这样就能避免社会发生大的动荡，使人类为价值观念调整和更新少付代价。在这方面，尤其重要的是一个社会、一个国家应当对不同的思想理论持开放、开明的态度。只有在思想自由的社会，人们才会有批判意识。

最后，必须增强适时通过适当途径调整和更新社会价值体系的意识。社会价值体系的调整和更新是一个复杂的过程，涉及深层的观念，也涉及表层的制度和意识形态，更直接涉及一些既得利益者，因此必须十分慎重，否则就会引起社会的矛盾和冲突，引起社会的混乱和动荡。要选择适当的时机，通过人们普遍可能接受的方式进行调整和更新，使之法制化、程序化。

“好生活”的含义与意义*

威廉·詹姆斯曾说，“如果我们要问‘人类主要关心的是什么？’我们应该能听到一种答案：‘幸福’。”①但自古以来，无论是思想家（包括伦理学家）还是普通人对幸福有种种不同的理解，对幸福对于人生的意义也有种种不同的看法，以至于康德曾发出这样的感慨：“不幸的是：幸福的概念是如此模糊，以致虽然人人都在想得到它，但是，却谁也不能对自己所决意追求或选择的东西，说得清楚明白、条理一贯。”②那么，究竟应该怎样理解幸福的含义及意义呢？幸福是一种生活好的性质，具有这种性质的生活就是伦理学家们所说的“好生活”，即通常所说的“幸福生活”。因此，幸福是好生活的根本规定性和实质，幸福只能在“好生活”中得到体现和印证。

一、幸福与幸福生活、幸福感受（幸福感）③

伦理思想史上关于幸福的理解有许多值得借鉴的内容，如把幸福看作生活的终极目的，看作是最大的善和最高的善，看作是“满意地生活”（faring well）和“正当地行动”（doing right）的统一，并注重幸福与德性、快乐的关系，等等。但是，这些理解也都有其局限。这主要体现在，无论是把幸福等同于快乐，还是等同于德性，都把幸福的含义理解得过于狭窄；即使既考虑德性，也考虑幸福，也不足以真正表明幸福的含义。幸福是一种价值性质，即善性（或好性）。相对于人而言的任何好物的好性都有一个一般的共同规定性，这就是能直接地或间接地使人更好地生存或生活得更好，或者说能满足人更好生存的需要。但是，不同的好物从不同的方面体现这种一般的性质，也就是说，不同的好物的好性是不同

---

* 原发表于《伦理学与公共事务》（第4卷），北京大学出版社，2010年，原标题为《对幸福的再思考》。

① William James，The Varieties of Religious Experience，New York：Modern Library，1929：77.

② ［德］康德：《道德形而上学基础》，周辅成编：《西方伦理学名著选辑》（下卷），商务印书馆，1987年，第366页。

③ 有学者认为，幸福可以在三种意义上理解：（1）理解为心灵的惬意状态；（2）理解为生活在幸福的环境之中；（3）过幸福的生活。（参见 Pedro Alexis Tabensky，Happiness：Personhood，Community and Purpose，Hampshire：Ashgate Publishing Limited，2003：211-212）这里讨论（1）和（3），即幸福感受和幸福生活，下一节讨论（2）即幸福的环境和条件问题。

的。如果快乐是一种好性，那么它的好性就在于能使人一时开心痛快地生活。那么，幸福的好性与其他好物的好性的区别何在呢？这种区别就在于，其他好事物的好性能直接或间接地满足人某一方面、某一层次更好生存的需要，而幸福这种好性能从根本上和总体上满足人更好生存的需要。正是在这种意义上幸福被许多伦理学家看作是终极目的善（ultimate good）、最高的善（highest good），即至善（summum bonum）[①]。

幸福是使人对生活总体上感到满意的价值性质，这种性质是以人生存需要获得充分满足、发展需要获得一定程度满足并有可能得到进一步满足为基础和前提的。人的需要是一个复杂的系统，有不同的维度和不同的层次。随着社会的发展，人的需要还在迅速地向广度和深度扩展。在当代社会，人的需要与人的想要（欲望或愿望）越来越难以分辨，以致于人的需要日益呈现出没有限度的态势。如果以为幸福是人的所有需要都得到满足，那可以说人不可能有幸福，因为人的需要太多，而且还在不断地产生，任何人都不可能使自己的所有需要都得到满足。因此，应当把幸福限定在人的根本的总体的需要得到某种程度的满足上。人的根本的总体的需要，就是人在世界上生存、发展和享受的需要。但是，即便人生存、发展和享受需要也不可能得到完全的满足。在现实生活中，人们只能达到这样的程度，即生存需要获得充分满足、发展和享受需要一定程度满足，而且有进一步满足的可能。这三方面都是必要的，它们是使人对生活总体上感到满足的客观条件，是赋予生活以幸福性质的价值源泉，也可以说是生活的好性的载体。具备了这三方面的条件，一个人的生活才是总体上看是好的，他也就获得了幸福所需要的基础和前提，他才有可能是幸福的。不具备好生活的总体的客观条件，即使一个人感到幸福，他也不是真正幸福的。

幸福并不就是需要的满足，而是生活的那种能使人的需要总体上获得满足的性质，即善性。具有这种善性的生活就是幸福生活，即伦理学家们所说的善（或好）生活（good life）或最好的生活（best life）。人的生活有好坏善恶之分，好生活有次好（善）和最好（善）之别。在伦理学中，幸福生活大致上与“好生活”同义。“亚里士多德认为，伦理学领域工作的真实目的就是要增进我们对过好生活

① 按萨拉·布劳底的看法，“至善”有两种含义，一是密尔所主张的把最高善（快乐）看作是正当与不正当的标准，二是古代伦理学家所指的它与其他善的关系，而对这种关系有不同的理解。Cf. Sarah Broadie，“On the Idea of the summum bonum”，in Christopher Gill，Virtue，Norms，and Objectivity，Oxford：Clarendon Press，2005：41-58.

意味着什么的理解，而好生活就是幸福生活之所是。”[①]那么，什么是好生活？根据克里斯丁·斯万顿 的概括，现行的文献关于好生活的概念主要有三种：其一，好生活是繁荣或兴旺的生活；其二，好生活是既在道德上有价值的又在个人方面令人满足的（兴旺的，个人成功的）；其三，好生活是个人的善处于支配地位的生活。[②]其中第二种观点是自古以来为更多学者所接受的观点。“好生活要么是在令人赞赏的意义上有吸引力的生活，要么是在值得欲望的意义上有吸引力的生活。”[③]就是说，好生活可以从两种不同意义上理解：一是把好生活理解为“值得赞赏的生活”（the admirable life），这是指的道德或德性高尚的生活；二是把好生活理解为“值得欲望的生活”（the desirable life），这是指的繁荣或发达的生活。真正的幸福生活应该既是“值得欲望的生活”又是“值得赞赏的生活”。约翰·刻克斯说；“好生活可以被理解为具有道德价值的生活，或者被理解为令人满足的生活，或者理解为具有道德价值和令人满足在某种比例上的结合的生活。这些可供选择的生活被称为‘德性的’、‘令人满足的’和‘达到平衡的’生活。”[④]这种“达到平衡的”生活就是既值得欲望又值得赞赏的生活。达到了这种“平衡”就是最好（善）的生活，也就是我们说的幸福生活。

需要注意的是，这里说的幸福生活并不是幸福本身，正如某种好东西并不就是好本身一样。幸福生活是具有幸福这种价值性质或规定性的生活，就是说，是幸福这种性质使生活变成幸福的。幸福是一种好性或善性，是生活的最高好性或善性，它是幸福生活之所以令人幸福的决定性因素。这正如尼古拉·哈特曼所指出的，“价值不仅独立于那些有价值的事物（善者），而且事实上还是其先决条件”[⑤]。

一个人的生活具有了幸福的客观要素，或者说一个人客观上过上了好生活，并不一定就会产生主观幸福感。所谓幸福感，就是在对自己的生存需要获得充分的满足、发展需要获得一定程度满足并有进一步满足的可能这种生活状态进行反

---

① Pedro Alexis Tabensky，Happiness：Personhood，Community and Purpose，Hampshire：Ashgate Publishing Limited，2003：4.

② Cf. Christine Swanton，Virtue Ethics：A Pluralistic View，New York：Oxford University Press，2003：57-8.

③ Linda Zagzebski，“The Admirable Life and the Desirable Life”，in Chappell，Timothy，ed.，Values and Virtues：Aristotelianism in Contemporary Ethics，Oxford：Clarendon Press，2006：62.

④ John Kekes，Moral Wisdom and Good Lives，Ithaca and London：Cornell University Press，1995：31.

⑤ ［德］尼古拉·哈特曼：《伦理学》，冯平主编：《现代西方价值哲学经典》（先验主义路向路向），北京师范大学出版社，2009 年，第 701 页。

思或回味所产生的满意感和愉悦感。幸福感是幸福所必不可少的主观条件或主观要素，有了幸福感，意味着生活客观的好性质已经为个人意识到、感受到。就是说，幸福是人们对生活总体上感到满意的价值性质，其前提是过生活的人要去反思或回味，这样他才会发现和感受到这种性质，并使这种客观的性质转变成个人主观的感受，即满意感和愉悦感。如果这种生活客观的好性不经过反思或回味转变成个人的主观感受，客观的幸福生活对于一个人来说就是外在的，没有变成对于他而言的幸福生活，他也因为没有意识到和感受到这种客观上的幸福生活而不是幸福的。因此，幸福感对于个人幸福来说是至关重要的。没有幸福感，即使一个人拥有了整个世界，即使一个人的一切欲望都得到了满足，他也肯定不会是幸福的。

幸福感产生有两个条件：一是客观上过上了好生活；二是要对这种生活有反思或回味。幸福感的基础或源泉是幸福所需要的客观条件，有了这种条件就客观上过上了好生活。不具备幸福所需要的客观条件，或者说客观上没有过上好生活，一般不会产生幸福感，即使产生幸福感，也不是真实的幸福感。只有客观上过上了好生活并对这种生活进行反思和回味产生的幸福感，才是真实的幸福感。产生了这样的真实幸福感，一个人才真正过上了幸福生活，他才是幸福的人。在现实生活中，也有人可能在根本没有过上客观的好生活的情况下产生幸福感，这就不是真实的幸福感，而是虚假的幸福感。一个人即使有了这种幸福感，也并不意味着他是幸福的。

另一方面，一个客观上过上了幸福生活的人，也需要对这种生活进行反思或回味，这样才会感到满意和愉悦，才会有幸福感。这种反思和回味非常重要，如果一个人客观上过上了幸福生活，但他不对这种生活进行反思或回味，他就不会对客观上的幸福生活产生满意感和愉悦感，也就没有幸福感，当然他也不会认为自己过上了幸福生活。由于缺乏幸福感，这个人实际上也不是幸福的。反思或回味的重要前提是要有对幸福的理解，要有幸福意识。我们知道了幸福对人意味着什么和幸福是什么，并据此反思自己，我们才会产生我们自己幸福不幸福的感受，而如果已经客观上过上了幸福生活，就会产生幸福感。现实生活表明，并不是每一个客观上过上幸福生活的人都会产生幸福感，这即是常言所说的“生在福中不知福”。一般来说，一个人只有客观上过上了幸福生活，并由此产生了幸福感，他的生活才是真正幸福的，他才真正过上了幸福生活。

现实生活中有不少人将幸福与幸福感、真实幸福感与虚假幸福感混淆，将虚假幸福感等同于真实幸福感，将幸福感等同于幸福，从而对幸福发生误解。他们或者以为幸福完全是个人的主观感受或精神状态；或者以为幸福完全在于外在的客观条件。这种混淆和误解在实践上很有害的，严重地妨碍了人们对幸福的正确追求。

这里需要特别指出的是，幸福和快乐都可以使人产生愉悦感，但这两种愉悦感是有重要区别的。快乐的愉悦感是人的某种欲望特别是强烈欲望得到满足产生的，具有一事性、即时性、一时性，即只要某种欲望得到满足这种愉悦感就当即产生，事过即逝。而且，无论是正常、健康欲望还是不正常、不健康的欲望都能产生快乐的愉悦感。幸福的愉悦感则不同，它是人的根本的总体需要得到满足产生的，具有整体性、持久性、反思性，即只有根本的总体的需要得到满足才可能产生，只有经过反思或回味才现实产生，一旦产生会成为一种持久的心理状态。而且这种根本的总体的需要包含了对法律和道德的要求，因而幸福的愉悦感总是正常的、健康的美好愉悦感。这两种愉悦感的区别实际上就是幸福与快乐的区别。莱布尼茨曾深刻地指出了两者之间的区别："幸福可以说是通过快乐的一条道路，而快乐只是走向幸福的一步和上升的一个梯级，是依照当前的印象所能走的最短的路，但并不始终是最好的路……人们想走最短的路就可能不是走在正路上"；"这就使人认识到，是理性和意志，引导我们走向幸福，而感觉和欲望只是把我们引向快乐。"[①]不少人不了解这种区别，常常将快乐的愉悦感等同于幸福的愉悦感，将快乐等同于幸福，这是幸福观上的一个重大误区。

当然，快乐对于人生也是具有重要意义的。威廉·詹姆斯早在20世纪初就注意到，"事实上对于任何时代的大多数人来说，获得、保持、恢复快乐是他们做所有事情的内在动机。"他说，快乐的人感知世界更安全，做决定更容易，评价应聘者更友善，更具合作性，过着更健康、更具活力和自我满足的生活。而且，当我们感到快乐时，我们更愿意帮助别人。[②]当代仍然有学者特别强调快乐对于好生活的意义。例如，约翰·布兰马克认为，快乐在好生活中具有中心地位，它使我们的生活变成完整的。他说："善生活的构成涉及一个相互依赖的复杂网络。也许没有什么东西是整个无条件地、独立地充分善的。但是，即使如此，似乎可以安全地说，没有任何其他的善像快乐那样起着这样一种中心作用。"[③]在我们看来，无论我们赋予快乐多么高的价值和地位，快乐必须是健康的，只有健康的快乐才是幸福的重要补充，才可以使幸福生活更加丰富多彩，而不健康的快乐会损害幸福甚

① ［德］莱布尼茨：《人类理智新论》陈修斋译，商务印书馆，1982年，第188页。

② ［美］戴维·迈尔斯：《心理学》（第7版），黄希庭等译，人民邮电出版社，2007年，第449页。

③ See Johan Brännmark，"'Like the Bloom on Youths'：How Pleasure Complete Our Lives"，in Timothy Chappell，ed.，Values and Virtues：Aristotelianism in Contemporary Ethics，Oxford：Clarendon Press，2006：226-238.

至正常生活。因此，必须将快乐纳入幸福的范围，用幸福规定快乐，使快乐从属于、服务于幸福生活。

二、“国民幸福总值”（GNH）与“幸福星球指数”（HPI）

幸福是使人对生活总体上感到满意的价值性质，那么什么东西能使人对生活总体感到满足，从而使生活具有幸福性质呢？这就是幸福所必需的主客观条件或者说是构成幸福的因素，也可以说是幸福的源泉。幸福所必需的主观条件就是个人的幸福感，而能从根本上总体上满足人更好生存需要则是幸福所需要的客观条件或因素。影响幸福的具体的客观条件或因素很多，而且不同的学者有不同的看法。笔者曾在《理论伦理学》等著作中提出影响幸福的因素最基本的有四个方面，即社会、家庭、职业和素质。[①] 当前人们谈论很多的“国民幸福总值”（通常称为“幸福指数”）和“幸福星球指数”可以说是当代幸福因素的指标体系。这些指数大体上可以看作是当代幸福所需要的主要客观因素。

“国民幸福总值”（gross national happiness，GNH）。这个概念最初是由只有80万人口的佛教国家不丹的首都廷布大学经济学教授扎勒曲宗提出来的。他指出，如果GDP（国内生产总值）、GNP（国民生产总值）是衡量国富、民富的标准和话，那么我们不丹政府还需要制订一个衡量国民幸福快乐的标准。2001年扎勒曲宗把这个想法写成奏折并把计算方法上呈不丹国王。国王召集内阁大臣开会商讨，最后批准了这个GNH建议，并于每年2月向全体国民公布上一年度的GNH数字。不丹国王认为，政府应该关注国民幸福，并以实现国民幸福为目标。不丹政府现在每年以廉政善治、经济增长、文化教育发展和环境保护四个部分组成的GNH指标来考核政绩。有学者据此提出，GNH有四根支柱，即可持续发展的推进、文化价值的保存和促进、自然环境的保护和优良管理的建立。

国际管理研究所主任麦德·容恩斯（Med Yones）提出了第二代GNH概念，他把幸福看作是社会经济发展的度量。这个度量通过追踪七个发展领域（包括国家的精神和情感健康）测量社会经济发展。GNH价值被认为是下列测量标准的人均总平均数的指数函数：①经济满意度（economic wellness）：用对诸如消费者的债务、对消费者的价值指数率而言的平均收入和收入分配之类的经济度量进行直接的调查和统计测量来表示。②环境满意度（environment wellness）：用对污染、

① 参见江畅：《理论伦理学》，湖北人民出版社，2000年，第110～113页。

噪音和交通等环境度量的直接调查和统计测量来表示。③身体满意度（physical wellness）：用对严重疾病等身体健康度量的直接调查和统计测量来表示。④精神满意度（mental wellness）：用对抗抑郁剂的使用和心理疗法病人等精神健康度量的直接调查和统计测量来表示。⑤工作场所满意度（workplace wellness）：用失业救济诉求、工作变动、工作场所控告和诉讼等劳动度量直接调查和统计测量来表示。⑥社会满意度（social wellness）：用歧视、安全、离婚率、对国内冲突的抱怨和家庭诉讼、公共诉讼、犯罪率等社会度量直接调查和统计测量来表示。⑦政治满意度（political wellness）：用当地民主的性质、个体自由和对外冲突等政治度量直接调查和统计测量来表示。以上这七个度量被编制成了第一个《全球国民幸福总值（GNII）调查表》。[①]

过去的发展模式强调经济增长作为终极目标，而 GNH 试图克服以前过分重视 GDP 偏向，要求通过物质发展和精神发展要彼此补充、相互强化来实现社会的发展。GNH 重视人们的整体生活质量，特别是重视人们生活的非物质方面，这应该说是一个重大进步。但是，也有人对 GNH 提出了批评，认为 GNH 主要依赖于一系列关于福祉的主观判断，政府可以适合自身利益的方式定义 GNH。例如，在不丹，政府就驱逐了约 10 万人并剥夺了他们不丹公民的资格，其根据是被驱逐出国者是一直非法居住在这个国家的属于少数民族的尼泊尔人。

英国的“新经济基金”（new economics foundation，NEF）组织于 2006 年 7 月提供了一份《幸福星球指数》（happy planet index，HPI）的报告。HPI 是人的福祉与环境影响的指数，它对像“国内生产总值”（GDP）和“人类发展指数”（human development index，HDI）这样广泛使用的国家发展指数提出了挑战，认为这些标准没有考虑可持续性。GDP 尤其被看作是不恰当的，因为大多数人的终极目的不是富有，而是幸福和健康。而且，这个报告相信可持续发展的观念要求我们对追求这些目标所付出的环境成本有一个测量标准。

HPI 以功利主义原则为基础，认为大多数人都想活得长并充分享受，最好的国家是容许其国民这样做的国家，而避免侵占未来人和其他国家的人同样如此的机会。其结果，它促使世界自然保护联盟（IUCN）要求使用一个能测量“每一个单位数量的人的福祉（不必然是物质产品）对自然的消耗或对自然的排放”的度量。人的福祉被换算为“幸福生活年”（happy life years）。对自然的消耗或对自

① Cf. “Gross National Happiness”, in Wikipedia, the Free Encyclopedia, http://en.wikipedia.org/wiki/Gross_national_happiness.

然的排放使用人均收入的“生态足迹”(ecological footprint，也译为“资源消耗指数”)表示，它试图评估支撑某一国家生活方式所需要的自然资源量。一个人均收入生态足迹大的国家使用了多于它公平份额的资源，它不仅占有了别的国家的资源，而且对我们这个星球造成了持久的损害，这种损害将会影响子孙后代。根据《幸福星球指数》报告，每一个国家的HPI值都是它的平均主观生活满意度(subjective life satisfaction)、人口平均期待寿命(life expectancy at birth，亦译为“平均寿命”)和生态足迹的函数。准确的函数是一个较复杂的复合指数，但在概念上它大致上是生活满足度和生活期待之积除以生态足迹。大多数生活满意度的数据可以从《世界价值调查》(*World Values Survey*)和《世界幸福基础数据》(*World Database of Happiness*)中获取，有一些是使用统计回归技术评估的。

这个报告根据2006年的HPI值对世界178个国家和地区进行了一个排名：HPI值最高的是一个人口只有20万、面积11 000平方公里的太平洋岛国瓦努阿图，HPI值68.21，接下来的是哥伦比亚和哥斯达黎加；HPI值倒数第一的是津巴布韦，HPI值16.64，往上数依次是斯威士兰和布隆迪，它们都是非洲国家。8国集团成员排名均在50名以后(美国第150位，英国第108位，俄罗斯第172位，意大利第66位，德国第81位，加拿大第111位，法国第129位，日本第95位)，中国排第31位，HPI值55.99。亚洲最好的是越南，排第12位，新加坡是亚洲最差的国家，排第131位。①2009年7月初，英国“新经济基金”组织又对全世界143年国家和地区进行了“幸福星球指数”排名，排名靠前的基本上都是中小型国家，前10名中有9个是拉美国家，其中哥斯达黎加被列为世界上最幸福的国家。中国大陆排名又有提前，排第20位，美国排名也提前到114位。②

关于这个指数的批评大多是由于将这个指数理解为一个幸福测量标准，而它事实上是一个支持福祉的生态效能的测量标准。除此之外，批评主要集中在下面几个问题上：HPI完全忽视了像政治自由、人权和劳动权等问题；《世界价值调查》只涵盖少数国家并每五年做一次，其结果是这个指数的数据大多来自于其他资料或使用回归技术进行评估；对福祉的主观测量标准表示怀疑；生态足迹是一个多有争议的概念；等等。然而，HPI及其构成部分在政治圈内得到重视，生态足迹得到了世界自然基金会(WWF)的支持，并为不少国家的中央政府和地方政府以及国际组织所使用。

---

① Cf. “Happy Planet Index”, in Wikipedia, the Free Encyclopedia, http: //en.wikipedia.org/wiki/Happy_Planet_Index#cite_note-Development_as_Freedom-0.

② 参见《幸福感，小国比大国更容易获得》，《环球时报》，2009年9月4日第17版。

相比较而言，HPI 比 GNH 更具有主观意味，因为它更强调人的幸福感觉。这个指数可能没有考虑到这样的情形，即人们由于某些局限或其他原因而发生其实并不幸福但自我感觉幸福。在中国文化大革命时期，中国人都认为“世界上三分之二的人民生活在水深火热之中”，其言外之意是中国人生活在幸福之中。今天看来，当时中国人的这种感觉主要是由于封闭而对国外无知造成的。我们不能根据中国人不了解情况产生的真实幸福感而断定当时的中国人是真正幸福的。

三、幸福生活的主要领域

有幸福生活而没有幸福感的问题症结在于没有幸福的意识，这个问题通过教育启发是容易解决的，但过上客观上幸福的生活却是很难的。所以，研究幸福问题要重点关注的是好生活问题，而不是幸福感问题。这里我们主要从好生活的角度对幸福生活的具体含义再进行一些阐释。

在现代社会，个人的生活丰富多彩，但大致上可以划分为四个主要领域，即家庭生活、学校生活、职业生活和个性生活。如果我们把幸福理解为个人的好生活，那么幸福生活就意味着有好的家庭生活、好的学校生活、好的职业生活和好的个性生活，这四个领域也就是幸福生活的主要领域。伴随着义务教育制度的普遍实行，几乎所有人都有学校生活，只是有的人学校生活时间很长，如果从幼儿园算起到博士后流动站流出，在学校时间最长的多达二十七年。学校生活不仅是个人生活的组成部分，而且会对其他生活产生重要影响。学校生活在一辈子中的时间相对较短，但其状况如何也关系到人的幸福，好的学校生活使人幸福并奋发努力，而坏的学校生活则使人痛苦和终生厌学。尤其在当代中国，应试教育和教育不公所导致的诸多问题使学生普遍感到学校生活乃至整个生活不幸福、不快乐。不过，考虑到学校生活是否幸福主要不取决于学生个人，而是取决于教育制度和社会制度，而且在本书第十一章还要专门讨论德性与学校环境的关系，本章不具体讨论学校生活幸福的问题。

在现代社会，每个人都生活在家庭之中，或者说每个人都有家庭生活，即使是单身家庭的个人，也有家庭生活，而且一般也会在一生中的某个时段在多人家庭中生活过。家庭是个人生活的重要组成部分，家庭不好，就不能说一个人的生活好。那么，家庭好的标准是什么呢？我们认为就是和睦。和睦的家庭就是好的家庭。所谓和睦，就是相处融洽友爱。和睦的家庭就是以其核心成员（夫妻子女）健全齐备为前提的成员之间融洽相处、互帮互助、相亲相爱的家庭。和睦的家庭生活除了其核心成员健全齐备外，还有五种标志：①自由感，即能使人感到在人生活的所有领域中，家庭是最自由、最宽松的。可以无拘无束地思想、谈论、生活，能使人在这里真正放松；②舒适感，即能使人感到这里是最能使人得到休养生息的。家庭环境优雅温馨，自然和谐，回到家就会感到生活安乐，心情舒畅；③温情感，即能使人感到这里没有竞争，没有利害关系，充满温暖和关爱，富有情调；④惬意感，即能使人在这里可以得到满足的各种需要能得到尽情的满足并有美好的感觉；⑤眷恋感，即能使人对自己的家庭有深情的眷恋，有回家的渴望，觉得自己的家庭是最适合自己的，有心要使它更美好，而不忍心破坏它。[①]这五个方面也可以说是家庭和睦的五种体现。我们可以根据这五个方面来衡量自己的家庭是否和睦。

职业是现代人重要的生活领域，一个正常人一般都有职业生活。现代职业不只是个人谋生的手段，而且是个人自我实现的主要领域，特别是个人聪明才智发挥的主要场所。因此，职业生活的状况如何直接关系到人是否幸福。好的职业生活使人幸福，而坏的职业生活使人不幸。在现代社会，职业的好也有一个标准，这就是成功。所谓成功，就是取得预期的结果。成功的职业就是个人获得了理想的职业并达到了职业角色所期待的结果。成功的职业有两方面的含义：一是有一个理想的职业。理想的职业不好界定，一般地说，理想的职业并不等于高层次的职业，以高层次的职业为理想职业是许多人的一个误区，实际上理想的职业是适合自己的素质、能力和技能的职业。人们在选择职业时可能有一定盲目性，但可以通过适应职业或调整职业来使自己与职业相匹配。盲目追求职业的高层次是导致许多人职业不成功的根本原因。其典型的例子就是，一个卓有成就的科学家却谋求成为政府官员，当他真的谋取了政府高官后，却成了一个十分蹩足的官员。二是圆满实现了职业角色的期待，或者说做到了尽职尽责。职业成功与职业成就不同，职业成就是指在职业方面有所建树，取得突出成就，而职业成功是指实现了职业的预期。取得了突出的成就当然算职业成功，但职业成功并不仅仅指职业成就。在现实生活中，许多职业是不可能取得突出成就的，如果我们将职业成功理解为取得职业成就，那么从事不可能取得突出职业成就的人就都不会有成功感，不会有职业幸福感。

当代社会是日益个性化的社会，追求个人的独特性和隐私性成为一种时尚，

① 参见江畅：《走向优雅生存：21世纪中国社会价值选择研究》，中国社会科学出版社，2004年，第111页。

几乎每一个人都希望有一块自主的私人空间，有自己的个性生活。个性生活是个人满足自己兴趣爱好的生活领域。今天我们不能不承认，个人的个性生活已经成为个人生活的一个重要领域。个性生活也存在着好不好的问题，好的个性生活已经成为好生活的重要组成部分。好的个性生活有两条标准：一是健康，二是丰富。所谓健康，就是情况正常，没有缺陷和病变。健康的个性生活就是个人的个性活动有益于身心健康和娱悦，可以丰富生活内容、增加生活乐趣和提高生活品味，而没有怪僻和病态，无伤社会风化。所谓丰富，就是多样化。丰富的个性生活就是个人的兴趣爱好以及休闲生活丰富多彩，不空缺，不单调。个性生活健康丰富的前提是个性健康。所谓个性健康是指个性是正常的、完整的、协调一致的，个性的各个要素没有缺损和障碍，不存在变形、扭曲、冲突、异化的情况。也就是说，个性健康指一个人是全面整体的人，具有统一持久的自我。有个性健康才有健康的个性生活，但值得注意的是，个性健康并不意味着个性生活健康，更不意味着个性生活丰富。

如果我们把好生活理解为和睦的家庭生活、成功的职业生活和健康而丰富的个性生活，那么就存在着一个问题，是这三个方面都具备才是好生活，还是只要具备其中的一个方面或两个方面就是好生活？按照亚里士多德的观点，幸福应该是自足的，完满的。亚里士多德的观点是正确的。生活虽然可以划分为不同的领域，但生活是一个整体，作为幸福的好生活也应该是生活整体上是好的，没有不好的部分，更不能有坏的部分。从这个角度看，一个人只有家庭生活、职业生活和个性生活都好才能被说成是生活得好的，才能被说成是幸福的。在现实生活中我们也可以观察到，一个人家庭生活、职业生活和个性生活任何一个方面存在问题，他都不会感到幸福。我们也许见过不少这样的官员和企业家，他们的职业不只是成功，而且卓有成就，他们出入高尔夫球场和高级娱乐场所，也可谓是风光潇洒，但是他们的小孩因为缺乏家庭教育而不成器，家庭因为孩子而争吵不已。我们不难想像这些官员和企业家的生活会不会幸福。当然，由于我国个性生活还处于兴起的时期，相对而言，个性生活在整个生活中的地位相对不太突出。不少人没有多少个性生活，但他们的职业生活和家庭生活相当好，这些人大致上可以说是幸福的。不过，个性生活不能存在问题，如果一个人个性怪僻或有疾病，那他即使有较好的家庭生活和职业生活，也可能并不幸福。

一般来说，只有成年人才有完整的生活，就是说只有成年人才同时有家庭生活、职业生活和个性生活，而儿童和老人一般来说至少没有职业生活。就儿童而言，他们没有职业生活而只要有好的家庭生活和个性生活，同样是幸福的。亚里士多德认为孩子因没有合乎德性的现实活动而不能说他们是幸福的，这种观点值得讨论，我们不能因为孩子没有职业生活而否认孩子可能有幸福。孩子虽然没有职业生活，但他们的生活是完整的，只要他们的完整生活是好的，他们就是幸福的。至于老人，情形就要复杂一些。没有职业生活的老人一般曾经有过职业生活，过去的职业生活对他们后来的生活会有影响。但是，如果他们尽可能地不受这种影响，而使他们的老年的完整生活成为好的，他们就是幸福的，无论他们过去的职业生活怎样。

另外，以上所说的好的家庭生活、职业生活和个性生活都是就最完美的状态而言，实际生活的情形很复杂，不少人的客观条件决定了他不可能达到这种状态。例如，一个孩子生活在有缺陷的单亲家庭，他无法具备完整的家庭结构。在这种情况下，他的家庭生活不可能达到最好。但是，他的生活还是可以达到尽可能的好，而且其他领域的生活可以达到完善。这就是说，由于一些客观条件的限制，有些人不能达到完美的生活状态，但这并不意味着他不能过上幸福生活，更不意味着他的生活就一定是不幸的，而只能说他的生活有一些缺憾，这种缺憾有的也许不能弥补，但还是可以使生活过得尽可能地好，在可能的限度内达到最大的幸福。正如内尔·诺丁斯指出的："幸福似乎在日常生活的所有领域都存在。我可能在一个领域中是幸福的，而在另一个领域中可能是不幸的。……尽管这种状况时不时地会发生，但我们可以为了整个生活而追求幸福。"①

四、幸福的意义

人人都谈论和追求幸福，自古以来的思想家也在不断地探讨什么是幸福以及如何获得幸福的问题。这一切都表明，幸福对于人的生活具有重要的意义。幸福之所以对于人生具有重要的意义，是因为幸福作为好生活，既是人生的圆满价值，也是人生的终极目标，还是人生的最高理想。

人的生活是由活动构成的，人的活动一般都是有目的的。目的千差万别，但都与价值相关联。有些活动是为了认识价值、判断价值、选择价值，有些活动是为了生产价值、创造价值，有些活动是为了实现价值、分配价值、消费价值、享受价值。价值的种类繁多，但大致上可以划分为目的价值和手段价值。所谓目的价值就是能直接满足人消费和享受需要的价值，而所谓手段价值则是为目的价值

① ［美］内尔·诺丁斯：《幸福与教育》，龙新宝译，教育科学出版社，2009年，第28页。

服务的价值。无论目的价值还是手段价值都可以成为行为的目的。从这个意义上看，人的活动都是价值性的活动。一个人的活动所指向的价值虽然各不相同而且会随着生活的变化而发生变化，但就人的一生而言它们构成一个价值的集合或总体。不同人的价值总体在广度和高度上存在着差异，当这种价值总体达到圆满的程度时，也就是说当它达到了可能达到的最大的广度和最高的高度时，这个价值总体就是我们的幸福。价值也就是好或善，正是在这种意义上，亚里士多德等许多哲学家把幸福看作是最大的善或最高的善，因而是人生的终极目标。冯·赖特在谈到亚里士多德对幸福的理解时指出："在人类行动的可能目标中，幸福占有一个独特的位置。这个独特的位置不是说幸福就是所有行动的终极目标，而是说幸福是那个惟一的目标，它除了是终极的之外不再是任何东西。幸福的本性就在于，不能够为了任何其他的东西而追求幸福。所以。亚里士多德似乎认为，这就是幸福对于人类来说是最高的善的原因。"[①]冯·赖特的这种理解是符合亚里士德的原意的。当然，无论是把幸福看作是最大的善也好，还是看作最高的善也好，都没有真正表达幸福作为圆满价值的特点。因为说它是最大价值，那还意味着在它之外还有价值；说它是最高价值，那还意味着在它之外还有次高的价值。而幸福是一种总体价值，是总体价值中达到圆满程度的价值，是人生的完善境界。当一个人达到这种境界时，他就获得了人生的成功，正如弗洛姆所指出的："幸福之感乃是个人在生活艺术中取得非常成功的明证，幸福是最伟大的成就。"[②]

如果幸福是人生的圆满价值，那么当我们说一个人是幸福的时候，那就意味着他达到了人生的完善，或者说达到了人生的圆满境界。然而，由于人性的弱点和人生活环境的局限，实际上人是很难真正达到这种圆满的幸福境界，而且即使能达到，也许要在人们经过了许多年的努力后一直到中老年才达到。这种情况表明，既然幸福作为一种圆满的价值是人们很难达到的，那么现实中的幸福通常是相对的，不是完全意义上的，而是接近了幸福，或者相对于其他痛苦的人、不幸福的人而言是幸福的。但是，有幸福作为人生的圆满价值、作为人生的完善，可以为人生提供一个追求的目标，而以完善为追求目标对于人生具有重要的意义。"现实中没有一个真正达到完善的人。但是，有完善作为追求和没有完善作为追求，无论是人生的追求过程还是人生的追求结果都是很不一样的。就追求过程而言，追求完善的人，他的人生似乎有一条主线，有一个方向，他的所有欲望、追

① [美] 冯·赖特：《好的多样性》，万俊人主编：《20世纪西方伦理学经典》(I)，中国人民大学出版社，2004年，第455～456页。

② 转引自高觉敷主编：《西方心理学的新发展》，人民教育出版社，1987年，第388页。

求、满足好像都是围绕这条主线展开的，都是朝着同一个方向的，都是某一个整体的一个部分。而不追求完善的人，他的一生就是漫无目的的、零散的，生活的内容是分离的、割裂的，生活的道路是蹒跚的、徘徊的。就追求的结果而言，追求完善的人，他的欲望和满足有可能丰富而深厚，他的生活可能充实而完满。而不追求完善的人，他的欲望和满足只会是散乱和浅薄的，他的生活会经常充斥空虚和无聊。”①正因为如此，所以有哲学家力图论证：“我们的生活在整体论意义上是整体性的。而且，这种整体论的结构就它有幸福作为它的意义的终极来源而言也是一种目的论的结构。”②

幸福虽然不一定能为人们所完全达到，但可以作为人们终极的价值目标来追求。也正是因为幸福难以完全达到，所以人们才把它作为人生的终极目标。人的活动一般是有目的的，当把目的作为对象来追求时，目的就成为了目标。人们追求的目标也各种各样，但在所有这各种各样的目标背后，总有某种终极的东西发生着作用。它规定着所有目标的选择和确定，同时又是所有目标的最后指向和最高追求。这就是我们所谓的终极目标。“终极目标是就两种意义而言的。一是就根本意义而言。就是说所有其他的目标都是由这种终极目标派生的，最后又都指向这种终极目标。它既是根基，又是依归。二是就总体意义而言。就是说，所有其他的目标都从属于它，服从于它，服务于它。它既是全体，又是核心。”③在现实生活中，虽然人们并不都能获得幸福，都能达到圆满的境界，但一般都会把幸福作为他们的终极目标。当人们有了自我意识后，他们就会以幸福作为一切活动的出发点和目的，作为人生的终极追求。同时，他们也会自觉不自觉的使他们各种活动的目标与幸福联系起来，使所有的活动指向幸福，使所有活动的具体目标从属于、服从于、服务于幸福这个终极目标。当然，人们的活动会发生偏离幸福这一终极目标的情形，但这种情形主要发生在两种情况下：一是人们抗拒不了外界的诱惑，如当一个人抵御不了权力的魅力的时候，他可能奴颜婢膝地出卖自己的灵魂。二是社会环境不允许人们追求个人的幸福，如中国的文化大革命期间，追求个人幸福被看作是资产阶级思想而被狠狠批斗。不过，在正常情况下，人们越自觉地把幸福作为终极目标努力追求，人们就越有可能获得幸福。

当人们把幸福作为终极目标而想像它并对它充满了希望时，幸福就成为了人

① 江畅：《理论伦理学》，湖北人民出版社，2000年，第62～63页。

② Pedro Alexis Tabensky，Happiness：Personhood，Community and Purpose，Hampshire：Ashgate Publishing Limited，2003：4.

③ 江畅：《理论伦理学》，湖北人民出版社，2000年，第104页。

们的理想。所谓理想，就是对未来事物的有根据的、合理的想象。人在世界上生活会有各种理想，有远大的，也有近期的，有最低的，也有最高的，最高的因为难以达到因而也常常成为远大的。幸福作为一种理想，它是一种最高的理想。这种最高并不只是指层次高，同时也是指它必须以其他较低层次、较具体的理想为基础，它的实现要以它们的实现为前提。

古希腊神话中有一个“潘多拉的盒子”的故事，说的是主神宙斯为了报复人类而创造了第一个人类女人潘多拉并送给有恩于宙斯的伊皮米修斯（普罗米修斯的弟弟）。在他们结婚时，宙斯送给潘多拉一个盒子当礼物。当她打开盒子一看，飞出来的是贪婪、杀戮、恐惧、痛苦、疾病、欲望，她赶紧合上盒子，而留在盒子里的是希望。从此，人类充满了灾祸，而惟一缺乏的是希望。然而，人类并没有因为潘多拉的盒子关住了希望而没有希望，幸福就是最大的希望。正是因为有了幸福这一最大的希望，并在幸福的旗帜下，人类不断与邪恶作斗争，不断进步和进化，不断地走向现实的幸福。

幸福作为人类的希望和理想，是人类的最重要精神支柱，是人类追求的最高精神价值。在这种精神的追求中，人类的物质满足退居到次要的地位。在基督教《新约》中，物质的有利与精神的损失之间的对照被鲜明地作出。耶稣问：“如果一个人得到了整个世界而失去了自己的灵魂，那会对他有什么好处呢？”①如果我们不考虑这一表达的宗教意味，我们就会发现它所表达的是精神价值对于人的重要意义，这一意义在《新约》中还体现在另一表达之中。这就是“人不能只靠食物活着”②。从当代人类日益世俗化、物质化和享受化所导致的弊端看，《新约》的警示不无启示。人类要有精神价值的追求，我们不一定都能达到尽善尽美的幸福，但有对这种尽善尽美的精神追求，会使人更高尚、更圣洁、更像人那样生活。

① 参见《新约·马可福音》8：36。
② 参见《新约·马太福音》4：4。

从自由生活到优雅生活*

人类的不同文明形态规定着人类的不同生活方式，人类的不同生活方式又规定着人类的不同文明形态。我们可以根据人类主要的不同文明形态来将人类的生活方式依次划分为自然生活的生活方式、奴役生活的生活方式、自由生活的生活方式和优雅生活的生活方式。当代人类正处于从自由生活方式转向优雅生活方式。对人类生活的不同方式进行反思和研究，有助于提高当代人类生活方式转换的自觉性。

一、自然生活的方式

在进入农业文明以前的很长一段时期，人类的不同群体都基本上像动物一样在地球上自然生活着。很多思想家把这种生活状态称为“自然状态”。自然状态中的人类个体基本上是出于生活本能求食、繁衍、争斗，他们没有自我意识或自我意识很不发达，没有意愿和意志。那时的人类虽然是群居的，但不是社会性的。没有社会机构，没有社会制度，没有强制力量，是血缘纽带把大家联系在一起，靠长辈的权威和习俗维系着共同体的秩序。也许由于血缘的关系或出于生存的需要，群体内部是团结的，但不同的群体之间是敌对的。不同群体居无定所，处于不断地游动、迁徙之中，因而彼此敌对的不同群体之间经常发生争斗，处于“人对人是狼”的战争状态。在这种生存状态中的人们，不可能像卢梭所描述的那样是淳朴的、善良的，对同类具有天然的怜悯心，相反出于生存的本能，至少对与他们没有血缘关系的同类是无情的、凶狠的，甚至是残酷的。他们自发地遵从着“适者生存”的自然法则。

一些思想家把自然状态理想化，认为那是人类的“黄金时代”。确实自然生活的人们是自然界中的自然族类，与自然万物浑然一体。人类的能力还不足以破坏自然的生态平衡，人类与自然处于原始的和谐之中。在恶劣的自然环境中生存的个人，也许具有更强的个人生存能力。他们是困苦的，却由于意识不发达而是无忧无虑的，由于生活欲望简单而易于满足。自然状态下生存不会面临社会状态下

---

* 原发表于《伦理研究》（道德哲学卷·2006），东南大学出版社，2007年，原标题为《论人类生存的四种方式》。

生活面临的各种社会问题和文明病：没有贫富两极分化、环境恶化、人口过分膨胀，没有犯罪、腐败、失业、肥胖、吸毒、邪教，等等。人们还没有产生出人头地、野心、嫉妒、自私、贪婪等社会性情感。从这些方面看，自然状态似乎是美好的生活状态，自然生活似乎是美好的生活方式。

然而，事实并非如此。自然生活这种生活方式的问题是不言而喻的。这样生活的人与动物没有什么两样，完全受缚于自然，没有独立自主性，实际上是自然界的奴隶。这样生活的人不仅不能越来越好地生活，相反生活得不到基本的保障，他们只能满足于采集或狩猎得到的可怜的食品，生活是没有着落的。因此，自然生活的方式并不是一种最佳的生活方式，相反是一种受奴役的生活方式，是人类童年不得不接受的一种可怜的生活方式。这种生活方式是与人类不断谋求生活得更好的本性相违背的，因而必定为人类所否弃。

二、奴役生活的方式

人类走出自然状态的途径是组成社会。但是，人类进入社会状态并非像近代西方许多思想家所认为的那样是通过人们彼此订立契约，而是通过武力征服。在自然状态下，人类也在发展，尽管十分缓慢。到了自然状态的后期，以血缘为纽带的人群增多，逐步形成了氏族或部落。氏族部落是以血缘为基础的，内部成员虽然有等级之别，但主要是年龄辈份方面的。氏族部落内部存在着管理问题，但管理的权力主要来自长者的威信和氏族部落长期沿袭下来的习俗和戒律，氏族部落成员由于血缘关系而天然地认同这种权力，因而不需要暴力作为维护管理权力的基础。

但是，当管理的权力扩大到氏族部落之外以后，过去的权力就再也不足以维护社会内部的秩序，进行有效的管理。氏族部落之间的战争使一些氏族部落成为胜利者，而另外一些氏族部落则被打败。胜利者就成为了失败者的统治者。那些失败者是被迫成为管理和统治对象的，他们随时都有反抗的可能。为了使这些被征服者服从统治和管理，就需要强制，需要武力作为权力的基础和保障。氏族部落本来存在着半军事化的组织。这种组织只是在战争期间才发挥作用，也就是对外才需要，而在平时对于氏族内部并不需要这种武装力量。但是，随着对外征服范围的扩大以及与之伴随的反抗者增加，军队逐渐职业化，成为维护统治权力的基础。

军队职业化并成为统治的基础，可以说就是国家产生的标志。国家的产生使人类真正从自然状态进入到社会状态。在最初的社会状态下，一小部分人靠武力统治社会大多数人，大多数人是在少数人的奴役之下生活的。因此，当人类一进入到社会状态就进入到了不平等生活的状态，就是说，对于大多数人来说进入到了被强制性地接受统治和压迫的奴役生活的状态。

奴役生活的生活方式决不意味是自然生活的生活方式的堕落，对于人类的生活来说，奴役生活不仅具有必然性，而且具有某种价值，或者更确切地说，是人类为了更好地生活所必须付出的代价。正如卢梭所指出的，人类从自然状态进入社会状态，与其说是一种不幸，不如说是一种必然。在人类文明不发达的情况下，人类不可能普遍富裕，也不可能普遍自由，只可能一部分人先富起来，只可能一部分人先获得自由。当然，这些人的富裕和自由不可能是光彩的，因为如果要那么公平就不会有一部分人的富裕和自由。更重要的是，这一部分的富裕和自由具有重要的意义：首先，这为人类走出所有人普遍受自然奴役的自然状态打开了缺口，人类向富裕和自由迈进了关键性的一步，而且有一部分人自由要比所有人受奴役好；其次，这种部分人富裕自由的情形会成为受奴役的人追求的目标，受奴役的人从此不再满足受奴役的现状；第三，一部分富裕自由的人有时间和精力从事思想文化创造，而这种创造是人类文明进步的源泉。如果在人类文明早期没有这一部分富裕自由的人，就根本没有当时的文明成果，也不可能有后来的文明发展。

但是，奴役生活这种生活方式的缺陷是显而易见的。如果说自然生活是一种可怜的生活方式，那么可以说奴役生活是一种罪恶的生活方式。它之所以是罪恶的，是因为这种生活方式是建立在人类不平等基础上的一种少数人奴役多数人的生活方式。这种奴役不是自然的，而是人为的；这种奴役不是单方面的，而是多方面的，甚至是全方位的，涉及经济、政治、宗教、道德、文化等各种可能的领域。更糟糕的是，不只是受奴役的人痛苦而且愤愤不平，那些富裕自由的人也如坐针毡，在被统治者愤怒和仇恨的目光中度日，这些表面看起来富裕自由的人实际上同样是受奴役的。“自以为是其他一切的主人的人，反而比其他一切更是奴隶。”[①] 奴役生活这种生活方式不可能是人类普遍自愿选择的，而是一部分人强加给人类的。当人类意识到这种生活方式的罪恶性，并有可能改变这种方式的时候，这种生活方式被抛弃就不可避免。

---

① ［法］卢梭：《社会契约论》，商务印书馆，1982年，第8页。

三、自由生活的方式

取代奴役生活的是自由生活。这种生活方式与前两种生活方式不同，它是人类自觉选择和争取的，而不是自发形成的。由于这种生活方式是对少数人统治地位的否定，而这少数人又凭借手中的强制力量和其他各种力量（如经济的、道德的、传统的、习俗的力量）拼命维护既得的利益，因而自由生活这种生活方式的普遍确立必然要经过一个漫长的“血与火”历程。事实也证明了这一点，西方人为了普遍自由生活，为了进入普遍自由状态，前后经历了六百多年的浴血奋斗。

自由生活这种生活方式最根本的规定性在于每一个人都能按照自己的意愿生活。这一根本规定性包含以下意蕴：

它意味着每一个人都应该顺应人性的要求行事，包括感性的要求和理性的要求；

它意味着每一个人都有平等的自由权利，人们不仅应该自由生活，而且应该平等地生活；

它意味着通过协商或订立契约的方式制订人们生活活动的规则，以防止人们相互妨碍和伤害，就是说，人们应该在法制的范围内按照自己的意愿生活；

它意味着必须有保证法制得以实施的具有强制力的机构（通常是国家），这种机构是以保护和扩大每一个人都按照自己意愿生活的自由为唯一目的和使命的；

它意味着每一个社会成员不仅应该是自己的主人，而且应该是社会的主人，他们对自己和社会的状况好坏负有责任，他们是自由的主体，也是责任的主体。

自由生活作为一种人类自觉选择和追求的生活方式无疑具有很大的合理性，也可以说是到目前为止人类的最佳生活方式。这种生活方式最大的优越性在于，它通过人性和个性的解放和张扬使人成为自己的主人，成为社会的主人，甚至成为自然的主人；使人的潜能充分地释放，创造出巨大的物质财富和精神财富；使人的欲望得到充分的满足，而且不断地开发欲望并花样翻新地满足不断被开发的欲望，使人能得到尽情的享受。但是，这种生活方式仍然是有缺陷的，最主要体现在两方面：

其一，这种生活方式不只是顺应人性，而是放纵人性，并且不断地刺激人性，使人变得贪得无厌，纵欲无度。这种“贪”、这种“纵”使人类变得越来越疯狂：疯狂地想，疯狂地求，疯狂地干，疯狂地占，疯狂地玩。当个人的整个身心都疯狂起来时，当整个人类都疯狂起来时，人的心理受不了，人的环境受不了，人类的生活就会面临日益严重的威胁。

其二，尽管每一个人都有平等的自由权利，都能按自己的意愿行事，但不同的人按自己意愿行事的能力和环境是相差很大的，因而各人按自己意愿行事的结果很不相同。这一形式上平等而事实上不平等的问题在市场经济条件下会充分地显示出来：有的人可能因拥有这种自由权而占有很多社会资源，而有的人可能在平等地享有这种自由权的条件下一无所有。

几百年来市场经济的发展已经证明了这一点。在市场经济条件下，人们自由生活的结果就是强者弱者两极分化和贫者富者两极分化。那些天赋差的人，那些身体有残疾的人，那些处于不利条件的人，那些失败者，还有那些老人、妇女、儿童，他们尽管同样拥有自由权利，但他们仍然可能成为弱者或者本来就是弱者。这些弱者不仅很少占有社会资源，而且得不到社会和他人的尊重。他们处于社会的边缘，成为需要救助和令人同情的弱势人群。其结果是，这一大批弱者不认同社会，对强者和社会不满，甚至可能敌视或仇视强者和社会。

两极分化的可能性及其现实性使人们不得不不断地向内挖掘自己的潜能，努力地增强自己的竞争实力，身不由己地投入到争夺各种有限资源的争斗中去。在这种情况下，人们的潜能确实能得到充分的实现，但人也因此而感到活得很沉重、很累，生活压力很大。他们害怕衰老，害怕伤病，害怕失败，害怕成为弱者和穷人，害怕成为令人同情的对象。为了释放这种生活压力，人们又会求助于尽情享受、及时行乐，而这又会强化和刺激享乐主义动机。

由此看来，目前普遍盛行的自由生活这种生活方式的最大问题是它的危险性：人的心理、社会、环境都可能因为这种生活方式的疯狂性而崩溃。这种危险性的后果可能比奴役生活的后果对人类生活的威胁更大。因此，当意识到这种危险性的时候，人类就必定会调整甚至改变这种生活方式。这就是当代人类面临的重大课题。

四、优雅生活的方式

优雅生活就是针对自由生活这种生活方式所存在的以上缺陷和弊端及其所导致的严重后果提出的一种力图从根本上走出这种生活方式困境的新的生活方式。它与自由生活有承继性，也有革新性，它不是一种否定和革命，而是一种扬弃和超越。

优雅生活，从一般意义上看，就是优质地、雅致地生活。所谓优质地生活，就是生活的质量高，也就是人的各种需要得到充分的、协调的满足，人的各种才能得到自由的、尽情的发挥。所谓雅致地生活，就是生活的规格高，也就是在人的各种需要中更追求高层次需要的满足，在人的各种才能中更追求高层次才能的发挥。所以，我们可以一般地说，所谓优雅生活，就是在追求各种需要得到充分和协调满足的同时更追求高层次需要满足、在追求各种才能自由和尽情发挥的同时更追求高层次才能发挥的生活方式。与自由生活相比，优雅生活具有以下五大特征，也可以说要实现五大转变：

1. 从争权夺利转向高扬个性

自由生活是为利益而生活的，个人利益是生活的目的，追求个人利益是一切行为的动机和原动力，个人利益实现的程度就是个人人生价值的尺度。优雅生活则是为个性而生活的，个性的发挥或人性的实现是生活的目的，追求发挥个性是一切行为的动机、原动力和目的，个性发挥的程度就是个人人生价值的尺度。自由生活注重的是利益（具体化为不同的资源）的占有量，而优雅生活强调的是个性的丰富性和独特性，从而强调人的不可替代的独特价值。总之，自由生活指向外，强调朝外侵占，其目标是功利性的，因而可能有意或无意妨碍和伤害他人、社会和自然；而优雅生活指向内，强调从内高扬，目标是精神性的，因而一般不会对他人、社会和自然产生妨碍和伤害。

2. 从贪得无厌转向充实精神

自由生活由于把利益的占有量作为人生价值的尺度，因而贪婪地、疯狂地去获取利益，甚至会达到唯利是图、不择手段的地步，求利的动机和行为因而恶性膨胀，以至严重变形。优雅生活也要求人们不满足现状，要不断地进取、创新，但主要目标不是利益，而是真正体现人的本性和个性的精神。人的精神的完善是无止境的，需要不断地加以充实，优雅生活就是要求人们把注意力集中于不断充实精神，使精神逐步完善。

优雅生活并不否认获利的必要性和重要性，但这不是人生的主要追求，更不是人生的唯一追求。人占有再多的资源也不能表明人性已经实现，不能体现人的不可替代的独特价值，但人的精神境界可以体现人性实现的水平，体现人的独特性。自由生活与优雅生活都反对人们满足现状，不思进取，知足常乐，强调人应该无限地追求，但前者注重的是无限地追求有限的社会资源，而后者注重的是无限地追求无限的精神境界。显然，人人都无限地追求有限的社会资源必然导致争斗和战争，而无限地追求无限的精神境界则不会引起争斗和战争，相反会使世界因充满德性和情爱而变得美好而温暖。

3. 从穷奢极欲转向珍视生命

自由生活在市场机制的作用下不仅拼命挣钱，而且拼命消费，吃喝玩乐，豪华奢侈，有钱要消费，没有钱也要消费，分期付款制度为这种穷奢极欲、醉生梦死之风提供了合理的形式，并从而使之推向高潮，传统的节俭美德丧失殆尽。优雅生活反对这种浮华的奢靡之风，主张人们适度地合理地消费，特别是反对那种不顾一切地追求极乐的变态或病态做法，要求人们敬重生命，珍视生命，把人的生命看作是非个人的、神圣的、崇高的。优雅生活把追求生之欢乐作为人生的目标，但这种生之欢乐是健康的，而不是病态的，是持久的，而不是短暂的，是务实的，而不是虚荣的，是富有激情的，而不是极度疯狂的，是多方面的，而不只是感官欲望的。

4. 从及时行乐转向关怀终极

在消费主义之风影响下，也由于过度紧张的生活和沉重的生活压力，再加上人际关系紧张，人间缺少真情和友爱，及时行乐已经成为自由生活的一种生活状态。“今朝有酒今朝醉，明日愁来明日当”。心灵陷入纷乱，精神失去寄托，空虚、寂寞、孤独、无聊、颓废、苦闷、忧郁，于是沉醉于声色犬马，放纵于醉生梦死。优雅生活则致力于消除导致享乐主义、纵欲主义、颓废主义、虚无主义的根源，同时引导人们追求自我实现、人格完善、心灵安宁、事业成功、家庭和睦等多样化的、健康的生活目标，使人们过一种积极向上、奋发有为的充实生活。不仅紧紧抓住现在，而且也关注未来，并且着眼于未来而生活，“向死而在”，慎终追远。

5. 从自我中心转向博爱众生

自由生活这种生活方式的核心是以自我为中心。自我是个人一切活动的出发点、中心和目的，个体的自由、权利、利益都是至高无上的。每一个个人都是一个封闭的“单子”，既不可入，也不可出，他只关心他自己，如果他偶尔关心他人，那归根到底也是为了关心他自己。这种个人主义、利己主义、自我中心主义是自由生活这种生活方式的根本特性。以自我为中心，为我、利己、自爱都是人性的自然倾向，因而优雅生活并不否认和反对这一切，但它主张个人要努力从狭隘的自我走出来，把自我溶入社群和他人之中，使个人的生活像社会那样不是一个中心，而是多中心。个人不仅应该围绕自我这个中心活动，也要围绕其他中心活动。每一个人不仅要自爱，而且要把爱逐步扩展开来，爱社群，爱众生，使个人的“小我”升华为众生的“大我”，使有限的“小我”溶入无限的“大我”并使之在其中得以延续和扩展。

人类的生活方式从与人性关系的角度看有三种类型或模式：顺应人性而生活；压抑人性而生活；放纵人性而生活。人类现行的自由生活这种生活方式就属于放纵人性而生活这种类型。这种生活方式是对压抑人性而生活的生活方式的否定，有其历史的合理性，但它从一个极端走向了另一个极端。顺应人性而生活和放纵人性而生活都是自由生活，但前者不会对人产生伤害，而后者则会对人产生伤害。人类应该自由生活，而不能奴役生活，这是毫无疑义的，但人类也不能放纵人性而生活，而只能顺应人性而生活。顺应人性而生活就是要克服目前自由生活这种生活方式的放纵性以及由此派生的疯狂性，使之从放纵人性走向顺应人性，从疯狂生活走向优雅生活。这是今日人类更好生活的必由之路。

优雅生活与全面发展*

优雅生活作为当代人类应当选择的生活方式，按照这种生活方式生活就是优雅生活。作为人类幸福的当代形态和应有形态，优雅生活是一种什么样的生活呢？它具有什么独有的特征？它包含哪些要素和规定性？它本身是否还有不同的层次？它与马克思的全面而自由发展是什么关系？这些问题是我们在追求优雅生活的过程中需要回答和理解的。

一、优雅生活的界定与特征

优雅生活，从一般意义上看，就是优质地、雅致地生活。所谓优质地生活，就是生活的质量高，也就是人的各种需要得到充分的、协调的满足，人的各种才能得到自由的、尽情的发挥。所谓雅致地生活，就是生活的规格高，也就是在人的各种需要中更追求高层次需要的满足，在人的各种才能中更追求高层次才能的发挥。所以，我们可以一般地说，所谓优雅生活，就是在追求各种需要得到充分和协调满足的同时更追求高层次需要满足、在追求各种才能自由和尽情发挥的同时更追求高层次才能发挥的生活方式。从这个意义上看，优雅生活所针对的是劣质地、粗放地生活。也就是说它是针对以前所有生活方式的，因为无论是自然生活、奴役生活，还是自由生活总体上看都是劣质性的、粗放性的。它们在需要的满足和才能的发挥上或者是有缺陷的，或者是变态的，或者是低层次的。

优雅生活，从社会实质上看，就是要在克服自由生活这种生活方式的缺陷和弊端的前提下超越这种生活方式，使人类生活水平和生活质量上升到一个新层次的生活方式。自由生活有许多合理的内容，但其缺陷和弊端也日益明显和严重。

概括说来，它的缺陷和弊端主要表现在：

（1）自利性。个人利益至高无上，把追求个人的物质利益作为一切行为的出发点、核心和目的。只有自爱，没有他爱。同情和良知被物欲所湮没，世界成为一个无情无爱的世界。

（2）物欲性。把人的所有需要和欲望还原为物质需要和感性欲望，追求肉体

* 原发表于《价值论与伦理学论丛》第 3 期，湖北人民出版社，2003 年，原标题为《论优雅生存的含义》。

感受和感官快乐。信奉尽情享受，及时行乐。人的精神没有了，人的灵性没有了，人的终极没有了。

（3）贪婪性。唯利是图，不择手段，心比天高，永不满足，恨不得占有人间所有金钱、财富、权力、地位、名誉、美色等紧缺资源。为更多地占有，有的人甚至敢冒天下之大不韪，全然不顾礼义廉耻。

（4）异化性。从追求自由、平等出发，其结果却使个人成为自己贪欲控制的奴隶，成为经济技术力量控制的奴隶，个人被更牢固地束缚在各种异己力量之下而不能解放和超脱。个人没有个性，社会成为千人一面的单向度的社会。

（5）破坏性。过分的自爱和贪欲破坏了个人身心之间的协调，破坏了人际关系的和谐，破坏了世界的和平和安宁，破坏了自然生态和环境平衡。整个世界变得越来越冷漠、病态和恐怖。

（6）非普及性。在同一社会范围内，只有那些强者才能真正自由生活，大多人并不能真正自由生活，那些弱势人群甚至痛苦地、愤恨地生活。对于弱者来说，自由、平等、民主只是空洞的形式，幸福存在于彼岸世界。

优雅生活就是针对自由生活这种生活方式所存在的以上缺陷和弊端及其所导致的严重后果提出的一种力图从根本上走出这种生活方式困境的新的生活方式。它与自由生活有承继性，也有革新性，它不是一种否定和革命，而是一种扬弃和超越。与自由生活相比，优雅生活具有以下五大特征，也可以说要实现五大转变：

从争权夺利转向高扬个性。自由生活是为利益而生活的，个人利益是生活的目的，追求个人利益是一切行为的动机和原动力，个人利益实现的程度就是个人人生价值的尺度。优雅生活则是为个性而生活的，个性的发挥或人性的实现是生活的目的，追求发挥个性是一切行为的动机、原动力和目的，个性发挥的程度就是个人人生价值的尺度。自由生活注重的是利益（具体化为不同的资源）的占有量，而优雅生活强调的是个性的丰富性和独特性，从而强调人的不可替代的独特价值。总之，自由生活指向外，强调朝外侵占，其目标是功利性的，因而可能有意或无意妨碍和伤害他人、社会和自然；而优雅生活指向内，强调从内高扬，目标是精神性的，因而一般不会对他人、社会和自然产生妨碍和伤害。

从贪得无厌转向充实精神。自由生活由于把利益的占有量作为人生价值的尺度，因而贪婪地、疯狂地去获取利益，甚至会达到唯利是图、不择手段的地步，求利的动机和行为因而恶性膨胀，以至严重变形。优雅生活也要求人们不满足现状，要不断地进取、创新，但主要目标不是利益，而是真正体现人的本性和个性的精神。人的精神的完善是无止境的，需要不断地加以充实，优雅生活就是要求人们把注意力集中于不断充实精神，使精神逐步完善。

优雅生活并不否认获利的必要性和重要性，但这不是人生的主要追求，更不是人生的唯一追求。人占有再多的资源也不能表明人性已经实现，不能体现人的不可替代的独特价值，但人的精神境界可以体现人性实现的水平，体现人的独特性。自由生活与优雅生活都反对人们满足现状，不思进取，知足常乐，强调人应该无限地追求，但前者注重的是无限地追求有限的社会资源，而后者注重的是无限地追求无限的精神境界。显然，人人都无限地追求有限的社会资源必然导致争斗和战争，而无限地追求无限的精神境界则不会引起争斗和战争，相反会使世界因充满德性和情爱而变得美好而温暖。

从穷奢极欲转向珍视生命。自由生活在市场机制的作用下不仅拼命挣钱，而且拼命消费，吃喝玩乐，豪华奢侈，有钱要消费，没有钱也要消费，分期付款制度为这种穷奢极欲、醉生梦死之风提供了合理的形式，并从而使之推向高潮，传统的节俭美德丧失殆尽。优雅生活反对这种浮华的奢靡之风，主张人们适度地合理地消费，特别是反对那种不顾一切地追求极乐的变态或病态做法，要求人们敬重生命，珍视生命，把人的生命看作是非个人的、神圣的、崇高的。优雅生活把追求生之欢乐作为人生的目标，但这种生之欢乐是健康的，而不是病态的，是持久的，而不是短暂的，是务实的，而不是虚荣的，是富有激情的，而不是极度疯狂的，是多方面的，而不只是感官欲望的。

从及时行乐转向关怀终极。在消费主义之风影响下，也由于过度紧张的生活和沉重的生活压力，再加上人际关系紧张，人间缺少真情和友爱，及时行乐已经成为自由生活的一种生活状态。“今朝有酒今朝醉，明日愁来明日当”。心灵陷入纷乱，精神失去寄托，空虚、寂寞、孤独、无聊、颓废、苦闷、忧郁，于是沉醉于声色犬马，放纵于醉生梦死。优雅生活则致力于消除导致享乐主义、纵欲主义、颓废主义、虚无主义的根源，同时引导人们追求自我实现、人格完善、心灵安宁、事业成功、家庭和睦等多样化的、健康的生活目标，使人们过一种积极向上、奋发有为的充实生活。不仅紧紧抓住现在，而且也关注未来，并且着眼于未来而生活，“向死而在”，慎终追远。

从自我中心转向博爱众生。自由生活这种生活方式的核心是以自我为中心。自我是个人一切活动的出发点、中心和目的，个体的自由、权利、利益都是至高无上的。每一个个人都是一个封闭的“单子”，既不可入，也不可出，他只关心他自己，如果他偶尔关心他人，那归根到底也是为了关心他自己。这种个人主义、利己主义、自我中心主义是自由生活这种生活方式的根本特性。以自我为中心，为我、利己、自爱都是人性的自然倾向，因而优雅生活并不否认和反对这一切，但它主张个人要努力从狭隘的自我走出来，把自我溶入社群和他人之中，使个人的生活像社会那样不是一个中心，而是多中心。个人不仅应该围绕自我这个中心活动，也要围绕其他中心活动。每一个人不仅要自爱，而且要把爱逐步扩展开来，爱社群，爱众生，使个人的"小我"升华为众生的"大我"，使有限的"小我"溶入无限的"大我"并使之在其中得以延续和扩展。

二、优雅生活的要素及其规定性

优雅生活作为一种生活方式应该是一种具有系统结构的生活模式，正如自由生活一样。与自然生活和奴役生活不同，这种生活模式是人为设计的，因而在我们设计这种模式的时候，必须使其要素更完善，结构更合理。

像其他生活模式一样，优雅生活这种模式也可以划分为两大层次：生活和优雅。生活是基础，有生活才谈得上优雅。生活也是目的，优雅是为了生活，而不是相反。优雅则是生活的方式，或者通俗地说，优雅是一种"活法"，从结果来看就是生活的状态。在这两者之中，如果说生活是活下去的话，那么优雅则是更好地活。这就是说，生活可以离开优雅，它可以不是优雅的，但优雅不能离开生活，脱离生活追求优雅不仅是虚妄的，而且是有害的。

优雅生活作为一种生活模式，生活与优雅事实上是不能分离的。但是，优雅生活是一种高级的生活方式，它必须以基本的生活得到保障为前提，它是在基本生活有必要保障的基础上通过人的涵养锻炼构建起来的。没有这种前提，人是不可能优雅的。这与自然生活的生活方式不同，对于自然生活而言，生活与生活方式是完全统一的，它是自发的、本能的，不需要人为地构建。当然，当人真正过上优雅生活时，人的基本生活也会受到优雅的影响，或者说基本生活也优雅了。

人的基本生活就是人的基本需要得到满足。人本主义心理学家马斯洛把人的需要划分为五个层次：生理需要（包括空气、水、食物、住所、睡眠、性生活）；安全需要；归属和爱的需要；自尊需要；自我实现需要。[①]按照马斯洛的看法，这前四种需要是人的基本需要（或生存需要），后一种需要是人的发展需要，其中生理需要又是人最基本的需要，所有其他需要只有生理需要得到相对充分的满足后才会产生。生理需要，就是我们中国人通常所说的"温饱"问题。"温饱"是优雅

① ［美］马斯洛：《动机与人格》，许金声等译，华夏出版社，1987年。

生活的最基本前提，“温饱”问题解决不了，人就不能生存，更谈不上生活得好。因此，我们可以把“温饱”作为优雅生活的底线。古代雅典人优雅的生活就是以此为底线的。当然，一般地说，生理需要越能得到充分的满足，越是有利于人的幸福。如果生活富裕，人们就会生活得更优雅。对于优雅生活而言，如果说生理需要必须得到相对充分的满足，那么其他三种基本需要也应有一定程度的满足。例如，一个人如果安全没有保障，他整天提心吊胆过日子，他的生活怎么也优雅不起来。当然，安全需要、归属和爱的需要、自尊需要的满足更与生活方式相关。社会中每一个人都追求优雅生活，人们的这三种基本需要的满足就不会发生问题。

优雅作为一种生活的模式，包括生活目标、生活环境、生活状态（也可以说是狭义的生活方式）等基本要素。从人性的潜能和倾向来看，从历史的经验和现实的可能来看，我们可以对这些要素作出以下基本规定：①生活目标，包括追求自我实现，追求体魄强健，追求人格完善，追求心灵安宁，追求事业成功，追求家庭和睦，追求环境舒美，追求人生体验，追求生之欢乐，追求不可替代；②生活环境，包括自由地生活，平等地生活，公正地生活，和谐地生活，殷实地生活，悠闲地生活；③生活状态，包括有学习地生活，有专长地生活，有个性地生活，有创意地生活，有情趣地生活，有格调地生活，有责任地生活，有尊严地生活，有德性地生活，有智慧地生活。

这里值得注意的是，优雅并不等于马斯洛所说的自我实现。自我实现是把人性的潜能发挥出来，这应该是优雅的一个最低层次，但优雅并不止于此。优雅要求人们把自己的人性的潜能尽可能淋漓尽致地发挥出来，也就是说要通过这种发挥，使人具有丰满的个性，具有不可替代性。这正如世界上本来只有七种基本颜色，但不同画家可以用这七种颜色画出许许多多各不相同、绚丽多姿的画一样。在这里个性、创意、作为都是十分重要的。

优雅生活作为一种生活模式，还必须具有与之相适应、相配套并能使之尽可能好地实现的一些可能条件。这些条件不是优雅生活的内在要素，但却是其可能的前提条件。其中有些是外在于生活者的，有些则是内在于生活者的。这些条件的提供主要是社会的责任。我们把这种条件概括为七个方面：价值目标、经济基础、政治制度、教育事业、文化生活、婚姻家庭、个人素质。这七个方面的条件对个体的生活方式、对整个社会的生活方式都起着决定性的作用。人类历史上生活方式或模式之所以不同，从根本上说就在于这些条件的内涵和要求不同。

三、优雅生活的不同境界

人类所有的生活方式都不是固定不变的，而是动态的，优雅生活也是如此。但是，与其他生活方式不同的是，优雅生活既可以是一个有止境的过程，也可以是一个无止境的过程。当一个人达到一定的境界时，他就止步不前了，它就是有止境的；当一个人永不满足地不断修炼，不断追求，它就是无止境的。所以，优雅生活是不是有止境，取决于生活者个人。不过，整个说来，优雅生活是一个无限的过程，没有绝对的终极点。对于这一无限的过程，我们可以划分为不同的阶段或层次。这些不同的层次也就是人们通过涵养锻炼可以达到的不同境界。

从人性实现和发挥的角度看，优雅生活可以划分为成功地生活、优质地生活、雅致地生活，完美地生活四个境界，达到这四种境界的人生就是成功的人生、优质的人生、雅致的人生、完美的人生。这四种人生都应该说是幸福的人生，尽管幸福的程度有所不同。

成功地生活，不是指人生某一方面的成功，也不是指整体人生或其中某一方面取得很高的成就，而是指人性能得到实现。人性的实现主要包括两个方面：一是人的需要得到满足；二是人的潜能得到发挥。人的需要可以划分为基本（生存）需要、发展需要、享受需要三种类型。人的潜能可以划分为生活潜能、工作潜能和个性潜能三个方面。成功地生活，就是人的基本需要、发展需要、享受需要都能得到正常的满足，就是人的生活潜能、工作潜能和个性潜能都能得到正常的发挥。成功地生活的人不仅在人性实现方面总体上是成功的，而不是失败的，而且能正常地满足自己的各种需要，能正常发挥自己的各种潜能。所以，成功地生活的人就是自我实现的人，或者说是发展得好的人。这种人在现实生活中应该是能很好解决自己生活的人，是生活的强者。

优质地生活，指人性不仅能得到实现，而且至少其中的一些主要方面，能得到圆满的实现。就人的需要而言，基本需要、发展需要、享受需要能得到很好的满足。例如，基本需要能满足到使人有舒适感。发展需要能满足到使人有成就感。享受需要能满足到使人有惬意感。就潜能发挥而言，生活潜能、工作潜能、个性潜能得到超常的发挥。这里的“超常”主要体现在创造精神和创造能力方面，优质地生活的人能创造性地生活、工作，能使个性得到创造性地发挥。优质地生活的人，他的素质高，能力强，作为大，他的生命充满力量感，充满活力，他的生活充满创意，充满乐趣。这种人在现实生活中不仅是能很好解决自己生活的人，而且应该是能为他人造福的人。他不仅是生活的强者，而且是生活的楷模。

雅致地生活，指不仅人性能得到圆满的实现，而且能以审美的眼光来看待生活，能以审美的态度来对待生活，使人性闪耀美的光辉，使世界渗透美的魅力。这种生活境界与优质地生活境界的主要差别在于，达到这种境界的人具有更明显的审美意识和能力。他能以审美的眼光和态度来对待各种需要的满足，来享受生活的成功和乐趣，他也能以审美的眼光和能力来设计生活，创造生活。他的生命充满激情，充满灵气，充满魅力，充满美感，而且他还能把这种美感和美撒向人间，使周围的一切更鲜活、更高洁、更精美，更雅致。这种人在现实生活中不仅是能很好解决自己生活的人，是能给他人造福的人，而且应该是给他人创美的人。他不仅是生活的强者、楷模，而且是生活的精英。

完美地生活，指不仅人性能得到圆满的、富有美感的实现，而且目光敏锐，思想深邃，能不断反思和批判自己和他人的生活状态，使人的生活保持警醒和活力。达到这种境界的人更有智慧，更有思想，更有洞察力，对自己的生活和世界的状况更具有冷静的、超然的态度。他更注重反思过去，批判现实，筹划未来，并且具有这方面的素质和才能。他“以天下为己任”，具有更强烈的社会责任感和历史使命感，人类的生活因为有这样的人而不至于误入歧途，发生异化。这种人在现实生活中不仅是能很好解决自己生活的人，是能给他人造福、创美的人，而且应该是为他人启智的人。他不仅是生活的强者、楷模、精英，而且是生活的智者或导师。这种人的生活是完美的，是无可挑剔的。

人的需要和潜能是人各不同的，特别是在残疾人与正常人之间，儿童、老人与青壮年之间，女人与男人之间差异很大。但是，所有的人都能优雅生活，都能达到优雅生活的不同境界。例如，一个残疾人的潜能是有限的，一个年迈的老人的潜能是较小的，但只要能正常地发挥这些潜能，他就是在成功地生活。应该承认，由于人们的需要和潜能之间存在着差别，而且人们在涵养锻炼方面也不可能整齐划一，因而并不是每一个人都可以达到完善地生活的境界。但是，每一个人都至少能达到成功地生活的境界，都能优雅生活，只要有这种意识和功夫。这一点是确定无疑的。

四、优雅生活与全面发展

人的全面而自由发展，是马克思针对当时资本主义制度下人片面、畸形地生活提出的一种社会理想。在今天的中国，这一理想已经为越来越多的人认同。关于人的全面而自由发展的内涵，马克思并没有作出明确的规定。究竟如何理解“人的全面而自由发展”，目前国内没有一致的意见。有的人把它理解为德、智、体、美等方面全面发展，有的把它理解为成为“四有”（有理想、有道德、有文化、有纪律）新人，也有的把它理解为综合素质高。尽管存在着不尽相同的看法，但都承认这一命题反对人的片面、畸形发展，特别是反对人只有知识才能，而没有理想、道德。

人全面而自由发展的理想与优雅生活的理想在思想倾向上是完全一致的。它们都反对现代文明使人单向度、低层次地发展，反对人的生活过分物欲化、功利化、世俗化、市场化、科技化，反对人性的扭曲和异化，强调人的潜能的全面实现，个性的自由发挥，而且都强调社会不仅要为人的全面自由发展提供条件，而且要成为人性化、人道化的社会，成为人全面而自由发展的社会。从这个意义上看，人优雅生活的思想，与人全面而自由发展的思想是一致的。

但是，两者之间也存在着一些差异。这种差异主要表现在四个方面：

第一，全面发展的思想侧重于人的潜能的实现和个性的发挥方面，而人优雅生活的思想，不仅强调这一方面，而且强调人的需要（包括基本需要、发展需要、享受需要）得到尽可能好的满足。

第二，优雅生活的思想把人的全面而自由发展只是作为人优雅生活的一个方面或基本层次，即人成功地生活的层次，而不是人优雅生活的全部要求。人优雅生活除了全面而自由地发展这一层次之外还包括优质地生活、雅致地生活和完美地生活这些更高的层次。

第三，全面发展的思想更强调人发展的广度，优雅生活的思想同时强调人发展的深度，要求把全面发展与重点发展有机地结合起来。

第四，优雅生活的思想对优雅生活的内涵、特征、规定性以及可能性和现实性提出了系统的构想，更具有可操作性。

这些差异表明，人优雅生活的思想是在现代文明昌盛的历史条件下对人全面发展思想的阐发。

社会的国家化与现代意义的“好社会”*

国家为什么而建立，建立国家干什么，这就是国家的目的和使命问题。关于这个问题理论上有种种不同的说法。其中有两种说法最具有代表性。一种是社会契约论的说法。这种说法认为，国家是人们为了生存而转让一部分自己的权利通过大家订立契约而产生的，其目的是维护和平，保护和扩大其成员的自由和权利。另一种是统治工具论的说法。这种说法认为，国家是在阶级出现之后，统治阶级为了实现自身的利益而建立的压迫被统治阶级的暴力机器或工具。国家是当人类的基本生存共同体①，代表了“社会”一词最典型的意义。国家好不好，意味着社会好不好。有好社会（good society）才会有好生活（good life），社会不好个人的生活肯定不会好。这里我们试图通过对国家及其与社会的关系进行历史考察，阐述国家曾经有过的和可能具有的目的和使命，探讨作为好社会的国家应有的目的和使命。

一、社会的国家化

社会众多而又有范围、层次、维度不同。所有这些不同范围、不同层次的社会相互重叠，相互关联，构成了人类社会的复杂景观。但是，人类社会的这种复杂景观并不是从来都有的，而是逐渐演化和扩展而来的。人类最初的社会也许只有一种形式，那就是以血缘关系为纽带的氏族。氏族之间的战争使社会的范围扩大，形成不同的部落。部落之间的战争使社会的范围进一步扩大，形成了不同的民族、国家。从部落到民族、国家形成的过程在全人类的范围内并不是同步的。在亚洲、欧洲的一些地方，这一过程在几千年前就已经完成，而非洲、美洲等地区则在近两三百年甚至直到20世纪才完成。我们可以把这一从氏族部落到民族国家的社会演进过程称作是社会的国家化过程。到今天，人类社会的范围进一步超出国家，正在形成国际社会和世界社会。

如果仔细分析人类社会的演进过程，我们可以得出以下三个结论：

---

* 原发表于《理论月刊》2005年第4期，原标题为《论社会的国家化及其目的和使命》。

① 关于“基本共同体”的含义，请参阅江畅著《论价值观与价值文化》（科学出版社，2014年）第15页。

第一，人类社会范围不断扩大和结构不断复杂的根本原因在于人生存、发展、享受的需要或者说利益的需要。人们对利益的追求，使社会的范围不断扩大、结构不断复杂。氏族的形成，直接的原因是自然血缘关系，但深层的原因则是共同的安全需要和生存需要迫使人们不得不生活在一起。部落、民族、国家形成的原因更复杂得多，在很大程度上是不以个人或某些社会群体的意志为转移的，但同样可以肯定的是，人们为了更多地获得利益而进行和平交往和战争征服促使了这些社会的形成。人们之所以在不同时期认同于各种不同的社会，也正在于不同的社会总能程度不同地实现单靠个人所不能实现的利益，至少在安全和最低限度的生活保障方面是如此。尽管人类社会演进的历史是血与火的历史，但从总体上看，人类社会范围不断扩大和结构不断复杂是有利于人类更好地生存、发展和享受的。

第二，在人类不同社会发展的不同时期总有某种社会形式作为人类的最基本的社会形式。人类先后出现过的氏族、部落、国家就是这种最基本形式。这些最基本的形式的一个共同特点在于，它们都是其成员安全的保卫者。人在世界上生存面临的最基本问题是生命安全问题，因而哪一种社会形式能保证其成员生命安全，那一种社会形式就会成为最基本的社会形式。以往氏族、部落是其成员的保护者，它们就成为了最基本的社会形式。今天，国家是其成员的保护者，国家就成为了今天人类的最基本社会形式。人类社会的最基本形式总的趋势是朝着扩大的方向发展。

第三，人类社会现在已经基本完成了国家化的过程。人类社会自进入文明社会以来，就开始了国家化的进程，但一直到20世纪末这一过程才基本完成。这一过程完成的显著标志就是今天的人类个体几乎无不属于一定的国家，国家成为了人类生存的最基本共同体，国家成为了最典型、最完全意义上的社会，国家几乎成为了社会的代名词。

推动社会普遍国家化的直接动力是近代以来开始的民族解放和国家独立运动。在近代以前，人类基本上是分离的，人类分别在很不相同的社会形式中生活着。在几千年的历史上，从整个人类来看，同时存在着氏族、部落、国家等不同的基本社会形式。这种状况是从近代欧洲发生的各民族国家要求从罗马天主教会一统天下解放出来开始改变的。欧洲的民族主义运动以及与之相伴随的个人主义运动，孕育了近代欧洲的殖民扩张主义。殖民扩张主义者在强大的经济实力的支持下，很快使欧洲以外的几乎所有地区成为了欧洲列强的殖民地或半殖民地。殖民主义的压迫以及欧洲个体主义（包括民族主义和个人主义）的影响，自19世纪开始在世界各殖民地掀起了民族解放运动。经过了大约一个世纪的努力，不仅殖民地普遍解放，而且在这一解放的过程中，使所有的人类社会国家化。当然，人类社会普遍国家化的完成最终还是依赖于人类社会的经济发展和科学技术的发展。没有经济和科学技术的发展本身就不会有近代的民族解放和国家独立运动，更不可能有今天这样的普遍国家化的世界。

如果说社会国家化从外延上看就是人类的所有成员都成了不同国家的公民，那么社会国家化从内涵上看就是国家成为了人类生存的基本单位，个人的一切都离不开国家。这体现在诸多显而易见的方面，如个人的安全离不开国家，个人基本生活需要的满足离不开国家，个人事业的发展离不开国家，个人的享受同样离不开国家，个人必须遵守国家的法律制度，个人生活于其中的其他所有社会共同体都受国家的管理或控制，如此等等。今天，全人类所有成员的命运都与国家紧密地联系在一起。在这种情况下，一个国家的状况如何，直接关系到作为个人生存环境和条件的整个社会的状况，直接关系到其中每一个成员的自由、幸福是否可能。

二、国家的起源、演变和实质

国家是怎样产生的，这是一个十分复杂的问题，历来的研究者从不同的角度对这个问题作出过不同的回答。如果从历史事实的角度看，国家最初起源于对被征服者实行统治的需要。

在原始社会末期，氏族部落之间的战争使一些氏族部落成为胜利者，而另外一些氏族部落则被打败。胜利者就成为了失败者的统治者。氏族内部也存在着管理问题，但这种管理是以血缘为基础的，管理的权力主要来自长者的威信和氏族部落长期沿袭下来的习俗和戒律，氏族部落成员由于血缘关系而天然地认同这种权力，因而不需要暴力作为维护管理权力的基础。但是，当管理的权力扩大到氏族部落之外以后，过去的权力就再也不足以维护社会内部的秩序，进行有效的管理。特别是那些被征服者是被迫成为管理和统治对象的，他们随时都有反抗的可能，为了使这些被征服者服从统治和管理，就需要强制，需要武力作为权力的基础和保障。氏族部落本来存在着半军事化的组织。这种组织只是在战争期间才发挥作用，也就是对外才需要，而在平时对于氏族内部并不需要这种武装力量。但是，随着对外征服范围的扩大以及与之伴随的反抗者增加，军队逐渐职业化，成为维护统治权力的基础。军队职业化并成为统治的基础，也许可以说就是国家产生的标志。国家最突出的特点并不在于拥有统治权力，而在于以某种强力作为统治权力的基础和保障。

国家最初产生之后，在世界各地经历了很不相同的演进过程。例如，按亚里士多德的观点，古代希腊出现过君主制、贵族制`共和制、民主制、寡头制`僭主制这六种类型的国家（城邦制国家），而在中国自古代直到辛亥革命，几乎一直都是家族的国家。正是因为历史事实本来就是如此，我们无法概括出国家演进的一般阶段。不过，从人类国家走过的历程来看，国家演进有以下几大总的趋向：

第一，国家的疆域扩大。国家最初形成之时，其疆域范围，充其量不过是几个部落，辖区范围很小。当然，这种扩大往往是以有些地区还没有形成国家为前提的。一旦所有的地区都为不同的国家所属，国家疆域的扩大只能靠战争和国家之间的交易了。

第二，国家的职能增加。国家最初的普遍管理职能主要是对外保护本国居民的生命财产安全，对内维护社会秩序以实现各阶级的不同利益。这基本上可以说是国家的政治管理职能。后来随着经济社会的发展，国家逐渐增加经济管理和社会管理的职能。

第三，国家的管理方式改变。最初的国家的管理方式基本上都是以个人专制为基础的人治，这种管理方式在不同的国度都长短不一地存在过，在中国曾存在过几千年。到了今天，这种方式已基本上改变成为以公民民主为基础的法治。

第四，国家的权力主体改变。国家权力的主体长期都是统治者，而统治者总是占人口的少数，因此统治者为了维护统治和防止侵略不得不诉诸军队，这不仅是对外的需要，更是对内的需要。随着国家民主化的完成，国家权力主体不再是统治者而是全体社会成员，因而军队越来越只是防止侵略的工具，而国内维护秩序的职能由警察来行使。维护国内的秩序也不是要压迫被压迫者，而主要是防止违规和打击犯罪

从以上的简要考察分析可以看出，国家的实质在于它是通过以强力为基础和保障的机构维护社会安全和进行社会管理的享有主权的政治社会。具体说来，国家具有以下基本规定性：

首先，国家是享有主权的实体性政治社会。国家与任何其他社会组织不同，它是一种通过具有完全独立性和自主性的机构进行管理的政治社会，因而它是完全意义的社会实体。就到目前为止的人类而言，这样的社会实体只有国家。在一个国家内，也有不少的组织或机构被称为实体，但它们都程度不同地会受到国家的制约，因而都是不完全意义上的实体。在当今世界范围内，也有不少国际性的组织机构被看作实体，但都不具有独立的主权，不能完全贯彻自己的意志，因而也不是完全意义上的实体。国家则不同，它具有完全独立的主权，完全可以不依

赖国家以外的组织生存，可以自主地按自己的意愿活动，是一个独立完整的社会自组织系统。

其次，国家是通过自己的机构维护自身安全和进行自身管理的。国家作为一个社会自组织系统，它的存在和发展完全依赖于自己所选定的组织机构。国家的组织机构有两项基本职能：一是国家安全，二是国家管理。虽然所有的国家都是通过自己的机构维护安全进行管理的，但如何保障国家安全，怎样管理国家事务，以及如何处理这两者之间的关系，各个国家的作法却是很不相同的。例如，有的国家为了维护国家的安全，甚至只是为了维护现行的统治，不惜一切代价，不管国家的经济社会发展，不管国民的死活。其结果国家安全得不到保障，经济社会发展落后，国民贫穷。因此，对于上述问题的处理方式不同关系到国家的兴衰成败、生死存亡。这种处理方式的不同又根源于国家的机构的设制及其运作方式，根源于国家的制度。

最后，国家机构的权力来自于国家的强制力量或“暴力机器”。国家机构之所以有能力维护国家安全，之所以有权力进行社会管理，是因为有军队、警察这些强制力量作后盾。国家的权力实际就来自国家的强制力量。没有这种强制力量，国家一天都无法存在。到目前为止的所有国家，都是以强制力作后盾的强力国家。而且可以预料，即使人类真正实现了“大同”，国家对外不需要军队，警察也仍然是需要的。这种强制力量之所需要倒不是因为对被统治阶级实行统治，而是要对付犯罪。人类有可能消灭战争，但不可能消灭犯罪。因为，我们可以设想，在一个国家范围内可以消灭战争，在全人类范围内同样也可以消灭战争，但到目前为止，在任何较大的范围内还没有消灭犯罪的先例。犯罪不可完全消灭的根源在于人性的那种利己倾向。国家机构的权力来自于强制力量，这应该是显而易见的，否则就无法说明一些国家为什么经常发生武装政变。问题在于这种强制力量来自何处。一般说来，这种强制力量来自谁，它就对谁负责。这种力量来自国民，它就对国民负责，这种力量来自某一阶级或集团，它就对某一阶级或集团负责。一个国家要成为全体国民的国家，只有国家强制力量真正来自全体国民才能如此，否则就是空话。

三、国家应有的目的和使命

国家是一种人为事物，人之所以要建构它，是因为它有价值。然而，当国家出现之后，人们才发现它并不是一种绝对好的东西。历史事实已经证明并将继续证明，国家可能是好的，也可能是坏的；可能是对所有成员是好的（如民主国家），可能是对一部分成员是好的（专制国家），也可能是对所有成员都是坏的（暴政国家）。一般说来，真正好的国家只有一种，即对所有成员都是好的国家，坏的国家则至少有两种，即对一部分成员是坏的国家和对所有成员都是坏的国家。不过可以肯定的是，国家像许多人为事物（如科学技术）一样，有了它，就可能有它可能产生的坏结果，但没有它，也就肯定没有它可能产生的好结果。因此，问题不在于要不要国家这种人为事物，而在于怎样使它成为对所有成员都是好的，防止使它成为对一部分成员是坏的，更要防止使它成为对所有成员都是坏的。为了解决这个问题，首先必须研究为国家规定什么样的目的和使命它才会成为对所有成员都是好的，才会成为真正好的，也就是要弄清楚国家应有的目的和使命是什么。

任何国家都是有目的的，并为实现目的而肩负着一定的使命，而国家的目的和使命是人为确定的。从理论上看，为国家规定的目的和使命有三种可能的情况：一是对全体国民都是好的；二是对一部分国民是好的，对一部分国民是坏的；三是对所有的国民都是坏的。

我们首先来看第三种情况。从历史事实看，属于这种情况的至少有三种情形：一种情形是以最高统治者（如皇帝、国王）的好恶为国家的目的和使命，以最高统治者的意志为国家的意志。特别是当最高统治者是个庸君、昏君、暴君时，整个国家就会成为“一台发了疯的机器”。另一种情形是以少数统治者的私利的实现为国家的唯一目的，横征暴敛、鱼肉百姓、杀鸡取卵，竭泽而渔，国家成为统治者满足私欲的天堂，百姓成为统治者任意宰割的糕羊。第三种情形是以某种根本不可能实现的尽善尽美的理想天国作为国家的目的和使命，泯灭人的天性，扼杀人的个性，牺牲人的现世幸福，其结果是绝大多数国民成为被愚弄的小丑和别有用心的野心家的走卒。这三种可能的情形看起来是对少数人或个人是好的，但实际对他们也不是好的，因为为所欲为、鱼肉百姓、愚弄国民的人的下场都是可悲的，中国的秦始皇、欧洲中世纪的天主教会就是例证。

再次我们来看第二种情况。从历史和现实看，属于这种情况的有两种情形：一种情形是以少数国民的利益的实现为国家的基本目的和使命。在这种情形下，这少数国民一般是社会的统治阶级，是国家权力的基础，而统治者是它们的代表。由于大多数的利益实现是这少数人利益实现的基础和前提，因而在这种情形下，国家一般都兼顾其他大多数国民的利益。但是，在这种国家范围内，少数国民占有了社会大多数财富、资源和权力，他们是富裕、自由、幸福的，而其他国民则不能如此，甚至还是贫穷的、受压迫的、痛苦的，因而是不公平的。在这种不公平的社会，少数统治者不得不消耗大量的财力和精力维护社会的稳定，国家的浪费大、精力分散，而且既得利益者总是感到不安全，活得并不自由、自在，因而这种国家即使是对这少数国民也不是最好的。

另一种情形是以大多数国民的利益的实现为国家的基本目的和使命，兼顾少数国民的利益。当今的市场经济社会大致上属于这种情形。这种情形无疑比前面几种情形都好，但是也存在问题。这些少数人一般都是社会的弱者，如伤残人、老年人、未成年人、妇女。他们或她们得依赖他人或社会，而且所得很少。他们感到国家对他们是不公平的，因为尽管他们对国家的贡献少，但这不是他们的意愿所能决定的。这种国家显然对这些人是不好的，由于他们获益与大多数人获益的相对差距增大，他们甚至更讨厌这种国家，而留恋那种被美化了的昔日社会。事实上，这种国家对于大多数人也并不是真正好的，因为人难免生老病死，每一个人几乎不可能完全不进入弱者的行列，只是时间迟早问题。因此，在这种国家中生活，人们的心灵上总会笼罩着阴影，总会潜藏着忧虑。

最后我们来看第一种情况。这种情况只有一种情形，那就是以全体国民幸福的普遍实现为国家的根本目的和根本使命。与前两种目的和使命相比较，这种目的和使命有两个鲜明的特点：一是它以全体国民（包括公民和准公民）而不是以部分国民更不是以某一个特殊的人物的幸福的普遍实现为根本目的和根本使命，尽管各个国民的幸福可能在深度和广度上存在着差别；二是它以全体国民的幸福而不只是某方面、某层次的利益的实现为根本目的和根本使命，就是说，它追求全体国民的根本的总体的需要的满足，追求全体国民普遍更好地生存、发展和享受。以全体国民幸福的普遍实现为国家的根本目的和根本使命还过于抽象，还必须进一步以这一根本目的和根本使命为轴心和根据为国家确立一些基本的目的和使命。它们包括以下三个方面：其一，确认并保障全体国民在国家中的主体地位；其二，建立国民自由地追求幸福、平等地享有权利和履行义务、公正地获取所得的完善机制；其三，为整个社会的和谐提供有效的保障。为国家确立这样的目的和使命，国家才可能真正成为自由、平等、公正、幸福、开放、多元、有序、人道的社会，成为真正个体自主而又整体和谐的社会，成为各尽所能、各得其所、各有所乐的社会。只有这样的社会才是真正对于全体国民都好的，只有以这样的社会的实现作为国家的目的和使命才是真正对于全体国民真正好的。由于只有追求全体国民幸福的普遍实现对于全体国民都是好的，因而只有追求全体国民幸福的普遍实现才是国家的正确目的和使命，也是国家应有的目的和使命。这样的国家才是现代意义上的“好社会”。

公正及其与自由、平等的关系*

古今中外，思想家们对自由、平等、公正及其相互关系问题作过许多探讨，提供了种种不同的答案。应该肯定，这些各种不同的答案各有其合理性，但也各有其局限性，因而至今人们在这方面难以形成共识。总体上看，以往对自由、平等、公正及其相互关系问题的研究存在着两个的明显问题：一是人们总是从各种不同的立场、角度、层次、方面进行研究，因而提出的观点相互不一致甚至对立。二是较少将自由、平等和公正联系起来从总体上进行考察，阐明彼此之间的关系，因而同一个人关于三者的观点相互不一致甚至对立，更为严重的是，有的学者只研究其中之一或之二，而不研究其中的其他，其结果因其研究的局限导致了其理论观点的片面性，甚至导致了实践上的荒谬性或有害性。正是鉴于这种情况，我们试图立足于当代人类社会现实及其走向，在批判性地借鉴各家不同观点的基础上，着重从与自由、平等相互关联的视角研究公正问题，力求纲要性地对公正及其与自由、平等之间的关系提供一些阐释和见解，以求澄清在这一问题上存在的一些是非混乱。

一、公正的实质和尺度

法哲学家博登海默说："公正具有一张普洛透斯似的脸，变幻无常，随时可呈不同的形状。当我们仔细看这张脸并试图解开隐藏其表面之后的秘密时，我们往往会深感迷惑。"[①]其所以如此，一方面是因为"公正"一词的多义性，另一方面更是因为自古以来，思想家们对"公正"提出了各不相同的解释。

"公正"的英文对应词是justice。对于这同一个英文词，有的人译为"正义"，有的人译为"公正"。实际上，在汉语中，"正义"与"公正"的含义是不完全相同的。前者侧重于道义，主要是与不义、邪恶相对立的；后者侧重于公平，主要是与不公、偏私相对立的。因此，无论将英文词justice译为"正义"还是译为"公正"都是不确切的，因为justice同时包含了这两种意义。不过，相对而言，justice总体上看更偏重于"公正"，因而以译为"公正"更好。

---

* 原发表于《湖北经济学院学报》2003年第1期，原标题为《论公正及其与自由、平等的关系》。

① 参见［美］博登海默：《法理学——法哲学及其方法》，邓正来译，华夏出版社，1987年，第238页。

尽管古往今来的思想家对公正的理解和阐释各不相同，但也逐渐形成了不少共识。根据已有的思想理论成果，笔者对公正作出以下解释。所谓社会公正，最简单地说，就是在一定社会范围内通过对社会角色及其权利和义务的公平合理分配使其中每一个成员得其所应得。具体说来，公正包含以下几层含义：第一，公正是一个关系概念。它不是就单个人而言的，而是就人与人之间的关系而言的，在一个社会内部，是就其所有成员而言的，因而公正主要是社会原则意义上的，而不主要是个人美德意义上的。第二，公正具有分配性质。公正问题总是在人与人之间分配什么东西（如财富、权利、义务、机会）引起的。第三，公正所涉及的内容是社会资源。公正是与分配相联系的，因而人类生活处处都存在公正问题。但是，就一个社会而言，公正所要解决的问题主要是公民能否自由地承当社会角色的问题，能否平等地享有权利和平等地履行义务，能否合理地占有财富的问题。第四，公正是一种价值要求，要求分配公平、合理。其一般尺度就是使相关人员得其所应得，或者说大家各得其所。这种要求在社会生活中被看是根本性的社会原则。第五，公正要求在必要的情况下适度调节分配。由于种种原因，人们的应得可能是差异巨大的，以致于有的人的应得可能是零（如某些严重的病患者）。在这种情况下，对人们的所得作适当的调整就是必要的，这也是公正的要求。第六，社会公正要求对害人者予以惩罚，对受害者的损失予以赔偿。在以上六层含义中，第四、五、六层含义都是公正的要求，其中第四层含义是公正的根本要求，反映了公正的实质，第五、六两层含义都是由第四层含义派生出来的。

如果公正的实质就在于要求分配公平、合理。那么，应该怎样理解公正所要求的分配公平、合理呢？这首先涉及对公正的根据和目的的看法。人们对公正的理解之所以不一致，重要的原因之一是他们对公正的根据和目的的看法不一致。所谓公正的根据，就是我们根据什么来谈公正。所谓公正的目的，就是人们要求公正干什么。人们总是以不同的根据、为不同的目的来谈正义的。公正有种种不同的类型，但就目前人类而言其中最重要的是以国家为其范围的社会公正。那么，社会公正的根据和目的究竟在于什么？社会公正是人为规定的，因而问题也可以这样地被提出来：究竟应该根据什么、为了什么来规定社会公正？

人们规定社会公正的根据和目的是与国家的类型和目的相一致的。人类的国家有两种基本类型，即为实现少数人的利益的专制制国家和为实现全体公民幸福的民主制国家，因而人们可以基于这两种不同类型的国家来规定公正。在专制制国家，社会公正的根据和目的就是要实现和维护少数统治者的利益。以此为根据和目的的社会公正显然只是对少数统治者是公正的，而对大多数社会成员则是不公正的。只有每一个社会成员都能平等地承当社会角色并平等地享有权利和履行义务，才有真正意义上的公平、合理，才有真正意义的社会公正。专制制国家之所以没有真正的社会公正，就是因为这样的国家没有真正的社会平等。与专制制国家不同，民主制国家是以全体社会成员都幸福为目的和使命的，以全体公民的幸福为根本目的和使命的国家必须是一种自由平等的国家。只有当它的全体公民都能自由地承当各种社会角色，平等地享有角色权利和履行角色义务，这个国家的全体公民才有可能都幸福。这样的国家才真正具备了实现社会公正的基础。真正的社会公正就应该以此为基础，也就应该根据这种国家的根本目的和根本使命来规定社会公正。

怎样理解公正所要求的分配公平、合理，还涉及对公正的尺度的看法问题。就社会公正而言，公正的一般尺度和标准就是使全体社会成员得其所应得。那么，如何理解使全体社会成员得其所应得呢？一般说来社会成员所应得的东西无非是两类：一是社会角色以及与之相关的权利和义务；二是社会财富。因此，使全体社会成员得其所应得的问题，实际上就可以分解为三个相关的问题：一是如何在社会成员中分配社会角色；二是在社会成员中分配与社会角色相应的权利和义务的问题；三是如何在社会成员中分配财富的问题。

首先看第一个问题。如何在社会成员中公平分配社会角色，关键是一个社会的所有社会角色是否对该社会的所有成员开放，换言之，也就是一个社会的所有成员能否自由地承当自由所希望承当的角色。这个问题在不同的社会有不同的处理方式。在奴隶制社会，社会角色就并不是对所有的社会成员都是开放的。一个奴隶只能承当奴隶的社会角色，而不能承当自由民的角色。封建社会亦是如此，皇帝的角色不是对所有的社会成员开放的。这种角色不平等的分配在这些社会被看作是公正的。在现代民主社会，所有社会角色对所有人开放才被看作是公正的，反之则被看作是不公正的。就是说，所有的社会角色对于每一个社会成员都是应得的。

其次看第二个问题。权利应该是与角色相应的、与义务相配的，就是说承担什么样的义务就应有什么样的权利，享有什么样的权利就应承担什么样的义务。然而，在自古以来的人类历史上，两者常常发生不相匹配甚至严重扭曲的情形。一是享有权利的人并不一定尽相应的义务；尽义务的人并不一定享有权利。也就是说，一部分人承担了另一部分人的义务；而这另一部分人则占有了承担他们义务的那一部分人的权利。二是社会或群体占有了个体的权利。这种权利和义务不相匹配的情况是人与人之间的不平等，个体与整体或群体之间关系颠倒的最重要的表现。人与人之间的平等最重要的就是在权利与义务相匹配方面的平等。就是说，个人也好，群体也好，无论是谁，不履行义务就不应该享有相应的权利，享有了权利就应当履行相应的义务。如果在这方面不平等，根本就不可能有社会的平等可言。另一方面，个体组成社会和群体是为了使个体获得更多的权利，如果社会和群体成为了少数人攫取大多数个体权利的工具，那么个体与社会或群体之间本来的关系就被颠倒了。权利和义务不相匹配的必然后果是，大多数社会成员追求权利的积极性丧失，履行义务的积极性也会因为追求权利的积极性丧失而丧失。因此，如何使社会的权利与义务相匹配是一个关系到社会是否公正的根本性社会问题。一个公正的社会应当建立了这样的一种机制，不仅要使承当一定社会角色的人享有相应的权利，同时他也不得不履行相应的义务。对于一定的社会角色来说，相应的权利和相应的义务都是他所应得的。

再看第三个问题。社会财富的分配根据一般说来是社会成员所承当角色以及所应享有的权利和所应履行的义务。然而，这个问题十分复杂，至少涉及两个层面的问题。一是社会财富的分配是否真正能根据社会成员所承当的社会角色以及所应享有的权利和所应履行的义务。例如，在专制社会就完全不能如此，分封制、世袭制可谓是其典型。即使在民主社会也很难完全做到这一点，如通常所说的区位优势、地理优势就是这种情形。二是即使能实现社会财富与社会角色以及所应享有的权利和所应履行的义务相匹配，也会存在着事实上的不公问题。例如，一个人承当了私营企业老板的角色，他经营的企业很成功，他就可能占有很多的社会财富，而一个完全丧失了劳动能力的公民，他不可能当老板，他就只能占有很少的社会财富。在这种情况下，社会（通常通过政府）的宏观调节来实现公正就是十分必要的了。因此，社会财富分配的公正尺度应该是双重的：一是与所承当的社会角色及相应的权利、义务相匹配；二是政府必要的宏观调控。

需要指出的是，作为公正尺度的社会成员得其所应得，并不是指社会成员必得其所应得，而是指能得其所应得。例如，在一个民主的社会，每一个在一定年龄阶段内的成员都有权利成为总统，这可以说是他们的“应得”，但这决不意味着他们一定要成为总统。他们能不能真正成为总统，还取决于他们自己是否愿意，其他人是否同意。从这个意义上看，“得其所应得”是就可能性而言的，而不是就实在性而言的。一个公正的社会就是建立了为其所有成员提供了这种可能性机制的社会。

二、公正与自由

自古以来，特别是近代以来，思想家们对自由作出了种种阐释，但有一点是近代以来得到普遍公认的，这就是：自由就是人能按自己的意愿行事。按自己的意愿行事，既涉及个人有没有能力按自己的意愿行事，也涉及环境允许不允许个人按自己的意愿行事。由于在人类历史和现实中自由的环境方面问题更突出，因而自由的这个方面常常成为引人注目的焦点。这种对社会自由的过分关注，是可以理解的，但确实有其偏颇，因为这往往导致对自由的其他方面的忽视。实际上，自由的能力方面和环境方面一起才构成完整的自由，也只有这种完整的自由才真正是人获得幸福的根本条件。

在一个专制的国家，国民根本不可能有自由，只有在民主国家，公民才有自由可言，因而自由与公正的关系只有在以自由为基础的民主国家才会存在。在民主制度条件下，公正与自由的关系从根本上说就是：社会公正是在肯定每一个公民都应该是自由的前提下对公民的自由作适当限制来实现公民的普遍自由的。

社会公正是以肯定一定社会范围内每一个公民都是自由的为前提的，也就是说公民自由是社会公正的基础和目的。人们生活在一个国家中，尽管由于身体的、心理的、社会的、环境的等方面的原因而不是完全自由的，但他们都是人，都是一个国家的公民，都是社会的主人，因而从社会的角度看他们都应该是自由的，都应该能按照自己的意愿追求幸福，都应该能成为自己想成为的社会角色。这种自由是每一个人作为公民，特别是作为国家主人的最基本权利。它不应该被侵犯，更不应该被剥夺，除非一个人侵犯了其他人同样的权利。社会公正就是要肯定这种自由，保护这种自由，更要通过一定的方式使这种自由得以更好地实现。每一个公民都应该自由，这是社会公正的基本前提和出发点。公民不自由就谈不上社会公正，公民不自由就是最大的社会不公正。

每一个社会公民都应该是自由的，但是，从历史的角度看，人类社会是从一部分人自由而另一部分人受奴役走过来的，直到今天，人类社会仍然未完全走出这种阴影。而且从理论的角度看，人类社会出现这种一部分人奴役另一部分人的情形甚至比社会成员普遍享有自由的情形更有可能。社会公正正是针对这种现实的和可能的情形提出来的，其首要的目的就是要使社会所有的成员都同样地享有自由。它谴责并要求改变一部分人奴役另一部分人的情形，要求所有的社会成员都自由。同时，在实现了普遍自由的社会，由于种种原因，这种公民的普遍自由可能遭到破坏，社会公正又要防止人们为了自己的自由而妨碍和伤害他人的自由，维护社会的普遍自由。

要实现公民的普遍自由，就必须对人们的自由作出适当的限制。其所以要如此，是因为如果不对人们的自由作出适当的限制，人们为所欲为、各行其是，就必定导致人与人之间的相互伤害，其结果必然是人们不仅不能普遍地获得自由，相反会出现弱肉强食、人对人是狼的战争状态。社会公正正是通过对人们的自由作出适当的限制来实现公民的普遍自由的。社会公正实质上就是要通过对人们的自由作适当的限制来实现人们的普遍自由。这种限制不是无限度的，而是最低限度的。这种限度就是每一个人的自由不得妨碍和伤害他人的自由。从这个意义上看，社会公正是一种力图使人们的自由纳入到一定秩序范围的根本性的社会规范原则。这种原则在道德上的根本要求就是己所不欲，勿施于人，即推己及人，时时处处事事想到别人像自己一样也是人，也在追求幸福和自由，也有与自己一样的权利，这一切都应该受到尊重。它在法律上的根本要求就是保证每一个社会成员都有追求自由、平等的权利，使这种权利成为神圣不可侵犯的。

由此看来，社会公正不是对自由的否定，而是对把自由作为某些人的特权的否定，对为了自己自由而妨碍和伤害他人自由的作法的否定，它要求自由对所有社会成员开放，要求所有的社会成员都能平等地自由承当各种社会角色。不追求普遍自由，就没有社会公正；不追求社会公正，就没有普遍自由。这可以说就是自由与公正的内在关联。由于社会公正把普遍自由作为它的基本目的和追求，因而当人们把它作为一种价值原则和社会规范时，它就成为了人们争取和捍卫自由的武器。

三、公正与平等

关于平等，通常从两种意义上理解：一是从人类本身来理解，二是从人类生活的外部环境来理解。前者被称为人类的或人际的平等或不平等；后者可称为环境的平等或不平等。人际的平等或不平等又被进一步分为两个方面：一是天资方面的，这是由人生来就具有的生理条件形成的；二是造诣（或才能）方面的，这是受家庭出身、受教育的程度、个人的作为等因素影响而形成的。环境的平等或不平等可被分为三种类型：一是条件方面的，二是机会方面的，三是结果方面的。根据这种对平等或不平等的理解，条件的平等，可以是个人地位的平等和他们享有待遇的平等；也可以是个人对于社会资源（包括财富、权利等）拥有方面的平等。

上述这种对平等含义的理解看来是有问题的。首先，所谓个人的平等是不存在的。任何人都承认，每一个人的天资是生来不平等的，每一个人的造诣也是事实上不平等的。既然如此，就在这两方面不能要求平等，也不可能实现平等。在事实上不平等而且也不可能实现平等的方面谈平等，是没有什么实际意义的。其次，就环境的平等而言，其中的条件平等和结果的平等也是不可能实现的。因为人生活的条件不只是由社会环境决定的，而且也是由个人的天资、作为以及其他多种因素（如时间、地点、条件）决定的。所有这些因素综合作用的结果，必定会使人生活的条件不平等，即使有相同的机会，把握和利用机会的程度也不相同。在以上所说的两大类平等的五小类平等中，只有机会问题才谈得上平等。人类真正能要求的平等只能是机会的平等。因为尽管人们在天资上、作为上、条件上事实上不可能平等，而且不管人类怎样努力，都不可能实现这些方面的平等，但能够在机会上获得平等。从社会的角度看机会就是获得权利的机会，因此，机会平等实质上就是权利的平等。第三，上述观点忽视了人可能而且必须平等的一个重要方面，即义务平等。人不仅能够而且应该在享有机会或权利方面，而且能够而且应该在履行义务方面平等。

因此，人类所能获得的而且应该追求的平等只有两类：权利的平等和义务的平等。权利和义务都是与角色相联的。从与角色的关系看，权利的平等包括两个方面：一是获得角色机会的平等，即每一个公民都应该能平等地获得各种社会角色；二是享有角色权利的平等，即无论是谁，只要他获得了一定的角色，他就应该享有相应的角色权利。从与角色的关系看，义务的平等是指无论是什么人只要他承当了某一角色，他就应该履行相应的角色义务。在权利和义务上人人平等，只要求每一个社会成员平等地享有权利和履行义务，要求权利和义务要平衡、要匹配，但并不保证他们都能在相同的程度实际享有权利和履行义务，更不能保证他们都获得相同的结果。

许多人把平等看作是公正，特别是把社会成员对社会资源享有的平等看作是公正，这是一种误解。平等不等于公正，公正也不等于平等。社会公正实质上是在肯定每一公民都应该平等地享有权利和履行义务的前提下对事实上的不平等作适当限制来实现公民的人人平等的。

首先应该肯定，社会公正是以每一个公民都应该平等的承当社会角色、平等地享有权利和平等地履行义务为前提的。也就是说，公正是以平等为前提的。人们生活在一个国家中，尽管天资、作为乃至条件等诸多方面是不平等的，但他们都是人，都是一个国家的公民，都是社会的主人，因而从社会的角度看他们都应该是平等的，都应该能承当各种社会角色，都应该能享有与社会角色相应的权利。这种平等像自由一样，也是每一个人作为公民，特别是作为国家主人的最基本的权利。它不应该被侵犯，更不应该被剥夺，除非一个人侵犯了其他人同样的权利。另一方面，每一个公民也都应该同样地履行与社会角色相应的义务。这种义务的平等应该是与权利的平等相匹配的，任何人都不应该被免除，除非他不享有权利。社会公正就是要肯定这种平等，保护这种平等，更要通过一定的方式使这种平等得以更好地实现。每一个公民都应该在权利和义务上平等，这是社会公正的基本前提和出发点。公民在权利和义务上不平等就谈不上社会公正，公民在权利和义务上不平等就是最大的社会不公正。

然而，公民在权利和义务上平等的社会也不一定就是平等的社会。尽管社会可以通过一定的方式保证每一个公民在承当社会角色以及享有与社会角色相应的权利和履行与社会角色相应的义务方面平等，但由于每一个公民的天资、作为、条件、环境、机遇等方面客观上不相同，因而公民无论在权利和义务上多么平等，也仍然会出现三方面事实上的不平等：一是人们平等地享受权利和履行义务而结果不平等，如大家都可以成为商人，但有的人可能成为大商人，有的人可能成为小商人，有的商人赚钱，有的商人亏本；二是虽然人们都有平等地享有权利和履行义务的资格，但有的人没有能力去享有和履行其中的一种或多种权利和义务，如老人、儿童、残疾人常常就是如此；三是人们不仅有平等地享受权利和履行义务的资格，而且能享有权利和履行义务，但由于竞争、机遇等因素的影响而未能承当某种角色，如每一个公民都有被选举权，但并不是每一个公民都能成为政府官员。在社会没有实现权利和义务方面的平等的时候，实现这种平等就是社会公正所要解决的主要问题，但在这一问题解决之后，这三方面的事实上的不平等就成为了社会公正面临的主要问题。

这种事实上的不平等问题较之权利和义务方面的平等问题更难以解决，可以说是社会公正面临的最大难题。其所以如此，是因为公民在权利和义务方面的平等问题只要使国家真正成为民主的国家就能解决，而事实上不平等的问题则不只是个制度问题，而是一个对于人类来说两难的问题：如果强制地消除事实上的不平等，追求绝对的公正，必然会挫伤强者的积极性，客观上起了保护弱者的作用，其结果必定会导致社会缺乏生机和活力，导致社会发展的低速度；如果任由事实上的不平等发展，社会虽然可能更富有生机和活力，但社会由两极分化导致的矛盾和对立会日益加深，最终会影响社会的稳定。这种两难我们也可以简称为社会公正的两难。

怎样解决这一两难难题，各国目前所采取的对策是很不相同的。大致上有三种不同的取向：一是宁要低速度，也不允许出现两极分化；二是在允许事实上的不平等的前提下保护弱者；三是在允许事实上不平等的前提下既保护弱者，也适当限制强者。从理论上来看，为了使社会保持一定的活力，允许在平等的前提下存在事实上的不平等是必要的，但这种不平等必须有一定的限度。一个社会只能在公正要求的范围内争取最大限度的平等，平等不能超出这个限度，否则就会变成不公正的。

四、公正的价值及其实现

以上的分析表明，只有在自由平等的社会才会有真正的社会公正，因为只有在自由平等的社会才会提出社会公正问题，也只有在自由平等的社会才有可能实现社会公正；另一方面，只有实现了社会公正，社会才可能是自由平等的，因为只有社会公正才能为普遍的自由平等提供保证。从公正与自由、平等的关系来看，社会可能存在着三种基本情形：一是自由而不公正的社会；二是平等而不公正的社会；三是既自由、平等，又公正的社会。第一种情形的结果只会是使社会最终陷入混乱，导致弱肉强食的局面。这种情形事实上并不是真正的公正。第二种情形会使社会最终陷入严重的两极分化的局面。这种情形也不是真正的公正。只有第三种情形才是真正美好的社会，才有真正的公正。在这种社会里，大家才能真正自由地追求幸福、平等地享有权利和履行义务、公平地获取所得。

近代以来，人类开始把自由、平等作为社会的追求，致力于建立现代意义的民主国家，以为实现了公民自由和平等，建立起了保障自由和平等的民主制度就可以建立起人间的天堂，使全体社会成员过上幸福生活。然而，几百年的社会历史实践证明，只是追求自由、平等，而不建立起公正的社会制约机制，其结果是社会的严重两极分化和严重阶级对立。因此，到了20世纪，人类逐渐意识到社会公正对于真正实现全体社会成员幸福的意义，开始关注社会公正问题，并逐渐确立了社会公正的价值理念。到今天，社会公正问题虽没有真正解决，但越来越为各国所普遍重视，公正已被公认为一条最重要的价值原则。

那么，追求自由、平等的民主国家为什么还需要社会公正呢？这是因为自由平等对于全体社会成员的普遍幸福是必需的，但在一个国家内，要使每一个公民都自由平等，就会出现这样两个问题：一些人的自由可能妨碍其他人的自由，这样就可能出现一些人自由而另一些人不自由的问题；每一个人都有平等的成为社会角色的权利，但人们天资、作为、条件等方面的不平等必然导致享有这种权利的不平等，这样就会出现形式上平等而事实上不平等的问题。这两个问题不能得到妥善解决，不仅人们不能真正自由平等从而普遍获得幸福，相反会使社会陷入混乱乃至生存都受到威胁。社会公正的意义正在于，着眼于全体公民的普遍幸福，对人们的自由作出适当的限定，对人们由享有平等权利所引起的事实上的不平等作适当的调整，并以一定的强制措施使这种限定和调整得以有效施行，从而保证所有公民的自由和平等权利在总体上得到最大限度的实现，使每一个公民得其所应得，不得其所不应得。

由此可以看出，社会公正具有以下必要性和重要性：第一，必须通过社会公正来保证每一个公民都能自由地追求幸福，防止自由成为一部分人的特权；第二，必须通过社会公正来保证每一个公民平等地享有权利和履行义务，防止权利与义务的不匹配；第三，必须通过公正来调整由自由和平等引起的事实上的社会不平等，防止社会发生严重的两极分化；第四，必须通过公正来惩治妨碍和伤害他人自由和平等的行为，即所谓伸张正义，防止社会秩序遭到破坏。

从以上分析可以看出，社会公正是一种综合性的价值要求，它不仅包含了对自由和平等的要求，而且包含了对自由和平等可能导致的社会问题给予适当解决的要求。正因为如此，有的哲学家把公正看作是社会的最高原则和最重要美德。

作为一种综合性的价值要求，社会公正包含了以下几条相互联系、不可或缺的原则：

（1）普遍自由原则，即每一个公民都应该是自由的，除非其妨碍和伤害了他人的自由。这条原则反对在任何时候任何情况下把人划分为主人和奴隶。

（2）人人平等原则，即每一个公民在承当社会角色以及享有角色权利和履行角色义务方面都应该是平等的。这条原则反对在任何时候任何情况下把某些角色作为某些人的特权，否定只享有权利不履行义务的“特殊公民”的合法性。

（3）所得限制原则，即在同一社会内部，一个人不应该获得足够多的资源，以致于剩下部分不够分配给所有其他的人或家庭来使他们能够维持在生存的基础线上。这条原则防止社会资源个人垄断。

（4）最低保障原则，即在同一社会内部，没有人拥有的比他足够达到正常生活所需要的还少。这条原则防止社会出现无法生存的穷人。

所得限制与最低保障这两种限度之间的范围就是公正的范围[①]。这两条原则既适用于经济，也适用于政治。就经济而言，社会的最弱者必须得到基本的生活保障，在这一点上每一个公民是绝对平等的；社会的最强者所拥有的财富不能多至使社会剩余的财富不足以给最弱者提供基本的生活保障。就政治而言，社会的最弱者必须享有基本人权，即生存权、自由权、平等权，最强者所拥有的权利不能大至足以剥夺甚至威胁最弱者的基本人权。

（5）侵害补偿原则，即任何一个公民，只要他有意侵犯了他人的权利，他必须对被伤害人或社会作出必要的补偿。

这五条原则是任何一个公正的社会必须同时遵循的基本原则，其中任何一条原则都是必要的。作为公正社会立国的根本原则，它们也是衡量一个社会或国家是不是公正的、是不是好的基本标准。一个社会要成为公正的社会，就必须依据以上五条原则来构建，就必须始终坚持贯彻这五条原则。这种构建和坚持的过程也就是公正实现的过程。从人类的历史经验来看，要实现社会公正必须解决好以下三个基本问题：

首先，必须普遍树立社会公正原则的观念。不仅人类个体，而且人类整体，其活动都是在观念指导下进行的。要使社会公正原则在一个社会得以实现，首先这个社会必须认识和确认社会公正原则，其次必须使全体社会成员普遍树立社会公正观念，特别是树立对社会公正原则的信念。从人类历史的情况看，在树立社会公正观念方面存在着两种问题：一是根本就没有社会公正观念，至少没有完整的社会公正观念；二是虽然有社会公正观念，但社会公正观念并不正确。这两方面的问题是人类社会长期以来不能成为公正社会的根本原因。普遍树立社会公正原则观念，既是构建公正社会制度的前提，也是人们成为公正的人的前提。

其次，必须以公正原则立国。社会公正主要是通过国家制度、国家机构及其活动实现的，而不是通过公民个人实现的。国家制度的建立、国家机构的设立以及国家的一切活动都必须以公正原则作为依据并体现公正原则的要求。这是公正原则实现的基本途径。公正原则要得以实现，首先必须使公正原则制度化。制度化是公正原则得以持之以恒地贯彻的根本保证。有了制度的保证，公正原则就不会因为国家领导人的变更而受到影响或遭到破坏。国家的活动是通过国家机构来实现的，因而国家机构的设立只有体现公正原则的要求，才有可能使国家的活动

---

① 这两方面的限制的理论根据是“帕累托最适度”。其基本含义是：任何社会变革都是要得的，如果（1）每个人都好起来，或（2）一些人好起来而没有人坏下去。否则，任何社会变革都是要不得的。参见刘涤源、谭崇台主编《当代西方经济学说》（修订本）下，武汉大学出版社，1990年，第346页。

体现公正原则的要求。在制度的范围内，国家机构还有大量的自主活动，因而还必须使公正原则成为国家一切活动的基本准则。只有使公正原则成为国家一切活动的准则，公正原则才能得以全面地贯彻实行。

最后，必须建立公正原则得以贯彻的保障机制。为了使公正原则得以全面的实现，必须建立一定的保障机制。这种机制包括两个方面：一是保证公正原则能成为国家一切活动的准则，国家活动一旦违背这种准则就能得到及时纠正；二是保证公正原则能成为每一个公民一切活动的准则，公民活动一旦违背了这种准则也能得到及时的纠正。从现代社会来看，这种保障机制主要有三种形式：法制、道德和大众传媒。它们以公正原则为依据对国家机构和全体公民的活动进行规范或褒贬，从而使公正原则得以有效的贯彻实施。

政治好坏优劣之评判*

政治是人类文明社会中最常见、最复杂同时又是最重要的现象。政治对人类社会生活的作用如此重大，以至于政治的好坏优劣直接关系到人类生活的好坏优劣。不同的人可以从不同的立场、不同的学科可以从不同的视角评价政治的好坏优劣，本文试图从哲学价值论这一特殊的视角对政治的好坏优劣提出一些粗略的看法，以参与目前正成为热门话题的政治问题的讨论。今天，政治正在从国家走向国际、走向世界，本文更侧重于国家政治的讨论，尽管其中的一些看法也许适用于国际政治或世界政治。

一、政治好坏优劣的复杂性

当我们谈到政治好坏优劣的时候，实际上说的是以政治为对象对其好坏优劣进行评价。这里就涉及政治评价的多重因素，其中每一种因素又是十分复杂的。对这种评价的复杂性本身进行一些分析，对于正确理解和把握政治好坏优劣问题是十分必要的。

从哲学价值论特别是从其评价论的角度看，政治好坏优劣的复杂性可以分解为政治本身的复杂性、政治意义的好坏及其优劣的复杂性、政治评价主体的复杂性这三个基本方面。分析这三方面的复杂性有助于认识政治优劣好坏评价的复杂性，也有助于认识政治好坏优劣的复杂性。

政治本身是复杂的。这种复杂性主要体现在以下五个方面：①多维与多层的立体性。政治是一种多维度、多层次的立体结构系统。从当代的政治来看，政治至少包含政党、立法、司法、行政、政治性社团，以及思想观念、制度、活动等不同的维度；包含中央、地方、基层、公民等不同层次。这些不同的维度和层次以及作为其基础的强制力量（主要是军队）是一个复杂的立体结构。当我们谈及政治的好坏优劣时，可能是就整个结构系统而言的，也可能是就其某一因素而言的。②机构与官员的互动性。政治主要是通过组织机构实现的，而政治的组织机构又是由官员掌管的。就是说，政治是人为的，是人通过机构而“为”的。机构

---

* 原发表于《政治与伦理——应用政治哲学的视角》，人民出版社，2006 年，原标题为《从价值论看政治的优劣》。

和官员并不等同，两者之间存在着复杂的互动关系。好的政治可能是两者之间的良性互动，坏的政治可能是两者之间的恶性互动。③动机与效果的差异性。政治是通过各种活动实现的，政治活动的动机与效果像其他活动一样常常不一致，有时甚至相反。这种情况就提出了是根据动机抑或效果抑或两者来评价政治的问题。④稳定与变动的交错性。政治是由无数活动构成的动态过程，这一过程中的因素有些是稳定的，有些是变动的，而且这种稳定和变动又是相对的、交错的。这种稳定和变动的交互性给政治评价增加了许多不可测的因素。⑤历史与现实的迁沿性。差不多在人类进入文明社会后就开始有了政治。现代社会的政治与传统社会的政治迥然不同，传统社会、现代社会的政治本身以及传统社会和现代社会中各国（或政治共同体）的政治也不同，但这各不相同的政治又有某些共同性和沿袭性。这种情况表明，谈政治的好坏问题需要考虑时代和国别的因素。

对政治意义上的“好坏”“优劣”的理解更为复杂。一般地说，“好坏”是肯定否定的定性的标准，“优劣”是相对更好（或相对更坏）的定量标准。由于政治本身的复杂性，因而当谈到政治的好坏优劣时可能是就一种政治整个而言的，也可能是就其总体而言的，还可能是就其中的某部分或某方面而言的。说一种政治整个是好的（优的）或坏的（劣的），是说该政治的方方面面都是好的或坏的。说一种政治总体上是好的或坏的，是说该政治的基本方面是好的或坏的。就现代而言，人们一般把政治是否民主、是否法制、是否公正被看作是政治的基本方面。民主、法制、公正的政治被认为是好的，否则被认为是坏的。这就是就总体而言的。说一种政治某部分或某方面是好的，是说该政治的某一或某些部分或方面是好的。就当代中国而言，人们可能是分别从发展、稳定、整体、个体、廉政、制度、活动、动机或效果等各种不同的方面来看政治的好坏。例如，一个人可能因为一个国家存在着较多的腐败现象而认为这个国家政治腐败，并进而认为这个国家的政治不好。从某一方面或某些方面评价政治的情况是最经常发生的，正因为如此，我们在日常生活中常常听到诸如开明、清明、民主、激进、保守、有为、无为这样一些对政治评价的字眼。

政治的好坏优劣总是评价者作出的评价。对于同一政治现象，不同的评价者会作出不同的评价，因而政治好坏优劣的复杂性是与评价者（或评价主体）的复杂性相关联的。政治的评价者大致可以划分为当政者、在野者、公众、不同学科四大类。一般来说，执掌政权的当政者更倾向于对政治作肯定性的评价，最高的当政者尤其如此。当然，即使是当政者内部由于种种原因（特别是政治斗争的需要）评价的分歧也很大，甚至根本对立。在野者主要是指不执掌政权的政治家，如在野党的领袖、政治集团的职业政治家。他们对现行政治一般更倾向于作出否定性评价。公众对政治的评价千差万别，人们更倾向于从与自身利害关系的角度作出评价，但由于大多数人处于社会的中下层，这些人往往有着共同的利害关系，因而在很多的情况下会形成倾向性意见。不同学科对政治的评价也是不同的。对政治作出评价的至少有政治学、经济学、社会学、文化学、宗教学、文学、政治哲学、价值论、伦理学等学科。对同一政治形态或政治现象，这些学科可能作出不尽相同的评价。导致这种情况的原因不仅在于不同的学科有不同的学术视角和不同的研究方法，而且在于它们与政治关系的亲疏远近。当一门学科与政治关系密切，特别是其主张为当政者所采纳时，该学科就可能更倾向于对政治作肯定性评价。

二、政治的实质、意义和使命

哲学价值论不仅要研究评价政治好坏优劣的复杂性，而且要从哲学价值论的角度提供一种自己的评价。这种评价的基础和根据就是哲学价值论对政治的理解，特别是对政治是什么、为什么要政治、要政治干什么的理解。哲学价值论就是要从政治的实质、意义和使命来研究和提供评价政治好坏优劣的标准。

政治是进入文明社会以来人类社会生活的基本领域之一。它是由各种政治现象构成的，不仅包括政治活动，而且包括政治活动赖以进行的环境、条件，以及政治活动的结果，如国家、政党、公民、政治制度、国家机器，等等。概括地说，政治包括政治思想（政治观念）、政治主体、政治对象、政治形式（制度）、政治结构、政治手段、政治运作、政治监督、政治宣传、政治舆论、政治教育等诸多方面。其中政治思想、政治制度和政治活动是政治相互关联的三个基本方面。政治是一种人为现象，在一定意义上说，所有这些现象都是政治活动的结果，政治活动是政治的突出现象，也是政治的中心内容。从这个意义上看，政治也可以在狭义上理解为政治活动。

政治是什么？人们见仁见智，从哲学价值论的角度看，政治是以实现、扩大和维护一定人群的利益为指向，通过一定的机构运用以军队、警察、监狱等强制力量为凭借的权力进行社会管理的思想、制度和活动。从这一规定可以看出，政治是一种工具或手段，是为实现一定目的服务的，这个目的就是实现、扩大和维护一定人群的利益。政治是运用权力进行管理并在管理的过程中、通过管理实现其目的的。就是说，政治的利益与社会的利益是交叉的，甚至可能是重合的。政治是由一定的机构来行使权力的，这些机构包括立法机构、行政机构、司法机构、政治社团等。政治是以强制力量作后盾来行使权力的，没有这种后盾就不会形成政治权力。政治的核心是政治权力，就其实质而言，它是运用政治权力来实现、扩大和维护一定人群的利益。这里的一定人群可能主要是统治者，也可能是大多数甚至全体社会成员。主要为统治者服务还是为大多数或全体社会成员服务，是传统政治与现代政治的分水岭。一般地说，传统政治主要是为统治者服务的，而现代政治则是为大多数或全体社会成员服务的。权力是政治的根本规定性。有权力才有政治，没有权力就不会有政治，有好的权力就有好的政治，有不好的权力就有不好的政治。权力本身并不是目的价值，而是手段价值，它可以用于和服务于不同的目的。人类的社会历史事实表明，权力虽然是一种工具价值，但与其他的工具价值不同，它是一种最有力、最有效的工具价值。

由政治的实质可以看出，政治可以为一定的人群谋利或造福。人类之所以要政治是因为政治是一定人群谋求利益或幸福的有效手段。利己是人本性的自然倾向。当一定社会共同体中的每一个人都出于利己的本性谋求自己的利益或幸福时，可能相互妨碍和伤害，从而使该共同体陷入“人对人是狼”的战争状态。为了使人们出于自己的本性谋利而又不会相互妨碍和伤害，就要对人们的谋利行为进行必要的限制。对人们的行为进行必要限制并非轻易就能实现的，而必须以一定的强制力量作后盾，使人们的行为被迫就范。政治的意义就在于不仅为人们提供在各自谋利的过程中不相互妨碍和伤害的规范，而且运用以强制力量为后盾的政治权力使人们遵循这些规范，从而使社会进入良序的状态，人们可以在其中自由地谋利而不相互妨碍和伤害。

这也许是政治本来可以达到的状态，但是人类历史是复杂的。在人类历史上，有很长一段历史时期的政治成为了少数人（主要是统治者）谋求自身利益的手段。统治者由于种种原因通过控制强制力量而建立了政治，攫取了政治权力，并运用政治权力谋求自己的利益。当然，在谋求统治者的利益时可能适当兼顾其他社会成员的利益，但他们在这样做的时候，是以统治者的利益最好地实现为前提的，一旦其他社会成员的利益与统治者的利益相矛盾或冲突时，他们会毫不犹豫地牺牲其他社会成员的利益，以保全统治者的利益。近代以来，伴随着政治民主化的进程，政治并没有因为传统社会的消亡而退出历史舞台，相反成为现代社会的主要控制手段。现代社会是一种自由的社会，在其中每一个人享有更大的独立自主性。在这种情况下，人们相互妨碍和伤害的可能性更大，妨碍和伤害的影响力更大，因而更需要运用以强制力量为依托的权力来对人们的行为进行规范、调整和引导。这样，政治就逐渐从维护少数人的利益演变成“管理众人之事”，政治因而恢复了它的本来面目，成为通过规范、调整和引导所有社会成员的谋利行为，使他们的行为纳入到社会可控制的秩序范围的有效手段。

无论只是谋求部分社会成员的利益还是谋求所有社会成员的利益，政治及其好坏优劣都与所有社会成员利害攸关。这是因为：第一,一种为所有社会成员谋求利益的政治，不言而喻它的好坏优劣直接与社会成员利害相关；第二,一种为大多数人谋求利益的政治，可能因为不能实现大多数以外的少数人的利益而关涉全体社会成员的利益；第三,一种主要为统治者服务的政治，它为了达到其目的，可能运用政治权力侵占或掠夺其他社会成员的利益。由此看来，政治在人类生活中具有决定性地位，政治的好坏优劣直接决定一个社会是否和谐，其成员是否幸福。

在当代，政治共同体主要是国家，过去主要为统治者服务的那种政治已经逐渐为各国所否弃，而政治应当为国家的大多数或全体社会成员服务，已经成为人们的共识。政治是对人类生活的一种人为干预，是对人类生活的一种自觉规范和引导。今天人类之所以要政治这种对自己进行限制的东西，就是因为要政治运用权力来更好地实现、发展和维护全体社会成员的利益，使全体社会成员在和谐的环境中幸福生活。或者更具体一点地说，今天人类仍然要政治的目的就在于，要运用政治的力量来为社会成员的普遍幸福营造尽可能和谐的环境，提供尽可能优越的条件，创造尽可能充足的机会，给予尽可能有效的保障。

三、政治好坏优劣的根本尺度和标准体系

“像真理性是认识论的基本范畴一样，合理性（rationality）是价值论的基本范畴，也是伦理学的基本范畴。‘合理性’的本义在于是否合理，其前提是是否出于理性和符合理性。因此，可以从两层意义上把合理性理解为‘是否合理’和‘是否合理性’。后者是前提，是必要条件，但不是充分条件。就是说，合理的必须是合理性的，但合理性的并不一定就是合理的，因为理性本身是中性的。从日常意义上看，合理性意指是否合乎情理；从逻辑的意义上看，合理性意指是否具有充足理由，也就是能否为自己辩护；从伦理学或价值论的意义看，合理性意指从根本上和总体上看是否只有利于人类的生存和发展，或是否只有利于促进人类的幸福。”[①]由于合理性是哲学价值论的基本范畴，因而哲学价值论衡量政治好坏优劣的

---

① 周鸿雁:《探寻权力的合理性：构建政治伦理学导论》,《江汉论坛》2005年第8期。

根本尺度就是政治的合理性，或者说政治是否合理。将哲学价值论对合理性的理解应用于或延伸到政治，那么政治的合理性就在于从根本上和总体上看是否只有利于一定共同体或社会的全体成员的幸福。这就是政治是否合理的根本尺度，也是政治好坏优劣的根本尺度。

根据这种政治好坏优劣的合理性尺度，只有为某一共同体全体成员或公众服务的政治才是合理的，而仅为少数人甚至多数人服务的政治则是不合理的；那种实现、扩展和维护全体社会成员生存、发展的整体利益或幸福的政治是合理的，而仅有利于全体社会成员的某一方面利益的政治也是不合理的。值得注意的，即使是合理的政治，作为一种宏观管理，它也不可能在任何时候、在任何情况下、在任何事情上都有利于每一个共同体成员的幸福，而只可能在根本上有利于和在总体上有利于。或者说，合理的政治有可能为了幸福、为了大的幸福、为了大多数人或所有人的幸福、为了全局的幸福、为了长远的幸福而适度忍受痛苦、牺牲小的幸福、少数人或个别人的幸福、局部的幸福、眼前的幸福。这应该是可以理解的。

如前所述，政治是一种十分复杂的现象，政治的好坏优劣体现于政治的方方面面，因而我们有必要根据政治合理性这一根本尺度的要求确立衡量政治方方面面的价值标准体系。从当代政治的构成和政治合理性的根本要求来看，可以从以下五个方面具体考察政治的合理性并确立相应的价值标准：①从政治的构建和基础看，“顺天道，得民心”、主权在民的民主政治是合理的；②从政治的主体和结构看，“精兵简政”、分权制衡、有所为有所不为的有限政治是合理的；③从政治的方式和手段看，依法治理、在法律面前人人平等的法制政治是合理的；④从政治的目的和活动看，权为民所用，服务、高效、负责的为民政治是合理的；⑤从政治的成本和监控看，成本低廉、有效防腐，吏治清明的廉洁政治是合理的。这五个方面构成一个以实现全体社会成员在和谐环境中幸福生活为目标和轴心的政治价值标准体系。其中的民主、有限、法制、为民、廉洁，是现代政治是否合理的基本标准。由这五条基本标准构成的价值标准体系是政治合理性根本尺度的体现和展开。这五条标准是一个完整的标准体系，对于政治的合理性来说都是不可或缺的。一般地说，总体上符合这五条标准的政治，或者说达到了这五条标准的基本要求的政治，就是合理的政治，就是好的政治，完全符合这五条标准的政治就是优的政治；不符合其中任何一条标准的政治就是坏的政治，只符合其中部分标准的政治就是劣的政治，而坏的和劣的政治都是不合理的。

这个标准体系是哲学价值论根据人谋求更好地生存发展的本性的要求提出的，

合理的或好的优的政治，必须具备这些根本的、总体的要求。一种政治完全可以在此基础上形成自己的传统特色，民族特色或国家特色，使其具有个性和优势，使其更优。但是，这些标准作为好政治、优政治的基本要求对于好政治、优政治来说是不可缺少的，更不能与之相悖的。任何政治都不能以传统不同、民族不同、国家不同为理由否认这种政治合理性的要求，拒绝接受这种标准的检验。否则，就不会有好的政治，更不会有优的政治。

幸福主义的命题与主张*

笔者在《德性论》（人民出版社，2011年）的“后记”中曾对构建幸福主义伦理学的历程及幸福主义伦理学的基本概念、基本命题和基本主张作了这样的记述：“长期以来我一直着眼于当代世界文明发展的大趋势，面向当代人类问题和我国现实问题，从价值论的角度研究价值和道德问题，并以幸福这一价值和道德的总体性问题为中心构建自己的学术体系。以前我着重研究了幸福、智慧、和谐和优雅问题，德性问题有所涉及，但没有作系统、深入的研究。这次对德性问题的系统研究，弥补了过去的不足，同时也深化了对以前研究过的问题的认识。到这本书完成，我大致上完成了我的幸福主义伦理学体系的构建。这个体系概括说来由五个基本范畴、五个基本命题和五个基本主张构成。五个基本范畴是：幸福、智慧、德性、和谐和优雅。五个基本命题是：幸福是人类追求的终极目的，智慧是实现幸福的最佳途径，德性是人格完善的可靠保证，和谐是生存环境的理想状态，优雅是当代人类的应有选择。五个基本主张是：走幸福之路，做智慧之人，修德性品质，创和谐环境，过优雅生活。这个体系试图将对历史的传承和对现实的反思有机结合起来，最终落脚于回答当代人类如何更好地生存。”

一、幸福：人类追求的终极目标

人是有意识的，其重要体现之一是人能思考为什么活着，从而能确立人生的终极目标。然而，人生应该确立什么样的终极目标？不同的人有不同的看法，不同的社会（在人类历史上有不同的基本形式，如氏族、部落、国家等）有不同的选择。如果考虑个体与群体的因素，情形就会更为复杂。从历史和现实来看，有三类人生终极目标：一类是社会倡导的；一类是思想家主张的；一类是大众奉行的。这三类人生终极目标可能是基本一致的，也可能不一致甚至彼此冲突，尽管它们总是相互影响的。那么，有没有某种自古以来得到更多认同的人生终极目标呢？有，这就是幸福。

何谓幸福？人们可以从不同的角度理解幸福，并给它下定义。其中有两种见

---

* 原发表于《伦理学研究》2002年第2期（创刊号），《中国社会科学文摘》2003年第2期转载，原标题为《优雅生存与人类幸福》，该文收入本书时内容有所补充。

解十分流行：一是把幸福理解为快乐；一是把幸福理解为有德性。这两种流行的看法的缺陷主要在于没有从人的生存和发展的角度理解幸福。如果我们不是单纯从个人的感官欲望出发，也不是单纯从社会的稳定需要出发，而是从人的生存和发展需要出发，我们就可以对幸福做出如下规定：幸福就是人由生存需要得到适度满足、发展需要得到一定程度满足并不断追求进一步满足所产生的对人生总体上感到满意的愉悦状态。

这种对幸福的规定有三个要件：其一，生存需要必须得到满足，否则就不会有幸福，相反会不幸，甚至痛苦；但是，对生存需要的追求又必须适度，否则就会由此导致贪欲，贪欲是祸患的根源。其二，只有生存需要满足是不够的，发展需要还必须得到一定程度的满足，而且不断追求进一步的满足。不追求发展需要的满足，或获得一些满足就无所用心，也不会有幸福，或由幸福变得不再幸福。其三，作为幸福的那种满意状态，只能是就生活总体而言的，而不是就每一件事或每一方面而言，否则就可能得出人不能获得幸福的结论。

幸福与快乐不同，幸福更依赖环境和条件。幸福与否不仅取决于生存发展需要满足的状态，而且取决于环境和条件。事实上，人的生存和发展需要本身也取决于环境和条件。大致说来，幸福的环境和条件主要有四个方面：社会、家庭、职业、素质。这四方面的状况共同规定着人们是否幸福和幸福的程度，它们是控制人们幸福状况的变量。在这些变量中，社会对于个人幸福来说又是根本性的。个人生存和发展需要满足所需要的资源、对象、场所、机会等所有一切都需要社会提供。规定个人幸福的其他因素归根到底取决于社会。社会决定着是否把个人幸福作为社会一切活动的终极追求，甚至也决定着个人能否把幸福作为自己的人生终极目标。

从西方历史来看，早在古代希腊，大众而且政治家就已经把幸福作为人生的追求。例如，著名的雅典政治家梭仑就曾与吕底亚的国王克洛苏斯讨论幸福问题，并主张财富不能决定一个人的幸福；没有一个人在死前可以被称为幸福的。此后，什么是幸福和怎样才能获得幸福的问题成为了希腊哲学的最重要的主题之一。事实上，希腊神话中的神祇形象就已经表达了古希腊人的幸福理想和对幸福的向往。

西方的中世纪被认为是神学和教会统治下的黑暗时期，但如果深入考察就会发现，幸福仍然是社会倡导、思想家主张和大众信奉的人生终极目标。与希腊人所追求的幸福不同之处只在于：这种幸福不是现世的幸福，而是来世的幸福；不是短暂的幸福，而是永恒的幸福；不是耳目感官满足的快乐，而是与上帝同在的至福。这种幸福不可能靠人自己的力量来实现，只有通过上帝才能拥有，于是信奉上帝就成为人们获得幸福之路。当然，事实证明这是一条异化之路：信仰上帝本来被作为通向幸福的道路，结果却成为了不幸的根源。

文艺复兴以来的西方近现代，上帝的统治地位被推翻，但追求幸福的传统并没有改变，只是幸福回归到了现实，实现幸福的力量回归到了人自身，人成为自身幸福的真正主人。

由此看来，幸福是西方人自古以来一直坚信不渝的人生终极目标，尽管对什么是幸福以及怎样获得幸福存在着诸多不一致，但在应该把幸福作为人生终极目标这一点上，无论是大众，还是思想家，还是社会并无明显的分歧。

与西方不同，中国历史的情形要复杂得多。早在《尚书·洪范》中就提出了"五福"，即："一曰寿，二曰富，三曰康宁，四曰修好德，五曰考命终"①，并要求用"五福"教化民众，使之倾慕之。但是，自春秋开始，思想家和统治者都不怎么谈福，统治者不倡导追求幸福，思想家也不主张追求幸福。特别是自孔子开始的儒家学派，只推崇"德"（其核心内容是"三纲五常"），而不倡导"福"。维护统治秩序的"德"被看作是公"义"被倡扬，而"福"被看作是私"利"被贬抑。当这种思想被上升为占统治地位的意识形态后，崇德弃福就成为了社会的主导观念，并成为中国主流文化的传统。

但是，中国远古"福"的观念在中国民间得到了一代又一代的传承。中国的老百姓历来都把获得"五福"看作是人生的圆满境界，并逐渐形成了尚福、祈福、祝福、致福的传统。每逢过节，特别是除旧岁迎新年的春节，中国的百姓都要贴着倒写的"福"字，其意思是：祈求福到。每逢喜庆日子，特别是给人祝寿时，人们都通过各种方式表达对当事者的祝福，如"多子多福"、"福如东海长流水，寿比南山不老松"，等等。

对于中国这种复杂的情形有三点值得注意：

第一，中国传统社会是一种极少数人统治和压迫多数人的社会，防止被统治者的反抗，维护统治秩序是社会的第一要务。统治者以及属于统治者阵营的思想家，必定会把旨在维护统治秩序的"德"置于人生的首选甚至唯一的目标加以倡导宣扬，崇德而弃福。

第二，如果不考虑统治者和思想家崇德弃福的利己用心，那么这种做法也像西方中世纪一样，是一种异化。从社会的角度来看，道德本来是一种社会控制机

① 这被认为是狭义的"五福"，还有广义的"五福"，即：福、禄、寿、喜、财。参见江畅、戴茂堂：《西方价值观念与当代中国》（湖北人民出版社，1997年）下篇，第一章：多维的传统。

制，是维护社会秩序的一种手段，其目的是为了给社会成员的幸福提供稳定的环境。中国传统社会的统治者和思想家忽视了道德的手段性质，而将之强调到极端，以至于把它确立作为人们应追求的人生终极目标，手段变成了目的。真正的目的被替代、被湮没。

第三，统治者和思想家这样倡扬并不意味着他们自己就这样躬行实践，实际上绝大多数统治者和思想家与老百姓一样追求“福”，不同之处在于，他们更经常地把“仁义道德”挂在嘴边，表里不一。

值得庆幸的是，中国传统社会自鸦片战争开始受到冲击。到20世纪80年代，改革开放的春风迅速地消融了中国传统社会“异化”的坚冰。在新世纪开始的时候，马克思的“人全面而自由发展”的理想通过党和国家领导人的正式讲话确定为我国社会及其成员的终极追求①。人全面而自由发展，这无疑可视为现代人所理解的幸福。这样，我们可以说，“幸福”已经被写在了今日中国社会的旗帜之上。

从中西方的历史来看，除了发生异化和统治者利用政治谋取私利的时期之外，人类文明社会及其思想家和大众一般都把幸福作为自己的终极目标，而且随着人类社会的进步，这种意识越来越明确和自觉。幸福是人类追求的终极目标，人类是自己幸福的主人，人类一切活动的终极目的只是为了人类成员自身的幸福，对此，今天似乎不应该有什么异议。在这一点上形成共识，可以说是对人类生存和发展具有根本意义的重大事情。普遍认同这一观念并以之为人类的基本原则，就为人类确立了一条终极的价值尺度，就可以从根本上杜绝人类社会和个体发生异化的可能。

幸福是一个抽象的概念，其内涵是不确定的、相对的。不同的人、不同的社会、不同时代对幸福有不同的理解。然而，正是这一抽象的概念才最适合作为人类的终极价值目标。

首先，幸福总是个体性的。以幸福作为终极目标，本身意味以人类成员个体作为人类的终极实体，对于人类来说，其他一切实体（包括国家和其他一切组织）都是从属的。坚持以幸福为终极目标，就可以防止不以人类成员个体而以其他事物为终极目的情况发生。

其次，幸福是一个总体性的范畴，它意味着好的生活。“生活”是一个总体性范畴，它不是指人的生活的某一方面，而是指人生活的总体。如物质生活、文化生活、精神生活，等等。“好”也是一个总体范畴，它不是指某一方面的好，而是

① 参见江泽民：《在庆祝中国共产党诞生八十周年大会上的讲话》，《人民日报》2001年7月1日。

指各方面都好。如事业好、家庭好、个性好、德性好，等等。尽管历史上人们对幸福的理解有种种偏差，但毕竟是偏差，并非幸福概念本身有局限。

第三，幸福作为一个抽象概念是可填充的，这为每一个人确立自己具体的人生终极目标保留了空间。幸福不是一个量化的指标体系，而是一个一般性的要求，这种要求是框架性的。这就使不同的个人可以创造属于自己的幸福，形成自己的生活个性。幸福本身要求人们在幸福的框架内自我选择、自我设计、自我创造，要求个人成为自己幸福的真正作者。

第四，幸福是一个社会性范畴，不幸的社会不会有幸福的人生。好的生活需要好的社会。那种限制甚至扼杀个人幸福的社会，根本就不可能有真正的个人幸福。只有那种把幸福作为社会的终极目标并致力于实现这种目标的社会，才会鼓励其成员追求幸福、创造幸福、享受幸福，也才会为其成员获得幸福创造条件、提供机会，使幸福得以普遍实现。

最后，幸福总是相对性的。幸福不是尽善尽美，而是一种相对的好。一方面它意味着对于某一个人而言的好，这种好对于别人不一定就是好。例如一个残疾人的幸福，显然不同于一个正常人的幸福。另一方面它意味着不满足现状，与时俱进，在可能的情况下越来越好。从这种意义上看，幸福意味着生活得更好。

二、智慧：实现幸福的最佳途径

幸福不是毛毛雨，不会从天上掉下来。人们为了获得幸福，必定会寻找各种通达幸福的道路。在林林总总的幸福之路中，有的是平坦的，有的是坎坷的；有的是径直的，有的是曲折的；有的是令人愉快的，有的是令人痛苦的；有的是可以达到幸福的境界的，有的可能是南辕北辙的，甚至是死胡同。智慧，就是那种平坦、径直、令人愉快的幸福之路。

何谓智慧？一般地说，智慧就是能批判地、实践地运用的经验和知识。按《牛津哲学指南》的解释，智慧是“把反思的态度与实践的关切统一起来的一种理智（understanding）形式。这种态度的目的是要理解实在的根本本性及其对过好生活的意义。这种实践关切的对象是要在主体的品质和环境既定的情况下构成一种关于过好生活的合情合理的概念，并对他们不得不在其中作出决定和行动的情境作出评价。作出这些评价因为许多情境的复杂性而是困难的，好生活是不完全地构成的，个体的品质和环境的可变性使一般原则成为不充分具体的。因此，智慧可以与评价复杂情境的好的判断、由于对人的条件的反思性理解所获得的好的生活的概念等同起来。”①

另外一位哲学家对智慧的解释也许更容易理解：“智慧要求人们不仅能做出事实判断或描述判断，而且也能做出规范判断。人的目的，按照希腊人的传统，就是要把握‘善、真、美’。”“一个有智慧的人不仅知道实在是什么，而且知道它能是什么。当一个人必须接受像他所发现的那样的世界时，他或她还能做另外两件事情：1）区分世界的哪些方面更有价值，2）以这样的方式行动：改进这个世界。哲学家的任务就是要表明这两者怎样被做”。②

由此看来，智慧既是知识也是能力，体现在人的认知、评价、决策和操作的各种活动中。它包括理论方面和实践方面，有对象之思和自我之思（或反思之思）之别。真正的智慧应该包括智慧的所有方面。智慧是聪明，但不是小聪明，而是大聪明，是明智。智慧是理性，但不只是工具理性，还是价值理性，是合规律性与合目的性的统一，是合理。智慧是审慎，但不是谨小慎微，而是深思熟虑，是稳健。既重物欲，又重心灵，既看树木，又看森林，既有近忧，又有远虑，这就是人类智慧的真正本性。

智慧实质上是适应人更好地生存和发展所形成和发展起来的人的特有能力，它的使命也是要使人能在艰难的生存竞争中有效地保护自己，丰富自己，发展自己，获得需要满足，实现自我价值。智慧是人生的指南针、控制器。它给人认识、评价、选择、活动以正确方向，给人与环境（包括自然环境和社会环境）的关系、人自身内在的各种关系以恰当调节。总之，智慧可以使人的生活达到可能达到的美好状态，这种可能达到的美好状态，对于一个人来说就是幸福。因此我们说，智慧是人们实现幸福的真正途径和有效工具。

智慧之所以是实现幸福的主要途径，归根到底是智慧的特性决定的。智慧是人特有的一种复杂机能，是人的灵性的集中体现。与人的其他机能（如信仰、灵感、理性等）相比较，具有以下显著特点：

（1）注重整体观照。智慧说到底就是人们妥善处理个体与整体、局部与全部、眼前与长远、私利与公益、情感与理智、物质（物欲）与精神（心灵）这些人生基本关系的能力。智慧要求人们注重从根本上总体上认识和处理问题，要求人们在认识和处理各种问题时兼顾到各方面，立足于根本、着眼于总体认识和处理问题，切忌顾此失彼，抓住一点，不及其余。

---

① “Wisdom”，The Oxford Companion to Philosophy，Oxford University Press，1995.

② Runkle G. Theory and Practice：An Introduction to Philosophy，New York：CBS College Publishing，1985：205.

（2）恪守推己及人。智慧要求人们“己所不欲，勿施于人”，也就是时时事事处处想到别人像自己一样也是人，也有与自己一样的自由、权利和追求，这一切都应该得到尊重，切忌强人所难，把自己不想要的、不想做的强加给别人。这也就是康德所说的，你要这样地行动：使你的行为所遵循的准则成为每一个人都能遵循的普遍法则。

（3）践行中庸之道。智慧要求人们为人处事要遵循中道原则，无过无不及，力求做到恰如其分，合情合理，切忌走极端，无所顾及。正如古希腊哲学家德谟克利特所指出的，“从智慧中引申出这三种德性：很好地思想，很好地说话，很好地行动。”①

（4）既入世又出世。智慧要求人们以积极的态度追求成功，为自己和所在集体（包括单位、国家等）谋求福利，同时又要求人们以超然的态度对待追求的结果，适度淡化对功名利禄的占有，切忌成为福利的奴隶，成为贪欲的奴隶。或者说，要求人们既进取又超脱，既重视物质追求又重视精神超越，既关注眼前境遇又关注终极状况。

智慧对于人生幸福的意义，早在古代希腊就已经为人们所公认。古希腊主流观点认为，人的幸福主要在于人的德性或美德，有德才有福，有德就有福。他们并不是把德完全等于福，但也不只是把德看作福的必要条件之一，而是认为德是福的必要而又充分条件。“最优良的德性就是幸福，幸福是德性的实现，也是德性的极致。”②亚里士多德的这句话可称得上是上述观点典型的表达。古希腊人认为，在所有德性中，有四种德性是主德，这就是智慧、勇敢、节制、正义。智慧被希腊人推崇为第一美德或最高德性。如果说有德才有福，那么没有智慧，就不会有福。不仅如此，没有智慧，所有其他德性也许就不再是德性了。

尽管古人早已意识到了智慧对于人的生存和发展、对于幸福的意义，但直到今天，人们仍然并不总是清醒地意识到自己智慧的本性，并没有努力去发挥和发展这种本性，更不总是去开发自己的智慧。相反，在平常人那里，由于种种原因，智慧常常为小聪明和工具理性所淹没，他们为日常的功名利禄所累，忘却了或忽略了生存的根本目的和真正意义。事实表明，智慧虽然是人所具有的，但并不是自然而然就会存在的，它需要学习、实践、开发。其必经的途径就是学习和掌握哲学。人类之所以需要哲学，就是要哲学来开启人类的智慧。

---

① 北京大学外国哲学史教研室：《古希腊罗马哲学》，商务印书馆，1961年，第107页。
② ［古希腊］亚里士多德：《政治学》，吴寿彭译，商务印书馆，1965年，第364页。

哲学的本意就是爱智慧。这里的“爱”，就是把智慧作为人最宝贵的东西来加以对待，加以研究和阐释。这里的“智慧”不是小聪明，而是大聪明，亦即生存智慧。哲学就是通过研究和阐释生存智慧，并通过批判常识和导引心灵，使人意识到自己智慧的本性，使人真正有智慧，不仅要有小聪明，而且要有大聪明。哲学作为关于智慧的学问，不是思维的艺术品，而是人类生存智慧之学。其中心问题就是要研究和回答人类如何有智慧地生存。其主要使命就是要从根本上总体上观照人类生存、维护人类生存。其根本目标就是要使整个人类和所有个人都成为真正有智慧的。其基本意义就在于促进人类整体和个体对人生和世界的自觉，使之着眼于生存的终极目的和总体状况来反思生存、谋求生存，不断改善自己的生存境遇，使人类真正过上幸福的生活。

哲学是智慧的结晶，也是智慧的升华。哲学是智慧的事业。它关注人类的生存，关注人类的自由，关注人类的命运和未来，一言以蔽之，它关注人类的幸福。因此，哲学也是幸福的事业。要幸福，就要有智慧，要有智慧就必须掌握哲学。哲学不是哲学家的专属品，而应该是我们每一个人的公共品。“人不一定应当是宗教的，但是他一定应当是哲学的。”[①]不一定每一个人都要成为哲学家，都能成为哲学家，但每一个人都应该有哲学的头脑，有哲学的精神，有哲学的境界。

科学、艺术、宗教等也关注人类的生存、自由、命运和未来，关注人类的幸福。但是，科学是理性之学，艺术是灵感之学，宗教是信仰之学，它们都不是关于智慧的学问。这些东西对于人类生活乃至幸福也许都是必需的，但它们都不是最佳的人类幸福之路。对其中任何一种的偏执都可能使人误入歧途。因为它们虽然能成为一些人甚至全人类所需要的，这些所需要的也许是幸福所需要的，但不能给人类以真正的智慧，因而不能仅通过它们使人类真正走上幸福之路。

今天人们公认科学是一把两刃剑，可以给人类造福，也可以伤害甚至毁灭人类。艺术可以使人类生活更浪漫、更富有激情，但浪漫和激情之后可能是痛苦和无聊。今日世界上有许多人把宗教看作是自己摆脱痛苦、寻求解脱以达到幸福的道路。果真如此吗？偏执于信仰的宗教就像偏执于工具理性的科学一样是有问题的。宗教能使人解脱，但并不一定能使人幸福，正如科学能使人享受，但并不一定能使人幸福一样。“通过哲学而获得的更高价值，比通过宗教而获得的更高价值，甚至要纯粹得多，因为后者混杂着想象和迷信。”正因为如此，冯友兰先生断言：

---

① 冯友兰：《中国哲学简史》第2版，北京大学出版社，1996年，第5页。

"在未来的世界，人类将要以哲学代替宗教。"[①]

三、德性：人格完善的可靠保证

自古以来，人格完善一直被作为人生的理想，在不少的民族、国家的某些历史时期，人格完善对于人生的意义甚至比幸福更重要，中国传统社会就是如此。直到今天，还有不少学者将人格完善作为人生的终极追求。人格完善是人生幸福的一个基本方面，即主观条件。如果将人生幸福看作是由内在要素和外在要素两大方面构成的，那么完善的人格就是人生幸福的内在要素的总体结构。这一结构对人生幸福具有决定性意义，因而也可以说是人生幸福所需要的主观条件。当一个人形成了完善的人格，并具备必要的外部条件，他就是幸福的。人格完善之人，亦即"完善之人"，只要具备适当外在条件，就是幸福之人。不过，人格完善的人还只是具备了幸福生活的主观条件，并不一定就会过上幸福生活。因为人的幸福生活受诸多外在条件的影响，而这些条件并不是每一个人所能完全控制的，即使具有很强生存能力的人格完善之人也是如此。

人格完善作为人生幸福的主观条件可以从两种意义上看。在一种意义上，一个人格完善的人具备了获得幸福的素质。人要获得幸福必须具备一定的条件，如社会条件、家庭条件、职业条件等，就个人本身而言，最重要的是个人的素质条件。个人素质如何不仅直接规定着个人幸福的广度和深度，对家庭条件、职业条件也有直接影响。[②]人格就是人的综合素质。人格是否完善，意味着综合素质是否完善，人格越完善，人的综合素质就越高。人格完善使一个人的人生幸福建立在高层次的起点上和广阔的平台上。在另一种意义上，一个人格完善的人具备了获得幸福的能力。人格完善指人格的各种构成要素及其结构是健康的、完整的、道德的，是协调一致、前后一贯的，而且整体上达到了高层次，个性特色鲜明，具有很强的自我调适能力、自我塑造能力和自我完善能力。这种能力是获得和享受幸福生活的能力。一个人人格越完善，自我调适、自我塑造和自我完善的能力越强，获得和享受幸福的能力就越强。从上述两种意义上看，人格完善是一个人过上幸福生活的充分主观条件。一般来说，个人生活的幸福是与个人人格的完善成正比的。

---

① 冯友兰：《中国哲学简史》第2版，北京大学出版社，1996年，第5页。

② 参见江畅：《理论伦理学》，湖北人民出版社，2000年，第110～113页。

人格完善的意义不只是在于它是获得幸福的充分主观条件，而且还在于它是幸福感的重要源泉。人格完善的人具有人格魅力，一个人的人格越完善、越高尚，他的人格就越有魅力。人格魅力是由人格高尚、人格完善所产生的吸引他人并令他人倾慕、崇敬、赞美的力量。对于具有人格魅力的人来说，人格魅力的意义主要在于，它使他感到自己不仅得到了他人的认同和尊重，而且得到了他人的倾慕、崇敬、赞美，感到自己的价值得到了实现和公认，从而在心理上得到极大的满足。这种满足感是一种比占有财富、金钱、权力、地位等资源更得到他人认同、更得到自我肯定的满足感。这种满足感是一种有高度、有深度的持久幸福感。因此，具有人格魅力是一个人产生不可替代的高质量幸福感的源泉。

用人本主义心理学家马斯洛的话说，人格完善就是自我实现。人格完善作为人性的完善实现，其内涵十分丰富，涉及不同的要素、层次和结构问题。从人类社会生活现实看，其中最重要的是人格要素是否健康、人格结构是否完整、人格性质是否道德、人格层次高低和人格是否具有鲜明的个性特色这五方面的问题。综合这些方面，人格完善具有人格健全、人格道德、人格高尚、人格个性化四个主要特征。

人格健全，主要指人格的各种构成要素及其结构是健康、完整、协调一致和前后一贯的，人格的各个要素没有缺损和障碍，不存在变形、扭曲、冲突、异化的情况。这样的人是全面完整的人，具有统一稳定的自我。一个知识贫乏的人就不能说他人格完善，一个心理变态的人也不能说他人格完善，一个有自私、贪婪、懒惰等恶性的人更不能说他人格完善。

人格健全的前提是具有自我同一性。自我同一性（ego-identity）又称“自我认同”，“就是对自我的定义与确认，即个体对自己是谁，将来要成为什么样子，以及如何适应社会的知觉与感受”。它的形成既不在青春期开始，也不在青春期结束，而是一个逐渐的纵向发展过程。

人格道德，主要是指人格在性质上是道德的，具有正确的价值取向，能服务于个人更好地生存，能妥善处理个人与他人、群体和环境的关系，实现两者的利益共进。人格道德首先体现为其中的品质是德性的。一个人只有品质是德性的，他的人格才会是道德的，相反一个人的品质是恶性的，他的人格就是不道德的。人格道德还体现为具有良心这种基本的道德情感以及其他道德情感，对人的所有活动道德情感都能发挥自我调控作用。人格的道德也体现为具有以社会道德要求为取向的意志控制机制，能在不同情境作出正确的行为选择，能确保行为在任何情况下都是正当的。

人格高尚，主要指人格整体上达到了较高的层次，有很强的自我调适能力、自我塑造能力和自我完善能力。作为人格完善的人格高尚，与通常意义上的人格高尚不完全相同。人们一般把人格高尚理解为德性高尚或有气节，这里所说的人格高尚是指人格的整体水平高，除了德性外还包括观念、知识、能力等人格要素在较高层次上达到了协调一致。当然，德性在人格结构中具有更突出的地位，是人格高尚的主导方面。人格高尚的重要体现是具有智慧。人格高尚的人就是有智慧的人。

一个人具有健全的人格，他的人格就是正常的，而在此基础上具备了道德、高尚的特性，他的人格就是道德的、高尚的。但是，健全、道德、高尚的人格并不就是完善的，完善的人格还必须具备个性化的特征。由于每一个人的人性是不同的，因而每一个人的人格无论是否完善也是各不相同的。每一个人的人性本身就是个性化的，在进行人格塑造和追求健全、道德、高尚的人格的过程中不是要消除这种个性化，而是要在塑造健全、道德和高尚人格的过程中使人格更具有个性特色。因此，个性化也是人格完善的一个重要特性，只有具有个性特色的健全、道德、高尚人格才是真正完善的。

人格个性化，主要指人格具有独特性或不可替代性。一般说来，人格总是共性与个性的统一，不同人的人格总有一些共同性，同时或多或少有些差异。这种差异不是人格个性化，人格的个性化不是自然形成的，而是通过自我塑造达到的。人格个性化所指的是每一个人应有自己不同于他人的独特人格，人格的共性寓于个性之中并通过丰富多彩的个性体现出来。

全面、充分、优质、道德、个性化地实现潜能是一种无止境的过程，永远不可能达到完全彻底，更不可能毕其功于一役。人格完善实际上是一种理想状态。任何一个人都不可能完全彻底地实现他的人性潜能，也不能完全彻底地达到人格完善。因此，人格完善常被看作是人格理想。虽然人只能接近而不能达到人格完善，但把人格完善作为人生理想来追求，能使自己的人生更丰富、更充实、更优质、更道德、更高尚，从而达到更高的境界。追求理想人格的实现，不仅需要个人的学习、实践、涵养，而且需要良好的生存环境。特别是各种人格问题的克服需要相应的配套环境。例如，在拜金主义盛行的社会环境中，人格金钱化的弊端就很难克服。但是，个人追求人格完善的意识和意志，个人持续地学习、实践和锻炼即不断地进行人格修养，对于人格完善仍然具有关键性的意义。“出淤泥而不染”和“宁为玉碎，不为瓦全”，是有力的证据。

人格的内在结构包括观念、知识、能力和品质四个要素，在这四种内在人格构成要素中，知识和能力一般只从程度方面评价，评价知识用渊博或丰富与否，评价能力用大小、强弱，而观念和品质则一般从性质方面评价，观念存在着正确错误的问题，品质存在着善恶的问题。在四个个性心理特征或内在人格结构要素中，只有品质有善恶之分，通常也只对品质作道德评价，因而品质属于道德调控范围，具有道德意义。因此，品质要素绝不只是人格内在的要素之一，而是人格结构中的决定性因素，其善恶性质决定着人格的善恶性质，品质是不是道德的（即德性的），是区别人格是否道德的主要根据。具有德性品质的人，他的人格就是道德的，而具有恶性品质的人，他的人格就是不道德的。品质作为人的态度倾向和活动方式是人的心理定势，通常以未被意识到的活动准备状态，对人的观念、知识、能力形成和发挥从而对人的活动，发生重要作用和深刻影响。一方面它规定着形成什么样的观念、知识和能力，怎样运用它们以及将它们运用到什么程度；另一方面它决定着人观念、知识、能力运用的性质和方向。因为品质对人的心理活动及其观念、知识、能力和行为起规范和导向作用，所以它被认为是人的最重要的个性心理特征。品质是把一个人与其他人区别开来的显著标志之一。

人格是道德的，并不意味着人格完善，人格完善包括其构成因素及其结构完善，但人格完善意味着品质完善，完善的品质必定是德性的品质，而不会是恶性的品质，恶性的品质不存在完善问题。因此，品质完善与德性完善实质上是同义的。既然品质是人格的决定性因素，那么德性完善就是人格完善的决定性因素。一个人的其他人格要素无论多么完善，如果他的品质不完善，他的人格决不能称为完善的。人格只有在品质完善或德性完善的前提下才谈得上完善。德性是否完善是人格是否完善的首要条件。

德性是人优秀品质中的一种，即道德的品质，或善的品质。德性是一种善（好）性，是不同于行为正当、情感仁爱的品质善。德性并不是与生俱来的，而是在后天的道德实践中形成的。但是，在社会环境中自发形成的德性并不是真正意义的德性，充其量只能称之为“自发的德性”。真正意义的德性是“自觉的德性”或“反思的德性”。这是通过养成和完善的过程从不完整逐渐达到完整、从不高尚逐渐到达高尚。自觉的德性是由理智或智慧在正确道德观念的前提下根据有利于具有者和他活动于其中的共同体及其成员更好生存的根本要求培育所形成的品质。这个过程是一个选择和确认以及将这种确认转变为意愿、谋求和行为的不断反复的复杂过程，其中包括反思、比较、甄别、判断、寻找理由、试错等诸多环节。品质一旦形成就会以心理定势或无意识的动机对人的活动发生作用并使人的活动及其主体成为善（好）的道德意义上的善（好）的。

当然，出于德性的行为并不是确定无疑地善的，它在实际情境中还要需要智慧（理智）的判断给予支持，在一些情况下还需要仁爱的情感提供动力。但是，德性人的道德素质中基本素质，甚至可以说是一个人道德素质的主要标志。这主要表现在：一个人的理智因为有德性作为支撑才成智慧；它比道德情感更具有稳定性，而且道德情感因为有德性而才会成为持久、深沉的道德感情；它对一个人成为什么样的人、过什么样的生活有着决定性的影响，德性之人才是好人，他所过的生活才是好生活。因此，一个人的德性完善程度对于他的人格完善程度有着决定性影响，德性完善对于人格完善具有极端重要性。首先，德性完善直接规定着人格的好坏性质，只有具有优秀的品质才有优秀的人格，品质有缺陷就不会有完善人格，品质有恶性则决无完善人格可言。品质不好，人格中的其他因素再好，可能对人格具有者和其他人乃至社会是有害的。其次，在人格构成因素中只有品质这一构成因素能够较少地受外在因素影响而养成德性并达到完善。无论是观念、知识还是能力在很大程度上是受环境制约的，与禀赋状况、特别是与接受教育的程度直接相关。一个接受教育很少的人很难有丰富的知识和很强的能力，但他们可以追求和达到德性完善。

德性对于人格完善的意义不仅体现为德性是人格道德的决定性因素，德性完善是人格完善的首要条件和核心内容，更现实地体现为具有德性可以防止各种人格障碍的发生，也可以通过德性修养克服人格障碍。在人格形成发展的过程中常常会发生各种障碍，这就是人格障碍（personality disorder）。从人格障碍的共同特征和各种表现看，虽然人格障碍都会在行为上有所表现，但深入观察就会发现，这些行为上的问题都是人的品质发生了问题。以最严重的人格障碍——反社会型人格障碍——为例。这种人格障碍的主要特征是常做出不符合社会要求的行为：妨碍公众，不负责；经常违法乱纪，行为冲动；缺乏羞耻心和罪责感；犯错后，无后悔的感觉，也不从中吸取经验教训，常把一切责任归罪于他人。如果一个人在品质自发形成阶段形成了德性的品质，特别是在德性养成和完善阶段注重德性修养并形成了完善德性，所有这些人格障碍就不会发生。一个德性之人，他不可能做出不符合社会要求的行为，即使由于行为情境的原因出现了行为偏差，一旦意识到也会及时纠正。因此，德性之人不会发生人格障碍。人格障碍的发生是与品质形成发生偏差直接相关的。人格障碍出现后很难纠正，需要通过多种途径才能发生作用，从根本上说，只有通过德性修养才能最终克服。人格障碍实质上是品质缺陷，克服这种缺陷离不开德性的养成和完善。

四、和谐：生存环境的理想状态

人是在环境中生存的。人追求和获得幸福离不开环境，没有好的环境，人的幸福无从谈起。人生存的环境既包括小环境（家庭环境）也包括大环境（社会环境、世界环境、自然环境或宇宙环境），这些不同类型的环境情形本身及其相互关系十分复杂，它们有没有某种共同的“好”的标准呢？有。这就是古今中外许多思想家所主张并且越来越为国人所认同的“和谐”。和谐是人追求和获得幸福所必需的生存环境的理想状态。

何谓和谐？一般地说，和谐是事物之间的一种有序协调的秩序。和谐首先是一种秩序，就是说，是事物的一种共存状态，是事物相互影响、相互作用的方式。其次是一种有序状态，就是说，是事物各安其位、各守本分、各司其职的良序，而不是事物错位、越位、混乱的无序或恶序。最后是一种协调状态，就是说事物之间不敌对、不争斗，相反，彼此之间配合默契，成彼之美。

从和谐的以上一般含义可以看出，和谐有四个基本前提：共存性、多样性、交互性、构建性。

和谐总是就一定的系统或共同体而言，至少有两个以上的事物共存于某一系统之中，才有可能存在彼此之间的秩序，也才谈得上和谐问题。和谐的构成成分是多元的，而非一元的。在绝对统一的一元化整体中，和谐没有存在的余地。那种试图使系统或共同体成为一个绝对统一的一元化整体的努力，只会从根本上消解和谐的根基。中国传统社会长期流行和谐观念，然而从未真正和谐，这也许是因为人们不断致力于构建思想、言论、行为的大一统。

构成和谐的主体或因素不仅是多元的，而且彼此之间是各不相同的，存在着差异性。和谐不是清一色，而是基于差异所形成的多样性，正因为如此，和谐是美的。清一色的事物也可能构成一种秩序，但那种秩序可能是整齐，而不可能是和谐。和谐是基于差异性、多样性并尊重个性构建的秩序。无差异就无多样，无多样则无和谐。和谐的对立面不仅是无序，而且是整齐划一。现代文明所导致的由“单面人”构成的“单面社会”不可能是和谐的，因为构成它的人是清一色的，没有差异性、多样性和个性。

有差异的不同个体如果彼此孤立，“鸡犬之声相闻，老死不相往来”，也无所谓和谐。构成成分之间交互作用、相互影响也是系统或共同体和谐的一个重要前提。和谐不是由僵死的景物构成的静态平面图画，而是由不同的自主个体不断彼此融通协调过程构成的动态立体场景。不同构成要素彼此之间的动态相关性、交互性、渗透性是和谐的重要特征。

和谐有自然性的和构建性的。自然性的和谐是自然形成的，应该承认自然性的和谐是存在的。例如，太阳系就是一种自然性的和谐。但是，作为人生存环境的和谐主要不是自然性的和谐，而是构建性的和谐，不用说人生存的家庭环境、社会环境、世界环境，即使是人生存的自然环境，也日益成为人化的，是人有意无意构建的结果。没有人的构建，就不会有家庭环境、社会环境、世界环境的和谐，在人类面临着严重自然环境恶化威胁的今天，没有人的构建，也不会有自然环境的和谐。对于今天的人类而言，自然性的和谐是少有的，这少有的自然性和谐也是十分脆弱的，不足以满足人类生存对环境的需求。我们应该承认和肯定，人生存所需要的环境和谐是人自主构建的，离开了人的自主性，离开了人的积极构建，就不会有人生存所需要的环境和谐。和谐不能寄希望于维持和保护，而只能诉诸于构建和开创。而且，和谐是属人的，是以人幸福地生存为指向的，人构建和谐的环境，是为了人更好地生存。离开了人，离开了人的幸福，保护和构建环境就是没有意义的。因此，必须着眼于人更好地生存来构建和维护和谐的环境。

从和谐的一般含义，我们可以引申出和谐的四个基本规定性：和平共处、相辅相成、相得益彰、良性互动。

和谐是和平共处。和谐是这样一种秩序状态：在这种状态中，属于同一系统或共同体的不同事物或个体平等、和睦、平安、友好地相处，彼此尊重对方的地位、权利、个性、品格。它们彼此之间可以有竞争，但没有敌对，没有战争，没有恶意的伤害。

和谐是相辅相成。和谐也是这样一种秩序状态：在这种状态中，属于同一系统或共同体的不同事物或个体彼此之间相互依赖，相互扶助，相互支持，互为依托，共生共荣。

和谐是相得益彰。和谐还是这样一种秩序状态：在这种状态中，属于同一系统或共同体的不同事物或个体通过对方映现自己的形象，体现自己存在的意义，彰显和实现自己的价值。它们互惠互利、相互促进、共同进步，而不以邻为壑、惟利是图、不择手段。

和谐是良性互动。和谐更是这样一种秩序状态：在这种状态中，属于同一系统或共同体中的不同事物或个体彼此之间“心心相印”，“心有灵犀”，能设身处地地为对方着想，着眼于对方更好地生存从而实现自己更好地生存，达到了“从心所欲不逾矩”、“己所不欲，勿施于人”、“己欲立而立人，己欲达而达人”的境界。

人生存的环境可以依范围的大小划分为四个基本领域，因而作为人生存环境理想状态的和谐也可以相应地划分为四个基本领域：家庭和谐，社会和谐，世界和谐，宇宙和谐。

家庭是人生存的“港湾”，没有家庭，一个人会成为无家可归的漂泊“弃儿”。但是，有家并不等于有幸福，只有和谐的家庭才是其成员幸福的基本环境条件，才是社会和谐的组成部分和基础。尽管不幸的家庭是千差万别的，但和谐的家庭都是相同的：家庭成员之间和睦相处，充满亲情至爱。父慈子孝，兄友弟恭，夫勤妻贤，家庭成员的权利得到尊重和实现，家庭成员切实履行自己的义务和责任，都可以说是家庭和谐的一些基本规定性。

人生幸福问题不只是个人问题，在很大程度上是社会问题。社会是人生幸福的环境和条件，也是个人素质的母体、有作为的前提。一个社会的状况如何从根本上规定着该社会的成员能否获得幸福以及幸福的程度。好的社会不仅能保证其成员普遍获得幸福，而且有助于普遍增进社会成员的幸福，而坏的社会则是其大多数成员不幸和痛苦的祸根。因此，社会和谐是个人幸福的关键性环境条件。社会环境不和谐，根本不可能有个人幸福可言。社会环境不仅直接影响个人幸福，而且影响家庭，甚至影响世界和自然。社会和谐的直接表征是社会成员（包括不同的个人、不同的组织、不同的个人与不同的组织）普遍和睦相处，包括人际关系和谐，个人与组织和谐，组织与组织和谐，等等。社会和谐有诸方面的规定性，我们将之概括为普遍幸福、个体自由、社会平等、民主充分、法制健全、生活殷实、道德高尚、公正立国这八个基本方面。

今日的世界正在成为一个统一的整体，成为“地球村”，当代和未来的人类幸福问题已经不再只是个人问题和社会问题，而正在成为世界问题。世界的一体化进程已经改变了整个人类生存的环境和空间，不仅个人，而且国家再也不能与世界隔绝，再也不能孤立封闭地存在，世界已经成为事关每一个人人生是否幸福、每一个国家是否和谐的基础、环境和条件。世界的状况如何越来越深刻地影响着整个世界成员（包括个人和国家）的命运和前途，有和谐的世界才可能有其成员普遍更好地生存和发展，坏的世界则是其大多数成员不幸和祸患的根源。和谐的世界就是以各个国家为主体，以人类和平、世界公正和国际合作为标志的和谐世界。只有这种和谐世界才是人生幸福、国家和谐所需要的世界。

人类生活在地球上和宇宙中，地球是人类生存的小自然环境，宇宙是人类生存的大自然环境。地球和宇宙的状况如何不仅关系到整个人类的幸福，而且关系到整个人类的生存，关系到整个人类的命运和前途。当人类人口较少、能力较小、居住分散时，人类虽然控制环境的力量较弱，在更大的程度上受自然的摆布，但人类可以依赖地球而生存，地球对于数量有限的人类简直就是取之不尽、用之不竭的宝库。然而，随着人口的增长，随着人类生存观念由只追求生活下去到追求生活得好再到生活得更好的转变，随着由现代科学技术发展所带来的人类控制自然能力的大大增强，人类越来越野蛮地对待自然环境而不顾后果，导致了人类赖以生存的自然环境遭到严重破坏。这种状况已经威胁着整个人类的生存。在这种严重的环境问题面前，人类不能不重新思考人与自然环境的关系，不能不改变人类对自然的态度，不能不调整人类的价值观念和生活方式，不能不在人类力所能及的范围内构建人类幸福生活所需要的宇宙和谐。只有这样，人类才能继续生存下去，才有幸福可言。根据宇宙和自然界本身的可塑性、人类的能力和人的需要，和谐的宇宙应当是生态平衡、风调雨顺的宇宙。

和谐是构建的，而构建和谐的基础和依据在于公正。和谐不仅仅是一种表面的有序协调，还有其内在根据和根本原则，这就是公正。公正是和谐的生命之源。没有公正，就不会有真正的和谐。公正不只是一个社会政治概念，而是一个已被扩展和延伸到与人类相关的各个领域的广义哲学概念。公正，最一般地说，就是使相关者得其所应得，或者说，使相关者各得其所。我们说公正是和谐的内在根据，是指只有在系统或共同体内的不同事物或个体各自安身立命、各得其所的情况下，它们才会各守本分、各司其职，因而也才会彼此和平共处、相辅相成、相得益彰、良性互动。例如，就社会公正而言，只有社会成员都能得其所应得，社会才会有公正。如果一个社会权利不公、机会不公、分配不公，这样的社会无论怎样致力于构建和谐，都不可能达到和谐。我们必须严格根据公正的要求来构建和谐，尊重系统或共同体内事物或个体应有的地位、权利，尽力使其各尽其能，努力使其各得其所。

五、优雅：当代人类的应有选择

如果说智慧是实现幸福的最佳途径，是一种认知、评价、选择、决定和实践的综合性能力，那么，在什么是幸福和如何获得幸福的问题上，当代人类的智慧应该作出什么选择？这个问题实质上也就是人类未来生存方式的选择问题。

在到目前为止的漫长人类历史上，人类的生存方式纷繁复杂，不过归结起来，大致上经历了三个阶段：自然地生存；奴役地生存；自由地生存。

我们可以把人类进入文明社会之前的时期看作是人类自然地生存的时期。自然生存的人与动物没有什么两样，完全受缚于自然，是自然界的奴隶，他们只能满足于采集或狩猎得到的可怜的食品，生活是没有着落的，生存缺乏起码的保障。显然，自然的生存方式是人类童年不得不接受的一种可怜的生存方式。这种生存方式是与人类不断谋求生存得更好的本性相违背的，因而必定为人类所否弃。

人类走出自然状态的途径是组成社会，但当人类一进入到社会状态就进入到了不平等地生存的状态，进入到了大多数人被强制性地接受统治和压迫的奴役地生存的状态。奴役地生存的生存方式不仅具有必然性，而且具有某种价值，或者更确切地说，是人类为了更好地生存所必须付出的代价。但是，奴役地生存是建立在人类不平等基础上的一种少数人奴役多数人的生存方式。这种奴役不是自然的，而是人为的；这种奴役不是单方面的，而是多方面的，甚至是全方位的。于是，这种罪恶性的生存方式为一种新的生存方式即自由地生存所取代。

自由地生存是一种追求每一个人都能按照自己的意愿生存的生存方式。其最大的优越性在于，它通过人性和个性的解放和张扬使人成为社会、自然的主人，使人的潜能充分地释放并创造出巨大的物质财富和精神财富，使人的欲望不断地被开发并得到花样翻新的满足。但是，这种生存方式不只是顺应人性，而是放纵人性，使人的贪欲恶性膨胀，而且由于不同的人按自己意愿行事的能力和环境相差很大而导致社会的贫富两极分化。人类应该自由地生存，而不能奴役地生存，这是不言而喻的，但人类也不能因此放纵人性而生存，而只能顺应人性而生存。顺应人性而生存就是要克服目前自由地生存这种生存方式的放纵性以及由此派生的疯狂性，使之从放纵人性走向顺应人性，从疯狂生存走向优雅生存。这是今日人类更好地生存的必由之路，是人类应有的智慧选择。

众所周知，现代化深刻改变了西方社会并由此深刻改变了整个人类社会，使人类社会从贫穷落后的传统文明走向繁荣昌盛的现代文明，但也存在着根本性的缺陷，这就是：过分刺激和鼓励对实利的自由追求，必然导致有限自然资源的迅速消耗乃至枯竭，必然导致由为占有更多财富而引发的各种争斗乃至战争，从而必然导致人类整体面临日益严重的生存危机和人类个体面临日益严重的生存压力。这种根本性的缺陷已经导致了诸多使人类整体面临日益严重的生存危机和人类个体面临日益严重的生存压力的难题。既然这些难题的根源在于当代人类现代化这种生存方式，那么要使人类走出生存困境和减轻生存压力，就必须改变现代化的生存方式。这种现代化生存方式不改变，当代人类面临的各种难题不可能从根本上解决，相反人类会越来越为各种层出不穷的难题所困扰、所纠缠。今天，我国正在致力于现代化建设，为了避免重蹈覆辙，我国应该认真吸取发达国家现代化的经验和教训，在实现现代化的过程中，努力避免和克服现代文明的缺陷和弊端，在实现现代化的同时超越传统的现代化，使马克思的“人的全面而自由发展”的社会理想变为现实。因此，走向优雅地生存不仅具有某种必然性，而且对于人类的前途和命运、对于我国未来的发展是必要而又重要的，甚至可以说是紧迫的。

今天的人类以优雅方式生存，并不只是一种理想，更不是一种空想。在历史上就有过追求优雅生存的先例。例如，古希腊雅典人的生活不是富裕的，但却是优雅的。雅典人不怎么关注财富的占有和积累，不追求舒适和豪华的用品，但却十分关心有闲暇去从事谈论雄辩、文娱体育、哲学探讨、艺术创造、学术研究。从事所有这些活动都不是被迫的，也不是为了实用，也不是为了名利，而是出于自己的喜好和兴趣，为了乐生，为了显示个人的才智。这一事例表明，以什么方式生存确实与经济社会条件相关，但也在很大程度上取决于人们的生存观念。古代雅典人在那种经济社会落后的社会条件下能够追求优雅地生存，对于今天的人类来说，追求优雅地生存就不存在什么条件不具备的问题。

现代物质文明为人类优雅地生存提供了充足的物质保障和厚实的物质基础。特别是现代科学技术的迅猛发展，不仅为大幅度地提高生产能力，从而为生产更多更好的产品提供了可能，而且改变了拼资源、拼消耗的粗放型经济增长方式。科学技术的发达和劳动生产率的提高既大大地减轻了人们的劳动强度又大大缩短了人们的劳动时间，使人们有更多的时间和精力来发展个性和享受人生。

现代精神文明更为人类优雅地生存提供了基本的思想观念、丰富的精神食粮、应有的综合素质，从而为人类优雅生存提供了充分条件。

现代制度文明也为人类优雅地生存作了某些准备。现代文明的制度方面日益发达，制度是人们行为的唯一规范，制度之外人们有广阔的空间，在这种空间人们有充分的自由；同时制度本身充分体现人们的意愿和意志，而且日益民主化、规范化、程序化。

由此看来，在现代文明昌盛的今天，人类优雅地生存的经济社会条件和物质技术条件总体上已经具备，现在问题的关键在于思想观念。观念的基础是确信，而确信人类应该优雅地生存的基础则在于以这种方式生存的可能性。

优雅地生存，从一般意义上看，就是优质地、雅致地生存。所谓优质，就是生存的质量高，也就是人的各种需要得到充分的、协调的满足，人的各种才能得到自由的、尽情的发挥。所谓雅致，就是生存的规格高，也就是在人的各种需要中更追求高层次需要的满足，在人的各种才能中更追求高层次才能的发挥。所以，我们可以一般地说，所谓优雅地生存，就是在追求各种需要得到充分和协调满足的同时更追求高层次需要满足、在追求各种才能自由和尽情发挥的同时更追求高层次才能发挥的生存方式。优雅地生存，从社会实质上看，就是要在克服自由地生存方式的缺陷和弊端的前提下超越这种生存方式，使人类生存水平上升到一个新层次的生存方式。自由地生存有许多合理的内容，但其缺陷和弊端（如自利性、物欲性、贪婪性、异化性、破坏性等）也日益明显和严重。优雅地生存就是针对自由地生存这种生存方式所存在的以上缺陷和弊端及其所导致的严重后果而提出的一种力图从根本上走出这种生存方式困境的新的生存方式。

优雅地生存不是对自然地生存、奴役地生存和自由地生存这些生存方式的简单否定，而是对以前所有生存方式的扬弃和超越。作为人类痛定思痛后作出的智慧选择，无疑具有以前所有生存方式所不可比拟的巨大优越性。这主要表现在：

首先，它能使人从各种奴役力量中摆脱出来，从容地为人处世，不再感到活得很累。自由地生存使人类从各种外在的束缚中解放出来，使人成为了社会、自然的主人，优雅的生存则要进一步使人类从贪欲中解放出来，并从所有的束缚中解放出来，使人真正获得自由。

其次，它能使世界的罪恶减少，使人类从冰冷的利己主义世界中走进温情的德性主义世界中来。今天人类的种种罪恶主要起源于人的贪欲。优雅生存的生存方式既反对过分刺激和鼓励人的物质欲望，同时又给人的物质欲望提供释放或升华的途径，因而可以从根本上去除导致日益严重的罪恶的主要根源。

第三，它能使人间充满友爱和真情，使世界更美好、人类更幸福。这种新的生存方式会使友情取代仇恨，真情代替虚伪，互助代替欺诈，使社会逐渐走向人性化、人道化、人情化，成为真正适合人类生存的家园。

第四，它能使人类与自然和谐共处，使地球成为适合人类幸福生活的家园。优雅地生存要求人们更多地获得精神性的享受，鼓励人们在精神享受水平方面无限地提高。这样，它就通过改变人的追求方向和享受方向，使人类减少自然资源的消耗和导致污染环境的废弃物。优雅生存还要求人类为了环境更美好而重构自然环境。这样，它不仅可以解决当前人类面临的紧迫的环境危机问题，而且可以建立人类与自然的永久的和谐共处。

最后，它能使社会真正成为自由、平等、富裕、公正、开放、多元、有序、人道的社会，成为真正个体自主而又整体和谐的社会，成为各尽所能、各得其所、各有所乐的社会，从而使社会成员普遍获得幸福。生活在这种社会中，每一个人都心安理得，都能通过不同的途径实现自我，都能得到自己的幸福。

总之，走向优雅地生存的优越性在于，它不仅可以使人类解脱目前层出不穷的社会问题的困扰，使人类走出生存危机，减轻人类的生存压力，而且可以使世界更美好，使人类更幸福。人类之所以要选择和走向优雅生存，归根到底是因为这种生存方式自身所具有的优越性。

人类价值篇

人类公认的价值理念*

当今人们普遍关注和广泛谈论着全球的一体化问题，其所以如此，是因为全球一体化已经成为当代人类最基本的生存状态，而这种最基本的生存状态关系到整个人类的生存和发展。与全球一体化进程相伴随，人类已经形成了一些公认的价值理念。这种人类公认的价值理念是人类关于自身如何更好地生存所普遍形成的信念，它们正在成为人类公认的价值原则和活动准则。人类公认的价值理念正确与否不仅关系到全球一体化的进程，更关系到整个人类的前途和命运，因而是当代哲学家应给予高度关注的重大理论和现实问题。鉴于此，本文试就人类公认价值理念的形成和未来走向，特别是当代人类核心价值理念的内涵、特征、优点、缺陷及其克服的途径作些初步的探讨，以期引起对这一重大问题的重视和讨论。

一、人类世界化与人类公认价值理念形成

人类公认价值观念的形成是与全球一体化的进程相伴随的，在一定意义上也可以说是全球一体化的结果。然而，全球一体化过程实际上就是人类世界化过程，因而我们这里不妨从人类的世界化进程来考察人类公认价值理念的形成过程。

历史学和人类学研究表明，人类最初像动物一样分散地居住在地球上的各地，后来慢慢地逐渐形成不同的生活共同体，如氏族、部落、民族、国家等，从近代的“地理大发现”开始才逐渐联系成为一个整体。人类真正的世界史是从近代开始的，但在此前人类已经为走向这一步准备了条件。从这个意义上看，到今天为止的整个人类的历史就是从分散的人群走向一体的世界的历史，就是人类世界化的过程。这一过程是通过以下三个特别有意义的步骤实现的，即国家的最初形成，西方国家的殖民扩张，殖民地国家的独立。国家的出现是人类世界化的始点，人类世界化不过是国家一体化的扩大。尽管国家的一体化还是局部的，但它为人类世界化作了准备。自 14 世纪开始的近代西方社会革命以及与之相伴随的西方国家的殖民扩张大大加快了从国家一体化走向世界一体化的进程，并对这一进程产生了深刻的影响。它使西方人乃至全人类开始形成世界概念和观念；使各国之间的

---

* 原发表于《天津社会科学》2001 年第 1 期，中国人民大学复印报刊资料《哲学原理》2001 年第 5 期转载，原标题为《论人类公认的价值理念》。

世界性交往开始出现；特别是使全人类的国家化进程大大加快：西欧各国摆脱罗马教廷控制获得独立，殖民地国家意识觉醒并逐渐建立独立国家。国家是世界的主体，全人类国家化是全人类世界化的真正基础。如果说国家的出现是国家化的起点，这一起点也是世界化的真正肇始，那么，殖民地国家的独立则是国家化的终点，这一终点也是世界化的根本标志。①

人类的世界化为人类公认价值理念的形成创造了前提和条件，也为之提供了源泉和动力。人类公认的价值理念就是在人类世界化过程中生成和确立起来的。与人类世界化进程相应，人类公认价值理念的形成也可以大致上划分为三个时期：人类公认价值理念空缺时期，人类公认价值理念生成和完善时期，人类公认价值理念确立时期。

从人类进入文明社会以后一直到西方文艺复兴时期的漫长历史上，人类不同的群体之间虽然已经有了不同范围和程度的交往（包括战争），但人类从总体上看还是分散的、割裂的，尚未联系成为一个有机的整体。与这种状况相应，这个时期虽然人类的不同群体（如不同的部落、民族、国家、宗教等）有各自不同的价值理念，其中有些价值理念（如儒学的价值理念、基督教的价值理念）得到了较大范围内的共识，但整个人类尚未形成公认的价值理念，人类的价值理念不仅是多极的、多元的，而且是完全各自为政、自以为是的。尽管这些各不相同的价值理念中也有某些共性的方面，但人类并未在这些方面形成普遍的共识。因此，我们可以把这一漫长的时期看作是人类公认价值理念空缺时期。

自文艺复兴开始一直到第二次世界大战结束，西方经历了长达 600 多年的深刻社会变革，包括文艺复兴、宗教改革、启蒙运动、政治革命、科技革命、产业革命、哲学革命等一系列革命运动。正是在这一社会变革的过程中，形成了今天得到人类普遍公认的一些基本价值理念。因此，我们可以把这一时期称作人类公认价值理念生成时期。

人类公认价值理念的生成是从欧洲人反对宗教神学和封建专制开始的。反对宗教神学和封建专制是要把人从奴役人的这两大枷锁中解放出来，使人获得自由并平等地享有权利。于是，自由、平等就成为了当时欧洲人反神学反专制的旗帜，被看作“天赋”的人权。然而，当上帝被打倒、个人获得解放之后，人间并没有变成天堂，相反成为了血雨腥风的战场。欧洲人特别是欧洲思想家意识到，要使

---

① 关于人类的世界化问题，参见江畅：《理论伦理学》（湖北人民出版社，2000 年）第三编：世界和谐论，第八章：世界、国家与人类，一、作为人类共同体的世界。

人们普遍获得自由平等，必须诉诸人的理性，必须通过一定的制约机制把人的行为纳入正常的秩序，必须有一定的社会权力机构管理社会。这种制约机制被认为是法制，这种权力机构被认为是国家。为了防止法制成为专制者奴役人民的工具，法制必须体现全体社会成员的意志。为了防止国家权力滥用，国家权力必须分立，必须受到制约，特别是必须受体现全体社会成员意志的法制的制约。这样，民主和法制就被认为是自由和平等的保障。欧洲反宗教神学和封建专制、争取自由和平等的斗争是适应市场经济兴起和发展的要求发生的，另一方面，也只有市场经济的发展才能使人真正获得解放，市场经济因而被看作是理想的社会经济形式。市场经济的发展要求人们不断提高竞争力，科学技术在这方面日益显示出其特殊作用，而人的解放为人聪明才智的发挥从而为科学技术的发展提供了条件。于是科学技术不仅得到了迅速的发展，而且以其巨大的威力使人们相信，它是造福于人类的主要手段。到 19 世纪中叶，自由、平等、民主、法制、市场、科技等价值理念已经生成，并在西欧各国以及一些欧洲移民国家（如美国、加拿大、澳大利亚等）得到普遍认同。

自 19 世纪中叶开始，伴随着现代文明的到来，西方社会出现了许多新的问题。针对这些问题，第二次世界大战之后，西方国家又进一步调整和完善近代以来形成的价值理念，形成了一些与现代文明相适应的新价值理念。[①]其中特别重要的有以适应市场经济发展对扩大和深化消费的需要所形成的享乐理念，以适应解决自由竞争所导致的社会两极分化问题所形成的社会公正理念以及以适应解决现代文明所导致的环境恶化问题所形成的环境保护理念。这些新价值理念虽然对近代价值理念作了某种修正和调整，但总体上看则是以近代价值理念为基础而对其作补充和完善的。我们可以把这一时期看作是人类公认价值理念完善时期。

在西方国家确立现代价值理念的同时，这些理念通过西方国家的殖民扩张逐渐渗透到非西方国家。在相当长一段时期，非西方国家对西方的价值理念持反对和抵制态度，但由于这些价值理念本身的合理性，特别是由于这些价值观念在西方社会产生的极富成效的社会效应，此外也由于一些世界组织（如联合国及其专门组织）的作用，因而自 19 世纪下半叶开始，特别是第二次世界大战之后，非西方国家逐渐认识到了这些价值理念的功效性和生命力，并逐渐转变了对这些价值理念的态度，由反对到学习，从抵制到认同。到今天，西方现代价值理念，特

---

① 参见江畅、戴茂堂：《西方价值观念与当代中国》（湖北人民出版社，1997 年）上篇，第四章：震荡与调整。

别是自由、平等、民主、法制、市场和科技这六大理念几乎得到了世界所有国家（至少大多数国家）的普遍公认。今天尽管还有不少国家声称反对西方现代价值理念，反对西方国家把这些价值理念强加于其他国家，但很少有国家反对自由、平等、民主、法制、市场和科技，相反都争相以这些价值理念作为自己的旗帜。因此，我们可以把第二次世界大战后世界各国对西方近现代价值理念事实上的认同过程看作是人类公认价值理念确立时期。

从人类公认价值理念的形成可以看出，人类公认的价值理念不仅源于西方，而且简直可以说就是西方现代价值理念的泛化。这是一个不可否认的历史事实。诚然，非西方国家对这些源于西方的价值理念的理解与西方国家并不完全一致，而且一些非西方国家还着意将自己的理解与西方的理解区别开来，但是，我们不能不承认，当代人类普遍得到公认的这些价值理念源头在西方。没有近现代西方价值理念的“源”，也许至今还不会有当代人类公认价值理念的“流”。而且，虽然各国对这些价值理念有不同的理解，但总有某些共性或一般规定性作为这各种不同理解的基础。事实上，正是这些一般规定性得到了人类的公认，并成为了当代人类的基本价值原则，而正是这些基本价值原则构成了当今人类世界化或全球一体化的基础和规则。

二、当代人类核心价值理念的一般内涵和基本特征

源于西方的自由、平等、民主、法制、市场、科技、享乐、公正、环保等人类公认价值理念并不是人类公认价值理念的全部，而只是其中的一部分。不过，这一部分是人类公认价值理念中的主要部分，我们可以把它们看作是当代人类的核心价值理念，因为这些价值理念从根本上和总体上规定了当代人类的价值取向和价值追求，是当代人类处理自身如何生存的基本原则，构成了当代人类价值体系的核心内容。

人们关于当代人类核心价值理念的理解并不一致，但也有一些得到共识的内涵。从这些内涵来看，当代人类的核心价值理念已经形成了一个结构整体。

享乐是关于终极价值目标的理念，所要回答的是人为什么而活着。享乐作为价值理念，其最一般的含义就是主张人应该越来越好地满足人类日益扩展和深化的欲望，特别是感性欲望，追求尽情地享受。

科技是关于实现价值目标基本手段的理念，所要回答的是主要通过什么途径来越来越好地满足人类日益扩展和深化的欲望。科技作为价值理念，其最一般的

含义就是主张科学技术是第一生产力，应该通过大力发展科学技术提高素质，增强实力，实现经济增长和社会全面进步。

自由是关于人类生存基本状态的理念，所要回答地是人应该怎样地活着。自由作为价值理念，其最一般的含义就是主张人应该独立自主，按照自己的意愿生活。

平等是关于人与人之间关系的理念，所要回答的是社会应该怎样对待每一个社会成员。平等作为价值理念，其最一般的含义就是主张每一个人都应该同样地具有获得社会角色的机会并同样地享有相应权利和履行相应义务。

环保是关于人类与自然之间关系的理念，所要回答的是人类应该怎样对待自然环境。环保作为价值理念，其最一般的含义就是主张自然界是人类生存的家园，人类应该在利用和改造它的同时热爱和保护它，维护生态平衡，不断构建人类与自然的和谐。

民主是关于政治生活方式的理念，所要回答的是人应该在社会中处于什么样的地位。作为价值理念，其最一般的含义就是主张每一个社会成员都应该是社会的主人，都有权参与社会事务管理。

市场是关于经济生活方式的理念，所要回答的是人类应该怎样生产、交换和分配社会财富。市场作为价值理念，其最一般的含义就是主张应该以市场经济作为社会的经济基础，使市场对社会资源配置起基础性作用，使供求机制、价格机制、竞争机制等市场机制对经济起导向性作用，使商品生产者和经营者具有决策自由和经营自主权、自负盈亏、平等竞争，在机会均等和公平竞争的条件下优胜劣汰。

法制是关于社会保障机制的理念，所要回答的是如何保障社会的正常秩序。法制作为现代价值理念，其最一般的含义就是主张建立法治社会，以法律和制度的方式保障和最大限度地扩大每一个公民的自由和权利，防止和惩治一切侵犯公民自由和权利的行为。

公正是关于社会秩序的理念，所要回答的是什么样的社会最有利于人的生存、发展和享受。公正作为现代价值理念，其最一般的含义就是主张社会的一切资源的分配要公平、合理，使每一个社会成员得其所应得，特别是要建立公民能自由地承当社会角色，平等地享有权利和平等地履行义务，以及弱者能得到保护、害人者能给予惩罚和受害者能得到赔偿的社会控制机制。

从以上九大价值理念的一般含义及其产生的历史过程来看，当代人类的核心价值理念具有以下五大基本特征：

（1）个体性。当代人类的核心价值理念发源于西方近现代，是为了把个体从各种奴役或束缚力量中解放出来而形成的，因而个体的独立自主、个体的价值幸福是整个核心价值理念结构的轴心。所有的核心价值理念都无非是两种类型：要么直接肯定张扬个体的价值和权利，如享乐、自由、平等、民主等，要么是为实现个体价值服务的，如科技、环保、市场、法制、公正等。在个体与整体的关系中，个体被赋予了崇高的价值。个体被看作目的，整体被看是实现目的的手段，个体特别是个人被看是终极实体，整体被看作是派生物。因此，可以说当代人类的核心价值理念是个体主义的。这种个体主义特征在20世纪随着国家干预主义和社群主义的兴起而有所淡化，但并没有从根本上改变，因为国家干预主义和社群主义都是以个体主义为基本前提，在一定意义上可以说是对早期个人主义的完善，而不是与个体主义对立的。个体主义在国家的范围内主要表现为个人主义，在世界范围内则主要表现为国家（民族）主义，而这正是当代国际关系中普遍强调国家的独立主权的根据。对于当代人类核心价值理念而言，自由被看是个体最基本的规定性，因而也被看作是个体的最基本权利。从这种意义看，当代人类核心价值理念也是自由主义的。

（2）世俗性。从起源上看，当代人类的核心价值理念是在反对宗教的斗争中产生的，基本上是宗教的对立物。这些价值理念以人性取代神性，以人道取代神道，以人权取代神权，强调现世生活的价值和意义，主张追求世俗的幸福和快乐，神圣性、崇高性被排除在视野之外。因此，可以说当代人类的核心价值理念是世俗主义的。这种世俗主义强调人在宇宙中的至高无上地位，把人看作是万物的灵长、世界的创造者、世界意义的赋予者和宇宙的目的，强调人应该成为自己的主人，强调人的作为的力量和意义，要求人们自我认识、自我设计、自我实现。对于这种世俗主义的价值理念来说，既然不存在天堂，不可能永生，那么人就没有必要去追求永恒、神圣，而要顺从人性行事，拼命赚钱，及时行乐，尽情享受，不仅要努力满足欲望，而且要不断刺激和开发欲望，在不断刺激和开发中不断寻求花样翻新的满足。从这种意义上看，当代人类的核心价值理念也是享乐主义的。

（3）实利性。人的欲望所指向的是功利，追求欲望满足的过程，也就是追求实际利益的过程。既然当代人类价值理念主张不断刺激和开发人的欲望并不断追求其满足，那么必然主张人们贪得无厌地追求实利。利己被看作是天经地义的，求利被看作是人一切活动的根本动力和真正动机。在现代社会一切实际利益都可以还原为金钱、财富、权力、地位、名誉和色情，因而金钱、财富、权力、地位、名誉和色情被赋予了崇高的目的价值，除享受之外的所有其他核心理念都不过是更好地谋求这些实利的方式而已。因此，当代人类核心价值理念是实利主义的。这种实利主义的价值理念强调成功，强调结果的功效，而不怜悯失败，不重视动机、过程。从这种意义看，当代人类核心价值理念也是结果主义的。

（4）竞争性。当代人类的核心价值理念虽然肯定和强调个体权利和机会平等，但在此前提下承认个体在实现权利和把握机会方面的不平等，而且鼓励人们通过公平竞争来实现自己的利益和价值，因而竞争成为人们在社会中获得自身利益、实现自己价值的最基本途径。因此，当代人类核心价值理念是竞争主义的。公平竞争最重要的要求是要遵循大家公认的竞争规则，而在公平竞争的条件下，能否取胜则取决于竞争者自身的实力。因此，现代竞争实质上是实力竞争。在公平竞争面前，只认实力，不认其他，只鼓励强者，不同情弱者。这种价值理念主宰的世界，实际是强者主宰的世界。从这种意义上看，当代人类的核心价值理念也是强力主义的。

（5）多元性。既然个体被看作是终极实在，而自由的个体是千差万别的，是多元的，以个体自由为轴心的当代人类核心价值理念就必然会否认价值一元，容许和承认价值多元。当然，当代人类核心价值理念本身具有某种统一性，但这种统一性只是起点和基准，它是不同层次个体价值体系的基础结构和一般原则，而不是它们的全部。不同的国家、民族、团体、组织、个人等都可以而且应该在这种基础结构的框架内确立自己独特的价值理念和构建自己独特的价值体系。因此，当代人类的核心价值理念是多元主义的。价值是多元的，不存在某种终极的、永恒的绝对价值，因而价值也是相对的。既然当代人类核心价值理念反对建立全人类统一的包罗万象的价值体系，相反容许不同个体在其框架内构建自己的价值体系，实际上就否定了人类价值和价值体系的绝对性。从这种意义上看，当代人类价值理念也是相对主义的。

三、当代人类核心价值理念的缺陷与人类公认价值理念的未来走向

当代人类核心价值理念在从最初生成到最后确立的过程中，深刻改变了西方社会并通过西方社会深刻改变了整个人类社会，使人类社会从贫穷落后的传统文明走向繁荣昌盛的现代文明。今天的人类世界在相当大的程度上是在这种价值理念的指导或影响下构建起来的。毫无疑问，这种价值理念有其旺盛的生命力和影响力，而这种生命力和影响力的源泉则在于这种价值理念的巨大优越性。这种优越性主要表现在，这种价值理念致力于把人从各种束缚中解放出来，努力扩大人

的独立自主性，刺激和鼓励人向内挖掘潜能向外征服世界，这不仅使人获得了自由，使我们的世界日益成为自由的世界、民主的世界，而且使人的能量最大限度地发挥了出来，使我们的世界日益成为富裕的世界、文明的世界。从总体上看，正是在这种价值理念的作用下，今天的人类真正成为了自己的主人、社会的主人、世界的主人。我们应该承认这种价值理念的巨大历史功绩，也应该承认其基本合理性。我们完全可以设想，如果没有这种价值理念的确立，没有它的激励、指导和规范作用，今天的人类必定还生活在各种各样的束缚之中，还生活在人剥削人、人压迫人的落后专制社会，更谈不上自由、开放、民主、富裕的现代文明。一些学者完全否定西方自启蒙以来的现代价值理念的合理性，指责现代价值理念导致了现代文明的种种弊端，这种做法是错误的，至少是片面的。

然而，我们也应该清醒地看到，发源于西方的当代人类核心价值理念也存在着缺陷。这种缺陷突出体现在，当代人类核心价值理念是以个体为轴心，以刺激和鼓励个体自由追求实利为基本价值取向构建起来的价值理念体系。个体是一个相对概念，可以是相对于国家的个人，相对于人类的国家，相对于宇宙的人类，因而当代人类核心价值理念实际上既是个人中心主义的（相对于国家而言），也是国家中心主义的（相对于人类而言），也是人类中心主义的（相对于宇宙而言）。个人把自己的实利看作是至高无上的，国家也把自己的实利看作是至高无上的，人类也把自己的实利看作是至高无上的。如果说由于人类已经国家化，国家已经实体化，以及国家正在民主化，因而个人和国家的权益可以得到必要的维护的话，那么，由于人类尚未完全世界化，世界尚未真正成为可以维护自己权益的实体，特别是宇宙、自然界不可能成为维护自己权益的实体，因而人类整体和自然界的权益就无法得以保障。这样，一味刺激和鼓励个体自由追求实利，就可能使人类整体和自然界成为无人保护的受害者。而且，实利的获得从根本上说就是财富的占有，而财富最终来源于并非其资源取之不尽的自然界，并且相对于人的欲望而言总是有限的。这样，对实利的自由追求（由于人的欲望是无限的，这种自由追求必然变成贪得无厌的无限追求），加上人口的迅速膨胀，必然导致有限自然资源的迅速消耗乃至枯竭，必然导致由为占有更多财富而引发的各种争斗乃至战争，从而必然导致人类整体面临日益严重的生存危机和人类个体面临日益严重的生存压力。

当代人类核心价值理念的缺陷随着现代文明的发展日益显露出来，而且已经导致了许多不良后果。这些不良后果主要可以从个人与自身、个人与个人、国家与国家、人类与自然四个方面的关系来看。

从个人与自身的关系来看，由于过分刺激对实利的欲望和鼓励对实利的无限追求，人日益被欲望所主宰、所奴役，欲望得不到满足感到痛苦，得到了满足又感到空虚，而欲望又在不断地被刺激、被开发，事实上永远不可能得到充分的满足。这样一来，人的心灵始终躁动不安，不能得到片刻的安宁。

从个人与个人的关系来看，由于作为实利的社会资源总是相对有限的，而人变得日益贪得无厌，因而人与人之间争权夺利的竞争愈演愈烈。生活在今日世界的人不仅普遍感到自己像是被推入快车道的车身不由己，活得很累，而且感到生活在自己周围的人都是自己的竞争对手，不得不处处设防。这样一来，人际关系日益紧张，人的情感需要得不到应有的满足，人感到孤独、苦闷，容易发生心理疾病，吸毒、性乱、邪教、自杀等反社会、反生理行为流行。另一方面，由于人与人之间在生理条件方面和环境条件方面存在着不可克服的不平等，因而即使人们在人格、权利、机会方面平等，也不可避免地会发生人与人之间事实上的不平等。在当代，这种不平等不仅突出地表现为贫富两极分化，而且更深层地表现为富人与穷人、强者与弱者的对立，而这是当代公正理念所难以解决的，因为当代的公正理念是以维护个体自由和权利平等为目的的。

从国家与国家的关系来看，伴随着整个人类的国家化，国家在人类生活中的地位和作用日益突出，已经成为非常特殊的利益实体。国家以维护本国公民的自由、权利和利益为由，建立强大的国防和庞大的军队，以他国为假想敌。为了维护、扩展本国利益，不择手段，甚至诉诸武力。其结果，国际社会强弱悬殊，弱肉强食，战乱不已。

从人类与自然的关系来看，人类为了满足贪得无厌的欲望，不断向自然开战，把自然看作是无主的、用之不完的宝库，只管收获，不问耕耘，野蛮地掠夺自然。在人类真正成为了自然的主人的同时，自然再也承受不了人类的蹂躏，环境污染，生态平衡被破坏，人类赖以生存的自然系统已经走向崩溃的边缘。人类虽然已经普遍确立了环境保护的理念，但这种理念无法抵御人类日益张大的“胃口”。今天的人类自然环境仍然在响彻寰宇的“人类只有一个地球”的口号声中辗转呻吟。

事实已经明显不过地表明，人类如果不努力克服主宰自己的价值理念的缺陷，人的心理受不了，人的环境受不了，人类将会在自己的辉煌中走向灭亡。因此，今天人类需要反思和批判已经确立的价值观念，通过这种反思和批判，克服现行价值理念的缺陷，使之走向完善、合理。根据当代人类核心价值理念的优点和缺陷，人类不应该简单地否定这些价值理念，而是应该对这些理念作适当的限制和调整，并另外补充一些必要的新理念。这也许就是人类公认价值理念的未来走向。

笔者认为，我们应当为当代人类核心价值理念补充四大理念：道德、责任、和谐、智慧。道德是关于社会导向机制的理念，所要回答的是人们怎样生活更好、怎样生活最好。责任是关于个体与整体关系的理念，所要回答的是个体和整体在享有自由和权利的同时应承担什么样的义务和责任。和谐是关于个体和整体内在关系的理念，所要回答是个体和整体秩序最好是怎样的。智慧是关于人类总体生存方式的理念，所要回答的是人类怎样才能更好地生存。对于当代人类的价值理念主要要作以下调整：一是要用追求人类生存、发展和享受需要总体满足的幸福代替享乐作为人类的终价值目标理念；二是要将“环保”纳入到“和谐”的理念，因为宇宙或自然和谐必然包含环保的要求；三是要对“公正”理念的含义作适当的修正，特别要强调整体对个体调控的必要性并加大其力度，通过一定机制限制个体实利欲望的过分膨胀。

经过补充和调整后，人类公认的价值理念为：幸福、智慧、自由、责任、平等、公正、民主、和谐、市场、法制、科技、道德。这十二大理念也可以看作是六对，其中智慧、责任、公正、和谐、法制、道德分别对幸福、自由、平等、民主、市场、科技具有某种限定的意味。在所有这些理念中，幸福和智慧是两个核心理念：幸福是人类的终极价值目标，智慧是人类获得幸福的根本途径。始终坚持这两大理念并确保其在人类价值理念中的核心地位，人类就不会误入歧途。

幸福：当代人类的核心价值理念*

近几年来，人们广泛地讨论核心价值体系问题。那么，讨论核心价值体系就不能不讨论构成核心价值体系的核心价值理念。在一定意义上可以说，核心价值体系是由核心价值理念构成的体系。对于当代社会的核心价值体系包括哪些核心价值理念，人们会有不尽相同的看法，但是，有一个核心价值理念是人们应该形成共识的，那就是幸福。本文试就幸福应当作为当代核心价值理念、当代幸福的含义及相关问题作些阐述。

一、幸福是人类的核心价值理念

人的活动都是追求价值的，但人的价值追求并不是盲目的，不是随意的，而是有根据的。这种根据就是原则。这些原则包括目的原则，其中最重要的是我们的一切追求究竟为了什么，还包括手段原则，即怎样达到目的的原则。这些原则就构成了人的价值体系。价值体系是人的一切活动的深层结构。“价值体系，最简单地说，就是作为追求什么价值和怎样追求价值根据的内在价值原则系统。”[①]这些原则一般都是以观念的形态存在的，因而价值体系实质上就是价值观念体系。另一方面，价值原则又是人们活动的根据，人们总是以一定的价值原则为根据、并在一定的价值原则的指导下进行活动的，因而价值原则客观上对人的活动具有一定的规范性、约束性。从这种意义上讲，价值原则又不只是价值观念，同时它又是活动规范，价值体系又是活动规范体系。总的看来，价值原则同时具有观念性和规范性，是价值观念和活动规范的统一，而价值体系则是价值观念体系和活动规范体系的统一。价值体系是由价值原则构成的，但显然价值原则并不等于价值体系。价值体系是由一系列价值原则构成的，是这一系列价值原则的协调化、系统化。

人在世界中生活一般都有自己的价值体系，但是，社会的价值体系与个人的价值体系并不完全相同。个人的价值体系包括目的原则和怎样实现目的的原则，

---

* 原发表于《湖北大学学报》2011 年第 3 期，中国人民大学复印报刊资料《哲学原理》2011 年第 11 期转载，原标题为《幸福：当代社会价值体系的核心理念》。

① 江畅：《幸福与和谐》，人民出版社，2005 年，第 189 页。

但在怎样实现目的的原则中除了包含手段原则（通过什么手段实现目的）外，不一定包含规则原则和制约原则，至少不一定包含社会所期望的规则原则或制约原则。然而，社会的价值体系不仅包含目的原则和手段原则，而且包含规则原则和制约原则。这是因为国家是相当数量的人群的集合，国家的活动是通过不同的单个个体的自主活动实现的。不同的单个人在自主活动的过程中，必定会发生相互妨碍甚至相互伤害。为了避免这种情况的发生，就需要一些适当规范人们活动的规则。这些规则总是根据一定的原则确定的。确定这些规则的原则，就是规则原则。有了规范活动的规则还不够，因为有些人可能不在意这些规则，更有一些人为了自身利益胆敢故意违犯这些规则，因而必须对这种故意违犯规则的行为有惩治措施。这种惩治也不是任意的，而应当是恰如其分的，这样就必须有一定的原则。这种原则就是制约原则。据此，社会价值体系大体上可以划分为目的或目标、手段、规则、制约四个子系统。这四个子系统的基本原则就构成了价值体系的核心理念。目的系统根源于并且通常对应于人的需要，是直接基于对能满足人的需要的事物的认识而形成的。手段系统主要是由关于实现目的的手段的原则构成的系统。规则系统主要是由关于在运用手段实现目的的过程中（包括选择手段和确立目的本身）应遵循的规则的原则构成的体系。所有这四个子系统各自有一定的相对独立性，其中某一子系统的某一要素发生变化并不一定就会引起整个价值体系结构的变化，但整个结构有鲜明的目的性，这就是怎样使价值目的有效地实现。正是这种目的性，使整个结构形成为一个有机的整体。

人的一切活动都是有目的的，当把目的作为追求的对象时，目的就成为人活动的目标。在现实生活中，人们的目的各种各样，追求的目标也各种各样，但在所有这各种各样的目的和目标背后，总有某种终极的东西发生着作用。它这就是我们所谓的终极目的。随着人类文明的进步，人的需要及满足需要的事物日益朝着多层次、多维度的方向发展，呈现出复杂的结构。这一事实决定了当代人类关于目的的原则也日益呈现出多层次、多维度、向未来开放的复杂结构。不过，无论这一结构怎样复杂，其中总包含着基于人的根本的、总体的需要所形成的终极目的。终极目的是就两种意义而言的。一是就根本意义而言。就是说所有其他的目的都是由这种终极目的派生的，最后又都指向这种终极目的。它既是根基，又是依归。二是就总体意义而言。就是说，所有其他的目的都从属于它，服从于它，服务于它。它既是全体，又是核心。无论是什么人，只要他健康正常，他都以这种终极目的作为他生活的指南，只不过有的人是自觉确立的，有的人是自发形成的，有的人意识到了，有的人没有意识到。终极目的规定着所有目的或目标的选择和确立，同时又是所有目的或目标的最后指向和最高追求。在价值体系中，终极目的是系统目的的根本原则和最高原则，它规定着所有其它的目的原则乃至所有的价值原则，是人们所有价值判断的终极标准和所有价值追求的终极目的，因而是价值体系的核心理念。

选择和确立终极目的的基础和范围是目的王国中的目的。目的王国中的目的众多而又有不同层次，而且不同目的王国中的目的也不相同，这就给终极目的的选择和确立提供了各种可能。从人类历史看，不同社会、不同时期确定了不同的终极目的。中国传统社会将王朝的长治久安作为社会的终极目的，西方中世纪将死后进天国作为终极目的。事实证明，历史上所确立的这些终极目的都是有问题的，它们都忽视了作为社会成员的个人，忽视了个人的现世生活，势必导致社会异化。社会原本是属人的、为人的。当社会的终极目的不正确，特别是当社会以自身的稳定和发展作为终极目的，而个人的生存和发展从属于这种目的时，人就成了实现社会目的的手段，人就不再是社会服务的对象，而成了社会的奴仆甚至部件。正是因为以往社会确立的终极目的既不正确又导致了不良的社会后果，所以我们提出要将幸福作为社会的终极价值目的，以社会成员的普遍幸福的实现作为社会价值体系的终极目的原则。

与其他各种终极目的和终极目标原则相比，以幸福作为社会的终极目的，以普遍幸福作为社会价值体系的终极目的原则和理念，理由更充分。首先，以幸福作为终极目标，符合人的本性。人不仅像其他动物一样要生活，而且要生活得好，要生活得更好。生活下去、生活得好、生活得更好，既体现了人的综合本性，又体现了人不同于其他动物、现代人不同于传统人的独特本性或本质特征。以生活得好为终极目标体现了人的根本需要。其次，以幸福作为终极目标，符合人的整体需要。幸福不是一种单向度的目标，而是一种综合性目标。“生活”是一个总体概念，不仅包括了道德生活，还包括了所有其他领域的生活，包括了人的整个生命过程。“好”也是一个总体概念，不仅包括了道德上的善，而且包括了其他领域的价值，包括了价值的所有维度。生活得更好，实际上就是要立足于充分地满足人的整体需要。再次，以幸福作为终极目标，符合人不断拓展和深化需要的必然趋向。人在理性的作用下，总是不满足现状，总要在追求。在追求中产生新的需要和寻求满足新的需要的手段。以幸福作为终极目标，就是要求人们不能满足于生活得好，而要追求生活得越来越好、好上加好。最后，以幸福为终极目标，符合社会的使命。人们组成社会，不是为了让社会来统治自己，而是为了使自己生活得更好、更幸福。社会的使命就是要使全体社会成员生活得越来越好。以幸福为终极目标，从社会的角度看就是要使全体社会成员生活得更好。这既反映了社会使命的要求，也与所有社会成员以生活得更好为终极目标追求完全统一了起来，传统社会中普遍存在的个体与整体的对立可以从根本上得到克服。幸福总是个体性的，以幸福作为终极目的，本身意味着以个人作为社会的终极实体，其他一切实体（包括国家和其他一切组织）都是派生的实体。坚持以幸福为终极目的，就可以防止个人与社会关系发生颠倒。

幸福是人类追求的终极目的，普遍幸福是社会价值体系的根本原则，人类一切活动最终只是为了社会成员幸福的普遍实现。这是人类数千年的实践得出的重要结论。在这一点上形成共识，是对于当代人类更好生存和发展具有根本意义的重大事情。

二、正确理解幸福

自古以来，无论是思想家还是普通人对幸福有种种不同的理解，对幸福对于人生的意义也有种种不同的看法，以至于康德曾发出这样的感慨："不幸的是：幸福的概念是如此模糊，以致于虽然人人都在想得到它，但是，却谁也不能对自己所决意追求或选择的东西，说得清楚明白、条理一贯。"[①] 在伦理思想史上对幸福的理解虽然存在着众多的分歧，但大致可以划分为两种倾向：一是苏格拉底、柏拉图和亚里士多德等人把幸福理解为德性的德性主义；二是以伊壁鸠鲁为主要代表把幸福理解为快乐的快乐主义。伦理思想史上关于幸福的学术资源有许多内容值得借鉴，如把幸福看作生活的终极目的，看作是最大的善和最高的善，看作是"满意地生活"和"正当地行动"的统一，注重研究幸福与德性、快乐的关系，等等。但是，伦理思想史上的观点也都有其局限，主要体现在，无论是把幸福等同于快乐还是等同于德性，都把幸福的含义理解得过于狭窄；即使同时考虑德性和快乐这两个方面，也不足以真正阐明幸福的含义。

幸福是一种价值性质，即善性（或好性），并被许多伦理学家看作是最高的善，即至善。幸福这种价值性质是使人对生活总体上感到满意的价值性质。幸福并不就是需要的满足，而是生活的那种能使人的需要总体上得到满足并能使人由此产生愉悦感的性质。具有这种性质的生活就是幸福生活，即伦理学家们所说的

---

① ［德］康德：《道德形而上学基础》，周辅成编：《西方伦理学名著选辑》（下卷），商务印书馆，1987 年，第 366 页。

"好生活"。好生活可以从两种不同意义上理解：一是把好生活理解为"值得赞赏的生活"，这是指的道德或德性高尚的生活；二是把好生活理解为"值得欲望的生活"，这是指的繁荣或发达的生活。真正的好生活应该既是"值得欲望的生活"，又是"值得赞赏的生活"。这种好生活在伦理学上被看作是人应该追求的理想生活，过上这种好生活则被看作是人生的终极目的。

幸福包括两方面的因素：客观因素和主观因素。

幸福的客观因素在于，人生存需要获得充分满足、发展需要获得一定程度满足并有可能得到进一步满足。人的需要是一个复杂的系统，有不同的维度和层次。随着社会的发展，人的需要还在迅速地向广度和深度扩展。在当代社会，人的需要与人的想要（欲望或愿望）越来越难以分辨，以至于人的需要呈现出没有限度的态势。如果以为幸福是人的所有需要都得到满足，人就不可能有幸福，因为人的需要太多，而且还在不断地产生，任何人都不可能使自己的所有需要都得到满足。因此，应当把幸福限定在人的根本的总体的需要得到某种程度的满足上。人的根本的总体的需要，就是人在世界上生存、发展和享受的需要。但是，人生存、发展和享受需要也难以得到完全的满足。在现实生活中，人们需要的满足只能达到这样的程度，即生存需要获得充分的满足、发展和享受需要获得一定程度的满足，而且还有进一步满足的可能。这三方面都是必要的，它们是幸福的关键因素，是使人对生活总体上感到满意的客观基础，是赋予生活以幸福性质的价值源泉。具备了这三方面的客观因素，一个人就获得了幸福所需要的前提，他的生活才总体上看是好的，他也才有可能是幸福的。不具备幸福的客观因素，即使一个人感到幸福，他也不是真正幸福的。

要使生活具备使人的需要总体上得到满足的性质，必须具备一定的客观条件。这些条件很多，如家庭和睦、职业成功、综合素质高、社会公正和谐，等等。当代人们普遍谈论"幸福指数"，即国民幸福总值（Gross National Happiness，GNH）。"幸福指数"指的就是获得幸福所需要的主要客观条件。GNH是一个对福利和幸福进行数量测量的概念，但关于GNH没有精确的定量性定义。有研究以人们的满意度为根据确定了GNH的七种测量标准，即：经济满意度，环境满意度，身体满意度，精神满意度，工作场所满足度，社会满意度，政治满意度；并认为GNH就是这七种测量标准的人均总平均数的指数函数。这些测量标准不一定是准确和全面的，但它表明影响幸福性质的因素是多方面的、复杂的。

一个人的生活具备了幸福的客观因素，或者说一个人客观上过上了好生活，并不一定就会感到幸福。这就涉及幸福的主观因素，即幸福的感受或幸福感。所谓幸福感，就是对自己客观上已过上好生活的状态进行反思和回味所产生的愉悦感。幸福感是幸福所必不可少的主观要素，有了幸福感，意味着生活客观的好性质已经为个人意识到、感受到。幸福是人对生活总体上感到满意的价值性质，其主观条件是人对生活的反思和回味，即自己思考和体会自己正在过的生活。只有当一个人去反思和回味时，他才会发现和感受到这种性质，并使这种客观上的好生活转变成个人主观的感受，即愉悦感。如果这种客观上的好生活不经过反思和回味转变成个人的主观感受，客观上的好生活对于一个人来说就是外在的，没有变成对于他而言的幸福生活，他也因为没有意识到和感受到这种客观上的好生活而不是幸福的。因此，幸福感对于个人幸福来说是至关重要的。没有幸福感，即使一个人的一切欲望都得到了满足，他也肯定不会是幸福的。

由此看来，幸福感产生需要具备两个条件：一是客观上过上了好生活；二是要对这种生活有反思和回味。幸福感的前提和源泉是幸福生活所需要的客观条件。幸福所需要的客观条件对于幸福生活而言是决定性的。具备了这种条件，一个人就客观上过上了好生活；不具备这种条件，或者说客观上没有过上好生活，即使他对生活进行反思和回味，一般也不会产生幸福感。在现实生活中，有的人可能在根本没有过上客观的好生活的情况下产生了幸福感，这种幸福感不是真实的幸福感，而是虚假的幸福感。一个人即使有了这种幸福感，也并不意味着他是幸福的。

另一方面，一个客观上过上了好生活的人，也需要对这种生活进行反思和回味。只有通过反思和回味才会产生幸福感，有了这种幸福感，他才真正过上幸福生活。这种反思和回味是幸福生活必不可少的主观条件，也是幸福感产生的主观条件。[①]如果一个人客观上过上了好生活，但他不对这种生活进行反思和回味，他就不会产生幸福感。没有这种幸福感，他也就不会认为他自己过上了幸福生活，而且由于缺乏幸福感，他的生活实际上也不是幸福的。反思和回味的重要前提是要有对幸福的理解，要有幸福意识。我们知道了幸福对人意味着什么和幸福是什么，并据此反思自己，我们才会产生我们自己幸福不幸福的感受，而如果我们这时客观上已经过上了好生活，我们就会产生幸福感。现实生活表明，并不是每一个客观上过上好生活的人都会产生幸福感，这即是常言所说的“生在福中不知福”。一般来说，一个人只有客观上过上了好生活，同时又有对这种生活的反思

---

① 需要指出的是，在这里笔者所说的主观条件只是主观条件之一，也可以说是幸福的主观必要条件，幸福的主观充分条件是人格完善。有关阐述见本书的第四部分关于“幸福主义的基本命题和主张”的有关内容。

和回味，并由此产生了幸福感，他的生活才是真正幸福的，他才真正过上了幸福生活。

现实生活中有不少人将幸福与幸福感、真实幸福感与虚假幸福感混淆，将虚假幸福感等同于真实幸福感，将幸福感等同于幸福，从而对幸福发生误解。他们或者以为幸福完全是个人的主观感受或精神状态；或者以为幸福完全在于外在的客观条件。这种混淆和误解在实践上是很有害的，严重地妨碍了人们对幸福的正确追求。

幸福和快乐都可以使人产生愉悦感，但这两种愉悦感是有重要区别的。快乐的愉悦感是人的某种欲望特别是强烈欲望得到满足产生的，具有一事性、即时性、一时性，即只要某种欲望得到满足这种愉悦感就当即产生，事过即逝。而且，无论是正常、健康的欲望还是不正常、不健康的欲望都能产生快乐的愉悦感。幸福的愉悦感则不同，它是人的根本的总体需要得到满足产生的，具有整体性、持久性、反思性，即只有根本的总体的需要得到满足才可能产生，只有经过反思和回味才现实产生，一旦产生会成为一种持久的心理状态。而且这种根本的总体的需要包含了对法律和道德的要求，因而幸福的愉悦感总是正常的、健康的美好愉悦感。这两种愉悦感的区别实际上就是幸福与快乐的区别。不少人不了解这种区别，常常将快乐的愉悦感等同于幸福的愉悦感，将快乐等同于幸福，这是幸福观上的一个重大误区。“如果幸福在于肉体的快感，那么就应当说，牛找到草料吃的时候是幸福的。”①赫拉克利特这句名言是值得我们记取的。当然，快乐对于人生也是具有重要意义的。德谟克利特说：“一生没有宴饮，就像一条长路没有旅店一样。”②这里所说的“宴饮”意指的就是快乐。没有快乐，人的生活就会是疲惫而乏味的。但是，快乐必须是健康的，只有健康的快乐才是幸福的重要补充，才可以使幸福生活更加丰富多彩，而不健康的快乐会损害幸福甚至正常生活。因此，必须将快乐纳入幸福的范围，用幸福规定快乐，使快乐从属于、服务于幸福生活。

三、正确处理“德福悖反”

将社会成员的普遍幸福作为社会价值体系的终极目的，这就要求社会管理者

---

① ［古希腊］赫拉克利特：《著作残篇》4，北京大学哲学系外国哲学教研室编译：《古希腊罗马哲学》，商务印书馆，1961年，第18页。

② ［古希腊］德谟克利特：《著作残篇》165，北京大学哲学系外国哲学教研室编译：《古希腊罗马哲学》，商务印书馆，1961年，第118页。

以社会成员的普遍幸福为一切管理活动的终极指向和根本原则，致力于提高社会的“幸福指数”，增强社会成员的幸福感。这是不言自明的。这里我们要着重讨论社会在追求普遍幸福的过程中如何正确处理道德和幸福“二律悖反”的问题，这是一个影响社会成员的普遍幸福实现的重大理论和现实难题。

无论在伦理思想史上还是在现实生活中，人们常常认为道德和幸福之间存在着不一致甚至冲突。这即是所谓的德福“二律悖反”。从伦理思想史的角度看，关于德福的关系主要有两种不一致的基本观点：第一种是德福一致的观点。这种观点又有两种完全不同的倾向。一是苏格拉底、柏拉图、亚里士多德等人主张的德性主义观点，认为幸福在于德性或主要在于德性，德性与幸福在本质上是一致的。二是以伊壁鸠鲁等人主张的快乐主义观点，这种观点将快乐与善（或至善）、幸福等同起来，认为快乐就是善，同时也是幸福。主张这种观点的学者中也有人（如约翰·密尔）认为德性是实现幸福的工具，而且认为会发生德性由手段变成目的的异化情况，但并不认为德性与幸福相冲突。这两种观点虽然存在着分歧，但一般都把幸福看作是善或至善、把幸福生活看作是好生活，这种好生活就是人的理想生活，也是人追求的终极目的。第二种观点是认为德福不一致的观点。这种观点认为道德和幸福是冲突的，有德之人难得有福或没有福，有福之人则通常没有德，并认为这种冲突在现实世界中是不可调和的。这种观点以康德为典型代表，但思想史上和现实生活中持这种看法的人相当多，今天这种观点由于康德的学术影响而似乎成为了一种共识。

德福悖反观点的依据主要有两个方面。一是人性的依据。持德福悖反观点的学者一般都认为人性既有欲望、情感等感性方面，也有理性方面。人性的感性方面追求自爱、快乐、享受等个人利益，即幸福，而理性的方面则追求利他、为公等社会利益，即道德，而且这两个方面存在着不可调和的冲突。其最典型的说法是，道德或多或少以自我牺牲为前提。二是现实的依据。在社会现实生活中，不少富有的、有权势的、过着享乐生活的人是通过不道德的途径获得他们的优越生活条件的，而那些道德之人则常常生活清苦甚至一无所有，根本无幸福可言。其最常见的说法就是，“有德者未必有福，有福者实多恶徒。”持这种观点的人据此认为，幸福与道德是分离的。

导致“德福悖反”结论既有观念方面的原因，也有现实的原因。对道德和幸福的不正确理解是导致德福悖反的观念方面的原因。传统的道德观以及一些伦理学理论是极端利他主义的，把道德片面地理解为为了他人或整体利益牺牲自我利益，将道德与自我牺牲划等号。这种道德观和伦理学的前提是把个人利益与他人、整体利益对立起来，认为两者是此消彼长、不可双赢的关系。既然如此，那么一个人要成为道德的，就必定会牺牲自我利益，一个人越是有道德，就越是要牺牲自己的利益甚至自己的生命。显然，如果我们不是将幸福等同于道德，而认为幸福包含个人生存、发展和享受需要的满足，那么道德之人是不可能有幸福的。

另一方面，传统的道德观以及一些伦理学理论对幸福的理解也不正确。它们要么把幸福狭隘地理解为对社会紧缺资源的占有，认为对金钱、财富、权力、名誉、地位等的占有越多越幸福；要么把幸福简单地等同个人生活的享受和满足，认为一个人生活越享受、越满足，他就越幸福。而在不公正的社会里，占有资源多的人、获得享受和满足多的人常常不是个人道德的报偿，而更有可能是通过不道德的途径获得的。

从现实情况看，在不公正的社会，社会对社会资源包括机会的分配是不公正的，存在着“强权即公理”、弱肉强食、“两极分化”等问题。生活在这种不公正社会中的人，在很多情况下要靠唯利是图、不择手段的不道德途径来获得社会资源。因此，那些占有社会资源越多的人，常常是越不道德的人，而那些道德之人则往往成为了这种不公正分配的牺牲品。这种社会现实加上对道德和幸福的不正确理解，必定会形成德福悖反的看法；而在不正确的道德观和幸福观的前提下，将德福背离的现实与人性的两面性联系起来，就会得出德福悖反的伦理学结论。

从导致“德福悖反”看法的原因看，要解决“德福悖反”的问题，首先要树立正确的道德观和幸福观。道德从个体的角度看并不等于为了他人和整体利益作出自我牺牲，而是一种有利于个体更好生存的生存智慧。这种生存智慧主要体现为正确处理三种基本关系，即个人与他人和整体的利益关系、眼前利益与长远利益的关系、局部利益与全局利益的关系。它要求通过无损于人、有益于人来实现自己的利益；通过他人和社会利益更好地实现来更好地实现自己的利益；要求在追求眼前的、局部利益的同时兼顾长远的、全局的利益。在树立这种正确的道德观的同时还要树立正确的幸福观。幸福需要享有一定的资源，但幸福不等于占有资源；幸福也不是单纯的生活享受，而是与人的追求、奋斗相联系的。个人要靠自己合法、合德的勤奋努力来获得生存、发展和享受需要的满足，从而产生幸福感，过上幸福生活。幸福本身包含了道德的要求，包含了由个人作为和追求所产生的成就感和满足感。

解决“德福悖反”的问题，更要建立公正的社会制度。“德福悖反”的看法从根本上说是分配不公的社会现实的反映。要改变这种看法，关键是要消除人类社会长期以来存在的严重社会不公现象，建立公正的社会制度，实现资源、机会的公正分配，使社会成为每一个成员共有、共建、共享的社会，使每一个社会成员各受其教、各尽其能、各得其所，使人们的道德水平与其资源和机会享有正相关。只有这样，“德福悖反”这种流行的看法才会从根本上得到改变。

当代的价值冲突与价值趋同*

价值冲突是当代人类最突出的现象之一，也是当代人类许多其他冲突和问题的深刻根源。当代价值冲突不仅引起了哲学家的深刻关注，也受到了各国政治家的普遍重视，而且已成为人们广泛谈论的重要话题。无论从理论还是从实际上看，价值冲突都是十分复杂的难题。这里拟就当代价值冲突的特点、根源以及应如何看待、处理当代价值冲突等问题作些初步探讨。

一、当代价值冲突的特点

价值冲突并非当代人类特有现象，在古代和近代的历史上价值冲突问题就存在，并且为思想家们所重视和讨论。中国历史上的“义利之辨”、“理欲之争”，西方古代思想史上的德性与幸福、永恒幸福与现世幸福关系的讨论，西方近代思想史上的利他主义与利己主义、极端利己主义与合理利己主义、个人利己主义和普遍利己主义、功利主义与义务论之争，都是现实生活中价值冲突在思想和理论上的反映。但是，传统的价值冲突主要发生于道德领域，集中表现为善与恶的道德价值。虽然也有小善与大善的冲突问题，但在传统观念看来，选择小善就是恶，因而小善与大善的冲突实际上也可归结为善恶的冲突。传统的善恶价值冲突的实质和核心在于个体利益与整体利益之间的冲突。在传统社会中（在西方主要是近代以前）个体并没有完全从整体中分化出来，个体的观念和行为由于整体的强制作用被纳入社会的道德体系，社会道德原则往往就是个体的行为准则，因而在一般情况下，个体利益与整体利益之间的冲突并不经常发生。在冲突可能发生的时候，由于社会舆论和内心信念的作用而往往在事实上不会发生。从历史上看，道德冲突大多发生在社会发生大变化的情况下。这时，原有的社会价值或道德体系发生动摇、混乱，个体与整体原有的一统或一致的关系被破坏，个体需要进行选择，这样就可能发生价值冲突。价值或道德冲突作为一种思想观念、行为准则的

---

* 原发表于《人文杂志》1994 年第 5 期，人大复印资料《哲学原理》1994 年第 5 期转载，原标题为《论价值冲突》。收入本书时补充了《全球化背景下的价值冲突与价值趋同》一文。该文在由澳门中国哲学会主办的“全球化与当代哲学研讨会”（2001 年 8 月 26 ～ 28 日）上宣读，发表于《濠江哲学文集》，河北大学出版社，2002 年。

冲突，只有在人们有选择的余地时才会发生。中国封建社会有所谓“忠孝不能两全”的说法，这应该就是一种道德冲突。但在中国传统的价值体系中，这事实上并不会成为一种冲突，因为按照这种社会的道德要求。“忠”相对而言是一种大德，人们理所应当选择“忠”，否则就是不道德的。前面所说的道德与幸福、“理”与“欲”、利己与利他等的争论大都发生在社会变动时期。因此，在传统的完全道德化的、封闭的、一统的社会中，虽然个人利益和整体利益的冲突客观上普遍存在，但并非事实上普遍发生。它通常只是发生在社会价值道德体系被破坏的情况下，此外，也往往发生在社会化不完全的个体（如未成年者或社会的叛逆者）身上。

然而，西方自十九世纪末叶以来，中国自 20 世纪 80 年代以来，价值冲突成为了一种普遍的现象。与传统价值冲突相比，当代价值冲突有以下四个显著特征。

第一，广泛性。当代价值冲突不仅在于道德领域，而且存在于经济、政治、法律、思想、观念、文化等各个领域，它并不就是道德冲突，而是比较完全意义上的价值冲突。当代社会是一种法制化社会，法制化与道德化的最大不同在于，它只规范人们行为的起点，而不规范人们行为的全部，而且不规范人们的观念意识。这样在当代社会中，除了法律领域之外，还有广泛的领域需要人们进行选择，其他领域同样可能发生冲突。另一方面，当代人类社会是日益理性化的开放、多元的社会，人类控制自身生活的能力大大增强。这集中表现为人们可以设想而且事实上提出了各种可能的社会生活模式，而每一种可能的模式都有其优势和缺陷，这样势必会在社会生活各个领域出现传统社会所不会面临的艰难的选择和价值冲突；而所有这些选择和冲突并不都具有道德的意义。因此，当代社会的价值冲突大大超出了道德的领域，涉及人类生活的各个领域。

第二，复杂性。传统社会中存在的个体利益与整体利益之间的冲突，在当代仍然存在，但当代的价值冲突不仅仅存在于同一社会内部个体与整体之间，而大大超出了这个范围，且呈现出十分复杂的情形。由于国际联系的加强，过去彼此孤立的不同价值体系在当代由于彼此接触而发生了矛盾、分歧、对立，而这种冲突在当代通常是不能通过强制的措施，不能通过法律和道德来解决的。与此相联系，伴随着经济、政治、文化的交往，不同价值体系中的思想观念、行为方式彼此发生渗透、冲击，这样就出现了传统社会所不常见的同一社会内部外来价值与本土价值之间的冲突。现代社会生活的复杂化和多元化，导致了不同的个体以及同一个体有不同的价值选择和追求，而这种选择和追求也是无法通过道德和法律使之趋向一致的。这样，不同个体的价值之间以及同一个体不同价值之间也存在着价值冲突。有人称 20 世纪是一个过渡的时代，其重要表现就在于传统价值受到冲击，现代价值在逐渐形成。生活在当代的所有个体和整体，往往在这种错综复杂的冲突面前感到徘徊、困惑，陷于二难境地。正是这种复杂的价值冲突已经导致了当代的各种重大的人类问题。

第三，深刻性。当代的价值冲突不仅仅存在于行为层次，而且存在于社会和人们的观念层次。传统的道德冲突主要发生在意志抉择的过程中，表现在应该怎样行为方面，但在什么是善恶的价值观念方面人们通常是明确的。现代价值冲突则不仅发生在意志抉择的过程，而且发生在观念的深处。人们往往对什么是有价值的、什么更有价值，难以形成明确的观念，即使形成了某种观念也常常面临着现实的冲击。当代中西方普遍发生的理想破灭、信仰危机，就是深层的价值冲突的表现和结果。

第四，持续性。在当代，由于在一定的法律范围内人们有广泛的选择自由，因而即使在社会正常的条件下，价值冲突也经常发生，而且这些冲突通常因不能通过法律、道德等社会的强制性机制加以解决而往往长期存在。另一方面，由于价值冲突存在于社会生活的各个领域，因而就常常有这样的情形：这个领域的某种价值冲突解决，另一个领域的价值冲突又发生了，有时甚至同时面临着几个领域的冲突或一个领域的几个冲突。人注定要选择，不选择也是一种选择，这已经成为现代人生活的现实，现代社会的个体和整体都不得不经常面临选择，同时也就不能完全摆脱价值冲突，要象传统社会那样通过某种途径来完全消灭价值冲突已经完全不可能了。

由于当代价值冲突在广泛、复杂、深刻、持久得多的程度上超过了传统的价值冲突，因而我们不能以传统的态度和做法对待和处理价值冲突，相反必须重新认识价值冲突，重新确立我们对待和处理价值冲突的态度和原则。

二、当代价值冲突的原因分析

当代价值冲突的原因是极其复杂的。不过，笔者以为其直接相关的决定性原因在于价值的多元化和相对化。价值的多元化和相对化是当代价值不同于传统价值的一个突出的特征。在人类历史上，长期以来人们一般都认为归根结底只存在一种价值，这种价值是最根本的，也是最高的终极价值，其他一切价值都不过是这种终极价值的派生物和体现，它们都可以归结为和化约为这种价值。这种观点在理论上的表现就是杜威所指出的，传统伦理学“以为它的任务是要发见一个究竟目的，或至善，或一个至高无上的法则”[①]。虽然人们对这种终极的价值看法不一，如有的人认为是至善或美德，有的人认为是幸福或快乐，但他们都“同意有一个独立的、固定的和最后的善的假定”[②]，就是说都认为价值归根到底只有一种。正是传统社会价值的一元化、绝对化，导致了传统社会价值冲突的单一性、偶发性的特征。

在当代，人们从根本上改变了传统的价值观，认为没有终极、绝对的价值，价值是多元的，不仅有道德价值，而且有经济价值、政治价值、知识价值、审美价值、宗教价值、文化价值等等，它们性质各异，有不同的源泉，因而它们都是不能彼此归结和替代的。正如伯纳德·威廉姆斯所指出的：“不存在价值的得失能据以计算的通贷。价值，至少基本的价值不仅是多元的，而且在一种真正的意义是不可通约的。”[③]价值不仅是多元的，而且被看作是相对的，一切价值和价值原则都是相对于不同的社会、群体和个人而言的，不具有永恒性和普遍有效性。在当代，虽然仍然存在着价值一元论、绝对论与价值多元论、相对论的分歧，一些思想家仍然主张价值一元论，既然价值是多元的、相对的，那么就会存在着排列和权衡各种不可归约的价值的不同方式，不同的价值主体（如国家、民族、个人等）就会有不同的价值体系。这不同的价值体系之间就会存在着差异、分歧、矛盾和斗争。另一方面，既然价值是多元的、相对的，它们不可能彼此化约，那么就会有同一价值体系的不同价值之间，以及同一价值主体不同时间的价值之间的价值冲突。可以设想，如果只有一种终极的绝对价值，其他一切价值都可以化约为这种价值并用这种价值来衡量，就决不可能发生当代如此普遍突出的价值冲突了。

如果说当代价值冲突的直接的决定性原因在于价值的多元化和相对化，那么价值多元化的前提则在于价值客体（或价值源泉）的多样化，尤其在于价值主体的多元化。价值总是相对于一定的价值主体而言的，价值总是一定的客体对一定主体需要的可能的或现实的满足。价值客体或价值源泉在任何时代、任何社会都是多种多样的。但是在传统的社会中一切价值客体只有满足社会整体（通常是国家）的需要才被看作是有价值的，个人、家庭、群体的价值取决于它们对整体有利的程度，而历史上的国家通常是一种封闭的社会，所以在传统的社会中实际上只有国家这个价值主体，只有一种价值体系。在当代社会，价值主体已从传统的一元转向多元。国家是价值主体，个人、家庭和作为现代社会经济单位的大量企业也都是价值主体，随着国际联系的加强和国际一体化的形成，整个人类也已成

---

① ［美］杜威：《哲学的改造》，许崇清译，商务印书馆，1958 年，第 8 页。

② ［美］杜威：《哲学的改造》，许崇清译，商务印书馆，1958 年，第 8 页。

③ Bernard Williams，Moral Luck. Cambridge University Press，1981：76.

为一种价值主体。它们各自都有自己的利益、需要。虽然国家利益和需要通常被看作是最重要的，但各种价值主体的利益和需要并不能归结为或化约为国家的利益和需要，所有个体都有自己的价值准则，有自己的价值体系，有自己的价值选择和追求，它们因而都是价值主体。正因为价值主体是多元的，每个价值主体有不同的利益和需要，有不同的价值体系和准则，所以相对于这众多不同价值主体而言的价值就不可能是单一的，而只会是多元的。由于需要的层次性，这些多元的价值又是不可互相归结的。因此。正是价值主体的多元化导致了价值、价值体系的多元化。

那么，为什么价值主体会从传统的一元化走向当代的多元化？笔者认为，其根源在于相互关联的三个基本方面：作为经济基础的商品经济，作为上层建筑的民主政治和作为观念意识的个体主义。近代早期开始兴起、到当代发展比较充分的商品经济是一种利益主体多元化的经济。其基本前提是不同的商品生产者和经营者都是利益主体，它们必须根据自己的愿望、利益去从事生产和经营。虽然市场需求和价值规律对他们具有制约作用，但它们在生活和经营活动中必须有意志自由，并且必须对自己的行为及其后果负责。这一切都是商品经济的客观要求。而要保证商品经济的正常运行和发展，必须建立相应的民主政治。民主政治的实质不仅在于人民是国家的主人，而且在于通过政治和法律的力量和制约机制保证每个个体的独立、自由、自主、平等的权利，使之不受侵犯，从而保证每个个体在经济上作为利益主体的合法地位。因此，在商品经济和民主政治的条件之下，每一利益主体都是独立、自主、自由的，它们都有自己的价值观，有自己的理想、信念、价值准则和价值追求，概言之，有自己的价值体系。

个体从整体中的分化无疑是通过商品经济的发展和民主政治的进步实现的，但也与近代以来的个体主义（或译个人主义）运动密切相关。个体主义主张个体是本位，强调个体应当独立自主，这对个体从传统的一统的整体分化出来，使自己成为独立主体，在思想观念上起了关键性的解放作用。如果说商品经济使个体不得不成为价值主体，民主政治给个体成为价值主体提供了政治、法律保障的话，那么个体主义使个体意愿和追求成为价值主体。这三者相互作用，导致了当代价值主体的个体化、多元化的事实，因而导致当代价值冲突普遍存在的局面。

三、当代价值冲突的历史进步性

在对待当代价值冲突的态度和认识上，有一种比较流行的观点，认为当代普遍存在的价值冲突是不正常的，是历史的倒退。持这种观点的人看来，尽管当代物质文明获得了巨大的进展，但过去的崇高理想完全破灭了，道德水平普遍下降了，社会的价值体系缺乏普遍的感召力和约束力，当代普遍存在的价值冲突正是由此而导致的。笔者以为，这种观点实际上是用传统的态度来看待当代的价值冲突。传统的社会是一种道德化的一统社会，诚然这种社会中人们的思想和行为也存在着差异，但由于有统一的衡量标准，因而其是非善恶优劣是容易辨识的。而在当代社会，传统的价值体系已被完全破坏，虽然还有统一的价值体系和道德体系，但它们远远不能规范所有人的一切思想和行为，也不可能作为标准来判断所有思想和行为，无法解决价值冲突。在这样的社会中，人们的思想和行为不可能是完全一致的，会出现分歧、矛盾和冲突，而且这一切很难用统一的标准、强制的力量来解决。笔者认为，这种以传统社会为参照系来衡量当代价值冲突的做法是不正确的，因为这种做法没有认识到当代的价值冲突有其历史必然性，没有认识到当代的价值冲突具有一致性的基本前提，没有认识到当代的价值冲突有可能带来一种新的动态和谐。

第一，我们必须认识到当代价值冲突的普遍存在有其历史必然性，是历史的进步。当代价值冲突归根到底是商品经济发展的一种客观要求。商品经济存在和发展的基本前提是利益主体多元化，有彼此不同的利益主体，就必然有不同的价值主体，就必然有价值的多元化和相对化，就必然有众多的价值冲突。随着商品经济的巨大发展，利益主体和价值主体只会更趋多元化和复杂化，而利益主体和价值主体的需要，利益及其追求和实现的复杂化，又只会使价值冲突更趋普通化和复杂化。当代价值冲突不仅是与商品经济相伴随的，而且会促进商品经济的发展。商品经济是一种竞争性的经济，竞争是当代价值冲突中最突出的一种普遍形式。竞争不仅会实现和增进个体的利益和价值，而且会增进社会整体和其他个体的利益和价值。社会整体价值的普遍增进反过来又为人的全面发展提供了条件。显然，如果我们承认商品经济相对于自然经济是一种历史的进步，我们就不能否认当代价值冲突相对于传统的价值体系是一种历史的进步。

第二，当代价值冲突一般说来有其一致性的前提，这就是国家法律和国际准则。价值冲突是价值与价值之间的冲突，而不是正价值与负价值或零价值之间的冲突。当代价值与零价值之间的公认分界线，或者说价值的起点，是人们普遍约定的法律和国际准则。当然法律和国际准则也有一个根据什么价值标准确立的问题，但一旦确立之后，它们就构成了价值冲突的共同前提，使之具有基本的一致性。正是具有这种基本的一致性作为前提，无论价值冲突多么广泛和深刻，一般不致于影响整个社会的稳定和发展。由于具有一致性的基本前提，当代的价值冲突本身就不会是一种混乱，只有在法律不健全、国际标准遭到践踏的情况下才可能是一种混乱，象历史上社会变革时期所发生的情形那样。

第三，当代的价值冲突有可能而且事实上已经在导致新的动态的社会和谐。当代的价值冲突一般说来是以公认的法律和国际准则为前提的，在这些法律和国际准则健全的情况下它们可以维护和保证国内和国际的稳定和和平，只要法律和国际准则得到普遍的尊重，价值冲突就不可能导致人类社会生活秩序的混乱和战争，相反有可能在法律和国际准则允许的最大可能的范围内形成一种动态的、富有活力的社会秩序和和谐。在这种动态的和谐中，个体具有独立自主，社会整体也因而充满生机和活力。这样的社会不仅发展迅速，而且它的秩序和和谐有很大的张力，在一般情况下，矛盾和冲突不会触及其统一和秩序的根基。这种动态的和谐才是完美的和谐，这种多样性的秩序才是有生命力的秩序。这种和谐的建立必须以价值的多元化和价值冲突为前提条件，没有普遍的价值冲突，决不可能有动态的和谐，这种多样性的秩序才是有生命力的秩序。这种和谐的建立必须以价值多元化和价值冲突为前提条件，没有普遍的价值冲突，决不可能有动态和谐。事实也已表明，在当代商品经济发达、法律健全的社会，普遍存在而且十分突出的价值冲突并没有导致社会内部的动乱，相反这样的社会更和谐有序，更能经受住外部和内部的冲击。

四、正确处理当代价值冲突

我们不仅要正确认识当代价值冲突的进步性和合理性的实质，还必须正确对待和处理价值冲突。能否正确处理价值冲突，是能否使价值冲突实现其积极效应的关键。

从历史上看，处理价值冲突有两种基本方式：一种方式是着眼于整体、全局、长远的利益来解决价值冲突；另一种方式是着眼于个体、局部、近期的利益来解决价值冲突。前一种取向是古代社会倡导的实际奉行的绝对整体主义。在古代社会，当价值冲突发生时，取舍冲突双方的根据是看哪一方更有利于社会整体的利益，这即是所谓“国家的事再小也是大事，个人的事再大也是小事”。后一种价值取向则是近代西方社会所实际奉行的极端个体主义。按照这种方式或取向，当价值冲突发生时，取舍冲突双方的根据是看哪一方更有利于个体的利益。这种方式一般不简单地否定整体利益和他人利益，但强调整体和他人利益与个体发生冲突时要尊重和保护个体的利益。近代西方的极端个人主义方式并不是真正与当时兴起的商品经济和民主政治相适应的，而只是新旧制度更替时期的一种不正常或不成熟的形式。正因为如此，这种解决价值冲突的方式导致了许多严重的社会后果，如西方社会 19 世纪的工人运动、殖民地国家 20 世纪的民族解放运动以及 20 世纪上半叶的世界大战就是例证。

对待当代价值冲突，我们应遵循以下一般原则：

（1）容许多种价值存在，尊重人们的不同价值选择和追求。整体不应通过强制的手段把某种价值或价值观、价值标准强加给个体，而只能通过舆论和政策引导和影响人们的价值观。个体也不应把自己的价值体系强加给整体和其他个体，无论是整体还是个体都应在法律和人类共同的生活准则范围内，允许不同价值存在，允许人们有不同的理想和信念，有不同价值选择和追求。这条原则是我们处理当代价值冲突的基本前提。

（2）兼顾整体与个体、全局与局部、长远与近期，力求冲突双方两利。所有价值冲突无非是整体利益与个体利益、全局利益与局部利益、长远利益与近期利益之间的冲突，无论是整体还是个体在冲突面前既不能象古代那样只顾整体、全局和长远利益而牺牲和扼杀个体、局部和近期利益，也不能象近代西方那样一味强调个体、局部和眼前利益，而应当尽量兼顾两个方面。在不能兼顾而只能选择某一方面的情况下，亦不能简单地只肯定一方面的价值而否定另一方面的价值。长期以来，人们的观念上有一种重大的误区，似乎整体和个体、全局和局部、长远与近期是完全对立、不可兼顾的，实际上情形并非如此。除少数极端情况外，大多数情况下两者是相互促进、相得益彰的。历史事实已经表明，简单地肯定一方而否定另一方，其结果是所肯定的一方往往因另一方被否定而受到损害。古代的社会整体之所以十分脆弱，其原因也许就在于个体被否定、被淹没。兼顾和互利是当代处理价值冲突的核心原则。这条原则的根据在于当代社会整体和个体都具有独立自主的地位，都是利益主体和价值主体，以及这些主体之间之所以会相互依存在于当代人类那种不仅要生存而且要生存得更好的愿望。

（3）追求最好的价值，选择适当的价值。在价值冲突中，不仅有不同价值之间的冲突，而且有同质的但量上不同的价值之间的冲突。对于前一种冲突，我们应当遵循兼顾、互利的原则，对于后一种冲突一般说来我们应当采取适当的原则。在当代社会生活中，人们应当追求更大的价值，而且现实生活也要求人们不能满足现状而要去追求和创造更多更大的价值。但是，在具体的价值冲突中，人们不应简单地选择最好的价值，而应选择对自己适当的、自己所能得到的价值。最好的价值固然是好，但如果选择了它而得不到它，其损失会更大，即使勉强得到它，也可能因与自己不相适合而成为包袱。所谓适当原则就是要求人们在价值冲突中，选择那种与自己最相适合、最有可能获得的价值，这种价值也许是最好的、也许是最差的。严格说来，最好的价值，首先应当是最适宜的价值。根据这种原则，一个社会不一定要选择那种十全十美的社会制度作为现实的社会制度模式，同样一个人不一定要选择圣贤作为自己安身立命的标准。凡事讲适当（或适宜），而不讲最佳，这是适当标准的精髓。

五、价值趋同与人类共同价值体系构建

当今世界不同文明之间的价值冲突看起来似乎是不可调和的，以至于有的学者（如亨廷顿）认为未来世界的冲突将是不同文明之间的冲突。然而，这只是问题的一方面。问题更重要的一方面是，不同文明形态之间价值体系在尖锐矛盾和冲突的同时，彼此之间也在不断地在不同程度上融合和趋同。大家都承认，世界的经济在全球化。人们经常把经济的全球化理解为各国的经济相互渗透、相互影响，成为一个有机的整体。这种理解是表面化的。如果我们深入分析就不难发现，这种全球化表像是全球普遍实行市场经济体制的结果。正是由于各国普遍实行市场经济体制，才形成了世界市场，才有了全球经济成为有机整体的事实。因此，经济全球化是全球经济体制趋同的结果，其基础和实质在于全球经济市场化。从这个意义上也可以说，经济全球化的基础和实质在于全球经济的趋同，即趋向共同的经济模式：市场经济。不仅仅经济，世界的政治、文化、价值观念和生活方式的趋同也已经十分明显。就政治而言，世界大多数国家普遍实行民主政治体制，至少公认民主政治是目前人类发现的最好政治体制，并都高举民主的旗帜。就文化而言，世界各国都自觉不自觉地告别了或正在告别农业文化（传统文化），走向工业文化（现代文化）和后工业文化（后现代文化）。就价值观念而言，近代以来人类逐渐形成了一些得到全人类普遍公认的价值理念，如自由、平等、民主、法制、市场、科技、环保等，这些理念成为了全人类的普遍追求。就生活方式而言，人类普遍要求个体独立自主，自主性生活方式正在取代他主性生活方式而成为人类普遍认同的生活方式。所有这些事实表明，世界各文明形态的价值在深层次上正在趋同。今天的全球经济、政治、文化一体化，在一定意义上可以说就是这种不同价值体系融合和趋同的结果。

勿庸讳言，全球价值趋同的过程并不是平等的，西方的价值和文化在过去几百年乃至在今后相当长时期处于强势，在一定意义上说，全球的价值趋同就是趋向西方价值，甚至可以说是“西方化”的结果。例如，已经成为全人类普遍追求

的自由、平等、民主、法制、市场、科技、环保等价值理念，就是最初源于西方并最早在西方实现的。无论今天如何评价这一事实，人类的价值特别是人类的基本价值正在由过去的各自为政、自以为是走向融合和趋同，却是不可否认的。实际上，我们也应该承认，西方的价值和文化之所以能成为强势的，之所以能为越来越多的非西方国家所认同，是因为西方的价值和文化确实有其比较优势和实力。在未来的发展中，非西方国家完全有可能超越西方的价值和文化而形成更先进的价值和文化，但到目前为止，西方的价值和文化仍然是最先进的。在没有更先进的价值和文化出现之前，人类的价值趋同仍然只可能以西方价值为基础和方向，因为人类尚没有别的更好的选择。

事实上，全球的价值趋同不只是西方渗透的结果，而且也是人类全球化的根本要求。今日的世界再也不像一千年前那样的人类彼此封闭、彼此隔离的世界，而是人类相互联系、相互影响的世界。每一个人类个体、群体的活动，特别是国家这一特殊群体的活动，都会程度不同地对其他个体、群体产生或者积极或者消极的效应。在这种情况下，如果没有某种得到全人类普遍认同和普遍遵循的活动规则，不同的人类个体、不同的人类群体彼此之间就有可能产生相互妨碍乃至相互伤害，人类就会陷入“人对人是狼”的普遍战争状态，而且人类与自然之间也会发生冲突，自然界可能由人类的“家园”变成人类的“坟墓”。在这种情况下，人类要更好地生存下去，必须寻求全人类普遍公认和普遍遵循的共同价值体系。不建立这种价值体系，人类迟早会在全球性的同类自己的相互争斗和相互伤害中、在整个人类无序地野蛮掠夺自然中走向毁灭。因此，人类的价值趋同对于人类的发展来说是不可避免的，是与整个人类全球化或世界化的过程相应的。至于人类选择什么价值作为这种趋同的基础和方向，那则取决于人类所可能有的选择。如果西方价值是目前人类最先进的价值，那自然就最有可能选择西方价值。

价值趋同，并不意味着价值一统。与全球化相伴随的将是人类在一些基本的价值理念方面形成共识并遵循在此基础上形成的共同价值体系。人类共同价值体系作为人类最基本的价值体系构架，与其它不同层次的价值体系（包括个人自己的价值体系）不仅可以共存，而且可以相互补充、相得益彰。人类共同的价值体系像国家所倡导的价值体系一样，是一定层面上的，而不是无所不包的。就是说，人类共同的价值体系只反映和保障全人类所有成员的根本的总体的需要，而不是对人类所有成员的一切需要、一切活动都作出详尽无遗的规定，人类个体（包括群体和个人）在构建自己的价值体系方面有一定的自己的空间。人类共同的价值体系只能成为个体价值体系的一部分，决不能成为个体价值体系的全部。在具体的价值取向和价值追求方面，不同的人类个体应该各有个性和特色。如果人类所有成员的价值体系都是同一的，那是可怕的，因为在这样的世界，个体就不会有自己的个性，就没有自己特殊的追求和独特的生活。一元与多元和谐共存，人类整体的共同价值体系与不同层次和不同类型的人类个体的各别价值体系协同作用，将构成未来人类价值体系的总体图景。

全球化与人类共同价值体系之生成*

全球化使构建人类共同价值体系提到了议事日程，也为之提供了条件。但是，今天构建人类共同价值体系仍然面临着诸多障碍。如何克服障碍，促进人类共同价值体系形成，是当代人类面临的共同任务。

一、全球化不只是经济全球化

20世纪下半叶以来，全球化的趋势越来越明显。然而，在如何理解全球化问题上，国内外普遍存在着一种误区，即认为全球化只是经济全球化，至于人类生活的其它方面并没有全球化，相反越来越走向多极化或多元化。这种看法在塞缪尔·亨廷顿1993年发表了“文明的冲突”一文和后来出版了《文明的冲突与世界秩序的重建》一书之后更成为似乎得到了充分论证的不争真理。我国目前普遍流行的认为今日世界的格局是经济全球化、政治多极化、文化或价值观念多元化的观点就是一种典型的例证。我们认为，全球化实际上是总体上的全球化，而不只是经济上的全球化。

我们之所以认定把全球化仅仅理解为经济全球化是一种误区，主要基于以下事实和理论两方面的理由：

从事实上看，不仅全球的经济，而且全球的政治、文化、价值观念和生活方式在深层次上都在趋同，而这种“趋同”正是全球化的基础和实质。

人们经常把经济的全球化理解为各国的经济相互渗透、相互影响，成为一个有机的整体。事实上，这只是一种表面现象。如果我们深入分析就不难发现，这种全球化表像是全球普遍实行市场经济体制的结果。正是由于各国普遍实行市场经济体制，才形成了世界市场，才有了全球经济成为有机整体的事实。因此，经济全球化是全球经济体制趋同的结果，其基础和实质在于全球经济市场化。从这个意义上也可以说，经济全球化的基础和实质在于全球经济的趋同，即趋向共同的经济模式：市场经济。

如果我们这样来理解经济的全球化，那么我们也可以说，世界的政治、文化、

---

* 原发表于《理论月刊》2002年第4期。

价值观念和生活方式也在走向全球化，因为这些方面的趋同也已经十分明显。就政治而言，世界大多数国家普遍实行民主政治体制，至少公认民主政治是目前人类发现的最好政治体制，并都高举民主的旗帜。就文化而言，世界各国都自觉不自觉地告别了或正在告别农业文化（传统文化），走向工业文化（现代文化）和后工业文化（后现代文化）。就价值观念而言，近代以来人类逐渐形成了一些得到全人类普遍公认的价值理念，如自由、平等、民主、法制、市场、科技、环保等，这些理念成为了全人类的普遍追求。就生活方式而言，人类普遍要求个体独立自主，自主性生活方式正在取代他主性生活方式而成为人类普遍认同的生活方式。

从以上所有这些方面不难看出，不仅经济，而且人类生活的其它方面，全球趋同是显而易见的。这种趋同已经带来或将会带来所有这些方面的全球化和人类生活总体上的全球化。

从理论上看，如果我们把政治、文化、价值观念和行为方式看作是以经济为基础、与经济相适应的，我们就不能得出经济可以全球化，而政治、文化、价值观念和生活方式可以不全球化，相反会多极化和多元化的结论。社会的政治制度和观念文化不一定完全是由社会的经济决定的，但这两者之间必须基本适应，必须总体上相辅相成，否则社会秩序就会出现混乱。因此，我们很难在理论上证明在经济走向全球化的情况下，政治、文化等不会走向全球化，相反，我们只能证明在经济走向全球化的情况下，政治、文化等也必然会走向全球化。另一方面，我们很难在理论上证明在政治、文化等正在走向多极化或多元化的情况下，经济不会走向多极化或多元化，相反，我们只能证明在政治、文化走向多元化的情况下，经济也必然会走向多极化或多元化。

人们之所以在全球化问题上走入误区，其原因也许主要在于没有对现代世界文明深层一元化与表层多元化走向加以必要的区分。不少人之所以会得出经济全球化，而政治多极化、文化多元化的结论，一个重原因是没有注意到现代世界文明深层一元化与表层多元化的两极走向，对这相反相成的两极走向缺乏清醒认识。从现代世界文明的深层来看，不仅全球的经济在趋同，在走向一致，而且全球的政治、文化、价值观念、行为方式等也在趋同，也在走向一致。今天世界大多数国家都追求政治制度的民主化、观念文化的现代化就是有力的证明。从现代世界文明的表层来看，不仅全球的政治、文化等正在走向多极化、多元化，而且全球的经济也在走向多极化、多元化。德国的民主政治与美国的民主政治不同，德国的市场经济也同样与美国的市场经济不同。在某种意义上，经济比政治更多元化、多极化，因为就全球而言，市场的主体也许比政治的主体数量更多，变化更大。

这种一元化与多元化、一体化与多极化看起来是矛盾的，但却是现代文明的事实。一元化、一体化决不意味着一统化、专制化，现代世界文明的一元化、一体化是自由、开放、民主、宽容的。正是在这种自由、开放、民主、宽容的一元化、一体化的土壤上才生长出了现代文明的多元化、多极化。

世界各国、整个人类在价值观念和行为方式的深层次上正在“趋同”，这是一个事实，至于这是不是一件好事，那则是另外一个问题。我们不能因为不赞同这种“趋同”，特别是不赞同政治制度和观念文化的“趋同”而否认这一事实。今天的世界的确存在着文明的冲突、政治的冲突，当然也存在着经济的冲突，这些冲突并不意味世界在经济模式、政治制度和观念文化的深层次上走向多极化，而是意味着这些深层次正在“趋同”，意味着整个世界正在由分离、冲突走向统一、和谐。这些冲突不过是这种趋同过程中的必经阶段，是落后的传统文明与先进的现代文明的最后较量。亨廷顿把这个世界描绘为“一个多文明的世界”，他所描绘的那不过是一个旧世界，新世界则是具有统一的价值体系基础、具有不同的民族（或地域）特色的世界。

二、需要构建人类价值体系

就目前人类的现实而言，全球化并不意味着全球已经联系成了一个像国家一样的有机统一整体，而是意味着人类的不同群体在一些基本的价值观念、思维方式、社会制度、行为方式等方面由过去的差异、对立走向一致、共识，或者说“趋同”。这种“趋同”使世界文明开始有了某种统一的基础，开始走向一体化，但远没有使人类真正成为一个像国家一样的有机整体，没有使世界真正一体化。要使世界真正实现一体化，必须有一些基本的条件，其中最基本的条件之一就是要构建全人类公认的共同价值体系。

构建全人类公认的价值体系首先是适应全球一体化趋向的需要。今天人类的全球化还只不过是人类在一些基本的价值观念、思维方式、社会制度、行为方式等方面的“趋同”，不过是人类彼此之间联系更紧密，并不是人类真正走向了一体化。从总体上看，今天的人类个体、群体特别是国家还是各自为政、自以为是的。特别是这种“趋同”不是不同文明的殊途同归，而是某种强势文明的全球化，或者说世界不同的文明趋向了某一种文明。这种文明就是近代以来的西方文明。近代以来的西方文明是以自由、平等、民主、法制、市场、科技等为其基本理念的文明。自由是其根本的追求，法制是其根本的保障。当人类普遍接受了这种自由的追求，而没有建立起相应的法制保障机制，人类联系越是紧密，相互妨碍和伤害的可能性就越大。这就是说，在人类联系越来越紧密的情况下，在西方这种以强调个体自主性为其主要特征的文明的影响下，如果人类不构建普遍公认和普遍遵循的共同价值体系，全球不仅不会真正一体化，相反会混乱化。因此可以说，构建人类共同的价值体系是今天全球化趋向的客观要求，是人类走向一体化之必然。

构建全人类公认的价值体系归根到底是人类更好地生存的需要。今日的世界再也不像一千年前那样的人类彼此封闭、彼此隔离的世界，而是人类相互联系、相互影响的世界。每一个人类个体、群体的活动，特别是国家这一特殊群体的活动，都会程度不同地对其他个体、群体产生或者积极或者消极的效应。在这种情况下，如果没有某种得到全人类普遍认同和普遍遵循的活动规则，不同的人类个体、不同的人类群体彼此之间就有可能产生相互妨碍乃至相互伤害，人类就会陷入“人对人是狼”的普遍战争状态，而且人类与自然之间也会发生冲突，自然界可能由人类的“家园”变成人类的“坟墓”。另一方面，如果没有某种得到全人类普遍公认的价值目标和价值标准，人类就没有共同理想，没有共同追求，也就没有是非、曲直、善恶、美丑可言，没有公平、正义、公理可言。全球化给人类带来了空前的机遇和福音，也带来了空前的挑战和威胁。我们必须清醒地意识到，全球化可能会给人类带来更大范围的混乱、更大程度的灾难。在人类相互联系越来越紧密、人类相互影响越来越大的情况下，人类要更好地生存下去，必须构建全人类普遍公认和普遍遵循的共同价值体系。不建立这种价值体系，人类迟早会在全球性的同类自己的相互争斗和相互伤害中、在整个人类无序地野蛮掠夺自然中走向毁灭。

今天提出构建人类共同价值体系已经不再是一种美好的愿望，而是有着现实的可能性。

首先，人类已经形成了一些得到了普遍公认的价值理念，这些价值理念奠定了人类共同价值体系的基础。近代以来，人类逐渐形成了一些得到普遍公认的价值理念，如自由、平等、民主、法制、市场、科技、环保等。这些人类公认的价值理念虽然存在着一些缺陷，但从总体上看反映和顺应了人性的要求，已经被证明是有利于人类更好地生存的，因而可以成为人类公认价值体系的一些基本原则。在这些得到公认的价值理念的基础上，人类可以通过以下努力完成共同价值体系的构建：一是使这些理念系统化、完善化，就是说要克服这些价值理念的一些偏颇和缺陷，补充一些新的价值理念，并使之成为一种完善的体系；二是要通过一切可能的措施使这种完善后的价值体系成为全人类普遍公认和普遍接受的基本价值原则和行为准则；三是要建立使这种价值体系得以现实化的世界性管理机构和控制机制，使这种价值体系不仅成为普遍公认的，而且成为普遍实行的。

其次，饱经磨难的人类越来越清醒地意识到构建人类共同价值体系对于人类生存的极端重要性。20 世纪的世界性战争、目前人类面临的环境危机和战争威胁等诸多全球性的人类问题，都越来越使人类意识到确立人类共同的价值原则和行为准则的重要性。自 20 世纪开始，人类已经在这方面作出了不懈的努力。联合国、世界贸易组织等世界性组织的建立，国际法等国际关系准则的产生都是这种努力的体现。同时人类文明的繁荣昌明也大大增强了人类对自己是自己的主人、是世界的主人的意识，增强了人类只有在相互合作、相互促进中才能生存得更好的意识。今天的人类应该说变得更聪明、更有理智。他们已经找到了更好的生存方式，这就是：只有使自己的同类更好地生存才能使自己更好地生存，只有使自己周围的人都自由自己才会有自由。因此，今天的人类不仅能发现使人类更好地生存的普遍价值体系，而且能自觉地实践这种价值体系的要求。他们可以成为这种价值体系的确立者，也可以成为这种价值体系的实践者。这是人类共同价值体系构建的根本之所在。

再次，日益增多的国际组织正在有力地推动着人类共同价值体系的构建。国际组织是自 19 世纪后期开始适应国际交往的需要产生的，先后经历了政府间的国际会议、非政府组织和行政组织以及现代国际组织几个发展阶段。今天，国际组织数以千计，其活动范围包罗万象，涉及国际社会各个领域，而且国际组织间的协调亦日益加强。现代国际组织，特别是世界性的国际组织，在维护世界和平和安全、促进国际公正和国际合作、保护其成员的利益方面发挥着巨大作用，同时也对人类的活动发挥着越来越重要的规范和调节作用。国际组织都有一些具有约束力的原则和准则，这些原则和准则不仅能通过一定的机关对其成员的活动起规范作用，使其纳入组织所要求的秩序，而且可能成为全世界公认的国际关系准则，对人类的行为起规范和导向作用。当然，目前国际组织在这方面发挥的作用还是各别的、分散的，但已经使价值原则和行为准则突破了国界，甚至得到了人类普遍的认同。国际组织不仅为人类共同价值体系的生成奠定了基础，而且正在从不同的方面不同程度地推动着人类共同价值体系的生成。

三、构建人类价值体系面临的障碍

如果说构建人类共同价值体系既是必要、紧迫的，也是可能、可行的，那么问题的关键就在于如何构建。这是一个极其复杂的问题，不仅直接涉及如何构建的问题，而且间接地涉及构建什么的问题。这两个问题都需要专门的研究，这里只讨论构建人类共同价值体系目前所面临的主要障碍，希望通过这一讨论为人类共同价值体系的生成扫清道路。

就目前而言，构建人类共同价值体系面临着以下四大主要障碍：

其一，狭隘国家主义的障碍。狭隘国家主义最主要的特征在于，把国家（主要是自己所属的国家）的利益看作是至高无上的，只考虑本国的利益，而不考虑全人类的利益，当国家利益与全人类利益发生冲突时，毫不犹豫地牺牲全人类利益而保全国家利益。在狭隘的国家主义者看来，根本不存在全人类的共同利益，全人类的利益是虚幻的，是一种幌子或欺骗，它不过是某些国家用以干涉别国主权和内政的一种手段。基于这种看法，狭隘的国家主义者认为构建人类共同的价值体系不仅是不必要的，甚至是有害的，因而反对构建对全人类、对各国具有普遍约束力的人类共同价值体系，反对把本国的活动纳入世界秩序的范围。这种狭隘的国家主义在当今世界普遍流行，而且根深蒂固。不仅各国的政治家大多持这种态度，而且许多普通百姓都持这种态度，今天几乎每一个人都知道自己是某个国家的公民，而几乎很少有人意识到自己同时还是这个世界的公民。这种狭隘的国家主义是人类共同价值体系生成的主要障碍，也是当今世界不安宁、不和谐、充满战争和罪恶的主要根源。

尽管国家进入文明社会就开始出现了，但人类的国家化（即每一个人类成员都成为一个国家的国民）经历了一个漫长的历史过程，一直到 20 世纪才完成，而且自古以来的国家都不是一以贯之的，相反疆域、结构、性质等不断地变化。这种历史事实至少从以下几个方面证明了狭隘国家主义的局限性和不合理性：第一，国家并不是人类利益的天然保护者，我们没有理由证明任何国家的利益都应该是至高无上的，否则我们就得承认专制主义国家的国家利益也应该是至高无上的。第二，国家严格说来不过是在人类处于彼此分散、隔离、敌对的历史条件下人类实现自己利益的一种方式。在人类联系成为一个整体的情况下，它不一定仍然是人类普遍实现自己利益的最佳方式，更不一定是人类普遍实现自己利益的唯一方式，也许从人类整体考虑比只从各个国家考虑人类的普遍幸福更有助于人类幸福的普遍实现。而且既然人类能从氏族走向国家，也必然能从国家走向世界。从国家化走向世界化，不只是人类发展的必然，而且正在成为人类生活的现实。第三，无论国家是怎样产生的，它今天存在的唯一合理性在于有利于人类（或者说各国国民）更好地生存，就是说，国家归根到底不过是实现国民普遍幸福的一种手段，国家利益并不是至高无上的，从根本上看国家利益是从属于国民利益的。假如我们承认这一点，那么如果构建一种人类共同的价值体系更有利于在全球化条件下人类（包括各国的国民）普遍更好地生存的话，那么显然我们就不能以保护本国的利益为理由，更不能以本国利益至高无上为理由反对构建人类共同的价值体系。

其二，区域文明主义的障碍。在全球化的冲击面前，不少人感到担心和忧虑。他们担心全球化的浪潮会淹没历史上形成的本民族或所在区域的文明，对全球文明趋同感到忧虑，因而极力证明历史上形成的区域文明的不可通约性，强调不同区域文明特别是本民族文明的独特性和特殊价值，历数文明趋同的危害性，认为人类文明的未来走向不是形成某种全人类统一的文明形态，而是现有的各种文明并存并保持一定张力的多元文明格局。在这些人看来，本民族或本区域的文明有其独特的价值观念和道德体系，有其存在的理由和根据，有其不可替代的价值和魅力，不存在先进落后的问题，没有必要也没有可能在这各文明之外再构建什么人类共同的价值体系。如果一定要构建人类共同的价值体系，其结果势必会导致某种强势文明吞噬所在民族或区域的文明。因此，他们极力反对人类形成统一的文明和构建人类共同的价值体系。由于这种观点对所在区域的文明过于自我欣赏、自我陶醉，因而我们可以称之为区域文明主义。由于这种区域文明主义更反映和代表了民族那喀索斯主义心理因而比狭隘国家主义更有市场，特别是在现代文明暴露出许多缺陷的情况下，这种观点为更多的人特别是不发达国家的学者所主张。这些学者在现代文明特别是西方文明对本土文明的冲击日益深重的情况下，极力为本土文明辩护，强调本土文明的特色、优越性和独特价值，力图通过弘扬本民族文明来抵挡外来文明的冲击，阻止人类文明的世界化进程。这种心情当然是可以理解的，但这种主张却是不对的，有害的。这种主张是构建人类共同价值体系的重要障碍之一。

纵观人类历史，我们不难发现以下历史事实：第一，人类文明形态的多寡是与人类历史演进成反比的。在人类社会的早期，分散、隔离的人类几乎每一个氏族部落都是一种文明形态，到今天，联系日益紧密的人类按亨廷顿的划分也只有六大文明形态。这就是说，人类文明总体上是在趋同的。第二，文明趋同的过程也就是一种强势文明战胜弱势文明的过程。一种文明形态的生命力如何，不在于这种文明的自我感觉，而在于它的比较优势，只有当它更具有比较优势、成为强势文明时，它才更有可能存在下去。第三,一种文明之所以能成为强势文明，归根到底取决于它是否更有助于人类更好地生存。如果一种文明在与别的文明接触的过程中，始终处于被动的地位，那只能说明这种文明没有别的文明有利于人类生存。第四，文明形态的更替主要是价值体系、价值理念的转换，而不是全盘否定，相反新的文明要从旧的文明中吸取许多内容。区域文明主义的主要问题在于，它没有注意到人类文明的趋同走向；没有注意到“趋同”是通过强势文明战胜弱势文明实现的；没有注意到“趋同”主要是价值体系的转换，并不是全盘的否定；没有注意到“趋同”总体上是更有利于人类生存的。由此看来，区域文明主义的主张是成问题的。坚持这种主张，其实践后果必将是保护所在区域或民族文明的落后，阻碍人类文明世界化的进程。

其三，文化相对主义的障碍。文化相对主义是20世纪以来普遍流行的一种观点。这种观点认为，价值观念和行为规范在一定文化中总是同诸如语言、政治制度等其它文化特征紧密相关的，一个社会把赞成什么和反对什么视为价值，无论在细节上还是在整个类型上都是十分不同于其它社会的。因此，价值标准仅仅是习惯认可的历史产物。在文化相对主义看来，一切价值都是相对的，一切信仰和价值原则都是相对于不同的社会文化或个人的，不具有绝对性、客观性、统一性、普遍有效性。文化相对主义注意到了价值体系与文化形态的相关性，注意到了一切价值体系和价值标准都是相对的，因而有其合理性。但是，它也具有否认文化及其价值体系可以比较的倾向，而且忽视了文化“趋同”的历史走向。因此，它成为了一些人反对构建人类共同价值体系的一种理由。在这些人看来，既然一切价值体系都是相对于不同的文化形态而存在的，而今天的世界仍然存在着不同的文化形态，因而构建人类共同的价值体系是不可能的。

这里存在着两个问题值得注意：

第一，相对于不同文化形态的价值体系是不是不可比较的。的确，每一种文化或文明都有其存在的根据和理由，也都有自己的特色和价值，但是，我们也必须看到，世界上的各种不同形态的文化决不是不可比较的，决不是没有好坏优劣之别的。世界上存在过或还存在着的不同文化从外在形态上看千差万别，但如果对它们作深入剖析，就可以看出，每一种文化都有一种作为其深层结构的价值体系，特别是作为其支柱的核心价值理念。如果说对不同文明的外在形态很难对其质量作出鉴别的话，那么对其价值体系和核心价值理念则是可以进行比较的，特别是当把它们与其社会后果联系起来考察时，其优劣是不难判断的。如果像文化相对主义所认为的那样，相对于不同文化形态的价值体系是完全不可比较的，那么我们很难解释人类历史上为什么会发生不同文化形态的更替，很难解释为什么人类文化在不断地朝着进步的方向演进。

第二，文化相对主义是不是可以成为反对构建人类共同价值体系的理由。文化相对主义虽然认为不同价值体系是相对于不同文化形态的，但它并没有肯定除了区域性的文化形态之外不可能形成某种全球性的文化形态。按照文化相对主义的逻辑，如果能形成某种越超区域文化形态的人类文化形态，那么也就可以形成某种与之相适应、得到普遍公认的价值体系。从这个意义上看，以文化相对主义为根据反对构建人类共同的价值体系，理由并不充分。今天，许多人已经注意到，人类正在形成某种与传统文化不同的现代文化，这种文化在很大程度上是超越区域文化的。所谓全球化或全球一体化现象就不能不说是这种超越于区域性文化的全球性文化的现象。如果我们承认正在形成一种全球文化，那么根据文化相对主义的观点，也应该有一种全球价值体系或人类共同价值体系与之相适应。

其四，后现代主义的障碍。后现代主义是当今世界影响巨大、普遍流行的一种文化思潮。后现代主义诉诸逆向思维分析方法或解构方法，拒斥形而上学，反对基础主义、本质主义、理性主义，主张向统一性开战、消除“深度结构”，宣扬所谓不可通约性、不确定性、易逝性、碎片性和零散化。后现代主义是一种复杂的文化现象，这里我们不可能具体讨论，但有一点值得指出的是，后现代主义是与构建人类共同价值体系的主张相冲突的。因为按照后现代主义的消解结构、反对统一性和确定性等主张，人类不是要构建作为人类社会深层结构的人类共同价值体系，相反要消解人类已有的各种不同价值体系。

后现代主义实质上是针对现代社会人的异化普遍存在且日益严重的情况主张将人从各种束缚中解放出来的一种文化思潮。这种思潮不仅提出了许多值得思考的问题，而且有不少主张是有价值的。但是，它为张扬个性而一概否定结构存在的合理性，的确有失偏颇。就价值体系而言，它的存在确实对人的个性有所限制，但是，它是社会秩序的基础。没有一定群体的价值体系，就不可能有一定群体的秩序；没有人类共同的价值体系，就不可能有人类整体的秩序。秩序尽管是对某一个体的个性的限制，但却是对一定共同体中所有个体个性的保护。没有这种保护，个体是不可能充分发展和发挥其个性的。另一方面，价值体系也是一种价值导向，它可以对个性的发展和发挥起某种引导作用。不可否认，价值体系本身存在着合理不合理的问题，但这不应该成为否认一切价值体系的理由。我们所要做的不是否认一切价值体系，而是要使价值体系更人性化，更有助于个性的普遍张扬。

顺便指出，人类共同价值体系作为人类最基本的价值体系构架，与其它不同层次的价值体系（包括个人自己的价值体系）不仅可以共存，而且可以相互补充、相得益彰。人类共同的价值体系像国家所倡导的价值体系一样，是一定层面上的，而不是无所不包的。就是说，人类共同的价值体系只反映和保障全人类所有成员的根本的总体的需要，而不是对人类所有成员的一切需要、一切活动都作出详尽无遗的规定，人类个体（包括群体和个人）在构建自己的价值体系方面有一定的自己的空间。人类共同的价值体系只能成为个体价值体系的一部分，决不能成为个体价值体系的全部。如果人类所有成员的价值体系都是同一的，那是可怕的，因为在这样的世界，个体就不会有自己的个性，就没有自己特殊的追求和独特的生活。

全球一体化背景下的世界和谐*

人类是属于世界的，同时世界是属于人类的。人类是世界的主人，各个国家是世界的主人，世界的状况如何完全取决于生活于其中的人类及其国家。今天的人类已经越来越清醒的意识到，世界的状况怎样，国际关系的状况怎样，事关各国的命运，事关人类每一个个体的命运，事关整个人类的命运。世界像国家一样，也是一把两刃剑。好的世界是为其全体成员（包括个人和国家）更好地存在而构建的，它的唯一使命最终是要保证和增进全人类所有个人的幸福。这样的世界是和平、公正、合作的美好世界。坏的世界则是为统治和压迫其中大多数成员构建起来的，其使命则是要通过强权的方式确保其中少数国家和少数人的利益而不顾甚至牺牲大多数国家和大多数人的利益。这样的世界是战乱、强权、侵略的罪恶世界。为了使世界成为好的世界，而不至于成为坏的世界，首先必须研究现实世界是怎样形成的，人类幸福所需要的世界意味着什么，这样的世界应该怎样构建，如何保证世界成为好的世界而不成为坏的世界。

一、人类的世界化

人类生活在地球上，地球是世界的地理条件和环境，但地球并不是世界。世界是在地球上出现了人类以后才逐渐形成的，直到今天世界尚处于生成之中。在世界生成的过程中，人类自觉参与和干预的作用越来越大。弄清楚世界的生成及其走向以及人类在这个过程中可能的作用，对于把世界这一人类生存共同体构建成人类幸福所需要的环境和条件是十分重要的。

历史学和人类学研究表明，人类最初像动物一样分散地居住在地球上的各地，后来慢慢地逐渐形成不同的生活共同体，如氏族、部落、民族、国家，从近代的“地理大发现”开始才逐渐联系成为一个整体。人类真正的世界史是从近代开始的，但在此前人类已经为走向这一步准备了条件，否则就不能说明为什么动物不能走向全球一体化，而人类能够如此。从这个意义上看，到今天为止的整个人类的历史就是从分散的人群走向一体的世界的历史，就是人类世界化的过程。这一

---

* 原发表于《伦理学研究》2008 年第 3 期，原标题为《全球一体与世界和谐》。

过程是通过三个特别有意义的步骤实现的。这三个步骤是：国家的形成，西方国家的殖民扩张，殖民地国家的独立。

在人类世界化的过程中，国家的形成具有基础性的意义。在国家出现以前，人类已经有了生活共同体，甚至可以说人类一诞生就是群体性的。但是，这种共同体一般都是以血缘关系为纽带维系的，因而它的范围总是十分有限的，不可能扩大到较大的地域，而且这种生活共同体在很大程度上是天然的，而不是人为的。国家则不同，它不是以血缘关系为纽带维系的，而是靠强制力量维系的，因而它不受血缘的限制，可以扩大到十分广大的地域，而且它是人为的，人可以设计、调整和改变它。国家的出现是人类真正一体化的始点，而且这种一体化与整个人类的一体化性质是相同的，世界一体化不过是国家一体化的扩大。尽管国家的一体化还是局部的，但它为世界的一体化作了准备。这种准备突出地表现在以下方面：一是使人类开始习惯于与血缘关系不同的人类生活在一起，或者说使人类从"熟人社会"走进"生人社会"；二是使人类意识到更大范围的人群生活在一起更有利于自身的生存和发展，不仅可以资源互补，而且可以经验、智慧互补；三是使人类积累了管理"生人社会"的经验和手段；四是国家可以设立专门机构从事和管理对外交往事务，使人类在更大的范围内乃至在全球的范围内交往成为可能。

人类从国家化走向世界化具有不可避免性，但是自 14 世纪开始的近代西方社会革命以及与之伴随的西方国家的殖民扩张大大加快了这一进程，而且对今天人类世界化进程产生了深刻的影响。不仅今天世界的一体化是这一事件的直接后果，人类以现在这种方式走向世界化也是由这一事件所造成的。西方的社会革命及殖民扩张对于世界化进程的影响是深刻而又多方面的。首先，它使西方人乃至全人类开始形成世界的概念和观念。此前人类有国家观念也有国与国的观念，但没有明确的全球、人类和世界的概念和观念。世界概念和世界观念是通过地理大发现才开始逐渐形成的，从此人类开始有全球意识和眼光，有了世界意识和眼光。这种意识和眼光是世界化进程的前提。其次，它使各国之间的世界性交往开始出现。此前虽然有不同人群或国家之间的交往，但这一般都是近交性的，区域性的，殖民扩张使人类的交往从区域走向全球、从国际走向世界。这种交往虽然最初主要是贸易，但为人类的世界性的全面交往奠定了基础，准备了条件。最后，它大大加快了全人类的国家化进程。此前，世界一些地区已经有了国家，但这些国家不仅不是近现代意义的国家，而且有些国家还是不完全的国家，如西欧的一些国家还正在从罗马天主教皇的控制下摆脱出来，还未完全成为独立的国家。西方的社会革命和殖民扩张一方面大大加速了罗马教廷控制力的衰落和西欧国家化的进程，另一方面也大大促进了殖民地国家意识的觉醒和独立国家的形成，与此同时也在促使各个国家先后步入国家现代化轨道，实现从传统国家向现代国家的转换。国家是世界的主体，全人类国家化是全人类世界化的真正基础。

殖民扩张对殖民地的经济掠夺和政治控制，导致了殖民地国家意识的觉醒和国家独立的要求，引发了殖民地的普遍反抗和争取国家独立的斗争运动。这种反抗和斗争最有意义的后果就是使民族国家逐渐获得独立。殖民地国家的独立使国际交往中的殖民主义方式受到遏制，西方国家不得不尊重这些殖民地国家的独立、主权和尊严，不得不以平等的身份与这些国家打交道，这为世界各国建立新型的平等关系，为世界各国共同处理世界事务提供了可能。殖民地国家的独立对于世界化的根本性意义在于，它使全人类的国家化最终完成，它改变了强权即公理的国际交往方式。如果说国家的出现是国家化的起点，这一起点也是世界化的真正肇始，那么，殖民地国家的独立则是国家化的终点，这一终点也是世界化的根本标志。

人类世界化的整个过程是一个人类从小群体逐渐走向更大群体直至走向一体化的过程，而推动这一过程的内在动力在于，人类追求生活得更好的本性以及这种本性本身所包含的实现这种本性的根本手段即理性。

无论是人类的国家化还是人类的世界化，都不是人类为了国家化而国家化，为了世界化而世界化，而是有更深层、更隐秘的动因。这种动因一般地说就是人类追求生活得更好的本性。这种一般性的本性在历史现实中表现为利己的倾向和追求，开始是极端的利己，后来是合理的利己。最初的国家是一部分处于有利地位的强者为了获得更多的利益而凭借强制力量构建起来的。国家最初的构建就是极端利己的结果。殖民扩张也是一部分处于有利地位的强者为了获得更多的利益而凭借强制力量进行的。人类以现在这种方式走向世界化也是极端利己的结果。今天，各国民主正在变成现实，整个世界和平、公正、合作的呼声越来越高，这则表明人类正在改变过去的极端利己方式而采取合理利己方式追求人类利益的普遍实现。两种利己的方式不同，但都根源于人类追求生活得更好的共同本性。正是这种本性推动着人类从分散的人群走向越来越大的整体，从敌对、战乱走向友好、合作，从极端利己走向合理利己。

在实现人性利己的倾向和追求的过程中，理性发挥了决定性的作用。首先，理性的出现改变了人性的结构，或者不如说理性的出现才使人性成为人性。正是因为有了理性，人类才不仅要求生存下去，而且要求生存得好，要求生存得更好；也正是有了理性，动物本能的求生欲望才变成了人类自觉的利己追求。其次，国家的出现和殖民扩张是理性用于极端利己的结果。理性本身是工具，它可以用于不同的目的。这种工具是特别有力、特别有效的工具。当把它用于极端利己时，它可以达到人类以外的任何其他动物所不能达到的损人利己的程度。国家的最初出现、殖民扩张都是理性用于利己从而使利己变成极端利己的典型事例。幸好这种利己引出了人类走向整体化的意想不到的后果。最后，国家和世界的和谐则是理性权衡利弊作出的选择。极端利己可以使一部分人实现自己的利益，但是这一部分人的利益是通过其他人利益的损害实现的。这种实现利益的方式必然引起被损害者的反抗和斗争，必然导致人人自危的战争状态。特别是在这种状态下，不用说被损害者不能获得幸福，获利者也因为被害者的反抗和不满而感到不安，因为获利者由于被害者的积极性和创造性受到损伤而不能更好地实现其利益，他们也不可能真正获得幸福。在这种情况下，特别是在反抗和斗争愈演愈烈的情况下，理性经过权衡利弊后告诉人们，只有在不相互伤害的情况下利己才能普遍地实现，只有通过利他的方式实现利己才能大家都更好地生存。人类之所以能从分散的人群走向越来越大的整体，从敌对、战乱走向友好、合作，从极端利己走向合理利己，就是因为有理性，是理性被迫作出的更明智的选择。

虽然全球一体化远未完成，但自 20 世纪以来，特别是自第二次世界大战以来，全球一体化的进程在加速度地发展着。到今天，全球一体化已经显示出其雏形，其主要标志是世界各国在贸易、经济、科技、环境、政治、法律、军事、文化、信息乃至生活方式等人类生活的各个方面相互联系、相互依赖、相互渗透日益明显，整个人类的生存和命运越来越不可分割地紧密联系在一起；世界性组织、国际性组织、区域性组织不断增多，而且对各国事务和人类生活的干预作用不断增强；世界性会议、国际性会议、区域性会议不断增多，而且对各国政府的决策和人类生活的影响不断增强。

这种一体化的趋势不是外在地强加于各国的，而是在各国自愿作用和参与下促成的。各个国家都逐渐感到，本国的问题仅靠自己无法得到较好的解决，而需要借助他国的思想、文化、经验、技术，需要着眼于国际、着眼于全球、着眼于人类，需要把自己国家的发展纳入到世界文明的轨道；本国的许多问题本来就是地区乃至全人类共同面临的，这些问题的解决，需要各国在一起共同商量解决，需要国际性、区域性乃至世界性合作；本国的发展需要有世界和平和公正，需要有良好的国际环境，而这一切都是一个国家甚至几个国家无法解决的。基于这些考虑，今天的世界各国几乎无一例外地都愿意并且积极地参与国际合作，都愿意承担一定的国际义务，都愿意接受并服从一定的国际关系准则。正因为如此，我们可以预料，全球一体化尽管今天还是初步的，但将会进一步加速地发展，整个世界成为一个整体、整个人类成为一个家庭是不可避免的，而且是指日可待的。这不是预言家的预言，而是各国和整个人类利益的必然要求，也是各国和整个人类理性的必然选择。

全球的一体化或世界的一体化并不意味着世界会成为一个世界性集权国家，就像传统的集权国家一样，整个世界是一台大机器，除了少数机器操纵者外，其他所有个体都不过是这个国家中的一个部件。世界一体化决不应该是集权式的、专制式的，这是因为历史经验已经表明，集权式、专制式的社会管理模式压制个性发展、阻碍社会进步，正因为如此，这种模式已经逐渐为人类所摈弃。可以肯定，这种模式连一个国家都管理不好，怎么可能管理好世界呢？历经磨难而且越来越有经验、越来越理性化的人类，是不可能选择把这种枷锁套在自己的脖子上的。更何况，整个人类的情况极其复杂，各个地区千差万别，一个包揽一切的集权式、专制式机构是根本无法运行的。因此，世界的一体化只能是分权式的、民主式的，就像一个民主国家一样，一体的世界是多元主体的，这种主体当然不可能直接就是每一个个人，而只能是每一个国家，尽管不能否认个人是世界的终极主体。

与个人作为国家的主体相比较，国家作为世界的主体具有更独立的地位，具有大得多的自主性。这是因为，任何一个人都不可能完全独立自主地处理自己的一切事务，无论多么独立自主的人都不能不依赖他人和社会。例如，一个人不能主宰自己的生死，年少时得依赖父母，成年时得依赖社会。与个人不同，一个国家即使在各个方面都与世界接轨，它仍然能够而且应该有自己的价值体系，有自己的独特生活方式，有自己的民族特色，仍然能够而且应该独立自主地处理自己的一切事务。一句话，它必须有自己的主权。因此，国家作为主体具有更大的独立性、自主性和完整性。人们把作为世界主体的国家比作一体世界中的“极”，这是十分恰当的。多元主体的世界就是一种多极的世界。

全球一体化可能与世界多极化相矛盾、相冲突，但决非必然如此。当霸权主义统治世界时，有可能将某一个国家的价值观念和意志强加于其他国家，否认各国的独立、主权和尊严，使整个世界成为某一强权国家的独霸天下。然而，这种霸权主义今天为世界各国所普遍反对，已经成为世界各国所否弃的世界一体模式。今天，尊重各国的独立和主权，国家不分大小强弱，都应该和平共处，都应该平等地对话和参与处理国际事务，这已经成为全人类和各国政治家的普遍共识。今天世界发展的总态势是，在世界一体化加强的同时世界的多极化也在加强。事实证明，世界的一体化不仅可以不与世界多极化相矛盾、相冲突，相反可以相互补充、相互促进。只有世界的多极化，才会有世界的多样化，而且世界越是多极化，各国就越是要形成独自的特色，越是要追求独特的价值，世界也就越是多样化。世界越是多样化，各国越是有特色，世界的交流和合作就越是必要、越是有意义，各国的相互需要也会增强，各国的联系也会越紧密，世界也就越会结合成为一个整体。更何况，一个丰富多彩的世界比一个一统的世界更美好，更能满足人类幸福的需要。全球一体化与世界多极化的关系实质上是与国家一体化与社会多元化的关系一样的。我们相信，既然能在一个国家范围内实现一体化与多元化的互补，那么在世界的范围内也必定能如此。

由以上的分析我们可以看出，世界一体就像国家一体一样也有两种情形：一种情形是一统式的，另一种是和谐式的。

一统式的世界一体是以一国强权为基础、一国为了独占全世界的利益而靠武力强制地使世界联系成为一个整体的，我们可以称之为霸权主义的世界。这种霸权主义的世界有以下特征：第一，各个国家的关系不是平等的，而是不平等的，是主人与仆从的关系、统治与被统治的关系、剥削与被剥削的关系；第二，世界不是各国及其公民共同控制和管理的世界，而是某一国家甚至是某一个人主宰的世界；第三，世界秩序是以强权（实即武力）为基础并靠武力维持的。这种霸权主义的世界是不公正的强权世界，国家之间没有真正的合作，只有掠夺、剥削和压迫，由于不公正，所以必然会遭到大多数国家的反对，因而这种世界经常会陷入战乱。强权、侵略和战乱是霸权主义世界的主要标志。

和谐式的世界一体则是以各国自主为基础、各国为了实现各自的利益而通过交流、竞争和合作自愿地使世界联系成为一个整体的，我们可以称之为和谐主义的世界。这种和谐主义的世界有以下规定性：第一，世界各国的独立、主权必须得到尊重，它们必须都是自主的主体，可以自由地构建自己的价值体系，选择自己的生活方式和发展道路；第二，国家不分大小、强弱一律平等，它们必须能以平等的身份参与国际竞争和国际合作；第三，世界的事务必须由各国通过民主的方式共同管理；第四，世界的秩序必须主要是由各国公认的世界性法制维持的。和谐主义的世界由于各国的独立、主权得到尊重，而且世界事务是由各国以民主的方式共同处理的，因而它是公正的。各国为了更好地发展以平等的身份参与国际竞争和合作，通过公平的国际竞争和合作，实现各国优势互补，使世界的资源得到最佳配置。既然各国都是世界的主人，世界不是某一个国家或某一个人的世界，而且世界事务由各国平等协商处理，那么这个世界就能告别战乱，实现和平。

总之，和谐主义的世界必须是公正、合作、和平的世界。

由以上分析可以看出，和谐的世界必定是一体的世界，但一体的世界未必是和谐的世界。弄清这两种情形之间的不同，对于正在走向一体化的今日世界作出正确选择是十分必要的。今天的人类应该追求世界一体化，但这种一体化应该是和谐主义的，而不应该是霸权主义的。如果世界成为霸权主义的一统世界，整个人类就会陷入巨大的苦难之中。建立霸权主义一统世界的主张虽然今天为人类所普遍否弃，但决不是从此以后就会绝迹。从历史上来看，试图称霸世界的国家和君主几乎到今天都未曾间断过。其所以如此，是因为追求世界霸权是国家利己本性的自然倾向，每一个国家像每一个人一样都存在着这种利己的自然倾向。只要一个国家足够强大，而且没有强有力的制约机制，这种自然倾向就有可能变成自觉行动。对此整个人类和各国都必须有清醒认识并保持高度警惕。

二、世界和谐：人类应有的选择

世界走向和谐是世界各国利益的需要，也是人类整体生存、发展的需要。人类文明发展到今天，也为世界走向和谐提供了可能。在世界已经联系成为一个整体的现时代，人类要更好地生存和发展，人类要避免自相残害和自我毁灭，构建和谐的世界是唯一的选择。

世界和谐的问题之所以在当代提出，而不可能在古代提出，甚至也没有在近代提出，是因为世界走向和谐必须具备一些前提条件。这些前提条件在古代和近代都不具备，而在当代已经具备。我们认为，世界走向和谐已经具备了两个基本前提，正是基于这两个前提，我们提出世界必然走向和谐。这两个前提是：全球的一体化和世界的国家化。

全球一体化是我们提出世界必然走向和谐的基本前提。如果人类仍然像几百年前一样，是分散在全球各地的彼此孤立或交往很少的人群，就不会提出世界的和谐问题。世界和谐问题是在人类已经联系成为一个整体的情况下必然提出的。在人类已经联系成为一个整体的情况下，怎样处理全人类的关系，特别是人类不同人群生活的社会（国家）之间的关系，就关系到整个人类的生存和发展。和谐的人群生活在一起就会大家和睦共处，幸福共进，从而有利于整个人类的生存发展，相反，不和谐的人群生活在一起就会弱肉强食，相互伤害，从而危及整个人类的生存。全球一体化既为整个人类更好地生存提供了机会，同时也使人类走向共同毁灭提供了可能。今天的人类已经走到了这一十字路口上，何去何从取决于人类自己。

世界的国家化是我们提出世界必然走向和谐的另一基本前提。如果说在15、16世纪还有广大的地区还未形成国家因而某些强国还有可能实行殖民扩张政策的话，那么今天整个人类都已经国家化，每一个国家的独立和主权几乎都得到尊重和认同。虽然国家有大有小、有强有弱，但任何国家都不愿意屈服于别的国家。如果屈服于别的国家，不仅会遭到本国人民的反对，也会遭到世界舆论的谴责。在这种世界已经形成多元主体、已经多极化的情况下，如果不能建立一种相互尊重、相互合作、相互服务、相互促进的国际关系，世界就有可能陷入群雄争霸，彼此争斗的无休止的战争状态。在这种状态下，不用说弱小国家，即便是强大国家也不可能很好地生存和发展。全球的国家化也使世界各国的关系问题成为一个紧迫的问题摆在了人类的面前。我们可以设想，如果世界还有殖民地没有被瓜分，如果不是各国都有独立和主权的话，也许还不会提出世界和谐问题。

全球一体化和世界国家化使世界走向和谐成为既是必要又是可能的，而世界走向和谐对于人类更好地生存、更幸福地生活具有极其重要意义。

在世界同时走向一体化和国家化的情况下，世界和谐问题，特别是人类和平、世界公正和国际合作这三大世界和谐的基本问题，就成为必须研究解决的人类重大问题。这里我们就主要从这三个方面来具体讨论世界和谐的必要性问题。

人类和平是人类生存和发展的基本前提，没有和平的国际环境，不用说人类的普遍幸福，即便是人类的生存都会面临严重的威胁。战争的威胁是我们时代最尖锐的问题之一。在世界一体化的情况下，任何战争都已经不只是交战国双方的问题，而是世界问题，都会对整个世界产生消极影响。20世纪发生过两次世界大战。这两次大战给世界人民带来了深重的灾难，至今人们一想起这两次战争就不寒而栗。二次大战以来，世界上的战争从来就没有停止过，当今人类仍然面临着战争的严重威胁。随着科学技术的发展，出现了许多现代化的军事武器，特别是核武器。据报道，现在世界上拥有的核弹总量足以毁灭人类五十次。[①] 自20世纪50年代出现大规模的杀伤武器以来，随着核技术的发展，现在又出现了或正在研制适应作战不同要求的具有特定功能的核武器。20世纪70年代中期以来，随着微电子、定向能、新材料、传感技术等新科技成果在军事领域的广泛运用，常规武器的发展正在出现一场新的革命，其来势之猛、影响之深远，很可能使武器装备发生自核武器出现以来的又一次新的飞跃。由于新科学技术的应用和大批新型

---

① 《青年参考》，1986年2月14日第1版。

杀伤武器的出现，未来战争的破坏将会空前扩大，对人员的杀伤，对设施的破坏，对环境的污染，对财力的消耗均将达到空前巨大的程度；未来战争的战场范围也将空前扩大，不仅涉及到交战国的领土、领海和领空，而且将扩展到极地、海底乃至包括月球在内的外层空间；不仅如此，未来战争的突然性也将比以往更大。所有这些并非危言耸听，而是活生生的现实。在这种情况下，不仅人的自由，而且人的生存，不仅个人的生存，而且人类的生存，不仅人类的生存，而且地球上生物的生存都面临着严重的威胁，因而这是人类最担忧和最悲观的问题。事实表明，人类和平对于当代人类生存不仅是必要的，而且是十分紧迫的。

在世界一体化和各国交往日益频繁的情况下，世界公正的问题也日益突显出来。近代以来的世界一体化过程是与世界不公正相伴随的，甚至可以说是以世界不公正为代价的。西方列强的殖民扩张，虽然促进了世界一体化的进程，但却是极端不公正的。对殖民地和落后国家的公开侵略、掠夺和抢劫，对土著居民的剿灭，黑奴贸易，就是这种极端不公正的极致。20 世纪以来，殖民地国家纷纷从殖民统治之下独立出来，获得国家主权，那种赤裸裸的侵略、掠夺和抢劫已经不多见了，但是发达国家与发展中国家之间、强国与弱国之间的不平等并没有从根本上改变，只是从公开变成隐密、从表层进入深层。发达国家对发展中国家经济上的剥削、政治上的控制、军事上的干涉、文化上的渗透，是现时代世界不公正的突出表现。这种不公正不仅影响了国际分工和合作，影响了世界各国相互促进和共同发展，而且还必然造成了发展中国家与发达国家之间的对立、矛盾和冲突。在世界普遍国家化的情况下，各国都有自己的利益和尊严，当利益和尊严得不到尊重的情况下，一些国家就有可能采取极端的手段对抗。当今世界许多局部战争和一些恐怖活动不能说与此没有关系。在局部战争此起彼伏、恐怖活动频繁发生的国际环境中，不仅发展中国家的生存和发展受到威胁，发达国家的生存和发展也受到严重影响。

世界的一体化，特别是世界经济、科技和信息的一体化，要求世界各国不能彼此封锁，彼此隔离，更不能彼此对抗，而只能相互开放、相互交流、相互分工、相互竞争、相互合作，从而实现相互促进，相得益彰。世界正形成一个有机的整体，国家之间的任何方面的任何冲突都会使这个有机整体的正常运行受到干扰和阻碍。每一个国家都要最大限度地实现自身的利益，但存在着极端利己和合理利己这两种实现方式。唯利是图、不择手段的极端利己方式已经证明，虽然可能使某些国家暂时得到一些利益，但最终只会导致相互伤害，只会使世界陷入战争状态。推己及人、互利合作的合理利己方式则可以实现各国利益的相互促进和共同增进。国际合作不仅可以克服各国之间的相互伤害问题，而且可以促进国际分工，促进人类共同拥有的资源的最佳配置和利用，从而提高整个人类的效益。问题更在于，世界的一体化和现代文明给现代人类提出了许多前所未有的全球性的人类问题，如环境问题、资源问题、人口问题、犯罪问题等。所有这些问题决不是一个国家或少数国家所能解决的。如果没有世界各国的配合和合作，这些问题不仅不能解决好，相反会更为严重。当代人类共同面临的一些重大全球性问题已经将国际合作的要求更紧迫地提到了各国面前。合作才是出路，合作才有可能集中全人类的智慧和努力来解决人类已经面临和可能面临的诸多难题。

在世界同时走向一体化和国家化的前提下，实现世界和谐不仅是必要的，而且是可能的。这种可能性至少体现在以下三个方面：

第一，人类已经意识到世界和谐的重要性。自从人类进入文明社会以后，不同的人群之间、后来的不同国家之间，虽然有过交流和合作，但总体上看是处于敌对的、甚至战争的状态。这种敌对和战争状态不仅给人类带来了巨大的灾难、痛苦和牺牲，而且造成了人类人力、物力和资源的巨大浪费。特别是 20 世纪的两次世界大战更深刻地教训了人类。今天的人类已经开始意识到人类普遍和平和各国共同发展要比各国敌对更有利于人类的生存和发展，更有利于实现各国的利益。尽管今天各国都还处于敌对状态，都把他国设想为自己的敌人，都还将数额巨大的费用用于军队和国防，但人们已经普遍意识到和平比对抗好，并努力寻求持久和平和全面合作的途径，试图用和平取代战争，用合作取代敌对，用对话取代对抗。人类共同生存和发展的需要已经使全人类更为有理智，更加理性化。人类尚未找到实现世界和谐的道路，尚未构建出世界和谐的框架，但人类已经意识到世界和谐的重要性这一点则是完全可以肯定的。我们相信，有了这种意识，人类终究会找到实现世界和谐的道路，构建起真正和谐的世界。

第二，人类已经进行了构建和谐世界的尝试并积累了一些经验。由于人类意识到构建世界和谐的重要性，因而人类也已经在这方面进行了许多有益的探索和尝试，特别是在第二次世界大战之后，人类大大加快了这种探索和尝试的步伐。例如，国家之间建立长期战略伙伴关系，区域建立各种经济、贸易、政治、军事、文化等多方面的合作组织，建立各种世界性的组织，举行各种世界性会议和世界性赛事，等等。其中尤其重要的是世界性的组织、会议和赛事，不仅直接融洽了各国的关系，促进了各国的交流，养成了各国对话和协商的习惯，在一定程度上缓解了各国之间的对立，促进了各国的合作，从而正推进着世界和谐的进程，而且为世界和谐准备了条件，积累了经验。例如，我们就可以从联合国、世界贸易组织、联合国维和部队等世界性机构或组织看出未来世界政治、经济、军事机构的运作方式，看出未来世界政府的雏形。所有这些组织几乎都与传统社会的专制性国家机构不同，它们都是以尊重各国的独立和主权为前提来对世界事务进行协调、规范和管理的机构。它们的作用还是有限的，但它们在世界中的地位在不断地上升，作用在不断地增强，而且它们的运作方式是与世界和谐的总要求相一致的。除此之外，人类自 20 世纪以来达成了许多共识并形成了许多国际关系准则，这些共识和准则既尊重各国的自主，又能在使整个世界纳入到秩序范围方面发挥作用，从而为世界进一步走向和谐作了准备。第三，各国的独立自主为世界走向和谐奠定了基础。和谐的世界秩序只能以各国的独立自主为基础和前提。和谐是以多样性为前提的，最丰富最充分的多样化则是以主体的多元化为前提的。没有世界主体的多元化，没有世界的多极化，即使有世界的一体化，也不会有世界的和谐。世界的国家化，也就是世界主体的多元化，世界的多极化，这是世界有可能走向和谐的最根本条件。世界多极化对于世界和谐至少具有以下五方面的意义：其一，多极化有助于形成世界平衡和各国相互制约关系，这种关系有利于世界和平；其二，多极化意味着各国都是世界的主人，这可以提高各国改善世界的积极性，可以增强各国对世界的责任；其三，多极化就是主体多元化，世界主体多元化是世界民主的基础，一统的世界不可能有世界民主；其四，多极化意味着自由化，自由化的世界会更开放、开明和宽容；其五，多极化必然伴随多样化，多样化的世界会更美好。当然，世界的多极化并不必然走向世界和谐，但可以肯定没有世界多极化就决不会有世界和谐。

在世界同时一体化和国家化的情况下，人类的幸福不再只是以国家为环境和条件，而是以世界为环境和条件，世界的状况如何直接关系到全人类每一个成员能否获得幸福。一个充满战乱、极端利己、弱肉强食的混乱世界是人间战场，在这种环境下生存，不用说全人类，即使是人类的少数人也不得安宁，更谈不上真正的幸福；相反一个和平、公正、合作的和谐世界则是人间乐园，在这种环境下生存，不仅能使整个人类安居乐业，而且会比在一个单独的封闭的国家范围内生活得更好。

世界和谐对于人类幸福具有种种重要意义，这里我们择要列举几个方面。

首先，世界和谐可以使全人类彻底告别战乱和消灭贫困。如果世界真正成为和平、公正、合作的和谐世界，那么国家与国家之间的战争就会减少到最低限度，甚至可以彻底消灭战争这一人间最大的罪恶。和谐的世界首先可以消灭世界性大战，因为在各国都成为世界的主人而且共同管理世界事务的情况下，世界性的战争这种世界性的灾难必然会遭到普遍的反对。在和谐的世界中，也许有可能爆发局部的战争，如两国之间或一国之内的战争，这种战争即使爆发也可以通过世界维持和平部队加以制止，通过世界组织加以干预，通过世界舆论加以谴责。今天的世界大多数地区事实上已经实现了这种和平，经常出现战乱的地区越来越少，我们相信，彻底消灭人类战争这一人间最大罪恶为时是不会太远的。

如果整个世界像一个国家一样可以通过强有力的世界民主机构、世界维和部队和世界公众舆论来维护自己的和平的话，那么，各个国家就不一定需要庞大的军队，也不一定需要自己完整的国防体系。全世界只需要一支统一的军队和一个统一的世界安全防御体系就能维护世界的安全和和平。这在今天看起来似乎是可笑的幻想，但完全可能成为不久将来的现实。我们有理由相信，这种统一的防御体系既然能在一个国家建立，甚至能在若干个国家的区域内建立（如北大西洋公约组织就具有这种防御体系的性质），那么也就能在更大的范围内建立，就能在世界范围内建立。如果真的能这样，人类不知道要节省多少国防开支。今天的人类为人类至今还不能消灭饥饿而犯愁，我们完全可以设想，如果每一个国家都把庞大的国防开支用于消灭贫困，人类彻底告别贫困不应该是很大的问题，更何况，裁减军队还可以把大量的人力资源用于经济发展。因此，我们认为实现世界和谐才是人类最终消灭贫困的出路。

其次，世界和谐可以为个人的生存和发展提供更好的环境、创造更多的机会。天下太平、世界和谐可以消除人类的生存威胁，使人类的每一个成员都有安全感。这种安全感不仅是人生活的基本需要，而且是其他需要产生和满足的前提。例如，当人们普遍感到安全，没有生存威胁，他们就能更好地规划未来，更好地把握自己，就更愿意把自己的时间和精力用于谋求自己的长远和整体发展，就能真正成为自己的主人。如果一个人感到世界的末日明天就可能降临，他就不会谋求长远的整体的发展，生活在这种朝不保夕的环境中，他就会得过且过，降低自己生活的要求，只追求保命，而不会追求生活得更好。和谐的世界不仅是和平安全的，而且是公正合作的。在这种环境下生活，人们不仅不会有安全的压力，而且会感到自由、宽松、愉快。

在和谐的世界中，世界成为了人们活动的空间，人们可以进行广泛的国际交流和合作，可以在国内谋求发展，也可以在国外谋求发展，可以面向国内谋求发展，也可以面向国际乃至全世界谋求发展。例如，一个企业家就可以到国外办公司，一个科学家就可以去探索世界性难题。这样，世界和谐就可以为人们事业上的发展提供更多的机会。而且一旦人们有了世界眼光，可以利用全人类的知识和技能，借鉴全人类的经验，他们更有可能取得事业上的成功，他们的成功会影响更广、效益更大，从而更可以增强他们追求成功的信心和成功后的成就感。

最后，世界和谐可以使个人得到更多更好的享受。世界和谐不仅可以使人们获得生命财产安全，可以获得生活的平静和心灵的安宁，而且会极大地开发人们享受的需要，并给这种需要以越来越好的满足。在和谐的世界里，全球对每一个人都是开放的，人们可以欣赏到世界各地的自然景观、风土人情，可以享用世界各国提供的产品和整个人类文明的成果。国际分工、竞争和合作，必定极大地促进生产力和科学技术的发展，必定会使产品极大地丰富而且日新月异，人的每一种健康的需要和欲望都可能得到满足，而且人们新的需要和欲望会伴随着产品的开发而不断产生和变化。和谐的世界是一个人间乐园，人们可以在其中得到尽情的享受。这是一个封闭的国家所绝对不能提供的。当然，和谐世界可以给人们提供无穷无尽的享受，但一个人能不能享受它还取于自己的素质、作为，取决于所在国家发达的程度。在和谐世界里，每一个人的生活都应该能得到最低限度的保障，但要生活得好则得靠每一个人自己的努力。

三、走向世界和谐之路

世界和谐正在向人类走来，而且必然会到来，但远未真正实现。实现世界和谐比实现国家和谐更复杂，会面临更多难以解决的难题和难以克服的障碍。为了使和谐世界早日到来，整个人类和各个国家还需要作很多努力。

第一，要增强整体意识。

今天全球正在走向一体化，但这种一体化趋势的出现并不是人类自觉构建的，而是各国追求自身利益的结果。例如，全球经济一体化就是国家和企业为了获得更多的经济利益在国外谋求发展引起的，而不是为了构建一种世界经济体系而有意识活动的结果。今天的全球一体化走向基本上还是自发的、自在的。这种自在的自发走向至少存在三方面的问题：一是缺乏规划性，容易出现混乱，也就是通常所说的无政府状态；二是缺乏导向性，容易走弯路，从而会延缓实现世界和谐的进程；三是缺乏协调性，容易产生冲突，可能给人类整体利益带来损害。因此，全球一体化进程必须从自发转向自觉、从自在转向自为。这种转向的前提就是要增强整个人类和各个国家的人类整体意识。

近半个世纪以来，人类的人类整体意识伴随着全球一体化趋势的出现开始觉醒并日益增强，但是远未普遍深入人心，更没有转变为自觉的追求和行动。与人类所具有的国家意识相比较，人类所具有的世界意识还是十分微弱的。今天的人类，几乎每一个公民都具有爱国主义观念，都愿意效忠国家、报效国家，但却只有极少数人，通常是哲学家、宗教家，才意识到要爱世界、爱人类，才有博爱主义或世界主义观念，愿意为全人类的解放、自由和幸福工作。每一个人都知道自己是国家的公民，但没有多少人同时知道自己是世界的公民。我们经常说人类中心主义是我们过去奉行的观念，实际上我们人类过去长期奉行的并不真正是人类中心主义，而依次是家族中心主义、氏族中心主义、部落中心主义、民族中心主义、国家中心主义。只有当我们全人类都从国家中心主义走向了世界中心主义时，才会有真正意义上的人类中心主义。所有这些非世界中心主义观念的一个共同问题在于，它们都只是把人类中的一部分作为自己的同胞，而把这一部分之外的所有人都被看作是自己的敌人，至少不被看作是自己的同胞。这种狭隘的观念不转变，世界的和谐是不可能最终形成的。

增强人类整体意识，就是要全人类从国家中心主义、民族中心主义、爱国主义走向世界中心主义、人类中心主义、博爱主义。这种走向不是否定，而是超越。就是说，我们人类中每一员不仅要爱祖国，爱民族，也要爱世界，爱人类。这两者之间并不存在矛盾和冲突，这就如同我们每一个人都要爱自己、爱家人，而这并不排斥我们每一个人都可以同时爱祖国、爱民族一样。这里所谓的博爱主义并不只是宗教意义上的对所有人的关爱，而且是道德意义上的对所有人的尊重。这里所说的尊重，就是尊重所有人都具有的做人权利，也就是把所有的人都看作像自己一样也是人，他们都是自己的同类和同胞，他们都可能成为自己的竞争对手和合作伙伴。有了这种博爱主义的观念，我们就不再只是把自己的国家看作是自己的家园，而是同时也把世界看作是自己的家园，不再只是把本国的国民看作是自己的同胞，而是同时也把别国的国民看作是自己的同胞，不再把自己看作是国家的公民，而是同时也把自己看作是世界的公民。有了这种博爱主义的观念，我们每一个人就会有全球眼光、世界眼光、人类眼光，就会着眼于整个地球、整个世界、整个人类观察问题、思考问题和处理问题。

第二，要强化世界组织的作用。

人类是需要组织的。人几乎总是在一定的多元的组织中生存的，人的社会化在一定意义上可以说就是组织化。人的社会角色就是通过成为不同组织中的成员所获得的。组织是人类整体化的保障。国家整体的形成，就是通过各种国家组织实现的，没有国家组织，就不可能使人类国家化，人类就不能构成国家整体。同样，世界整体的形成，需要通过各种世界组织来实现，没有世界组织，不可能使人类世界化，人类也就不可能构成世界整体。人类要构建和谐的世界整体，不仅要有人类整体意识，而且需要世界组织保证。只有在组织中并通过组织的作用，人类普遍的人类整体意识才能最终形成。

第二次世界大战以后，出现了许多范围和作用大小不一的各种类型的世界组织，包括世界性组织、国际性组织和区域性组织。所有这些世界组织虽然还没有一种组织能像国家机关那样通过强制性的力量把整个人类构成为一个有序的整体，但我们不能不承认所有这些组织在推进世界一体化、人类一体化方面发挥着巨大的作用。概括起来，这些作用包括：第一，将人类整体的范围从一国推向多国。各种世界组织从不同方面使人类过去最大范围的整体即国家扩展开来，这为人类进一步走向一体化作了准备。例如，世界贸易组织就从贸易方面使人类的整体范围扩大到所有的成员国；欧洲共同体就把市场的范围从一国扩展到欧洲；北约则把军事防御的范围从一国扩展到其成员国的范围。第二，建立了一些国际性甚至世界性的活动规范。所有的世界组织为了实现其共同利益，都制定了一些共同遵守的活动规则和处理成员之间关系的准则，而且这些组织都在不同程度上拥有一定的权力和权威，可以通过一定的措施保证这些规范发生作用。许多这样的规则虽然最初只适用于组织内成员的范围，但后来得到了世界大多数国家乃至各国的公认，成为国际关系的普遍准则。例如，联合国的《公民及政治权利国际盟约》就是如此。第三，开始从事世界事务管理和处理世界问题。建立各种世界组织就是为了从事各种国际性和世界性事务管理，处理和协调国际关系问题以及一些全球性问题，这些组织在这方面发挥着越来越重要的作用。例如，联合国、安理会、世贸组织、世界银行、世界货币基金组织、国际刑警组织，等等，都已经成为管理世界事务、处理世界问题、维护世界秩序不可或缺的力量。可以设想，如果没有众多的世界组织活动在世界舞台上，世界可能不会有今天的秩序和和平。所有这些组织对于世界和谐的实现已经发挥并将继续发挥巨大的作用。

当然，到目前为止已经建立的世界组织还不能使世界完全实现和谐，它们还是彼此隔离的，没有形成权力中心，因而还不具有使世界成为像国家一样的实体的强制力量。但是，它们在如何将世界有机地组织起来方面奠定了基础，积累了经验。只要各国政府和各种世界组织共同努力，进一步加强世界组织特别是具有世界机关性质的世界政治、经济、军事组织的作用，并且使各种世界组织的作用协调起来，使之进一步正规化、规范化，世界和谐的实现就有了组织上的保证。事实表明，世界组织形成的方式与国家组织形成的方式是不同的。各种国家组织通常是国家权力机关建立之后建立起来的，并纳入国家机关管理的范围，而世界组织则不是在建立了世界权力机关之后建立的，而且先建立各种世界组织然后再建立世界权力机关的。显然，这种方式更具有民主性，更有利于防止霸权独裁。但是，这种方式会增加建立世界权力机关的难度，会增加把世界各种组织纳入规范管理的难度。这两大组织上的难题也是世界走向和谐面临的最大难题。这两大难题得到妥善解决，世界和谐就能实现。

第三，要扩大国际合作。

国际合作是走向世界和谐的桥梁。国际合作可以是两国之间的，也可以是多国之间的，也可以是全世界性的。合作的范围或领域也可以是全方位的，从政治、军事、经济、贸易、科技、教育、体育、艺术到国家之间的双方问题、多边问题以及世界性的问题，到思想、观念、学术领域。国际合作对于世界和谐的意义在于，国际合作使各个国家之间相互联系、相互依赖、相互渗透，使世界各国在利益上你中有我，我中有你，因而国与国之间不愿意敌对、动武，而愿意和平共处、互惠互利。显然，参与国际合作的国家越多，合作的领域越宽广、程度越深入，越有利于世界和谐的实现。另一方面，国际合作是以参与合作的各国可以实现自身的利益为前提的，也就是有关各方是有利可图的。因此，国际合作不是外部强加的，而是有内部动力的，是自愿的。正因为如此，国际合作对于全球一体、世界和谐是根本性的。世界之所以能走向一体，世界之所以能走向和谐，根本的原因就在于此。如果说世界组织是世界走向和谐的组织保障，那么可以说国际合作是世界和谐的内在纽带。

国际合作是以国际交往为前提和基础的。国际交往古已有之，而国际合作是伴随世界一体化的进程出现的，第二次世界大战之后呈加速发展的态势。今天的世界，参与国际合作的国家越来越多，几乎所有的国家都程度不同地参与了国际合作，即使少数最封闭的国家，也不能不在某些方面与国际合作；合作的领域也越来越广泛和深入，不只是在政治、经济、军事、科技、医疗、体育等社会生活的各个领域，而且扩展和深入到了思想、文化、教育等关键领域，可以说已经形成全方位、多层次的立体合作格局。但是，我们也应该看到人类的国际合作还仅仅是开始。从世界的总体上看，国际合作已经形成了全方位、多层次的立体格局，但从一个国家来看则远未达到这样的程度。许多国家在许多方面还是封闭的，不愿意对外开放，不愿意参与国际合作。特别是在思想、文化方面，许多国家更是慎之又慎。它们担心外国的渗透，担心外国通过合作以非武力的方式入侵，担心由此会引起政权颠覆和社会动荡不安。一般说来，越是落后的国家、越是集权制的国家，越是如此。实际上，越是落后的国家越要参与国际合作，只有这样才能更好地利用人类文明已有的成果，抓住机遇，尽快发展。如果一个国家的政府经受不了国际合作的冲击，说明这样的政府不是真正民主的，只有不民主的国家才不适应现代世界的一体化进程。这种不民主的政府被颠覆也许对这个国家的公民不一定是件坏事。从当前世界的整体情况来看，世界和谐面临的根本性问题还是国际合作的广度和深度远远不够。因此，促进和扩大国际合作是世界和谐早日实现的根本途径。

促进和扩大国际合作必须清除国际合作方面存在的障碍。国际合作的广度和深度不够与国际合作方面所存在的这些障碍直接相关。国际合作并不是无条件的，而是以国际分工为基础、以国际竞争为前提的。国际合作的主要障碍就在于由历史原因所造成的国际分工不合理和国际竞争不公正。国际分工不合理、国际竞争不公正尤其表现在经济领域，表现在发达国家与发展中国家之间。发展中国家生产力落后，经济技术不发达，它们的产品由于科技含量低而价格低廉，缺乏竞争力，不仅难以占领国际市场，而且难以占领日益开放的国内市场。它们只能靠廉价的劳动力和天然的原材料参与国际分工和国际竞争。其结果它们成了发达国家的原材料基地和商品销售市场，经济技术的渗透不是双向的，而是单向的。这种状况是历史原因造成的，我们很难简单地说这是发达国家对发展中国家的经济掠夺，但这种国际分工和国际竞争不是在同一层次和水平上的，因而是不合理、不公平的。在经济技术等表层领域是如此，在思想文化等深层领域也是如此。发展中国家不仅经济技术落后，实际上思想文化也同样落后，因而发达国家思想文化的单向流入也是不可避免的。这种单向的渗透在情感上甚至比经济技术的渗透更难以为发展中国家所接受。这种现实不仅妨碍了平等的国际合作，甚至还会影响到民族感情和国家尊严，导致发展中国家与发达国家的对立。因此，怎样在尊重历史和现实的前提下使国际分工尽可能合理、国际竞争尽可能公平、国际合作尽可能平等，是世界走向和谐面临的最难解决的问题。为了妥善解决这一问题，需要建立具有权力和权威的世界管理和协调机构。

墨子的兼爱理想与世界和谐的构建*

早在两千多年前，墨子就提出了“天下之人皆相爱”的兼爱理想，这一理想虽然有其时代和理论的局限，仍不失为人类的美好理想。在全球化和现代化的今天，面对日益盛行的个人主义和民族利己主义或国家至上主义，面对一切湮没在利害关系之中的无情无爱世界，面对花样翻新的各种犯罪、日益猖狂的恐怖活动和此起彼伏的局部战争，倡扬墨子的兼爱理想，寻求实现这一理想的道路，具有十分重要的现实意义。

一、墨子兼爱理想的当代价值

墨子的兼爱理想按王赞源先生的概括，就是：“兼爱是广爱全体人类；兼爱是人与人相爱交利；兼爱即爱人利人；兼爱既是无差等又是有差等的爱；兼爱是超越时空的爱。虽然墨子论兼爱如此的周密，但如简单的说，兼爱在个人是要去爱人利人，在全体人类是彼此都要相爱相利。”①用今天的话语来说，墨子的兼爱理想就是要建立一个充满情爱的和谐世界。墨子的这种兼爱理想在当代世界得到了部分的实现，但远未全面实现。

现代世界的经济基础是市场经济。现代社会的市场经济不同传统社会的自然经济，它是一种社会化的互利经济而不是一种个体性的自利经济，其根本特性之一就是经济主体只有通过他人利益的实现才能实现自己的利益，而不能通过损害他人利益来实现自己的利益。在自然经济条件下，损人利己、不择手段可以实现自己的利益，而在市场经济条件下，损人利己、不择手段，最终只会损害自己。建立在市场经济基础上的现代文明在市场经济作用机制的影响下，已经不再是传统文明那样的一种自利性文明，而可以说是一种互利性的文明。人们利己利他，互助合作，从这种意义上看，墨子所主张的“兼相爱交相利”理想中的“交相利”在当代世界得到了较充分的实现，基于现代文明的当代世界可以说就是一个“交相利”的世界。但是，事实证明，“交相利”并不一定兼相爱。人们可以相利天下之人，但可以不同时兼爱天下之人。更值得注意的是，过分的交相利可能破坏兼

---

* 原发表于《伦理学研究》2006年第6期。

① 王赞源：《墨子》，台湾东大图书公司，1996年，第191页。

相爱，把人与人之间的交往还原为利害关系。

在今天的世界，特别是在一个国家范围内，不同的人可以自由地互利合作，可以实现双边或多边共赢。应当承认这是一大历史进步，这种进步是市场经济所产生的积极后果。但是，市场经济本身不能解决“兼相爱”的问题，相反越是市场化，人与人之间越是缺乏真情和真爱。市场化与人情化成反比地行进着。在市场经济条件下，人们不是出于相爱而相利天下，而是出于更好地实现自己的利益而相利天下，利己而不是相爱构成了市场经济条件下人们交往的根本动机和以市场经济为经济基础的现代文明的原动力。市场经济是一种充分理性的竞争性经济，这种经济本质上是拒斥情感的，它需要的是精明、算计，而不需要情爱、同情，即所谓“市场不相信眼泪”。市场经济即使在今天也有其合理性，尽管有其弊端。但到目前为止还没有一种比市场经济更好的经济形式有利于人类的生存和发展。但是，市场经济的运作机制不能泛化，一旦泛化，情爱在社会生活中就没有存在的余地。今天的世界就是一种市场泛化、市场机制充斥人类生活各个领域的单面世界。在这种世界里，只有利害关系，而没有情爱，相利湮没了相爱。这种没有相爱的相利已经给人类的生存产生了相互关联的严重后果：个人日益为利害和贪欲所奴役而不能解脱；社会为争权夺利所左右；世界为恐怖和战争所笼罩；自然为被滥用所柔躏。正因为如此，今天的人类面临着严重的生存危机。

在人类面临着这种严重生存危机的情况下，重温墨子的兼爱理想，我们可以找到今天人类走出危机的出路：在交相利的同时兼相爱。兼爱是以人类为物件，是兼爱天下之人。人生存于世，须顺天意而行。“顺天意若何？曰，兼爱天下之人。”（《墨子·天志下》）反思今天的世界，我们感到所缺乏的就是兼相爱的情感，就是广爱天下之人的情怀。我们可以设想，如果今天的人类在交相利的同时有墨子所期望的兼相爱信念和胸怀，并努力去践行，真正做到爱人若己，特别是用兼相爱抵制、限制、克服人类生活过分市场化的问题，今天的世界就不会如此冷漠无情，如此千疮百孔。今天我们要克服人类面临的危机，必须弘扬墨子的兼爱理想，相利相爱。只有这样，才能使今天冷冰冰的世界充满温情，才能缓解当代过分市场化所导致的人类面临的各种生存难题，才能使冲突的世界变成和谐的世界。“若天下兼相爱，爱人若爱其身”；“视人之国若视其国；视人之家若视其家；视人之身若视其身。是故诸侯相爱则不野战；家主相爱则不相篡；人与人相爱则不相贼。……凡天下祸篡怨恨可使毋起者，以相爱生也。”（《墨子·兼爱上中》）

墨子的兼爱理想与基督教的博爱不同，一方面它不是否认世俗利益的，而是肯定求利合理性的，即交相利；另一方面它不是否定自我的，而是包含自我的：

“爱人不外己，己在所爱之中。”(《墨子·大取》)。因此，墨子的兼爱理想在当代社会比基督教的博爱理想更具有可行性，人类更有理由弘扬墨子的兼爱理想。

二、当今天下之人皆相爱的障碍

墨子的兼爱理想是有局限的，主要表现在它没有找到构建充满情爱的和谐世界的真正障碍，没有提出如何实现这种理想世界的有效途径。正因为如此，这种理想提出来两千多年从未实现过。今天要追求和实现这种理想，必须研究其局限，找到当代妨碍和谐世界的主要障碍和构建和谐世界的有效途径。

墨子注意到影响人兼相爱的原因是人的利己本性。他说：“子自爱不爱父，故亏父而自利。弟自爱不爱兄，故亏兄而自利。臣自爱不爱君，故亏君而自利。”(《墨子·兼爱上》)“今人独知爱自身，不爱人之身，是以不惮举其身以贼人之身。”(《墨子·兼爱中》) 但是，他没有注意到尽管人的本性是利己的，但在不同的社会价值体系中，这种利己本性会演绎出不同的社会状况。人性同样是利己的，但在传统社会表现为极端利己，不择手段，而在现代社会表现为合理利己，利益共进。事实上，利己只是人性的一种自然倾向，一方面这种自然倾向并不必然导致人们利己的行为，另一方面这种自然倾向并不是人性的全部。人性中还有同情、怜悯、仁爱同类之类的情感。如果一种价值体系的确立顾及到这些事实，实现人类兼相爱是完全可能的。墨子的局限就在于，他没有注意到社会的价值体系状况关系着天下之人是否皆相爱，只有建立了那种保证和促进人与人兼相爱的社会价值体系和价值导向，才可能有人与人兼相爱的社会现实。

从当代人类的实际情况来看，天下之人皆相爱的直接障碍或导致人们彼此不相爱的直接原因在于人们过分重视自我；过分重视物欲。当代人类生活在现代文明之中，肇始于西方近代的现代文明起源于人类力图摆脱一切束缚以获得个人独立自主或自由的努力。现代文明就是人们在争取独立自主的过程中和获得独立自主之后形成的。独立自主的个体或自我是现代文明的基础和核心。在这种文明中，人们的一切活动都是指向自我的。自我是出发点，是中心，也是落脚点。当人们一切都以自我为轴心、为根据、为尺度时，他们就只会自爱，而不会他爱。即使有某种他爱，这种他爱也不是纯洁的，而是具有功利色彩的。就是说，他们是为了爱己而爱人，而不是兼爱，或者说，不是在爱己的同时爱人或由爱己扩展到爱人。对于生活在现代文明中的人来说，如果不是为了爱己，他们断不会去爱人。

近代以来，人们用以获得解放和自由的主要手段是理性。于是，理性受到高度推崇和极度倡扬。过分重视理性导致了两方面的结果：一是理性湮没或泯灭了情感，过于理性化会使人们对他人没有了感情，甚至对自己也没有了感情，只会利己，不会真正爱己；二是理性长于算计，过于理性化会使人注重功利，讲求利害得失。当人们没有了情感的追求而只追求功利之后，在泛市场化机制的作用下，人的物欲疯长，变成了永无满足的的贪欲。于是人们拼命追求和沉溺于贪欲的满足，而不关照情感和精神的需要。事实表明，一旦人们为贪欲所奴役，他们就没有超越自我去爱他人的欲望和动机了。

从更深层次看，天下之人皆相爱的根本障碍或导致人们彼此不相爱的根本原因在于社会的价值体系和价值导向。整个现代价值体系是以利己是人的自然本性，肯定利己是天然合理的，因而是应当的为前提构建起来的，以此前提下，通过竞争鼓励和刺激人们拼命追求自己的利益，通过法制限制人们在利己时相互妨碍和伤害，通过道德引导人们在追求自己的利益时实现个人利益与他人利益共进。这种价值体系及其导向与传统社会相比，有其巨大的进步性。它承认人们自由、平等权利，肯定人们利己和求利的合理性，强调世俗生活的意义。但是，这种价值体系和导向也存在着问题，主要表现在：过分鼓励和刺激利己和求利的动机，而没有引导人们适当超越这种倾向，使人们深深陷入自利和自爱而不能有适度的超脱。这种价值体系和导向在现实生活中的具体表现就是个人利己主义、民族利己主义或国家主义至上主义，以及经济主义、物欲主义、享乐主义盛行。在这各价值体系中，自我是中心，利益是指挥棒，完全没有超越功利的仁爱这种情感存在的余地，因为这种情感不能给自己带来利益，相反有可能要牺牲自己的利益。在这种价值体系及其导向的框架下，人们被功利化，被物化，他们关心的只有自己的利益，而不会给他人以真爱。前面所说的现实生活中人们过分重视自我、过分重视物欲，应该说就是这种价值体系及其导向的结果。

三、实现墨子兼爱理想的现实道路

由以上分析可以看出，墨子的兼爱理想在当代已经得到了部分的实现，即今天的世界正逐步走向交相利，但没有完全实现，即没有在交相利的同时兼相爱。要实现墨子交利相爱的理想，构建充满情爱的和谐世界，关键是要调整当代人类的价值体系和价值导向，使其规范和引导人们适度超越自我和物欲，从自我中心转向博爱众生，从贪得无厌转向充实精神。具体地说，人类有以下方面的努力要做：

第一，改变生存观：从自由生存转向优雅生存。自由生存这种生存方式最根本的规定性在于每一个人都能按照自己的意愿生存。这种生存方式最大的优越性在于，它通过人性和个性的解放和张扬使人成为自己的主人，成为社会的主人，甚至成为自然的主人；使人的潜能充分地释放，创造出巨大的物质财富和精神财富；使人的欲望得到充分的满足，而且不断地开发欲望并花样翻新地满足不断被开发的欲望，使人能得到尽情的享受。但是，这种生存方式仍然是有缺陷的，其主要的体现之一就是它不只是顺应人性，而是放纵人性，并且不断地刺激人性，使人变得贪得无厌，纵欲无度。优雅生存，从社会实质上看，就是要在克服自由生存这种生存方式的缺陷和弊端的前提下超越这种生存方式，使人类生存水平和生活质量上升到一个新层次的生存方式。优雅生存，从一般意义上看，就是优质地、雅致地生存。所谓优质地生存，就是生存的质量高，也就是人的各种需要得到充分的、协调的满足，人的各种才能得到自由的、尽情的发挥。所谓雅致地生存，就是生存的规格高，也就是在人的各种需要中更追求高层次需要的满足，在人的各种才能中更追求高层次才能的发挥。所以，我们可以一般地说，所谓优雅生存，就是在追求各种需要得到充分和协调满足的同时更追求高层次需要满足、在追求各种才能自由和尽情发挥的同时更追求高层次才能发挥的生存方式。[①]改变人类的生存观，使人类从自由生存转向优雅生存，是今天实现墨子兼爱理想的根本要求。

第二，适度限制人们实利追求。对金钱、财富、权力、名誉、地位、美色等实际利益的贪得无厌的追求和占有，不仅是使人们兼相爱的根本障碍，而且是有史以来人类各种祸患的总根源。从自由生存转和优雅生存，最重要的就是要通过法制、道德、舆论等各种制约机制适度限制人们对实际的贪婪追求和占有，使人们没有任何可能占有过多的社会紧缺资源。只有当人们不只是盯着个人的实利时，他们才有可能走出狭隘的自我贪欲，关注他人和情感这些非实利的方面。

第三，强化兼相爱的社会价值导向。社会可以通过社会控制机制适度限制人们对实利的贪婪追求和占有，但不能通过社会控制机制强制人们兼相爱。适度限制人们对实利的追求可以为兼相爱扫清道路，但要使人们做到兼相爱还要靠社会的引导。事实表明，人们很难自发地做到兼相爱，更难做到相爱天下。要做到这一点需要启发人们的自觉，需要通过一定的环境和氛围，而且要一定的激励机制。

① 关于优雅生存，参见江畅：《走向优雅生存：21世纪中国社会价值选择研究》，中国社会科学出版社，2004年。

强化兼相爱的社会价值导向，营造兼相爱的社会氛围，建立兼相爱的激励机制，这对于兼相爱理想的实现是十分重要和必要的。当然，这种价值导向必须以人们的生存观根本转变为前提，必须以社会通过有效的机制限制人们占有的贪婪性为条件，否则就可能不具有效力。

第四，加速建立世界权威机构的进程。在当代世界，人们普遍兼相爱的障碍从个人的角度看主要是极端个人主义，从组织的角度看主要是极端民族主义或国家至上主义。局部的有政府状态和整体的无政府状态是当今世界各种冲突、问题的症结之所在。在这种民族与民族、国家与国家对立冲突的情况下，对立的民族和国家的人民不可能相爱，相反彼此敌视甚至动武。事实表明，国家与国家之间、民族与民族之间的敌对和冲突难以依靠各国或各民族自己加以解决，而必须建立具有权威性和一定强制力的世界组织机构①来调控和监管。只有建立了强有力的世界组织机构，并建立具有普遍约束力的世界法制和在全球范围内建立了“强不执弱，众不动寡，富不侮贫，贵不敖（傲）贱，诈不欺愚”的有效制约机制，目前国家之间和民族之间的敌对和冲突才能得到逐步的解决，世界才有可能走向和谐。只有在强有力的世界组织机构调控和监管的条件下，人们才能真正从自我主义、民族主义和国家主义走向博爱主义、人类主义和世界主义，才能真正实现墨子的“天下人皆相爱”的和谐世界理想。

① 这种机构的建立在现阶段可以通过联合国及其安理会的改革来实现。

价值追求多元化与行为规范一元化*

世界走向和谐是人类文明演进的大趋势，也是各国人民的普遍要求。在全球一体化进程加快的当代，在恐怖主义盛行、局部战乱不已、生存环境恶化、贫富两极分化严重的情况下，世界和谐逐渐成为全人类普遍追求的共同价值目标，世界和谐问题越来越成为人们广泛谈论的话题。毫无疑问，当代人类世界的现实是构建世界和谐的基础。那么，从当代人类世界的现实看，世界和谐的基本格局将是怎样的？弄清这个问题对于人类自觉构建世界和谐具有基础性的意义。

一、一元化与多元化并存的人类文明走向

如果考察人类文明演进的历程，我们就会发现，人类文明史经历了一个从多元价值追求到一元价值追求再从一元价值追求正在走向行为规范一元化与价值追求多元化并存的过程。

在人类进入文明社会之后的相当长一段时期，人类的文明形态是多元的，其中比较典型的有中华文明、印度文明、欧洲文明、阿拉伯文明、印第安文明等等。与文明的多元形态相应，这段时期的人类价值追求也是多元的，不同的文明形态有不同的价值体系，有不同的价值目标和行为规范。由于地域和历史等方面的原因，这段时期的多元价值追求不像今天的人类那样是自觉的，相反是自发形成的。尽管也发生过不同文明形态之间的价值追求相互影响、相互渗透和相互融合的情形，但一般都是局部的，主要是相邻的文明形态之间发生的。但是，随着人类交往范围的扩大，不同文明形态之间的相互影响扩大和加深，一些强势的文明形态出于自身利益的需要，也许还由于对自身文明及其价值体系的自信，往往力图把自己的价值体系（包括价值追求和行为规范）强加给其他文明形态，以形成统一的价值体系。古希腊罗马时期的马其顿王国、罗马帝国的扩张，中世纪的十字军东征，都反映了这种使价值体系从多元走向一元的努力，近代西方发生的海外扩张和殖民主义更是一次旷日持久、影响深远的力图使西方文明征服和取代其他文明、使西方价值体系覆盖全球的价值一元化运动。

---

* 原发表于《哲学动态》2007 年第 1 期，原标题为《价值追求的多元化与行为规范的一元化：论世界和谐的基本格局》。

然而，历史事实表明，尽管西方列强采取了种种手段，甚至采取鸦片贸易、围剿土居民族等“炮舰”政策向殖民地和半殖民地推行它们的价值观念，但他们并不能使非西方民族“全盘西化”。有相当长一段时期，由于西方文明的强势地位使其他文明不得不暂时屈服，但随着这些殖民地和半殖民地民族的觉醒，也由于其他文明自身所具有的顽强生命力，不仅“西化”没有在全球普遍实现，相反这些殖民地和半殖民地在吸纳西方文明之所长的同时，努力弘扬自己的文明，彰显自己的价值。于是，就形成了今天西方文明及其价值与非西方文明及其价值并存甚至对峙的价值多元化的局面。西方现代文明是一种追求自由民主开放的文明，在这种文明的影响下，同时也由于现代科学观念的影响，不仅不同的民族国家有不同的价值追求，而且不同的个体（包括个体和社群）的价值追求也日益多元化。今天虽然还有一些民族国家试图把自己的价值强加给其他国家乃至全人类，搞所谓“霸权主义”或“西化”，但它们至少在表面上也得尊重其他民族国家的价值选择，不再敢像近代那样明目张胆宣扬“欧洲文明中心论”和推行殖民主义政策。

今天的这种价值追求多元化已经不再是近代以前不同文明形态的价值追求多元化的格局。它是在全球正在逐渐一体化背景下形成的。一方面不同民族国家和不同个体要求有自己独立的价值追求和价值体系，而且要求不受外在的干预；另一方面这种追求越来越需要通过各种不同范围、不同类型的交往、合作、互利和共享来实现。人们要在社会交往、合作、互利和共享中各自追求和实现自己的价值，就必须有一些不同共同体范围内乃至在全世界范围内通行的基本行为规范，以使人们在追求和实现自己的价值的过程中、在人们交往、合作和分配的过程中不相互妨碍和伤害，相反要互助合作、共赢两利，否则人们就不可能自由地追求和实现自己的价值。这样，自近代以来，特别是自20世纪以来，在人类价值追求日益多元化的同时，建立统一的行为规范被提上了议事日程。大多数国家在本国范围内已经建立起并逐渐在完善自己的法制道德体系，就国际范围而言，也有许多国际组织在建立国际性的统一行为规范方面作出了不懈的努力。到目前为止，尽管全世界还不像某一个国家那样形成了完整的行为规范体系，但行为规则一元化的趋向日益明显，而且已经逐渐形成了一些得到各国普遍公认的行为规则，如国际法等。尤其重要的是，虽然对国际性或世界性的行为规范应该是什么以及应当如何确立这些规范存在着意见分歧，但人们对于应当建立普遍有效的世界性的统一行为规则已经形成了普遍共识，并且可以说人类行为规范一元化已经成为当代人类的自觉追求。

综观当代人类社会的现实，我们不难发现，价值追求多元化与行为规范一元化这两种趋向并存已经初步成为当代人类文明的基本格局。从人类生存和发展来看，这种基本格局反映了人类的共同需要和整体利益，代表了人类文明演进的未来走向。

二、对价值追求多元化的分析

关于价值是多元的还是一元的，历来存在着意见分歧，但价值是多样的，而不是清一色的，这一点应该是人们普遍公认的。如果我们承认价值是多样的而不是单一的，那么我们就不能否认不同的群体和个人可能以其中的某种价值为其追求的主要目标，就不能否认由于追求的主要价值目标不同而引起的价值体系的结构不同。笔者所谓的价值追求多元化，指的就是人类（包括不同民族、国家、社群、家庭、个人等）的价值追求越来越不尽相同，特别是所追求的主要价值目标越来越有个性。价值追求的多元化实质上是价值追求的个性化。就是说，每一个国家、组织、个体都有自己与众不同的独特价值追求，这种价值追求只适合相应的主体而不一定适应其他的主体。

从当代人类的实际来看，可以根据人们所追求的主要价值目标的差异把人们的价值追求划为以下三大类九种类型：

第一类是世俗的价值追求。这是一种自古以来在世界各地盛行，特别是在缺乏宗教传统的地区普遍盛行的价值追求。这类价值追求又划分为三种类型：①平常型，主要追求日常的人生享受、生活安宁、子女成器、家庭和睦；②事业型，主要追求事业成功，可以为了事业不顾一切；③占有型，主要追求财富（金钱）、权力、地位、名誉等资源的占有，所从事的一切活动都是为了占有更多的社会紧缺资源。

第二类是宗教的价值追求。这是在宗教盛行的地区存在的价值追求，这种价值追求一般不普遍。这种价值追求也可以大致划分为三种类型：①献身型，即放弃尘世幸福，全身心致力于宗教事业；②来世型，即一切活动都是为了来世进入天堂或天国；③忏悔型，即因为人生发生了某种重大失误而不断地在神面前忏悔，以求得神的谅解和拯救。

需要指出的是，还有一些世俗与宗教混合的价值追求。例如，因为某些过错而信宗教以求得心灵慰藉的安慰型；骨子里不信宗教，但为了某种不可告人的目的而表面对宗教持虔诚态度从而把自己伪装起来的伪装型；并无明确意识但因为家人或周围大多数人信教而随大流的从众型。这些价值追求基本上是世俗的，不能算作是基本的价值追求类型。

第三类是组织的价值追求。这是包括国家在内的各种组织的价值追求，这类价值追求大多是世俗化的（除少数真诚的宗教组织之外）。这种价值追求也可以划分为三种类型：①维权型，即组织追求的主要目标是为了维护组织内成员的权益。②谋权型，即组织追求的主要目标是为组织内成员特别是组织内的高层人员谋取权益。③求利型，即组织追求的主要目标是为了全体组织成员或组织的领导层谋取实际利益。这是三种典型的价值追求，由于组织的情况十分复杂，还存在着一些兼顾的类型。例如，政党常常就同时是维权、谋权和求利的。

所有这些类型的价值追求，在一定的法制范围内都是无可非议的，尽管有些看起来可能更高尚，有些看起来低俗一些。当代人类价值追求多元化的一个重要特点就在于，不再像传统社会那样用一种价值尺度来衡量所有的价值追求，把一切不符合这种尺度的价值追求看作是旁门左道，甚至认为是大逆不道的，相反承认其存在的合理性，至少尊重其存在的权利。

导致人类价值追求多元化的原因是复杂的，其主要根源至少有以下四个方面：一是人性的复杂结构。人性不是单一的，而是由诸多因素构成的复杂动态结构。在不同的历史文化环境中，人性中的不同因素可以成为人们价值追求的主导性因素。例如，在宗教氛围浓烈的环境中，宗教信仰可能成为人们的主要价值追求。而且由于外部环境的变化和主体自身变化的影响，人性的结构也会发生变化，主体所追求的主要价值目标也会相应变化。二是区域（民族、国家等）文化的个性。区域文化的个性是在长期的历史中形成的，不可能短时期内改变，特别是在当代区域文化个性日益突显其价值的情况下，区域文化个性大有弘扬之势。区域文化个性的重要体现之一就是价值观念、价值追求不同。区域的文化个性对所在区域的群体和个体的价值追求都会产生影响。三是人类的社会化感情。在人的基本生存需要有了初步保障之后，人们通常会追求社会性情感的满足，如追求成就、名望、独特的个性等。这种要求也会使人们追求与众不同的价值目标和生活方式。四是开放世界的相互影响导致的综合创新。全球一体化意味着过去封闭的民族国家走向开放，在普遍开放的条件下，过去不同民族国家的价值体系相互冲突、相互吸纳和相互融通，这样就会形成各种不同的新的价值追求。

由于导致价值追求多元化的上述因素普遍存在，价值追求多元化已经成为一种不可逆转的趋向。这一点已经为越来越多的人所意识，正因为如此，价值追求的多元化正在从自发走向自觉，人们越来越有意识地追求独特的价值个性，并常常把这种对独特价值个性的追求看作是自己的特色之所在。

三、对行为规范一元化的分析

行为规范的一元化是指人类（包括不同民族、国家、社群、家庭、个人等）的行为规范越来越趋向一致。行为规范的一元化实质上是行为规则的统一化。就是说，每一个国家、组织、个体都有自己与众不同的独特价值追求，但它们的行为必须遵循统一的规范要求，这种要求不能因为某些主体的特殊身份而有所变通，其最典型的表达就是“在法律面前人人平等”。行为规范的统一过去主要局限于不同组织（如国家、企业等）内部，随着国际交往的扩大，这种统一已经大大超出了组织的范围，越来越国际化、世界化。当然，并不是所有的行为规范都是国际化、世界化的，不同的组织有不同范围、不同层次、不同程度的行为规则，但即使如此，行为规范统一化的趋势是明显的。未来行为规范一元化的基本格局可能是这样的：不同范围的组织有不同的统一规范，但较低层次和较小范围的行为规范要服从较高层次和较大范围的行为规范，全人类、全世界有一些任何组织和个人都不可违背的统一行为规范，人们的各种行为都要纳入各种不同层次范围而又不互相冲突的行为规范之中。

从当代人类社会现实看，许多传统的规范形式（如习俗、禁忌等）已经退隐，人们的行为规范形式越来越明确和趋同，主要表现为三大类，即法律规范、制度规范和道德规范。

法律规范是禁止性的刚性规范。法律行为规范的统一性和有效性是众所周知的。应该承认，自近代以来，人类在依法治国方面作出了巨大的努力，而且取得了明显的成效，那些法治尚不完善的国家，还在致力于法治的建设。今天，几乎所有人都承认当代社会是法治的社会，而且要求进一步完善依法治理国家和管理社会。当然，当代的法治的统一性还主要局限于国家范围，就全世界范围而言，虽然已经有得到越来越多国家承认的国际法，但国际法的约束力十分有限，那种禁止性的刚性统一规范尚未完全形成。这是当代世界仍然存在着严重冲突的重要原因之一。正因为如此，人类仍正在努力追求国际法的完善。

道德规范是倡导性的柔性规范。在传统社会，道德规范常常与习俗、惯例、禁忌等混杂在一起。近代以来，道德规范逐渐从这些不成文的规范里剥离出来，成为社会的自觉行为规范之一，而且随着社会范围的扩大，道德规范的作用范围也日益扩大。应该说，今天道德规范总体上看正在成为社会统一的的倡导性规范，特别是在国家范围内，有一些为社会所倡导的统一道德规范。道德包括理想性层面和规范性层面，就其规范性层面而言，当代道德的一元化趋向日益明显，甚至有不少哲学家和宗教家试图建立全球性普世伦理。当然，也应该看到，由于种种原因，道德规范的统一不仅没有在世界范围内形成，在有些国家内也没有完全形成。尽管人们为道德规范的统一性作出了种种努力，但对这些规范应当是什么、应当在多大范围和何种程度上发挥作用等问题尚未形成普遍共识。其重要后果之一就是人们在不违法的前提下什么话都敢说，什么事都敢做，无所禁忌，无所顾及，良知常常被淹没，道义有时被践踏。正因为如此，可以说当代是人类最胆大妄为的时代，同时也是最令人毛骨耸然、望而生畏的时代。这一事实恰好也说明了建立统一的道德规范并使这种规范内化为人们的内在信念和行为准则的必要性和紧迫性。

制度规范是介于法律规范和道德规范之间的一种既可具有禁止性又可具有倡导性的可刚可柔的规范。一般说来，一些重要的制度往往被法律化，如一个国家的政治制度、经济制度等就是如此，没有被法律化的那些制度大多是范围和作用有限的制度。制度与法律的最大区别在于它普遍存在于社会生活的各种领域，所有的组织都有制度，但不一定有法律。从行为规范的角度看，制度是对法律的重要补充，它使行为规范渗透到每一组织的各个方面。因此，不同范围、不同层次、不同程度的制度化是使行为纳入统一规范的重要方面。制度和法律是社会秩序的基本保障，有完善的制度和法律才会有基本的社会秩序。然而，制度化远远没有法律化引起人们的重视，制度不完善、不合理、不连贯的现象普遍存在。这种状况是导致当代中国社会诸多混乱和矛盾的重要根源之一。这种情况表明，积极推进社会管理的制度化进程也是构建社会和谐和世界和谐面临的重要任务之一。

以上三大类行为规范又可以划分为相对于各种组织而言和相对于个人而言的。总体上看，与对个人的行为规范相比，对组织的行为规范偏弱，特别是组织的自我行为规范约束、世界对国家的行为规范约束偏弱。目前世界没有真正具有控制机制的世界权力机构，各个国家的行为主要靠自我规范约束，靠国家的法制。在这种情况下，那些民主法制不健全的国家由于行为不能受到有效的规范制约，就有可能成为国内和世界动乱的根源。这是当前影响世界和谐的突出问题之一。

行为规范一元化的必要性和重要性越来越为人类所意识，而且人类的行为规范正在朝着统一化的方向发展。人类之所以越来越注重行为规范的一元化，重要的原因在于，在全球一体化的时代，人类要安居乐业地幸福生活，要正常地在世界范围内交往和合作，就必须有基本的秩序，就必须有普遍公认的行为准则。否则，不仅不可能在相互交往和合作中互利共赢，相反会相互妨碍和伤害，使世界陷入“人对人是狼”的敌对和战争状态。“世界需要管理”①，管理的重要内容之一就是建立普遍有效的行为规范。当代世界发生的诸如战争、恐怖主义、霸权主义、环境污染、生态破坏等诸多严重危害人类生存的问题，不能不说与人类尚未建立普遍有效的行为规则有关。在日益严重的生存威胁面前，人类行为规范一元化的进程必将进一步加快。

四、追求多元化与规范一元化的协调一致

和谐，最一般地说，就是事物之间的一种有序协调的秩序，其基础是事物的多样性。世界和谐就是有不同价值追求的各种主体（如国家、各类组织、家庭、个人等）能和平共处、相辅相成、相得益彰、良性互动。这样一种和谐的状态有两个基本条件：一是主体的多样性，主要体现为各种不同主体有各自不同的价值追求。有不同的价值追求，主体才会真正有自己的个性和特色，也才会呈现出缤彩纷呈的多样性。二是主体行为的规范性。就是说，不同主体的行为有不同的目的，有不同的实现目的的方式，但它们都必须遵循社会正常秩序所要求的行为规则，而且要通过一定的社会制约机制使违反规则的行为受到相应惩罚，从而使之纳入必要的秩序范围。这两个条件也就是世界和谐应有的基本格局，即一方面不同的主体可以自由地追求自己各不相同的价值目标，另一方面它们的追求又必须遵循不同层次的统一的基本行为规则。因此，如何使主体的价值追求真正实现多元化、如何使主体追求价值的行为规范真正实现一元化，以及如何使这两者更协调一致是构建世界和谐格局所需要着力解决的关键性问题。

从前面的分析可以发现，今天的世界价值追求多元化和行为规范一元化这两种趋向都很明显，但并没有真正普遍实现，更重要的是如何使两者协调一致的问题还没有引起足够的重视。要构建世界和谐，必须进一步推进这一进程，使行为规范一元化和价值追求多元化真正实现并协调一致。

从价值追求多元化的角度看，存在的最突出问题是，总有那么一些组织和个人自认为只有自己的价值追求是唯一正确的，其他的价值追求是错误的甚至是邪恶的，而且力图把自己的价值观念强加给别人。最明显且最典型的当数霸权主义，但决不仅仅是霸权主义。不少国家和宗教组织把自己的成员接受不同的价值观念视为异端而采取各种措施限制甚至惩治的情况就是例证。价值追求多元化的重要

① 江畅：《理论伦理学》，湖北人民出版社，2000年，第432页。

前提是开放、自由。开放就是人们的价值选择应当是可以面向世界、面向历史、面向未来的，而不能使人们的价值选择局限于自己所在组织范围。自由就是人们可以自主地作出自己的价值选择。在价值追求问题上，组织可以倡导，但不能规范，更不能由组织决定。只有这样，价值追求才可能真正实现多元化。

从行为规范一元化的角度看，存在的最突出问题是，已有的行为规范得不到普遍遵守。当今世界不同国家和地区之间人们的行为规范越来越趋向一致，而且人们社会行为的各方面都有比较健全的规范，但是普遍存在着不遵守行为规范的现象。其重要原因之一在于人们的违规行为得不到有力的惩治。这种规范不力的情况尤其在国际范围内普遍存在，一些国家对联合国大会和安理会的制裁决议置若罔闻，我行我愫。同时，有法不依、执法不严，法律面前不平等，实行人治，以情代法，以权代法等现象在许多国家还程度不同地存在。行为规范一元化的最重要内容就是社会实行有效的法治。只有世界各国乃至全人类普遍实行法治和制度管理，人们的行为规范才能真正实现一元化。

从价值追求多元化与行为规范一元化协调一致的角度看，存在的最重要问题是，人类社会的各级管理机构在价值追求方面全面放开和在行为规范方面彻底管严上均不能到位。从当代世界范围来看，那些社会比较和谐的国家和地区都是在这两方面做得比较好的，并且两方面能协调一致。可是，不少国家和整个世界尚不能处理好放开与管严的关系，普遍存在着该放的放不开，该管的管不严，其结果是社会问题层出不穷，冲突、战争连绵不断，不用说社会和谐和世界和谐，甚至社会稳定和世界和平都难以得到保障。在当代世界的条件下，推进价值追求多元化和行为规范一元化协调一致的最根本途径在于建立和完善以民主为基础的强有力的国家管理机构和世界管理机构，通过这些机构加强对人类社会的管理。这种管理要以人们价值追求方面的自由权利得以普遍实现为根本目的，通过强有力的制约机制推进行为规范一元化，使人们的各种不同价值追求纳入秩序的范围，从而在世界范围内形成各种不同的价值追求主体和平共处、相辅相成、相得益彰、良性互动的有序协调的和谐局面。

构建超越西方价值模式的先进价值模式*

第二次世界大战结束后，源自于文艺复兴时期的现代西方主流价值模式（简称为“西方模式”）①进入了它的鼎盛时期，并流布到全世界，深刻影响着世界发展的进程，导致整个人类生活日益一体化和趋同化。在这种严重态势面前，许多非西方国家的思想家和政治家对西方模式扩张和渗透可能产生的消极的、甚至灾难性的后果深感忧虑，力图寻求非西方模式或社会发展道路，并在实践上作出了尝试。然而，迄今为止，非西方国家尚未真正找到一条成功的非西方价值模式和社会发展道路。苏联东欧社会主义模式失败了；中国特色社会主义道路正处于积极探索之中；其他一些国家也寻求过或者还在寻求不同于西方的发展道路，但尚未见有真正取得成功的。那么，难道人类的未来发展只有一种“西方模式”吗？或者说，人类能否建构一种优越于西方模式的先进模式呢？我们认为，“西方模式”存在着一些不可克服的根本缺陷和弊端，西方发展道路假如世界化也许是加速人类毁灭之路。为此，整个人类特别是非西方国家必须努力寻求非西方的价值模式，从根本上改变今天“西方模式”日渐全球化的世界格局。

一、西方价值观的形成、优势和问题

西方价值模式的形成可追溯到西方商业革命时期意大利地中海沿岸市场经济的兴起。从那时到 20 世纪 50 年代达到成熟形态，历时约 600 年。这是一个漫长的“血与火”的艰难历程，中间经历了文艺复兴、宗教改革、启蒙运动、政治革命、产业革命、经济学革命、哲学革命、科学技术革命，乃至世界大战、世界性经济危机等一系列革命运动和历史事件。西方价值观就是在这一系列伟大革命运动和重大历史事件中主要由思想家和政治家构建起来的，它是人类历史上第一个人类自觉构建的主流价值观和主流文化体系。

在整个西方模式形成的过程中，西方社会形成了各种不同流派和思想体系，

---

* 即将发表于《湖北社会科学》（与张媛媛合作），2016 年第 3 期，原标题为《构建超越西方模式的先进社会发展模式》。

① 这里所说的现代西方主流价值模式指的是现代西方主流价值观及其现实化，与西方主流价值体系大致上同义。

其中最有影响的是自由主义、共和主义和社会主义。在这三派主要观点争论交锋的过程中，自由主义最终成为西方社会主流价值观和意识形态。自由主义就是西方模式理论形态和思想体系。自由主义内容极其丰富，概括说来，它是以个人幸福为终极价值目标，以利益、市场、科技、环保、责任、自由、平等、公正、民主、法治等为核心价值理念，以个体至上、利已乃人的天性、天赋人权、私有财产神圣不可侵犯、主权在民、在法律下治理国家、三权分立等为基本价值原则的价值体系。“个人自由居于自由主义的核心位置，它包括思想自由、宗教活动自由、结社（不论是公开的、私人的或者隐秘的）自由，还包括择业与经商的权利，以及言论、商讨、出版、文学艺术、迁徙以及旅行的自由。”[①]可以说，自由主义是以个人自由权利为根本价值取向的观念价值体系。

依据这种理论构建起来的西方模式的基本要素是市场经济、现代科技、民主政治、法律统治。这四种基本要素在20世纪以前已经基本具备，但直到20世纪才逐步达到完善。

西方的市场经济肇始于14世纪西欧发生的商业革命，经过了约500年的曲折发展，到20世纪30年代后走向完善，其标志是基于凯恩斯主义的国家干预主义。在这个过程中，西方市场经济发生了以斯密革命、“边际革命”和凯恩斯革命三次经济学革命为其标志的重大革命性变革。这三次经济学理论的革命，为西方市场经济发展扫清了主要障碍，使西方市场经济在经济学理论的指导下不仅成为西方社会占绝对统治地位的经济形式，甚至是唯一的经济形式，而且在二次世界大战后迅速走向繁荣，为西方现代文明的繁荣奠定了坚实的物质基础。

西方现代科技直接源于近代早期弗兰西斯·培根确立的“知识就是力量”的观念，启蒙运动以后的西方哲学对理性的高度推崇为现代科技奠定了坚实基础。西方现代科学的发达也是通过科学革命实现的。与西方的市场经济以经济学理论为先导一样，西方现代技术以现代科学为先导。科学革命不仅极大地推动了社会生产力的发展，提高了劳动生产率，促进了社会经济结构和生活结构的变化，推动了国际经济格局的调整，更重要的是为市场经济提供了强有力的支持和动力，它们相互作用锻造了现代西方的物质文明。市场经济插上了科学技术的翅膀获得了迅猛的进步，而科学技术在市场经济利益最大化动机的驱使下得到了飞速的发展。如果说市场经济是现代西方文明的根本动力，那么现代科技是现代文明发展的主要手段。

市场经济是一种主体多元化的经济，也是一种主体自主化的经济，与这种经

---

① ［美］马塞多：《自由主义美德》，马万利译，译林出版社，2010，第10页。

济相适应的政治只能是以社会成员个体（包括个人、企业及其他社会组织）自由、平等为基础的民主政治。西方各国在市场经济经过了差不多三个世纪后逐渐开始建立民主政治制度。这种民主政治不同于古希腊的直接民主，它是以近代形成的自由主义政治理论为依据、通过资产阶级革命建立起来的代议制民主，即间接民主。经过近 300 年的反复、斗争的复杂过程，到第二次世界大战结束，以希特勒政权跨台和墨索里尼上绞刑架为标志，民主制度不仅在西方取得全面胜利，而且开始走向健全和完善。

西方近代思想家特别是自由主义思想家在提出代议制民主理论的过程中，几乎一致强调必须确立法律在国家治理和社会生活中的最高权威地位，必须将一切政治权力置于法律之下，以法律确保公民的自由权利。在他们看来，个人的自由权力的最大危险是政治权力，而且不受制约的权力必然腐败，因此权力必须受制。权力不仅要用权力制约，更要用法律制约，确立法律的至上权威。与传统法治观念只是将法律作为政治权力治理国家的手段不同，现代法治观念将政治权力作为实现国家法律治理的手段，法律不仅高于权力，而且权力只能在法律的范围内并依据法律实行社会管理，即所谓“法无授权不可为”。另一方面，法律又最大限度地保护社会成员个体的自由权利，为了个体的自由权最大限度地得以普遍实现，法律禁止一切伤害其他社会成员的自由权利的行为，这即是所谓“法无禁止即可为”。这就是西方的现代法治观念。显然，这种法治观念是与民主观念、人权观念相辅相成的。它们一起构成了近现代西方的“宪政”观念。

西方模式深刻改变了西方社会并通过西方社会深刻影响了整个人类社会的进程，使人类社会从贫穷落后的传统文明走向繁荣昌盛的现代文明。毫无疑问，这种模式有其旺盛的生命力和强大的影响力，而根源则在于它的巨大优越性。“这种优越性主要表现在，它致力于把人从各种束缚中解放出来，努力扩大人的独立性，刺激和鼓励人向内挖掘潜能向外征服世界，这不仅使人获得了自由，使我们的世界日益成为自由的世界、民主的世界，而且使人的能量最大限度地发挥了出来，使我们的世界日益成为富裕的世界、文明的世界。”[①]我们应该承认西方模式的基本合理性，也应该承认其巨大历史功绩。但是，我们更应该看到，西方模式虽然看起来是个体主义、自由主义的，但其根本性质是资本主义的。或者更确切地说，它的出发点和目的是个人解放、自由和幸福，但这种价值体系在使人获得解放和自由的过程中却发生了异化，最终走向了以资本增殖为轴心，资本渗透它的

① 江畅：《幸福与和谐》，人民出版社，2005 年，第 417 页。

整个结构和功能，资本控制一切。其结果，个人虽然从专制之下获得了解放，也获得了自由，但根据这种价值体系构建的社会整个地被资本所控制，个人也因此而为新的奴役力量即资本所奴役，而没有真正获得解放、自由和幸福。由此看来，西方模式实质上是一种资本主义社会发展道路，是一种异化了的社会发展模式。

二、寻求非西方价值观的现实紧迫性和历史必然性

20 世纪以来，异化了的西方模式日益暴露出它一些突出的问题，其中特别突出的有以下三个方面：第一，贫富两极分化严重。整个资本主义文明是完全建立在市场经济基础之上的，而市场经济是一种以市场主体利益最大化为驱动力、以凭实力自由竞争的经济。这种竞争的结果必然会导致社会成员的贫富两极化，最严重的情况就是有一部分社会成员陷入马克思所说的“绝对贫困化”，即缺乏最低的生活保障。20 世纪西方实行高福利政策以后，基本解决了社会最弱者最低生活保障问题，但并没有因此解决社会的贫富两极分化问题。第二，周期性经济危机频发。自 1825 年英国第一次发生普遍的生产过剩的经济危机以来，西方资本主义世界差不多每隔 10 年左右就要发生一次这样的经济危机。1929 ~ 1933 年又爆发了规模更大的、影响更深刻的世界性经济危机，原来以为实行了国家干预政策之后，能够克服周期性的经济危机，然而，情形并非如此。自 1933 年以后，差不多每隔七八年就发生一次危机，更爆发了 2008 年开始的世界性的金融危机。这一系列事实表明，经济危机是以市场经济为基础的西方资本主义模式的痼疾。第三，恐怖主义盛行。西方国家为了本国或西方世界的利益而对外的经济、政治、军事、文化的扩张和渗透，以及由此导致的战争和恐怖主义。自“9.11 事件”发生以来，恐怖主义已经成为困扰西方乃至全人类的恶魔，生活在今天世界的人类，特别是西方人，很难预测什么时候、什么地方会发生恐怖活动，自己在什么时候、什么地方会成为恐怖活动的牺牲品。这样一种全人类性的人人自危状况是人类前所未有的。导致恐怖主义滋生的原因十分复杂，但可以肯定的是，恐怖主义的猖獗与西方现代化过程中的对外扩张，特别是与发达资本主义国家对其他国家经济上掠夺、政治和军事上的干预、文化上的渗透有着密切的关联。

西方模式的这些显性问题的深刻根源在于以市场经济为基础的现代化。这种现代化有三个最为突出且难以克服的痼疾：一是“原子化”问题。所谓“原子化”问题，就是近代以来自西方扩散至全球的现代化以孤立的个体为社会的实体，一切以个人的权利、个人的利益为轴心，不考虑共同体或社群，更不考虑全人类。

这就是所谓的“人人为自己，上帝为大家”的问题。二是资本化问题。市场经济原本是一种经济形态，其机制和原则只适用于经济领域。然而，在现代化的过程中，经济领域的市场化逐渐渗透到了整个社会生活。不受制约的资本逻辑和力量足以使整个社会和人的心灵彻底物化和奴化。资本不仅已经渗透到了整个西方世界，而且借助经济实力渗透到了世界大多数国家。用桑德尔的话说，现代社会使得我们从“拥有一种市场经济”最终滑入了“成为一个市场社会”。① 三是极权化问题。西方社会成功地实现了对大众心理意识的操纵和控制，人们内心批判向度的丧失，导致各个领域的一体化。正是因为实现了对内心的操控，所以当代资本主义社会的极权主义状态在广度和深度方面都超过了以往的极权主义社会。这三个问题并不是彼此孤立的，而是相互缠绕、相互支撑。正是针对这些问题，法兰克福学派思想家霍克海默和阿道尔诺指出，现代西方文明至少存在以下三大弊端：一是人性堕落，个人贬值；二是精神消亡，文化消解；三是幸福的因素变成了不幸的源泉。②

所有这些难以克服的问题及其严重后果表明，西方模式虽然可以带来人类的繁荣，但这是以人类不可再生资源迅速消耗、人类生存环境日益恶化、人类身体生物学结构加速变异为沉重代价的。西方模式的巨大物化力量，正在摧毁一切与之抗衡的异己力量，消除扩散途中的障碍和阻力，使这种模式迅速世界化。西方模式是一种加速人类毁灭的社会发展模式，伴随着西方价值模式世界化进程的加快，其负面作用还会进一步增大。在西方模式的弊端及其后果日益显现的今天，非西方国家再也不能简单地照搬西方价值模式，更不能搞所谓全盘西化，而是要采取强有力措施抵制西方模式的扩张和渗透。什么样的措施是强有力的？当然不是把国门关起来，在信息化时代，一个国家的国门也不可能完全关闭。真正强有力的措施，是在学习借鉴西方模式的基础上超越这种模式，构建比西方模式更适应人类可持续发展的、使人类真正幸福安宁地生活的更先进的社会发展模式。寻求超越西方模式的更先进发展模式，是从根本上克服西方模式给世界已经带来的和可能带来的问题和灾难的唯一出路。

20 世纪以来，非西方国家不少思想家和政治家一直在探寻非西方模式，但到目前为止，尚未取得真正的成功。的确，他们的失败在一定程度上更强化了西方

---

① 参见［美］桑德尔：《金钱不能买什么——金钱与公正的正面交锋》，邓正来译，中信出版社，2012 年，XVIII。

② 参见［德］霍克海默、阿道尔诺：《启蒙辩证法：哲学片断》，渠敬东、曹卫东译，世纪出版集团 / 上海人民出版社，2006 年，第 3 ～ 4 页。

模式的优越感和竞争力。但是，过去不成功并不意味着将来不成功，更不意味着永远不成功。虽然西方模式在目前情况下拥有强大的竞争力和影响力，甚至由于它强有力刺激和满足人性中某些本能或原始需要而具有特殊的诱惑力，但它的根本性问题及其所导致的现实后果应该足以使非西方人乃至整个人类警醒。西方社会由于马尔库塞所说的“极权主义”的影响已经基本上丧失了自我批判和自我变革的能力和力量。[①]在这种情况下，如果非西方国家不抵制西方模式的扩张和影响，任由整个世界西方模式化，整个人类也将会丧失自我批判和自我变革的能力和力量，成为“极权主义”的人类。果真如此，人类不久（也许50年或100年以后）就会面临灭顶之灾。阿伦特深怀忧虑地指出：“极权主义企图征服和统治全世界，这是一条在一切绝境中最具毁灭性的道路。它的胜利就是人类的毁灭；无论在哪里实行统治，它都开始摧毁人的本质。然而若想躲避本世纪的各种毁灭性的力量，又几乎是徒劳无功的。”[②]全人类西方模式化就是极权主义化。在全人类这种极权主义化日益深重的情况下，非西方国家要清醒地意识到，寻求更先进的非西方发展模式不只是非西方国家可持续发展的需要，而且对于人类的未来发展也是一项十分紧迫的任务。

寻求非西方模式不仅具有现实的紧迫性，而且具有历史的必然性。到今天为止的整个人类的历史是从分散的人群走向一体的世界的历史，是人类世界化的过程。人类世界化的整个过程是一个人类从小群体逐渐走向更大群体直至走向一体化的过程，而推动这一过程的内在动力在于，人类追求生活得更好的本性以及这种本性本身所包含的实现这种本性的根本手段即理性。这种一体化的趋势不是外在地强加于各国的，而是各国自愿作用和参与下促成的。全球的一体化并不意味着世界会成为一个世界性极权主义式的国家。历史经验已经表明，集权式、专制式的社会管理模式压制个性发展、阻碍社会进步。因此，世界的一体化只能是分权式的、民主式的，是多元主体的。作为世界主体的国家即使在各个方面都与世界接轨，也仍然能够拥有自己的价值体系、自己的独特生活方式和自己的民族特色；仍然能够拥有独立性、自主性和完整性。人们把作为世界主体的国家比作一体世界中的“极”，这是十分恰当的。多元主体的世界就是一种多极的世界。只有世界的多极化，才会有世界的多样化，而世界越是多样化，世界的交流和合作就越是必要、越是有意义，各国的相互需要也会增强，各国的联系会越紧密，世界

---

① 参见［美］马尔库塞：《单向度的人：发达工业社会意识形态研究》，刘继译，世纪出版集团 / 上海译文出版社，2008年，第16页。

② ［美］阿伦特：《极权主义的起源》，林骧华译，生活 · 读书 · 新知三联书店，2008年，第3页。

就越会结合成为一个整体。各民族找到自己的价值模式，可以实现本民族乃至人类更好地发展，也可以为西方模式突破自身不可克服问题的解决提供借鉴，从而实现整个人类价值体系、发展模式和生存方式的多元化、多样化。如此，整个世界就会更绚丽多彩，更充满生机和活力。“一个丰富多彩的世界比一个一统的世界更美好，更能满足人类幸福的需要。”①

当然，寻求非西方模式并非只意味着各国寻求独具特色的价值模式；非西方的模式也可以是区域性，如亚洲模式、非洲模式、拉丁美洲模式等；也可以是整个非西方国家共同的模式。西方模式就并非只是西方某个国家的模式，而是西方各国共同的模式，而且同中有异。问题的关键在于西方模式本身存在着致命的缺陷，非西方国家不可再采用这种模式，而必须找到更先进的同时也更适合本国本地区的模式。

三、寻求非西方模式的艰难历程和问题之反思

提出寻求非西方模式这一问题，是与到目前为止人类尚未找到一条已经得到证明的成功的非西方模式为前提的。应当承认，约 200 年来非西方的一些国家一直在寻求非西方模式的社会发展模式，但是迄今尚未有这样的成功模式。因此，有必要对非西方国家寻求不同于西方模式的发展模式的历史及其问题进行反思。这种反思有助于我们总结经验教训，为寻求超越西方模式的先进模式提供借鉴。

今天世界格局的形成是近代人类国家化过程的结果。在近代以前，世界一些地区已经有了国家，但这些国家不仅不是近现代意义的国家，而且有些国家还是不完全的国家，如西欧的一些国家还正在从罗马天主教皇的控制下摆脱出来，还未成为完全独立的国家。西方近代的殖民扩张和一系列社会革命，一方面大大加速了罗马教廷控制力的衰落和西欧国家化的进程；另一方面也大大促进了殖民地国家意识的觉醒和独立国家的形成，与此同时也在促使各个国家先后步入国家现代化轨道，实现从传统国家向现代国家的转换。殖民扩张对殖民地的经济掠夺和政治控制，导致了殖民地国家意识的觉醒和国家独立的要求，引发了殖民地的普遍反抗和争取国家独立的斗争运动。这种反抗和斗争最有意义的后果就是使民族国家逐渐获得独立。近代以来非西方国家的独立大多是通过摆脱西欧殖民主义统治实现的，因而这些国家对西方的文化和社会发展模式持敌视和抵制态度，力图

① 江畅：《理论伦理学》，湖北人民出版社，2000 年，第 371 页。

找到非西方的本国发展道路。

非西方国家寻求非西方模式的历程，最早也许可以追溯18世纪初拉丁美洲爆发的民族解放运动，到20世纪达到高潮，直至今天还在延续。非西方国家的仁人志士很早就意识到了西方模式的问题，并致力于寻求非西方之路。20世纪以来，许多国家的政治家和思想家意识到了西方模式的诸多弊端甚至根本缺陷。然而，我们不难发现，到目前为止，非西方国家尚未找到一种真正不同于西方模式的模式，它们要么流产或失败了，要么名义上是非西方的而实质上西方的，要么由于构建非西方模式的失败而陷入动乱或战乱。其中最有影响的有：俄国十月革命及以后形成的社会主义阵营，这一长达70多年的非西方的社会主义模式的理论和实践探索，最终以柏林墙倒塌为标志宣告失败；拉美国家从19世纪上半叶就探寻独立自主的民族模式，并不断致力于构建自己的价值模式，但令人遗憾的是，200年后的今天，拉美模式并没有最终形成，更谈不上超越西方，倒是走上“边缘化的依附性道路”[①]；印度圣雄甘地领导的印度民主主义运动虽然取得了胜利，赢得了印度的独立，但也没有真正为印度找到一条成功的非西方模式；中国自鸦片战争之后，一直致力于救亡图存，以孙中山、毛泽东、邓小平等为代表的一代又一代的仁人志士都力图找到非西方的发展之后，今天中国终于走上了中国特色社会主义道路，虽然发展态势良好，但是我们尚不能说这条发展道路已经成功，已经超越了西方模式。总之，到目前为止，非西方国家尚未找到一条已经得到证明的成功的非西方模式。

为什么会这样呢？原因十分复杂。从非西方国家外部的原因看，西方国家为了自身的利益对寻求与西方模式对立的发展模式的努力进行扼制、打压、甚至武装干预。例如，苏俄在寻求不同于西方资本主义模式的社会主义模式的过程中，长期受到西方国家的敌视和限制，最终在世界上形成了所谓的“两个阵营”，出现了近半个多世纪的“冷战时期”，直到社会主义阵营解体。同时，西方模式及其价值观和文化对非西方的强势影响，伴随着西方的先进物质文明的强大实力，使非西方国家自己的发展模式因不能与西方模式相抗衡而很难生长起来。

从非西方国家内部看，首先，这些国家没有经过像西方国家那么长时期的现代化洗礼和从传统社会到现代社会的深刻社会变革，在这样一种落后的社会环境，不可能形成超越相对而言先进的西方模式的更先进的模式。这里值得注意的是，超越西方模式的成功模式的形成，一般不可能在已经现代化的非西方国家形成，

① 尹朝安：《拉美发展模式的制度分析》，《拉丁美洲研究》2005年第3期。

而只有非西方国家在现代化的过程中形成。这种模式的形成是与一个国家的现代化同步的。当一个国家实现了不同于西方现代化的真正现代化，那就意味着它已经形成了自己的发展模式；而说一个国家形成了自己的先进发展模式，那就意味着这个国家已经现代化了，即这种模式被实践证明是成功的。

其次，由于没有经过现代化洗礼，这些国家要么处于前现代化的专制社会，要么受西方影响不充分或本土文化与西方文化严重冲突而使社会陷入混乱，在这样的社会环境不可能产生像西方启蒙时期那样的一大批思想自由的思想家。没有思想家，或有思想家而没有自由，决无可能产生超越西方思想体系的思想体系。纵观 19 世纪以来非西方国家的历史，未见有真正影响世界历史进程的思想家，更谈不上有这样的思想家群体。没有这样的思想家群体提供非西方的思想体系，仅靠政治家的谋略和变革，当然不可能构建起超越西方的先进社会发展模式。

最后，就方法论而言，非西方国家在构建自己的发展模式的过程中，往往走入两个极端：一是照抄照搬西方模式。这样做也有成功的，如日本，但大多数国家因西方模式与本国国情不能有机结合而社会陷入混乱。二是对西方模式采取抵制态度。这有不同的情形，有的把国门关闭起来，不让其进入，如我国改革开放前，以及当前的朝鲜；有的虽然打开了国门，但强调只吸收其先进科技或管理经验，而抵制其核心价值观，如我们近代流行的“中学为体，西学为用”的说法。

剖析 200 年来非西方国家寻求自己的非西方发展模式不成功的原因，可以给我们诸多的启示。其中有一点是特别值得我们注意的，那就是：要构建不同于西方模式的成功发展模式，我们既不能搞全盘西化，也不能对西方模式盲目抵制，而必须在学习、借鉴的基础上超越。搞全盘西化，即使成功（如日本），那就进入了西方世界的阵营，这样就很难突破西方模式的局限。前面已经说过，西方模式有强大的优势和影响力，甚至还很有诱惑力。在全球一体化的今天，如果没有超过它的更先进模式，是不可能阻挡住它的扩张和渗透，盲目抵制的结果只会使本国的价值和文化陷入混乱。西方模式存在着致命性的问题，因而非西方国家必须超越它。而要超越它就必须学习、吸收和借鉴它。

西方模式是西方资产阶级经过几百年的艰苦探索和奋斗构建起来并使之现实化的。它不仅是人类历史上第一个自觉构建的最完整系统的发展模式，而且至少在近代它也是人类最先进的发展模式。西方近代几百年来通过理论和实践不懈探索形成的这种模式，其中有不少内容值得我们非西方国家批判地学习和借鉴。而且，这种模式为构建超越它的更先进的模式奠定了良好的基础，其中的自由、平等、民主、法治、公正、负责等价值理念都可以被继承和发扬光大。非西方国家只有通过学习借鉴吸收西方模式的一切有价值的东西，以及西方构建其模式的经验教训，才有可能建立更先进的发展模式，以与它抗衡、竞争，乃至最后超越它。

四、亚洲肩负着寻求非西方模式的特殊使命

寻求非西方模式不太可能依靠西方。在20世纪甚至更早以前，西方许多学者已经深刻意识到了西方模式的问题，但他们生活在西方世界，缺乏非西方的文化背景和社会实践，因而很难给人类提供非西方的发展模式。寻求非西方的模式需要非西方国家的思想家根据本国或本地区的历史文化和社会实践来构建，而就地区而言，可能性最大的是亚洲。在非西方世界中，亚洲具有诸多建构超越西方模式的先进社会发展模式的独特优势。亚洲除了是人口最多地区，其明显优势至少体现以下四个方面：

首先，亚洲有悠久的历史、文化传统和丰富的历史文化资源。按亨廷顿的看法，人类历史上至少存在过十二种文明，其中有五种文明仍然存在。在这五种仍然存在的文明中，除西方文明之外，其余四种文明都属于亚洲。它们是中国文明、日本文明、印度文明和伊斯兰文明。如果加上现存的东正教文明、拉丁美洲文明、非洲文明，现存的主要世界文明共有八个。在这八个现存的主要文明中，有四个属于亚洲。①亚洲的这四个文明不仅历史悠久，有自己独特的价值观和文化，更重要的是，除日本文明之外，其他文明没有完全被西方文明吞噬，对西方文明仍然保持着强大的张力，可以说是目前世界上尚存的抵御西方模式的力量。

其次，亚洲人都是土生土长的本地居民，他们祖祖辈辈生活在这里，这里是他们的家园，因而亚洲人有强烈的民族认同感和独特的民族性格，很难全盘西化。即便是日本，虽然经过了明治维新时期的“全盘西化”和第二次世界大战后的“西进运动”，但日本的本土文化以及中国的儒家文化仍然对今天的日本社会和人民发生着深刻而广泛的影响，并且形成了与西方思想相融合的具有日本特色的儒学。

再次，近代以来，亚洲思想家和政治家对构建具有本民族特色的发展模式作出了艰难的探索，积累了丰富的思想理论和实践经验。自近代“西学东渐”和列强入侵以来，亚洲国家的仁人志士就开始了一代又一代的对适合本国和发展道路

---

① 参见［美］塞缪尔·亨廷顿：《文明的冲突与世界秩序的重建》第3版，周琪等译，新华出版社，2002年，第29页。

的艰难探索。其中最为典型的是中国，明治维新、孙中山领导的辛亥革命、中国共产党领导的新民主主义革命和社会主义革命、邓小平开创的中国特色社会主义道路，都是寻求不同于西方模式的中国发展模式的重大历史事件和过程。这些政治家和思想家不仅留下了宝贵的思想，也留下了难得的经验教训。这一切为构建超越西方模式的更适合亚洲的先进模式奠定了良好的基础。

最后，亚洲意识正在觉醒，亚洲迅速崛起，亚洲命运共同体正在形成之中。亨廷顿指出，本土化和宗教复兴是全球现象，然而它们在亚洲和伊斯兰世界的文化自我扩张及其文化对西方的挑战中表现得最为明显。亚洲的挑战表现在所有的东方文明“都强调自己与西方的文化差异，有时也强调它们之间的共性，这些共性常常认同于儒教。亚洲人和穆斯林都强调他们的文化优越于西方文化”①。有政治家预言，假如说 19 世纪属于大英帝国，20 世纪属于美国，那么 21 世纪就属于亚洲。照目前的趋势看，中国很快将成为世界第一大经济体。再加上日本延续的实力和印度的迅速崛起，使得亚洲成为不可小视的力量，但同时也使实力的天平向亚洲大陆的北部和东部倾斜。②今天的亚洲已经拥有世界三分之一的经济总量，是当今世界最具发展活力和潜力的地区之一，在世界战略全局中的地位进一步上升。习近平指出：“亚洲国家逐步超越意识形态和社会制度差异，从相互封闭到开放包容，从猜忌隔阂到日益增多的互信认同，越来越成为你中有我、我中有你的命运共同体。”③

以上所述表明，亚洲不仅已经形成了对西方文明的挑战，而且具备了超越西方、寻求自己的模式的可能性和必要性。亚洲作为具有丰富历史文化底蕴同时又充满生机活力的地区，不仅肩负解决本地区自己发展道路的责任，也肩负着为人类构建超越西方模式的更先进社会发展模式的重大责任。亚洲各国要履行自己的历史使命，需要进一步增强亚洲意识和责任意识；进一步解放思想，营造思想自由的社会环境；进一步学习、借鉴西方模式，并在此基础上致力于超越它，构建超越西方模式的更先进的亚洲模式。

---

① ［美］塞缪尔·亨廷顿：《文明的冲突与世界秩序的重建》第 3 版，周琪等译，新华出版社，2002 年，第 102 页。

② 新华新闻：“外媒：21 世纪属于亚洲”，2011 年 11 月 19 日新华网：http：//news.xinhuanet.com/world/2011-11/19/c_122305133.htm

③ 习近平：《迈向命运共同体 开创亚洲新未来——在博鳌亚洲论坛 2015 年年会上的主旨演讲》，《人民日报海外版》2015 年 3 月 30 日第 2 版。

正确认识人类中心主义*

一段时期以来，国内外许多学者把当代人类环境恶化这一罪责归咎于人类中心主义观念和信念，认为人类中心主义是当代人类环境问题乃至许多其他全球性问题的罪魁祸首，因而主张必须彻底改变这种观念和信念，否则人类的环境问题不可能从根本上解决。笔者不赞同这种完全否定人类中心主义的观点。笔者认为，人类以自己为宇宙的中心，这是人类本性的自然倾向，这种自然倾向是无可指责、更无法改变的。在此基础上形成的人类中心主义信念，则是人类自觉选择的结果。传统的人类中心主义信念的确导致了不少消极后果，但也产生了不少积极效应。我们不能因为人类中心主义信念导致了消极后果而完全否定这种信念，而应该以一种冷静、理智的态度正确认识这种信念，在反思、批判传统的人类中心主义的基础上，超越传统的人类中心主义，实现人类中心主义从传统到现代的转换。

一、人类的自我中心倾向

“物竞天择”是自然界中生物物种生存的普遍法则，任何物种只有适应环境并在生存竞争中取胜才能生存下去，因而任何物种都必须利己。社会生物学认为，自私是生命的本性之一。在人们的眼中，自私是一个评价性术语，具有贬义，因而说利己是生命的本性也许具有描述性意义更中肯。人类作为一种物种也最终不可能超越“物竞天择”这一自然法则。它必须利己才能适应自然，才能在激烈的竞争中生存下去。不仅人类个体是如此，人类整体也是如此。人类与其他生物不同，它的生存是种群性的，而且随着人类文明的进化，人类的种群的范围不断扩大，以至到今天整个物种已经成为一个有机的整体。人类的这种特殊的种群性决定了人类的利己本性与其他物种有很大的不同。首先，人类的利己本性不仅体现于人类个体以及亲族，而且体现于人类组成的各种不同范围的群体，还体现于整个人类。其次，对于人类来说，不仅同类个体之间存在着生存竞争，每一个个体相对于其他同类、相对于其他物种都是利己的，而且人类可以为了实现彼此的利益组织起来，共同对付环境和其他物种，表现为整个物种的整体利己倾向。

---

* 原发表于《沙洋师范高等专科学校学报》第2卷第1期（2001年10月）。

无论人类个体还是人类整体的利己本性，都具有鲜明的以自我为中心的倾向。一般地说，每一个生物物种、每一个生物个体的利己本性都具有自我中心倾向，但是，在人类这里由于理性的作用这种倾向更鲜明得多，更具有影响力得多。人类本性的这种自我中心倾向体现在人类生活的各个方面：体现之一就是总是以自己的需要为尺度来衡量一切。无论是人类的个体，还是人类的群体或是人类的整体都始终以自己的需要、以与自己的利害关系作为尺度去看待周围的一切，评价和衡量周围一切事物的价值。不仅对于其他物种如此，对于自己的同类亦如此。例如，一个国家只会以自己的需要作为尺度去评价它的成员，而在本性上不会完全出于它的成员的需要考虑和处理问题。体现之二就是总以满足自己的需要为指向去利用和开发周围环境，去对待和征服其他物种，去设计和建设更适合自己生存的世界。人类在任何时候任何情况下都不会为了环境本身更好而生存，相反会为了满足自己的需要去利用、开发环境，甚至去破坏环境；同样，也不会为了动物更好地生存而生存，相反只要自己需要就会大开杀戒。就本性而言，人类在任何时候都只会以自己为目的，而把其他一切都作为实现自己目的的手段。

人类自我中心倾向作为人类本性的表现，是自然而然的。只要人类存在，人类就会以自我为中心。任何个体、群体和整体，只要不利己，不以自我为中心，它就无法生活在世界上。同时，人类自我中心倾向作为人类的本性是人类之所以是人类的根本规定性。由于人类自我中心倾向是自然的、甚至是无法改变的，因而它也是中性的，无所谓善恶，也无可指责。尽管出于这种自然倾向人类干了许多错事和蠢事，以至于危及人类自身的生存，但这并不是这种本性本身的问题，而是利用这种本性的问题。人类的自我中心倾向不仅不应该受到指责，相反必须给予肯定。它对于人类不是可有可无的东西，而是人类须臾不可离开的。人类的自我中心倾向是人类生存的原动力和终极尺度，是控制人类一切活动的一只“看不见的手”。没有了这种倾向，人类就是瞎子，就是僵尸。

二、人类中心主义信念的确立

人类以自我为中心是人类本性的自然倾向。这种倾向是任何时候都存在的，只是程度不同而已。但是，人有理性，特别是有自我意识，因而人类可以反思这种本性倾向及其实践效果，并使这种倾向成为自己的观念和信念，这就是人类中心主义。人类中心主义实质就是人类对自我中心倾向的确信。人类的自我中心倾向最初是自发的，无意识的。当人类有了自我意识时，当人类能够将自身之外的自然物作为认识和改造的对象、意识到自身与自然界的区别时，人类就初步注意到自己可以作为环境的主人。于是在一定程度上就有了自我中心的确信，尽管这时人类并不一定有了对自己本性的自我中心倾向的自觉意识。因此，人类的自我意识从产生就孕育着“自我中心主义”的萌芽，包含着“人类中心主义”的观念基础。这在远古时期各民族出现的神话、传说和史诗中可以得到映证。各种古代神话的一个共同特征就是立足于人类已经取得的对自然界的一定独立自主地位，歌颂那些取得这种地位的英雄的。

人类自我意识形成的最显著的标志是古代哲学的产生，因而早期人类自我意识中包含的“自我中心主义”和人类中心观念在古代哲学中第一次获得了理论的表达，被上升为哲学的观念。古希腊的著名哲学家几乎都直接或间接地强调人在宇宙中的中心地位，表现出人类乐观主义精神。著名的普罗塔哥拉命题“人是万物的尺度，是存在的事物存在的尺度，也是不存在的事物不存在的尺度”，就是突出人在自然界中的中心地位的最典型表达。柏拉图主张只有理念世界才是唯一真实的世界，在理念世界的等级中，善是至高无上的理念，它是其他理念所追求的目标，是宇宙的最高目的。这同样也是突出人特别是道德的意义。亚里士多德不仅提出过地球中心说，而且他的基本哲学观点也具有鲜明的人类中心主义倾向。他断言，宇宙中存在着一个最高的形式，即原始动因，这种动因就是神，即善。而“善”或“神”就是自我思维的理性，是“纯粹的思想”。这样，人的理性、思想就成了整个世界万物的最后动因。

在中国古代，大多数思想家也都认为人有卓越的地位。最初明确表述这种观点的是老子，他说：“故道大、天大、地大、人亦大。域中有四大，而人居其一焉。人法地，地法天，天法道，道法自然。”张岱年先生解释说，老子认为人为宇宙中四大（即道、天、地、人）之一，而非与物同等，实高于物之上。[①]先秦集大成思想家荀子明确指出：与宇宙万物相比，“人有气有生有知亦且有义，故最为天下贵也”。[②]即人有其余万物所没有的优点，所以在宇宙中有高贵的地位。

古代的哲学人类中心主义与当时的自然科学理论并没有直接的关系。但是，当时占统治地位的自然科学理论，主要是天文学，也得出了与哲学相同的人类中心主义的结论。

我国古代最有影响的宇宙结构理论是“浑天说”。它认为“天地之体，状如鸟

---

① 参见张岱年：《中国哲学大纲》，中国社会科学出版社，1982年，第168页。

② 《荀子·王制》。

卵，天包于地外，犹卵之裹黄”，把天和地比做蛋壳和蛋黄的关系，日月星辰附着于蛋壳上绕地运动。很显然，这种天体理论是一种地心说，把地球看成是宇宙的中心。与中国古代的浑天说相比，亚历山大里派的托勒密提出的地心说更具有科学性和典型性。托勒密的地球中心说有观测的基础，符合人们的感觉印象。根据这种学说所作的推算，能相当精确地同事后的天文观测结果相符，用它预言太阳、月球及其他星球的位置可以得到观测证实。因此，“地心说”成了当时西方很有影响的天文学理论体系。

托勒密的理论虽然没有成为古代哲学人类中心主义的依据，但后来却为中世纪基督教神学的人类中心主义提供了支持，为人类中心主义的最终形成奠定了基础。在基督教的早期教义中就已经提出了“上帝造人”说。到中世纪，经院哲学家为了给这一神学教义提供论证，歪曲地利用托勒密的地球中心说，宣扬地球就是上帝特意安排人类居住的宇宙中心，认为上帝造了人并把人安放在宇宙的中心地球上，这样就把托勒密体系改造成披着自然科学外衣的神学人类中心主义体系。虽然经院哲学对人类中心主义的论证具有明显的牵强附会、神秘主义和目的论色彩，但它却利用自身的强有力影响使人类中心主义作为一种信条固定下来，迫使人们不得不接受它。与此同时，经院哲学还利用亚里士多德的形式高于质料、目的论的观点把世纪描绘成一个由下而上，层层对上依属的等级体系，而上帝是“一切形式的形式”，是宇宙的“第一原因”、“终级目的”。教会和经院哲学之所以要极力宣扬和论证上帝存在、上帝万能，就是要证明上帝造人并把人置于作为世界中心的地球上是能成立的。因此，利用亚里士多德的哲学证明上帝存在，可以看作是对人类中心主义的一种哲学论证。

然而，利用上帝存在给人类中心主义提供证明，导致了人和上帝的矛盾。既然人和万物一样都是上帝创造的，那么，尽管人是万物之灵长，人所生活的地球是一切可能世界中最好的世界，人还是必须服从上帝，人的世界必须服从上帝的绝对统治。这样，所谓人类中心主义，就成了上帝至上论。在人与上帝的矛盾面前，基督教教会出于维护教会统治和封建统治的需要，毫不犹豫地选择了上帝，上帝成了至高无上的权威和宇宙的中心。所以，基督教神学所主张的与其说是人类中心主义，不如说是上帝至上论。

基督教神学过分地强调上帝的地位，湮没了人，扼杀了人性，这与中世纪末期日益发展的生产力和商品经济发展发生了尖锐的矛盾。于是，新兴资产阶级展开了以反对宗教神学、争取人的价值和地位为中心的文艺复兴运动和启蒙运动。人文主义者和启蒙思想家反对基督教神学的主旨是要削减或否认上帝的地位，抬高人的地位。因此，在强调人对自然万物的优越性和人在宇宙中的中心地位方面，近代思想家与经院哲学家具有一致性，其不同在于，经院哲学家强调人作为宇宙的中心是以上帝的存在为前提的，而近代思想家则否定了上帝这个前提，代之以理性。在启蒙运动的巨大影响下，理性在人们思想观念中占有至高无上的地位。理性被看作是人的本质，是人区别于动物的根本所在，甚至认为理性是宇宙的“普照之光”。这种人类及其理性的乐观主义，在哲学上的反映就是理性万能论（唯理论），“存在就是被感知”（经验论），人是世界的终极目的（康德），绝对精神创造世界（黑格尔）。这样，对上帝的信仰变成了对理性的推崇，中世纪的“上帝至上论”为“理性万能论”所代替，理性万能成了新的勿容置疑的信条。

近代科学技术的兴起和发展，特别是从哥白尼开始的天文学理论，虽然彻底否定了托勒密的地心说及以此为基础的上帝造人说，但是它并没有从根本上动摇人类对自身在自然界中优越地位的信念。相反，近代科学技术和生产力高速发展，人类征服和改造自然界的能力大大增强，人的主体地位日益突出，似乎表明人的理性力量可以控制一切。于是，人们更加坚信人类在自然界中的统治地位，人类是宇宙的主人的意识和观念、人类乐观主义大大高涨。如果说古代人类中心主义还主要是一种思辨的猜测，那么到近代，科学技术和生产力发展的现实则使人们看到或感受到人在自然界中的主人地位和人的优越性，人类中心主义因而成为一种普遍的自觉观念和确定信念。

三、人类中心主义的双重效应

人类中心主义实质上就是对人类在宇宙中的主体地位的确信，就是要求人类成为环境的主人，就是要求以人类的需要为中心看待一切、对待一切、处理一切、取舍一切。由于人是观念性的动物，人的一切活动都是在观念支配下进行的，因而当人类在形成和不断强化这种人类中心主义观念和信念的过程中，就会以这种观念和信念支配自己的活动。可以这样说，自从人类有了人类中心主义的萌芽之后，人类的一切活动都是在这种观念支配下、在这种信念驱使下进行的。从人类的实践后果来看，人类中心主义的观念和信念对于人类既产生了积极效应，也产生了消极效应。

人类中心主义的积极效应多至无数以致于无法列举，可以说人类的整个文明都是在人类中心主义观念和信念的支配下构建起来的。没有人类中心主义的确信，人类就不可能最终从自然界中分离出来并不断地在社会中完善自己，更不会有由此发展起来的辉煌灿烂的人类文明。具体说来，人类中心主义的积极效应可以粗略地概括为以下三个基本方面：

第一，人类中心主义使人类确信自己是自然的主人，从而使人类从自然的奴役和束缚中解放出来，成为自然的控制者。人类中心主义使人类相信只有自己才是并且才应该是自然界的主人，自然界中的其他一切事物包括物种都应该从属于自己，都应该为我所用，都应该为自己服务。正是在这种观念指导下，人类自古以来不断努力摆脱自然界对人类的各种奴役和限制。经过长期不懈的努力，人类不仅成功地消除了野兽对人类的威胁，消除了空间对人类的限制，消除了自然存在物满足人类需要的限制，而且人类已经能在较大的程度上控制自然界的结构和过程。我们说今天的自然是人化的自然，自然之所以能人化，从根本上说就是因为人类有了人类中心主义的信念。

第二，人类中心主义使人类确信自己是社会的主人，从而使人类从社会的奴役和束缚中解放出来，成为社会的控制者。人类中心主义在使人努力从自然的奴役和束缚之中解放出来的同时，使人类结成群体，建立社会。人类对于自然的中心地位实际上就是人类社会对于自然的中心地位，单纯的个人是不可能成为自然的主人的。没有人类中心主义的信念，人类不会追求从自然中的解放，也就不会有社会的出现。如果这样，今天的人类很可能像其他某种动物一样仍然充其量不过是分散的动物群体，而不会有社会这种特有的形式。人类在组建社会的过程中也曾发生过严重的异化情况，使人类在还没有从自然中解放出来的时候就又套上了社会的枷锁。在这种情况下，还是人类中心主义信念使人类相信社会不过是自己为了能战胜自然、更好地生活而建立起来的，自己实际上就是社会的主人。虽然人类社会中存在着一部分人奴役另一部分人的情况，但既然人类自己就是社会的主人，那么完全可以通过人类自己的力量使社会更美好。因此，人类中心主义也是人类不断努力控制和改进社会、使自己成为主人的动力。

第三，人类中心主义使人类确信自己是自己的主人，从而使人类从自身的奴役和束缚中解放出来，成为自己的控制者。人类中心主义使人在努力从自然和社会的各种奴役和束缚中解放出来的同时也努力地改变和改造自己，使自己从自己的各种局限中解放出来。这些局限包括生理性的，也包括心理性的，包括行为方面的，也包括观念方面的。它们虽然不是外部强加的，但对于人来说也是一种奴役和约束性力量。在相当长的时期里，人并不是为了从自身中解放自己，而是在从自然和社会中解放自己的过程中解放了自己，但随着人类自我意识的增强，人类开始越来越自觉地改变自己、超越自己，努力使自己成为强者。在这全部过程中，人类中心主义始终都是一种激励力量，激励人类不断改变和超越自己以使自己真正成为主人。

人类中心主义是到目前为止人类进化的心理动因和精神力量，它对于人类的意义是很难述说的。正是在人类中心主义信念的激励下人类才从自然、社会和自身的各种奴役和限制中获得了今天的空前解放，才获得了今天空前的自由，才获得了人类的聪明才智和发挥聪明才智的机会和条件，并因而才获得了今天的高度发达的文明。不过，从人类的历史和现实看，人类中心主义在产生积极效应的同时，也过分膨胀了人类的占有欲和统治欲，由此导致了一些消极效应。这些消极效应也可以概括为与以上积极效应相应的三个基本方面：

第一，人类中心主义强调以人类为中心，在人类与自然的关系上表现为过分强调对自然的统治和索取，而忽视了对自然的依赖和对自然的培育，导致了自然资源迅速枯竭和自然承载力迅速衰竭。人类中心主义是以自然作为十分强大的敌手和取之不尽的宝库为前提的。在这种观念的指导下，人类不断地发展自己的力量，以不顾一切地发掘自然和与自然作斗争。其实，自然既不是宝库，也不强大，相反自然的资源是十分有限的，自然的力量是十分脆弱的，经不起日益强大的人类过分猛烈地发掘和斗争。过分猛烈地发掘和斗争已经使自然系统遭到难以恢复的破坏。由于人类对于自然存在着不可改变的依赖性，因而这种破坏会威胁人类的存在，这才是人类真正难以解决的难题。今天，人类不是因为不能统治自然而受制于自然，而是因为过分统治自然而受制于自然。人类陷人今天的窘境，不能不说是人类中心主义信念所导致的。

第二，人类中心主义强调以人类为中心，在人类个体和群体之间的关系上表现为过分强调对其他个体和群体的统治，而忽视了社会中个人与个人、个人与国家、国家与国家之间的和谐，导致了自古以来人类社会中过分残酷的争权夺利斗争。人类中心主义过分强调人成为主体和中心，表现在社会生活中就会使人类的个体和群体都注重对其他个体和群体的控制和统治，其结果不仅使社会处于无休止的争斗之中，而且由于争斗总有成败因而社会常常成为一部分人对另一部分人实行统治的不公正社会。

第三，人类中心主义强调以人类为中心，在个人与自己的关系上表现为过分强调理性，而忽视了人的非理性，不仅导致了人们以短视的态度对待自然，过分热衷于争权夺利，而且导致了人过分理性化，使人的心理失去平衡，诱发多种普遍流行的心理性疾病。人需要通过理性才能实现对自然的统治、实现对社会的统治，人类中心主义高扬和强调做自然和社会的主人，必然引导人们培养、开发和使用理性，从而使人的理性能力大大增强。在理性大大加强的同时，人的心理结构中的非理性因素相应萎缩，加上人为高扬理性，贬抑非理性，人的非理性的方面不仅萎缩，而且由于被看作是邪恶的，其结果是人生活必需的非理性方面由于受不正当的对待而得不到应有的发展，人的心理逐渐失去平衡，导致心理疾病的普遍发生。

四、人类中心主义的是非评说

从前面的考察可以看出，人类中心主义是一种根源于人类本性、自古以来就存在而自近代以来越来越强化的观念和信念。由于工业革命以来这种观念和信念导致了许多负效应，特别是由于过分强调人对自然的征服和统治导致的环境污染和生态平衡破坏，因而自 20 世纪上半叶开始思想家们开始反思这种古老的观念和信念。其中一些思想家认为导致当代人类严重环境问题的根源就在于人类中心主义观念和信念，进而对人类中心主义持完全否认的态度，认为这种观念之所以会导致严重的环境问题，是因为这种观念和信念本身是完全错误的。例如，有的学者认为：“自我中心是一种理智的错误，因为没有一种生物真是宇宙的中心；自我中心又是一种道德错误，因为没有一种生物有权利以宇宙的中心自居。它没有权利把它的同胞、宇宙、上帝和实在视为仅仅是为了满足一种自我中心的生物需求才存在。”[①]有的学者据此提出要确立非人类中心主义的观念，甚至主张必须赋予自然与人类相同的权利和内在价值。目前这种观点十分流行，成为了一种时尚。那么，人类中心主义与非人类中心主义这两种对立的观点，孰是孰非？

我们认为，人类中心主义的确导致了不少消极后果，使当代人类的生存面临着严重威胁，因而的确是有问题的。但是，它的问题的症结究竟在哪里？这些问题是否足以证明人类中心主义的观念是完全错误的、有害的？我们能否完全改变人类的这种观念和信念？人类是否真的可以成为宇宙的中心？这些问题还值得我们仔细研究。

勿庸讳言，人类中心主义导致了不少消极后果，这足以证明这种观念和信念本身存在着问题。那么，问题的要害在哪里？不少学者认为人类中心主义的要害在于以人类为宇宙的中心。正是因为以人类为宇宙的中心，所以在这种信念支配下的人类必然会要去征服自然、统治自然，其结果必然是导致自然环境的不可恢

① ［美］大卫·格里芬：《后现代科学》，中央编译出版社，1995 年，第 86 页。

复的破坏。这就是一些学者之所以坚决否认人类中心主义的根据之所在。我们认为，人类以自己为宇宙的中心，或者不如更准确地说，人类以自己为宇宙的主体，并不必然导致对自然的破坏，正如在人类社会中人们要求成为社会的主人，并不必然会导致社会秩序的破坏一样。人类以宇宙为中心与随意对待自然之间没有任何必然的联系，这是十分明显的。即使是主人对待奴隶，主人也不必然要致奴隶于死地，更何况谁都知道自己离不开自然、自然的毁灭就意味着人类的毁灭，人类以自己为中心怎么就必然要置自然于死地呢？我们认为，人类中心主义之所以导致人类的严重环境问题的症结并不在于以人类为中心，而在于把以人类为主体或中心理解为人类对自然可以随心所欲。人类过去的问题正是发生在这里。事实上，过去人类中心主义的这一问题不只是发生在对自然的关系上，同样也发生在对社会的关系和对自身的关系上，导致了前面所说的那些消极效应。

过去的人类中心主义虽然导致了不少问题，但这决不意味着它是完全错误的，更不能证明它是有害无利的。从前面所论述的人类中心主义的积极效应可以看出，如果没有人类中心主义这种信念，人类今天也许还是动物，而不能成为人类，更不可能有今天人类的自由、幸福和文明。这种积极效应表明人类中心主义对人类形成、生存和发展具有极其重要的意义。与积极效应相比较，人类中心主义的消极效应是次要的，是可以克服的。它的消极效应表明它本身的确存在着问题，但这种问题并不在于以人类为中心，而在于如何以人类为中心。中心总是相对于其他事物而言的，中心决不意味着消灭周围的一切，否则就无所谓中心。只有让周围的一切（我们称之为环境）共同发展，中心才能更好地发展。过去的人类中心主义的问题症结就在于，它忽视了环境对中心的重要意义。

尤其值得注意的是，人类中心主义的偏颇在很大程度上不是人类有意所为，而是人类的无知造成的。过去的人类中心主义之所以把人类的主体地位理解为人类可以随心所欲地对待自然，一个重要的原因在于，人类长期以来一直把自然看作是取之不尽、用之不竭的巨大宝库。人类长期分散居住，加上科学技术落后，根本不知道天有多高，地有多大。对于眼界十分有限的人类来说，自然是广阔无垠的，因而他们根本就没有想到自然资源和承载力的有限性。当人类成为社会的主体的时候，人类一旦随心所欲，很快就会遭到其他主体的反对，而自然是不能说话的，更不是主体，因而人类对自然随心所欲得不到自然的反抗，其后果也不能及时反映出来。这样一来，人类的肆意妄行就得不到及时的制止，人类自己也难以警醒，以致问题逐渐积累积重难返。当人类意识到自然的有限性，特别是当自然问题突出表现之后，人类就不会再像过去那样随心所欲地对待自然，人类中心主义的偏颇倾向也会随之改变。

更为重要的是，人类以自己为中心来看待和对待宇宙的一切，正如前面已经阐述的，是人类的本性使然，也是人类在宇宙中存在的必然要求，是不可改变的，也是不应该改变的。有人主张人类应该以自然为中心，果真如此，就必然要得出这样的结论，应该消灭人类，因为很显然，如果没有人类，自然界会存在得更好、更自然。也有人说，否认人类中心主义并不是要以其他物种为中心，而是使万物无中心，使万物具有同样的价值和权利。从某种意义上看，否认人类中心主义，实质上是从自然立场出发的道义观点谴责人类，否定人类。

至于人类是否可以成为宇宙的中心的问题，关键在于我们如何理解宇宙。如果把宇宙理解为与人类无关的独立自存的宇宙，那么显然人类不会是宇宙的中心。从这种意义上看，宇宙究竟是什么样子，宇宙是否有中心，中心是什么，这一切都是人类所完全无法断定的。但是，如果把宇宙理解为人构想和设定的，那么我们完全有理由说人类是宇宙的中心。因为人类的宇宙是人类以自己为中心构想和设定的，人完全可以存在于自己构想和设定的宇宙之中，完全可以成为自己构想和设定的宇宙的中心。那种把人类以自我为中心看作是人类理智和道德错误的观点，完全不了解人类的宇宙实质上是人根据自己的需要而构想和设定的，站在朴素的自然本体论立场上，他们指责人类中心主义就是自然而然的了。

不可否认，过去的人类中心主义完全忽视环境是不对的，但是，我们也不能因为过去完全不顾环境而一下转向环境就是一切。那种从一个极端走向另一个极端的做法，在理论上是错误的，在实践上是有害的。对待人类中心主义我们应该有一种冷静、理智的态度。过去的人类中心主义的确存在着一些偏颇，而且这些偏颇在实践上导致了严重的后果。但是，我们也应该看到，人类中心主义是人类本性的自然倾向，是人类形成、生存、发展的根本动力，当它成为一种信念之后，对人类的发展产生了重大推动作用。总的看来，人类中心主义是人类的精神支柱和内在动力，是不可简单地加以否定的。我们所要做的工作不是要简单地指责、否定、抛弃人类中心主义，而是要反思、批判和超越传统的人类中心主义，实现人类中心主义从传统到现代的转变，使人类中心主义更合理、更完善。

中国价值篇

西方价值观念的影响及我们的对策*

自20世纪80年代初开始，随着中外经济文化交流的加强和西方哲学社会科学著作以及文艺作品的大量引进，特别是自90年代以来，随着我国对外开放的扩大和市场经济的迅速发展，西方的文化和价值观念对我们中国人发生了强烈影响，对我国主导的文化和价值观念乃至社会生活产生了巨大冲击，并诱发了我国社会生活中的许多问题。在这些冲击和问题面前，不少学者主张通过弘扬中国传统文化和价值观念来抵御西方文化和价值观念的不良影响，克服现实生活中的混乱和问题。这样，中国传统文化和价值观念与西方文化和价值观念的冲突日渐尖锐。

在我国现阶段，由于种种原因，西方价值观念对我国的影响具有不可避免性，简单地用传统价值观念来抵御西方价值观念的影响是难以奏效的。我们认为，首先要弄清西方价值观念本身的内涵、特点及其生存的土壤，并把它放在当今世界文化发展的总趋势中衡量它的价值、合理性、局限性及其缺陷；其次要弄清西方价值观念对我国影响的实际状况，包括影响的广度和深度，以及影响的正负效应；第三要冷静地、客观地分析西方价值观念对我国产生正负效应的原因，弄清究竟有多少是西方价值观念的问题，有哪些是我们自己的问题；第四要在弄清上述问题的基础上认真研究我们的有效对策。

西方价值观念对我国的影响与我们应有的对策，是一个重大的课题，不是几个学者所能研究解决的，需要作为一项社会工程对待。这里仅就几个主要问题阐述我们研究的初步结果，目的在于引起学术界和社会的重视。

一、西方价值观念的内涵和特点

西方价值观念是一个十分笼统和含混的概念。从历史的角度看，它指西方自古至今的价值观念，包括古希腊罗马的幸福主义价值体系、中世纪以上帝为轴心的价值体系、近代以个体为轴心的价值体系和当代以个性自由发展和整体和谐有序指向的价值体系。从横向看，它是指西欧各国、美国以及继承西方文化传统的国家所信奉的价值观念。从层次上看，它又包括思想家所主张的价值观念、社会

---

* 原发表于《湖北大学学报》（哲学社会科学版）1996年第3期，中国人民大学复印报刊资料《伦理学》1996年7期转载。

所倡导的价值观念和人们实际奉行的价值观念。尽管西方价值观念是一个笼统含混的概念，其中包含着历史的、国别的、层次上的差异，但由于西方各国的文化都渊源于古希腊和希伯莱文化传统，并经历了大致相同的历史发展过程，具有相同的经济基础，实行大体相同的社会制度，因而它们在价值观念方面有其共同性。正是这些方面构成了与东方，特别是与我国不同的价值体系。

任何价值观念体系主要都是由思想基础、价值目标、实现手段和制约机制这几个方面构成的。这里我们不妨从这几个方面来看看西方各国价值观念的共同内容，看看西方价值观念的一般内涵。

从思想基础看，西方价值观念是个人主义的。个人主义是整个西方价值观念的思想基础和立足点。在西方，不同时代不同人对个人主义的理解是不同的，但它的核心内容始终没有变。如果说能简单地概括的话，那么个人主义的核心内容就是“人们有决定自己生活和前途的自由和权利”。换句话说就是“我的一切由我个人负责”。个人主义所强调的不是自私自利，而是在个人与整体的关系中，个人是本位，或者说个人是始点、核心和目的，国家和社会的使命就是要保护个人的权利。在所有的权利中，自由、平等是最基本的权利，因而国家和社会的最高使命就是要保护个人的自由平等权利。因此，自由、平等既是个人主义的核心内容，也是西方社会公认的政治原则。

从价值目标看，西方价值观念的总体目标是幸福。自古希腊以来，幸福一直是西方的终极价值目标。幸福简单地说就是人的需要获得满足所产生的愉悦状态。人们对人的需要理解很不相同，因而对幸福的理解和追求也很不相同。大致上说，古代一般把具有美德理解为幸福，表现为完善主义；近代一般把获得利益理解为幸福，表现为利己主义；当代一般把享乐理解为幸福，表现为享乐主义。由于西方的价值目标是以个人主义为前提的，因而这里所说的幸福是个人的幸福。

从实现途径看，西方价值观念侧重于个人奋斗和实力竞争。“我的一切由我个人负责”的价值观念，表现在实现价值目标的途径方面，强调个人的自主、自立的主体精神，强调自己选择、自己决定、自己设计、自己创造的求生存方式。这一点在美国尤为突出。美国历来推崇、钦佩白手起家的英雄。西方自古商品经济比较发达，它需要也培养了西方人凭实力竞争的观念。为了在竞争中凭实力取胜，西方人特别推崇理性，重视知识，倡导勤奋，讲究节俭，并且重视冒险、投机、时间的价值。

从制约机制看，西方价值观念所强调的是正义或公正。正义自古以来一直是西方道德和法律的一个重要概念，也是社会的一条基本价值准则。它的意义在于对人们的价值追求作出适当的限制，从而使整个社会处于和谐、稳定的有序状态。正义在道德上的根本要求是己所不欲，勿施于人，包括利他、爱人、同情、尊重他人的人格、尊严、价值和权利。正义在法律上的根本要求是保证每个社会成员都有追求自由、平等的权利，使这种权利成为神圣不可侵犯的。道德和法律是实现社会正义的主要制约机制，而在这两者中，西方历来重视法律的制恶、惩恶的作用。

总的看来，西方价值观念是以个人主义为基点，以个人幸福为总体目标，以个人奋斗为实现途径，以正义为制约规范的价值观念体系。自由、平等、幸福、正义、责任是它的基本价值范畴。与我国的传统价值观念相比较，它具有以下四个基本特点：

（1）功利性。西方价值观念把对个人利益的追求看作是人的自然权利，看作是人的活动的根本动力和真正动机，因而强调追求个人利益的天然合理性和正当性。在道德和利益的关系上，强调利益的根本意义。在市场经济条件下，追求个人利益表现为赚钱，追求利润，因而金钱、利润成为人们活动的直接目标和根本动力。西方价值观念的功利性特点，使它通常被看作是利己主义的价值观念。

（2）合理性。西方人并不强调价值观念的科学性、真理性，但强调它的合理性。这种合理性，一方面表现为人们的任何价值选择、价值追求都要理智、审慎；另一方面表现为要推己及人，时时事事处处想到别人像自己一样也是人，也在追求幸福、自由，也有与自己一样的权利，这一切都应得到尊重。就是说，利己、赚钱是合理的，但在利己、赚钱的时候不能损害他人和社会，相反要通过利他、利社会来利己。西方价值观念的这种合理性特点，使它也被称为合理利己主义或功利主义的价值观念。推己及人是西方价值观念的一个重要特征。正因为有这样一种牢固的观念，所以，尽管西方肯定人是自私的，人人有权利追求个人的利益和幸福，但整个社会秩序仍然十分稳定，社会生活也较正常。

（3）相对性。西方价值观念历来都有把价值看作是人为约定、相对人的倾向。20世纪以来，由于科学方法的影响和现代化的高度发展，西方传统价值观念中的各种绝对的东西进一步动摇。人们越来越把价值看作是与个人的欲望情感相联系的，带有主观性和随意性。社会的价值标准也只适用于特定的社会，超出它们所产生的那个社会就没有效力了，因而具有约定性和相对性。所有的价值及其标准都是相对的，绝对的价值根本不存在。

（4）多元性。西方价值中虽然有一些基本的要求，但它们都是比较抽象的原则。在法律的范围内，人们有广泛的选择和决断的自由。这种自由受到社会的尊重，人们的价值观念因而呈现出多元化的特征。这突出表现在社会中的不同成员有不同的价值观念，有不同的价值标准和取向。人们既可把追求耳目感官之乐作为最高的价值目标，也可把永恒的天国幸福作为终极追求。就同一个体而言，也可以看到这种多元性，他可能既是一位伟大的科学家，有坚定的科学信念，同时又是一个虔诚的教徒。

二、西方价值观念影响的正负效应

西方价值观念对我国的影响，可以说是一个“西风东渐”的漫长过程，可以追溯到鸦片战争以前。在这个过程中，经历了两次大的浪潮。第一次是从19世纪末的“戊戌变法”为始点，经历了半个世纪的历程。这次浪潮的核心内容是“民主”和“科学”，即所谓“德先生”和“赛先生”。第二次是从20世纪80年代初开始的，经历了十多年的历程。这次浪潮的核心内容是“市场”和“法制”，可称之为“马（market）先生”和“骡（law）先生”。不难看出，第二次浪潮是第一次浪潮的深化。这两次浪潮对中国社会的影响是巨大的，这种影响促使中国从传统社会走向现代社会，从传统文明走向现代文明。但是这种影响的过程是曲折的、复杂的，总的看来，导致了正负两方面的效应。

从积极的方面看，西方价值观念对我们中国人所产生的效应是多方面的，其中最重要而又最富有久远价值的积极效应主要有以下三点：

第一，唤醒了中国人的个体意识。中国传统的价值观念是绝对整体主义的价值观念，其基本特点是在个体与整体的关系中，强调整体是本位，整体利益是至高无上的，个体不是真正的个体，而是整体的部分，个体必须无条件地服从整体。在这种绝对整体主义的长期影响下，中国人缺乏自我意识、主体意识，即缺乏个体意识，个体没有从整体中分化出来，个体依附于整体。在西方价值观念的影响下，这种状况已经从根本上发生了改变。

西方价值观念是以个体为本位的，自我在价值观念中占据中心地位。自我是价值观念体系的轴心，也是衡量价值的根本尺度。这种价值观念的形成和确立，必须以对自我的意识，对自我与他人、与社会的区别和联系的意识为前提，缺乏这种意识，不可能形成这种价值观念体系。所以当西方价值观念大量传入中国后，对自我意识较缺乏的中国人产生了强烈的刺激，大大促进了他们自我意识的觉醒。当代中国青年普遍信奉的自我肯定、自我张扬、自我选择、自我设计、自我实现的观念，就是自我意识觉醒的突出表现。自我意识强烈，并不等于自我欲望的膨胀，它主要是指对自我存在的价值的意识和认识自我、完善自我、实现自我、超越自我的要求。自我意识是人的主体意识的前提，也是处理好个人与他人、社会关系的前提。一个人只有意识到自我的存在、价值和意义，才能确立自身的主体地位，才能确立自己在社会中的位置，才能更好地发挥自己的主动性、积极性和创造性。因此，自我意识的觉醒和增强，对于我们中国人自身的完善和发展，对于我国的现代化建设具有深远意义。

在自我意识觉醒的过程中，西方价值观念的影响同时也增强了中国人的主体意识。西方价值观念的突出特点之一，是强调人是价值的主体，离开了人就谈不上什么价值；同时，人又是实现价值的主体，只有通过自己的奋斗、创造、进取，才能获得幸福，才能实现自我。西方价值观念的这种性质和特点对我们中国人也在产生积极的作用。这主要表现在，当代中国人，特别是青年，崇尚自由、自立、自主、自强，强烈要求自己成为自己命运的主人，要求父母、社会少给他们限制，要求摆脱心理上和行为上的依附性，要求自己有独立的人格、个性、价值和尊严，要求有自己的人生目的和追求。他们信奉“我就是我”的格言，主张用自己的眼光观察世界，认识世界，用自己的思想、自己所掌握的知识去分析问题，用自己的智慧、自己的能力去解决问题，用自己的言行影响周围，反对指指点点，人云亦云，反对盲从、迷信。他们强调以自我为主体来设计和选择，强调自我的独立性、主动性、积极性、创造性和建设性，强调自己就是自己的定义者和评价者。这种主体意识的增强是中国人和中国社会走向现代化的根本之所在，其意义怎样估计都不会过分。

第二，诱发了中国人的求利动机。中国传统价值观念从主导方面说是反功利的，即孔子所谓的“君子喻于义，小人喻于利”。就是说，有道德的人追求的是义而不是利。在这种价值观念之下，虽然人们实际上还是在求利，但在道德上并不能得到肯定，“利”被看作是卑下的、龌龊的，求利、赚钱被看作是不道德的。在西方价值观念的影响下，加上中国社会政策的变化，中国的这种传统观念从根本上发生了变化。在对待个人利益的追求上，中国人在很大程度上与西方人达到了共识。如今，追求个人利益，追求金钱，追求利润不再被看作是不道德的、邪恶的事。能赚钱、多赚钱已被看作是有能耐的、令人羡慕的事情。人们不再怕赚钱，而是怕赚不到钱，不会赚钱。人们已经完全从过去耻于谈钱、羞于赚钱的禁忌中走了出来，大胆地谈钱，拼命地赚钱。这是与人们对利益、金钱的观念转变相联系的。金钱再不像过去那样被看作是万恶之源，而被看作是价值，看作是实现幸福所不可缺少的。

“利”和求利、钱和赚钱观念的改变，这是西方价值观念影响的最富有意义的成果之一。我们知道，对利益的追求是经济和社会发展的根本动力，没有对利益的拼命追求，中国经济和社会要得到快速发展是根本不可能的。同时，对利润的追求又是社会全面进步的前提条件，没有对利益的无止境的追求，就不会有物质文明的发达，当然也就没有社会的全面进步。对利益的追求还是个人幸福和全面发展的根本途径。

第三，增强了中国人的法制观念。法制是西方价值观念体系中最重要的制约机制，依法治国，用法律保护个体的权利，这是西方价值观念的突出特点之一。西方的法制观念和法制实践使中国人看到了法制建设对现代经济和社会发展、社会生活稳定的极端重要性，并促使中国人努力从传统的“人治”、“德治”中走出来，致力于法制建设。从领导人来讲，法制被看作是治国安邦的最有力的工具；从普通百姓来看，法律也日益被看作是保护自身权利的最有效武器。

现代社会是法制社会，市场经济是法制经济，这是当今世界的共识。法制的健全和完善是中国从传统走向现代化、中国人自由平等地追求和实现个人利益和幸福的根本保证。

我们认为，作为西方价值观念对中国影响的积极成果，个体意识的觉醒、求利动机的诱发、法制观念的增强，将对中国社会的未来发展产生不可估量的影响，对此我们必须给予足够的估计和肯定。不过，我们也应该看到，西方价值观念在产生积极作用的同时，也对我国社会生活带来了许多负效应。这些负效应在当前尤其值得我们注意。

第一，西方价值观念中立足于个体的个体本位观，导致了我国一部分人“个人至上”的极端个人主义倾向。在西方价值观念中，个人是出发点、核心和目的。这种观念对我国一部分人发生了极大的消极影响，他们从自我发展到唯我，从自我张扬发展到自我恶性膨胀，使自我、个性湮没他人和整体。这样，西方的个体本位主义在我国引起了个人就是一切、“唯我独尊”、“个人至上”、“自我陶醉”的极端个人主义的负效应。

第二，西方价值观念中“按自己意愿行事”的自由观导致了我国一些人的“主观任性”的极端自由主义倾向。在西方，按自己的意愿行事是有限定的，这就是法律和道德，而且“意愿”在西方也有其特定意义，它意味着有意识的选择，而不仅仅是感情感觉。然而，我国的一些人看到西方自由观的一个方面，而忽视其另一方面，而且根据中国传统中扎根很深的无政府主义陋习来理解西方的自由观，把它理解为主观随意性，想干什么就干什么，而不顾及社会的秩序、公共的道德和他人的利益。在现实生活中，我们可以看到一些人“跟着感觉走”、“凭着兴趣行”，“我行我素”，目空一切，他们还认为这是在追求自由。事实上这种自由观并非西方人所普遍信奉的自由观，而是20世纪60年代美国“嬉皮士”所信奉的自由观，即“觉得好，就干”，“做你自己的事，别管对他人的影响如何”。这种所谓的自由观，在西方历来是为人们所唾弃的。在黑格尔看来，这样的“自由”不过是“任性”而已。由于一些人这样理解自由，因而他们没有任何责任观念，不考虑自己行为的后果和影响。当前我国社会中的许多不良现象的存在，与这种错误的自由观及缺乏负责观念密切相关。

第三，西方价值观念中的“主观为自己，客观为别人”的合理利己观，导致了我国少数人只顾自己、不管别人的极端利己主义倾向。合理利己主义是西方价值观念的基本原则，其基本点在于立足于自己，以自己为目的，同时考虑或兼顾他人和社会的利益。它与只顾自己不管别人的极端利己主义原则是有重大区别的。这种合理利己主义原则本身并不一定科学，但在西方特定的社会条件下有其约束力。然而，这个原则“进入”中国后也发生了变形。我国有少数人虽然口头上也以此为信条，实际上却干着只顾自己、不顾别人的事情，甚至为了点滴小利不惜牺牲别人的幸福乃至生命，不惜牺牲国家的重大利益。有的人甚至信奉“为了个人的目的可以不择手段”的极端利己主义信条，唯利是图，损人利己，自私自利，见利忘义，把自己的幸福建立在别人甚至自己亲人的痛苦之上。

第四，西方价值观念中的实用主义助长了我国一部分人的实惠主义价值取向。西方价值观念具有明显的实用主义倾向，它强调对个人的、现世的、实在的利益的追求。这种观念在我国也发生了某种负效应。这突出表现在一些人胸无大志，目光短浅，只追求眼前的、局部的、个人的利益，全然不顾长远的、全局的、整体的利益。他们盲目信奉“有用即真理”的信条，把有利、有用、方便、实惠作为“立身处世”的根本原则，什么有利就干什么，盲目赶潮流。一些人争名于朝，夺利于市，急功近利，言而无信，把金钱作为崇拜的偶像，认为“钱能通神”,“有钱能使鬼推磨”，渴望权力，相信“有权便有一切”。这种实惠主义人生态度并非直接从西方传入，但西方的实用主义价值观念对这种人生态度的泛滥起了某种刺激作用。

第五，西方价值观念中的幸福主义助长了我国一部分人的享乐主义人生态度。西方幸福主义的基点是个人幸福，把个人幸福作为人生的价值目标。这种幸福主义，加上通过各种渠道传入的享乐主义生活方式，对我国所倡导的社会理想，产生了很大冲击。一些人把感官上的快乐看作人生的目的，盲目追求享乐和刺激，

“今朝有酒今朝醉”，尽情享受，及时行乐，为了满足自己的欲望而不顾人间法律和礼义廉耻。他们只想享受，不想创造，只想消费，不想生产。

三、导致负效应的原因

为什么西方价值观念会在我国发生上述负效应？这是一个十分复杂的问题。我们认为，西方价值观念对我国产生负效应的原因，主要有以下一些方面：

首先，西方价值观念本身具有局限性和缺陷，盲目吸收就会引起负效应。就近现代西方价值观念而言，它在理论基础和内容方面存在着局限和缺陷。就其理论基础而言，西方价值观念的主要理论根据是“自然状态”说、“自然权利”说和“社会契约”论。近代许多思想家提出过这类学说，其中最著名的是霍布斯、洛克、卢梭的学说。他们的学说不尽相同，但他们有着共同的思维方式，即根据那种设想的自然状态来论证人的本性，进而论证个人与社会的关系；他们有着共同的结论，即在自然状态中，人是利己的、自由的、平等的，因而利己、自由、平等是人的本性和自然权利，为了保证自然权利的实现才订立契约，建立国家，因而个人是出发点和目的，国家、社会不过是实现个人权利的手段，其使命也只在于制订一些规则，并确保这些规则的实现，从而使每个人的利己、自由控制在一定的范围内，使得人们不致因追求利己和自由而彼此伤害。简言之，就是认为人的本性是利己的、自由的、理性的，因此人应该自由地、理性地追求个人的利益，获得幸福和快乐。这既是人的本性之必然，也是人们通过订立契约建立的社会所唯一要保证的。不难看出，所有这些结论都是建立在一个虚设的前提即自然状态之上的。

就西方价值观念的内容而言，它也存在着明显的缺陷。这主要表现在：在个人与他人、社会的关系上，这种价值观念由于以个人为出发点、核心和目的，往往会导致人们在个人与他人、社会的关系上只顾自己、不管别人的极端利己主义，最终使社会陷入混乱；在物质需要和精神满足的关系上，这种价值观念由于过分强调物质利益或金钱、利润，往往会导致人们只追求物质需要满足而忽视精神需要满足的拜金主义和纵欲主义，最终使个人人格变形；在个人奋斗与社会合作的关系上，这种价值观念由于过分强调个人奋斗、竞争取胜，往往会导致人们为取得成功而不择手段，还会导致把手段当成目的，以竞争取胜、打败他人为荣、为乐，导致异化和变态。西方价值观念本身的这些缺陷，一旦遇到缺乏有效的社会制约机制的环境，就会明显地暴露出来，产生社会问题。

其次，中西方社会、历史和文化背景不同，照搬西方价值观念必然导致负效应。西方价值观念是西方特定的文化传统、历史条件和社会环境的产物，它作为一种意识形态，又是与西方特定的社会、历史和文化条件相适应的。西方社会、历史和文化条件的突出特点是自古以来商品经济发达，民主政治流行，个体意识强烈，并形成了与之相应的法律制约机制。而中国历来商品经济不发达，缺乏民主政治传统，强调以整体为本位，而与之相应的社会制约机制主要是政治和道德。从当代社会条件看，中国与西方还存在一个根本区别，这就是西方普遍实行的是资本主义制度，中国则实行的是社会主义制度。显然，在中国这样的社会、历史和文化背景下，不能简单地照搬西方的价值观念，否则就会发生消极影响。例如，合理利己主义在西方社会可以作为人们的行为准则而不致于给他人和社会带来太大的损害，不会严重影响社会生活的正常秩序，相反有利于经济和社会的发展稳定。其所以如此，是因为西方社会已建立了相应的法律制度和相应的“正义”道德观念。人们可以去追求自己的利益，但不能因此而损害别人，否则就会受到社会舆论的谴责，或受到法律的有力干预。然而在我国，合理利己主义由于缺乏相应的有力制约机制而很容易变形为只顾自己不管别人的极端利己主义。这种变形在我国当前的转型时期，在政治、道德制约力减弱而法律制约机制尚未健全的情况下尤其突出。事实表明，每一种社会文化条件都会产生与之相应的价值观念及制约机制。当另一种与之不相一致的价值观念传入时，由于缺乏相应的社会控制机制而必然导致某种该社会所不期望的负效应。

第三，对西方价值观念缺乏了解，是西方价值观念对我国发生负效应的另一重要原因。我们中国人绝大多数是在中国本土接受西方文化和价值观念的，而且主要是通过自己所看到的国内学者对西方作品的评介来了解的，不可能实际感受和反思西方的价值观念。因此，他们对西方价值观念通常缺乏系统的、全面的了解。他们往往抓住自己所接触到的西方的片言只语，以为这就是西方的观念。这种观念在受到我国价值观念的影响之后，就成为某种非中非西的东西。把它运用于现实生活中，必然会与社会的主导文化和观念发生矛盾。西方价值观念所导致的许多问题就是这样产生的。

具体说来，中国人在接受西方价值观念方面，普遍存在两个突出问题。第一个问题是，对西方价值观念的内容和特点缺乏系统了解，往往抓住一点，不及其余。正如前面已阐述过的，西方价值观念是一个观念系统，这个系统本身有自控功能，因而它能适应现实生活，并对人们起指导作用。如果只抓住其中的某些观念，而不了解或确立别的观念，那就会发生偏差。例如，我国有些人只接受了西方的个人主义观念，强调社会和整体应以个人的自由发展为基点和核心，个人应有决定自己生活和前途的权利。但是他们没有接受西方的正义、责任观念，不了解以个人为本位必须以尊重他人的自由和权利为前提，个人必须对自己的行为负责任。这样，自我就成了不受限制的东西。又如，西方价值观念以幸福为目标，而且这种幸福主义在当代带有享乐主义的倾向。这一点为许多人所接受，他们认为“人生几何”，应“尽情享受”，“及时行乐”。然而，他们忽视了西方幸福主义的一个重要前提，这就是幸福目标的实现主要是靠个人艰苦奋斗，靠自己在社会中公平竞争，靠自己的勤奋、进取、创造。这样就出现了只享受，而不去奋斗的倾向。

第二个问题是，把西方思想家关于价值观念的一些理论观点和西方大多数人所唾弃的丑恶观念当作西方普遍奉行或倡导的价值观念加以接受并付诸行动。

前面已经说过，通常所说的西方价值观念实际上可以在三个层次上理解，一是西方人实际奉行的实际价值观念，二是西方社会所倡导的规范价值观念，三是西方思想家所主张的理想价值观念。这三种层次的价值观念有着很大的差别。社会所倡导的并不就是人们实际奉行的，人们实际奉行的、社会倡导的并不就是思想家所主张的。一般说来，社会倡导的价值观念由于对人们的行为具有规范性而与人们实际奉行的价值观念比较接近，但思想家所主张的价值观念则与社会倡导的、人们实际奉行的价值观念之间有较大差距。社会所倡导的价值观念通常是在思想家所提供的理论的基础上根据社会生活实际和统治阶级的需要进行选择的，并通常是经过实践证明是行之有效的。相反，思想家所提供的关于价值观念的理想模式，则通常是一种理论假设，它是否实际有效，还需要由实践证明，而且还要看它是否符合统治阶级的需要。例如，西方 19 世纪末以来出现了许多哲学社会科学流派，它们要求重估传统的价值观念，建立新的价值观念，并提出了一些新的价值观念理论。虽然不能否认这种要求和理论观点的某种合理性，但它们还只是理论的假设，是否实际可行还有待于实际的验证。它们不可能都是有效的，因为不同流派、不同思想家对同一问题的看法千差万别，怎么可能都行之有效呢？由此可见，思想家所主张的价值观念并不就是实际可行的。然而，我国的一些青年对此缺乏必要的了解，以为西方思想家所主张的就是西方的价值观念，殊不知不少这样的理论观点在西方也不一定是人们所普遍接受的。例如，我国曾有不少青年信奉萨特的自由观。然而这种自由观只是五六十年代在西方部分青年中风行过一阵，并没有为大多数人所接受。把假设当成真理，把这些未经实践证明的东西直接用于我国现实生活，作为自己行动的指南，势必产生消极后果。更为令人担忧的是，一些青年往往只是看过有关西方思想的一两本书，甚至连一两本书都没有看，只是道听途说，结果是往往曲解那些理论观点，实际上是把自己所想象的东西当成西方的东西加以推崇。对于这一点，我国的理论工作者也有责任。不少人也和青年一样，看过一两本书，就自以为找到了救世良方，找到了真理，片面地将其推崇备至，极力鼓吹宣传。这使不少青年产生了错觉，起了很大的消极作用。

把西方大多数人所唾弃的丑恶观念当作西方所倡导的价值观念的情况也十分普遍。我国不少人没有接受西方价值观念方面的合理内容，甚至根本不愿意这样做，相反从西方吸收连西方人也厌恶并力图加以克服的丑恶观念和堕落的生活方式，盲目推崇和仿效，并将之与中国本土文化中的糟粕结合起来，导致了极大的腐蚀和毒害效应，其结果是害人害己。

第四，我国宣传教育方面的失误，也是西方价值观念发生消极影响的重要原因。在对待西方思想文化的态度上，我国解放以来，大致上经历了两个不同的阶段。第一阶段是 80 年代以前。这个阶段对西方思想文化实行严格限制，人们所接受的宣传教育是，西方的一切都是坏的，都是资产阶级的，而且不让人们接受西方的东西。人们由于没有接触到西方的思想文化，加上上述教育的影响，几乎没有受到西方思想文化的影响，而且一谈到西方的东西就同资产阶级联系起来，同邪恶联系起来，本能地厌恶西方。第二阶段是 80 年代以后。在这十几年中，我们实行改革开放的政策，国门打开，西方的科学技术、思想文化，连同它的生活方式、社会病一起传入中国。人们的眼界大开，认识到西方并非像过去所说的那样，原有的思想防线被打破，出现了所谓“信仰危机”，西方的物质文明、思想文化、生活方式都对中国产生了强大的冲击。在这种冲击面前，我们的宣传教育基本上没有改变过去的那些内容。虽然不怎么谈西方资本主义的腐朽性、垂死性，但仍致力于宣传我国传统的和本土的价值观念，以抵制外来文化的影响，没有说服力地告诉人们西方价值观念有哪些合理内容，有哪些缺陷、问题，哪些我们应借鉴，哪些应摈弃。想抵御又抵御不住，结果导致了对西方价值观念的放任自流。事实表明，在现时代，无论是抵御还是放任自流，都不能引导人们正确对待西方思想文化，正确对待我国的传统文化和现行的思想观念。

四、应注意的对策

西方价值观念已经对我国产生了很大影响，而且在今后相当一段时期内还会继续发生影响。对此，我们不可能堵住它，不让它在我国发生影响，但也不应该放任它，任其泛滥。我们所能做和应做的工作是：防止或尽量减少西方价值观念影响所可能导致的负效应，并尽可能使这种影响产生积极的效果。因此，我们必须研究和提出对我们有利的有效对策。

第一，树立对待西方价值观念的正确态度。西方价值观念是在西方特定的历史、社会、文化背景下形成的，是与西方的经济社会条件相适应的，有其局限性和缺陷，即使是对西方社会生活也产生了不少副作用。但是我们也应该看到，西方价值观念也有与市场经济、民主政治、现代化生活相适应并促进其发展的一面。西方价值观念中包含有合理的、可借鉴的内容。在我国致力于市场经济发展和现代化建设的今天，我们应该通过批判改造加以吸收。即便是它的局限性和缺陷，我们也应进行研究和借鉴，以避免我们在价值观念更新的过程中走弯路。因此，对待西方价值观念要有开放、开明的态度，要变被动为主动，通过拿来、借鉴、利用，达到超越。在这方面我们要很好地借鉴日本的经验，变被动的“西风东渐”为主动的“西进运动”。

第二，在对西方价值观念进行深入研究的基础上，系统介绍和评价西方价值观念。前面已经说过，对西方价值观念缺乏系统了解，是导致它发生消极影响的重要原因。如果我们能系统介绍西方价值观念，并对它作出客观公正的评价，反而能使人们正确理解和对待它。当人们了解了这种价值观念的特殊的社会历史文化背景、内在的体系结构和作用机制、合理性和局限性、优势和劣势的时候，人们就不会盲从，生搬硬套，以偏概全，相反会有更理智、更客观、更公允、更审慎的态度。对它的系统了解，也有助于人们从中吸取合理内容，剔除糟粕。近十几年以来，西方的学术作品和文艺作品已经大量输入，但这种输入是不系统的、零乱的，而且缺乏系统的评价。我们应该从根本上改变这种状况，把系统评介西方价值观念作为我国精神文明建设乃至整个现代化建设的一项社会工程，组织全社会的有关专家和有关部门共同做好这项工作。

第三，在弘扬中国优秀的传统文化、借鉴现代西方文明的基础上，加快适应和促进我国经济和社会发展需要的价值体系的建设。当前，我国正处于转型时期，传统的价值观念受到冲击，而且由于不适应新时期的社会需要逐渐丧失其原有的指导作用和制约作用，这是西方价值观念之所以能产生影响的重要市场。因此，我们要防止西方价值观念在我国社会生活中自由泛滥，必须要有我们自己的价值观念。这种价值观念无疑不应是传统的，因为传统的不仅不适应新时期的需要，而且也不足以与西方价值观念相抗衡。这种价值体系不可能也不应该是西方的，因为西方价值观念在总体上不适应我国的社会文化背景。但是这种价值观又应该继承和吸收我国传统的和西方的价值观各自的优势和合理内容，因而比它们更有生命力，更适合当代中国社会，更能为绝大多数中国人所接受。只有当人们接受了真正优越于西方价值观念的价值观念，西方价值观念的影响才能自然减弱，直至消失。

从改良性修补到批判性重构*

中国价值观念现代化经历了艰难曲折的过程。改革开放以来，观念更新取得了巨大的成就，其突出表现是实现了从过去的改良性修补走向了批判性重构转换。今天，中国人的观念正在朝着现代化方向转化，正在与世界接轨，朝未来开放，但仍然面临着进一步解放思想，全面深化观念更新的长期任务。

一、艰难的观念更新之路

自鸦片战争之后，中国的传统价值观念在日益深重的冲击下发生着转换。这种转换的方向从总体上看是现代化，但转换的过程是艰难的、曲折的，转换的方式是被动的、消极的。这种对待中国传统价值观念的消极改良态度是中国现代化迟迟难以实现、至今仍举步维艰的根本性障碍。反思一个半世纪以来的中国社会历程，我们深深感到，中国价值观念的现代化绝不是过去那种改良性的转换所能完成的，要使中国价值观念现代化，必须立足中国正在变化着的现实，面向中国应当走向的未来，必须借鉴现代西方价值观念，与现代世界文明接轨，必须对至今仍然对中国人发生着根本性影响的中国传统价值观念进行深刻的反思和批判，并在反思和批判的基础上进行价值观念的重新建构。限于篇幅，本文不可能讨论所有这些问题，而只是简要地回顾一下中国价值观念现代化的艰难历程并指出其根本出路。

鸦片战争失败后，在内忧外患的双重作用下，中国逐步沦为半殖民地半封建的社会，经济日益落后，国力日益衰弱，人民日益贫穷。面对国家日益深重的灾难，许多仁人志士满腔热忱，不惜抛头颅、洒热血，寻求国家之所以落后的症结，探索民族救亡图存的道路。这是一个十分艰难曲折的求索过程。

古老的中国大门被洋人打开之初，中国人感到自己仍然什么都是好的，只是差一点洋枪洋炮，认为如果有了洋枪洋炮，中国仍然是最强大的。于是，中国政府就花白银到国外去购买洋枪洋炮和洋机器。有了洋枪洋炮洋机器后，发现没有人会操作，于是，中国政府又派学生出国留学，学习操作和制造洋玩艺的技术。

---

* 原发表于《湖北大学学报》（哲学社会科学版）2002 年第 2 期，原标题为《从改良性修补到批判性重构——中国价值观念现代化的艰难历程和根本出路》。

可是，学会了洋技术的人才回国后又感到在国外所学的技术在国内派不上用场，因为中国没有使用技术和发挥才智的社会条件和环境，特别是中国的封建专制是与现代科学技术根本对立的。于是，社会制度的改革被提上了议事日程，出现了“戊戌变法”和“辛亥革命”。应该说，从最初只注意到中国的技术落后，到注意到制度的落后，提出要改变封建专制制度，建立现代民主制度，这是中国人思想观念上的一个重大飞跃。然而，在辛亥革命之后的半个多世纪里，中国人的认识仅停留在制度问题上，仅就制度问题转圈，没有也难以找到出路。一直到20世纪70年代末80年代初，中国人才意识到中国的问题不只是个制度问题，而是整个社会的现代化问题。

这一次认识上的飞跃是通过邓小平实现的。只有邓小平才第一次真正认准了生存于今日世界的中国和中国人最需要什么。鸦片战争以来，中国的仁人志士在西方文明的冲击面前一直都在寻求中华民族走出被动挨打困境的道路，但是近百年的救亡图存的努力并没有达到预期的目的。其中最重要的原因之一，就是没有真正弄清现代中国最缺乏什么，最需要什么，没有认准中国人民的根本的总体的需要何在。邓小平对中国历史发展的最伟大贡献首先在于，他以深刻的历史洞察力认准了近代以来中国困境的症结，就在于生产力落后，综合国力脆弱，人民生活水平低下。概言之，就是没有实现现代化。实现现代化，这是当今中国和中国人民根本的总体的需要之所在，是解决中国问题的唯一出路。

二、邓小平的贡献和未竟事业

邓小平的伟大贡献不仅在于真正认准了当代中国和中国人最需要什么，而且还在于另外两个重要方面：一是真正抓住了满足以上需要的关键。现代化就像一项规模浩大的工程，千头万绪。邓小平对中国历史的另一最伟大贡献就在于，他以总设计师特有的锐利目光抓住了实现现代化的关键，那就是现代化建设必须以经济建设为中心。中国的现代化问题事实上早在20世纪初就已经提出，但是，历来的中国领导人不仅没有认识到现代化是中国的根本出路，更没有达到实现现代化必须以经济建设为中心这样的认识高度。二是真正揭示了实现现代化的现实道路。在中国这样一个历来重义轻利的文明古国，要真正以经济建设为中心决非易事。邓小平清楚地意识到，在中国现阶段的具体条件下，必须在坚持“四项基本原则”的前提下，通过改革开放来搞经济建设和实现现代化。实行改革开放，特别是对外开放，充分体现了邓小平作为思想家的伟大勇气和作为政治家的伟大气魄。我们知道，日本的现代化是通过所谓“西进运动”实现的。在中国，辛亥革命前后引进了“德”、“赛”二位先生，在中国出现了现代科学和共和制。邓小平更在此基础上引进了两位新先生：“马”（market,“市场”）和“骡”（law,“法制”）。正是通过这次引进，中国才逐渐展开了大规模的市场经济建设和现代法制建设。市场经济和现代法制是我国实现现代化的根本途径和根本保证。仅此两项，就足以使邓小平功炳千秋。

正是在邓小平的思想影响和权威作用下，中国走上了改革开放的道路，中国社会也开始了从传统经济体制向现代经济体制的转换和从传统农业文明向现代工业文明的转换。这种转换是中国从传统社会走向现代社会的深刻社会变革。到今天，中国经济社会体制转换的进程已经达到了这样的程度：在需要进一步更新观念的同时，使生长着的与现代经济社会生活相适应的现代价值观念逐渐达到完备和系统化，并在此基础上构建起现代价值体系。只有尽快建立起现代价值体系，并通过这种价值体系的指导和规范作用，才能完成中国现代经济社会秩序的构建，使中国真正成为现代化的国家。对此必须有清醒的认识。否则，正在进行中的中国体制转换和现代化建设就有可能左右摇摆，甚至会出现倒退和混乱。

1979 年开始展开的真理标准问题大讨论，使中国在哲学观念上重新确立了“实践是检验真理的唯一标准”这一马克思主义哲学的基本信念；这一年召开的中国共产党十一届三中全会在思想方法上重新确立了“解放思想、实事求是的思想路线。这两次历史事件的最重要意义在于在中国历史上引发了持续达 20 年之久、至今仍未结束的思想解放运动，而这场思想解放运动的最直接、最富有意义的成果则在于观念的全方位更新。可以说，这场思想解放运动就是观念更新运动。人们都承认，伴随着思想解放运动的深入，中国的观念发生了巨大的、甚至根本性的变化。这种变化总体上说是与中国的现代化建设需要相一致的。但是，也应该清醒地看到，与中国现代化相适应的现代价值观念体系并未最终建立起来，中国思想解放和观念更新的任务远未完成。由于中国经济社会发展在近二十年内取得了巨大成就，因而解放思想、更新观念的重要性似乎是不言而喻的，似乎得到大家的公认。然而，事实并非如此。就目前的情况看，在对解放思想、更新观念重要性的认识方面，至少还存在以下一些问题：一是认为思想解放、观念更新已经差不多了。许多人感到，姓“公”姓“私”的难题都已经突破了，思想还再怎样解放，观念还再怎样更新？现在大政方针已经确定，面临的问题是如何干。二是认为思想解放、观念更新太过头了。一些人觉得思想是解放了，观念是更新了，但其结果却是：物质文明是高度发展了，但精神文明却跨下来了，社会问题越来越多了。如果思想再进一步解放、观念再进一步更新，中国还是社会主义的吗？三是认为思想还可以进一步解放，但把思想解放理解为胆子更大一点，忽视了更新观念是解放思想的根本目的和主要任务，是解放思想的核心和精髓。上面这些问题的存在表明，对解放思想、更新观念的认识方面还存在诸多问题，而其中首要的是对解放思想、更新观念的重要性缺乏深层次的认识。

现代化建设是一项全新的事业，它需要有全新的思想观念作其先导。这种全新观念的形成和确立，必须以对原有观念的反思、批判为前提。因此，这种全新观念形成和确立的过程就是一个观念更新的过程。过去20年中国经济社会快速发展的最根本原因，就在于由思想解放带来的观念更新的结果，中国要取得现代化事业的全面胜利，必须进一步以观念更新为先导。可以这样说，没有思想解放、没有观念更新，就不会有中国已经取得的现代化建设的成就；同样，没有进一步的思想解放和观念更新，就不会有中国现代化建设的进一步发展和最终成功。必须认识到，观念更新是中国现代化建设这一宏伟事业之中的先导性事业。在任何时候，我们都不能忽视这一点。

在观念更新的过程中，有可能出现而且很难避免发生偏差，但不能因此否认观念更新本身的必要性和重要性，而且这些偏差也只能通过进一步的思想解放、观念更新来解决。那种因观念更新导致某些问题而否认观念更新的因噎废食想法，不仅是幼稚的，而且是十分有害的。

以上问题的存在还表明，一些人对思想解放、观念更新的艰巨性还缺乏足够的认识。中国这次经历的思想解放和观念更新是思想观念从传统到现代的转换。中国传统观念的形成和发展经历了几千年。要从根本上全面地转换这种根深蒂固的传统观念，其艰巨性和复杂性是可想而知的。西方世界在观念转换上前后经历了600多年而且经历了“血与火”的艰难痛苦历程。中国这二十多年虽然没有西方历史那么险恶，但也是几经坎坷，艰难曲折，至今仍处于十分艰难的境况。

三、进一步观念更新面临的任务

尽管解放思想、更新观念十分艰难，但经过这20多年，中国已经有了良好的开端和基础。与其他国家的同一过程相比，完全有理由说，中国的思想解放和观念更新不仅是极其顺利、十分迅速的，而且取得了巨大的成就。思想解放的直接成果体现在观念更新方面。中国观念更新方面取得的巨大成就又体现在方方面面，其中最重要的是初步形成了与现代化建设相适应并促进现代化建设的一些基本观念。当今世界，有种种不同的现代化。这些不同的现代化有不同的民族特色，但是它们都有一些共同的规定性。这些共同的规定性概括起来就是：自由、平等、民主、法制、市场和科技。现代化这六个方面不可或缺的规定性决定了落后国家要实现现代化，首先必须确立这六大观念。中国20年来思想解放和观念更新的最重要成果，就是在主导思想方面认同并正在逐步确立这六大观念。

对于这六大观念，中国目前认同和确立的程度是不尽相同的。其中民主、法制、市场和科技这四大观念是基本上达到了普遍共识的，而自由和平等观念，特别是自由的观念，人们的分歧比较大。不过，从总体上来看，这六大观念对于中国人来说是全新的价值观念，而且正在普遍确立，正在成为官方和大众的共识，正在成为社会的信念和原则。正是这六大价值观念的普遍确立，我们才看到了中国现代化的曙光，看到了中国现代化走向的不可逆转性。

中国这20年的思想解放和观念更新取得了伟大的成就，但也存在着一些不容忽视的问题。仅就观念更新的内容而言，就存在着两个特别突出的问题：一是根本性的价值观念更新问题；二是总体性的价值观念更新问题。

从以上所述可以看出，中国在这20年内形成了许多重要的现代价值观念，但是有一种根本性的现代价值观念尚未形成，这就是个体观念。现代市场经济和现代社会生活客观上要求承认、尊重和保证个体的独立、自由、自主的地位，要求承认、尊重和保证个体的权利和个性发展。个体是整个现代社会的基础，个体观念是整个现代观念的根本。没有得到全社会认同的个体观念，没有得到充分发展的个体观念，就不可能有发育完善、充满生机和活力的个体，也就不可能有发达的现代市场经济，就不可能有完善的现代社会生活，一言以蔽之，就不会有现代化。长期以来，中国人只有整体的观念，没有个体的观念，个体不被看作个体，而被看作是整体的部分。这种传统观念已经成为中国走向现代化的根本性障碍。然而，到目前为止，我们对此缺乏应有的认识，仍然把个体与整体对立起来，认为张扬个体就会妨碍甚至损害整体。殊不知，现代社会是个体完善与整体发展相互促进、协调一致的社会，没有充分发展的个体，就不会有充满活力而又和谐有序的现代社会。

关于总体性的价值观念更新的问题也是很明显的。在中国这20年的观念更新的过程中，人们始终都认为中国已有的价值观念总体上是好的，只是部分价值观念需要更新。由于有这种指导思想，人们的观念更新始终都是“挤牙膏式”的，在经济社会发展的压力下被动地进行，缺乏价值观念全方位更新的自觉性。从总体上看，人们尚未达到这样的认识高度，即中国过去的所有价值观念都需要重新审视，中国原有的价值观念需要全面更新。现代化的社会是一种全新的社会结构体系，这种体系需要与之相配套的现代价值观念体系作为它的观念基础和模式。这种现代价值观念体系不可能是旧的，也不可能是部分新部分旧的，而必须是全新的。原有价值观念中有价值的观念也必须经过批判性改造才能纳入新的观念体系之中，而不能原封不动地照搬。我们不能通过修补、改良中国传统价值观念使之走向现代化，而必须对它进行反思、批判，然后在此基础上重构与中国现代化相适应并促进其健康发展的现代价值观念。在中国，思想解放、观念更新初始阶段，由于阻力太大以及其他的原因，人们对此缺乏认识是可以理解的。但是，在我国思想解放、观念更新经历了20年后的今天，如果对此缺乏应有的自觉认识，仍然指望党和国家领导人在经济社会发展的客观要求的压力下一点一点地更新，中国的现代化建设将会受到严重的影响。进一步解放思想、全方位更新观念，决不只是领导人的事，而是全体社会成员当前和今后相当长一段时期内共同面临的根本性的时代课题。

目前，中国现实生活中出现了不少社会所不期望的问题。这些问题导致了较为严重的后果，甚至动摇了一些人对改革开放和体制转换的信心。为什么会出现这样一些过去不曾有的社会问题？重要的原因之一，就是在中国体制转换的过程中，原有的价值体系丧失了原有的感召力和约束力，而新的价值体系尚未确立。正是在这个价值真空地带，陈旧的和消极的价值道德乘虚而入，沉渣泛起。在这种情况下，仅仅靠强化原有的价值道德是不能从根本上解决问题的。因为很明显，当前中国的许多问题正是原有的价值体系不适应变化着的现实，因而丧失了感召力和约束力所导致的。它本身已不适应新的现实需要，已成为过时的东西，无论怎样强化它都是无济于事的，相反会使问题更复杂、更棘手。当前不少人针对现实中存在的诸多问题，大声疾呼要加强精神文明建设，特别是要注重思想道德建设，这是十分正确的。但是他们又普遍认为，当前问题的根源在于由一手硬一手软造成的原本很好的价值观念、伦理道德缺失、沦落，现在的任务就是要通过各种方式强化原有价值道德，使之像从前那样有效地发挥作用。我们以为这种看法值得讨论。中国历来都十分重视思想道德教育，重视世界观、价值观、人生观教育。如果如此强有力的思想政治工作都不能见效，我们恐怕需要改变思考问题的角度，想想我们原有价值道德的内容本身是否有问题、是否有些过时。在我们看来，解决中国当前存在问题的根本出路在于进一步更新观念，使价值观念与中国变化着的经济社会生活的客观要求和发展趋势相适应，加快价值观念体系转换的进程，构建一种不同于传统价值观念体系的现代价值观念体系。中国的社会生活现实表明，加快价值观念体系转换和构建现代价值观念体系的进程，对于中国的现代化建设来说，不仅是必然的、必要的，而且是十分紧迫的。

总之，经过20多年改革开放的今天，中国社会已经发展到了价值体系和价值观念需要全方位重构才能完成经济社会重构的程度，价值观念的重构已经成为中国社会现代化进程的突出问题。在这种社会历史情况下，再也不能靠那种改良性修补来进行中国的现代化建设，而必须对中国的价值观念从根本上总体上进行批判性重构。只有这样，中国社会的重构才能完成，中国的现代化才能实现。

价值观念现代化的中国特色*

当代世界各国在追求现代化的过程中都强调自己本土的特色，实际上各国实现现代化不可能不具有自己的特色。那么，现代化本土特色意味着什么？为什么它具有不可避免性？中国现代化应具备什么样的中国特色？我们怎样防止“中国特色”的旗号可能导致的消极作用？这些问题是我们追求中国特色社会主义现代化的过程中需要不断反思和研究解决的重大问题。

一、现代化本土特色的三种表现

现代以前的人类基本上是分离的，在这种分离状态下形成的各个国家、民族的价值观念也是各不相同的。尽管我们可以把各个国家、民族的价值观念统称为传统价值观念，但它们无论是在形态、结构、内容还是实质方面都是彼此不同、各成体系的。因此，对于传统价值观念来说，不存在国家特色、民族特色问题，因为它们本来就是彼此性质完全不同的价值观念体系。然而，现代人类越来越一体化，与此相应，整个人类越来越认同一些基本的价值理念和原则，这些理念和原则就构成了现代价值观念的核心内容。正是在这种意义上，现代价值观念也越来越全球化、人类化，或者说，人类不同国家、民族的价值观念正在趋同化。现代社会人类价值观念趋同化的走向表明，各个国家、民族的现代价值观念已经不再是各种性质不同的价值观念，而正在开始成为同一种性质的价值观念的不同形态。这同一种现代价值观念的各种不同形态，也就是各个国家、民族的不同特色。所谓“特色”，所指的不是不同的事物，而是同一事物在不同情境中的不同表征。现代价值观念的国家特色、民族特色和传统特色，所指的就是现代价值观念在不同国家、民族、传统中的不同表征。从这个意义上看，价值观念的国家、民族、传统特色是人类价值观念趋同化或一体化后才出现的新现象，是人类的基本价值观念走向一体化而国家、民族仍然多元化的必然结果。如果有一天国家、民族消亡，也许人类的价值观念就不再存在国家特色、民族特色和传统特色问题，尽管人类的价值观念因具有不同群体和个体特色而仍然会是多元化的。

---

* 原发表于《人文杂志》2004年第2期，中国人民大学复印报刊资料《哲学原理》2004年5期转载，原标题为《论中国价值观念现代化的中国特色：从现代价值观念的国家特色、民族特色和传统特色谈起》。

我们通常说“有中国特色的现代化”、“有日本特色的现代化”、“有韩国特色的现代化”等等，这里所说的“中国特色”也好，“日本特色”也好，实际上是一个十分含混的概念，既可以指这个国家的国家特色，也可以指这个国家的民族特色，也可以指这个国家的传统特色，也可以指这个国家的其他特色。人们事实上是在这各种不同的意义上来理解“特色”。例如，在对“中国特色”的理解上就是如此。在有的人心目中，“中国特色”指的是“中国的社会主义”，其基本规定性就是“四项基本原则”。就是说，“有中国特色的现代化”是指坚持“四项基本原则”前提下的现代化。在有的人心目中，“中国特色”指的是“中国传统文化”，其基本规定性通常是儒家思想。就是说，“有中国特色的现代化”是弘扬传统文化前提下的现代化。在有的人心目中，“中国特色”更多地是指中国的国情，如中国人口多，底子薄，贫穷落后，国民素质差，等等。如果作一梳理，人们这里所说的“特色”大致可以划分为“国家特色”、“民族特色”和“传统特色”三类。这三类特色尽管都可以看作是一个国家现代化或其现代价值观念的特色，但实际上所意指的可能是不相同甚至很不相同的。这种情况在尚未现代化而又致力于现代化的国家尤其突出地存在。弄清这种不同，对于我们正确把握现代价值观念的个性或特色是十分重要的。因此，这里我们有必要对这三种特色作进一步的分析。

我们这里所说的“国家特色”，是指国家倡导的价值观念现代化后所形成的现代价值观念所具有的特色。这种特色一般是受一个国家在价值观念现代化之前所倡导的价值观念（通常表现为这个国家的意识形态）的影响所形成的。例如，英国的女皇观念、日本的天皇观念也许就属于这种特色。这种特色一般是在国家现代化过程中通过政治的力量程度不同地保留原来的价值观念的一些原则所形成的。这种特色可能是传统意义的，也可能是非传统意义的。日本的天皇特色就是传统意义的，而中国的社会主义特色就不是传统意义的。这种国家特色的程度取决于价值观念现代化的彻底性程度。一般说来，价值观念现代化越彻底，这种国家特色越不鲜明。例如，法国的现代价值观念较之英国更为彻底，因而法国现代价值观念的国家特色远没有英国鲜明。

我们所说的“民族特色”，是指不同民族奉行的价值观念现代化后所形成的现代价值观念所具有的特色。这种特色一般是受一个民族在价值观念现代化之前所奉行的价值观念的影响所形成的。例如，英吉利人重视经验，日尔曼人重视理性，犹太人精明，也许属于这种特色。这种特色一般是由民族性格决定的。民族性格是难以在较短的时间内改变的，因而一个民族在价值观念现代化过程中不可避免地会将这些民族性格带入所转换成的价值观念。这种民族特色在一定意义上可以说就是国民性，除非通过自觉的反思和改造，否则是很难改变的。民族特色往往不是以国家为界限的，因为一个国家可能有多个民族，多个国家可能属同一民族。由于民族特色总会受到国家和传统的影响，因而即使同一民族的人，其现代观念也会有很大的差异。

我们所说的“传统特色”，情形更为复杂，一般是指一个国家自古以来沿袭的传统价值观念现代化后所形成的现代价值观念所具有的特色。这种特色一般是受一个国家在价值观念现代化之前所世代沿袭的传统价值观念的影响所形成的。例如，价值观念现代化后的日本仍然保留了“和衷共济”、“和气生财”等传统的“大和”精神。这种精神也许就是属于这种特色。传统价值观念由于世代沿袭，积淀成为一个国家或民族的灵魂和精神，因而在一个相对较短的现代化过程中是难以完全改变的。虽然它的一些核心价值观念需要转换才能成为现代价值观念，但转换后的价值观念仍然会保留过去的遗风，这种遗风可以与现代价值观念共存共荣。一般说来，当传统沿袭的价值观念与国家倡导的价值观念不一致时，传统沿袭的价值观念较之国家倡导的价值观念更难以转换。因此，一种现代价值观念的传统特色较之其国家特色会更明显，会保留得更持久。

以上三种特色虽然性质和内容可能不同，但作为“特色”已经与作为其根源的价值观念在性质上有根本不同。它们不再是过去国家倡导的、民族奉行的、传统沿袭的价值观念，而是这三种价值观念中经过现代价值观念的批判改造保留下来的一些有价值的、合理的成份。一般说来，它们在现代价值观念的结构中不会是根本性的、核心性的、主导性的价值观念，而是从属的、表层的、外围的价值观念，或者是作为现代价值观念灵魂和精髓的表现形式。我们可以以“人”作比方。现代价值观念好比就是人的本性，而各国的“特色”好比是人的个性。没有人的本性就不会有人的个性，而人的本性要通过人的个性来实现和体现。认清这一点是十分重要的。如果为了追求人的个性而不顾人的本性，结果个性可能是有了，但却不是人的个性。

以上三种“特色”并不是彼此分离的，而是相互交叉、相互重叠、相互缠绕的，很难理清道明。不过，对它们适当地加以辨识和区别对于那些致力于价值观念现代化而又力求保留自己特色的国家来说是十分必要和重要的。因为，从那些已经现代化的价值观念的“特色”来看，这些“特色”可能有些是有意识地保留的，有些是无意识遗留的。那些无意识遗留的“特色”通常是零散的、暗淡的，并不能真正反映一个国家的现代价值观念的个性特征。只有有意识地保留并发扬光大的“特色”才可能是系统的、鲜明的，才能真正反映一个国家的现代价值观念的个性特征。而要有意识地保留和发扬光大“特色”并使之系统化和个性鲜明，就必须分辨和清理国家倡导的价值观念、民族奉行的价值观念和传统沿袭的价值观念，弄清其中的哪些是与现代价值观念相冲突的，哪些是可以与现代价值观念相容并能丰富、发展和完善现代价值观念的，从而有选择地保留和发扬那些与现代价值观念相容并能丰富、发展和完善现代价值观念的国家的、民族的或传统的价值观念。

二、现代价值观念本土特色的意义

现代价值观念在一定的国家、民族的传统中生成，但并不是自然生成的，而总是与传统的和现行的价值观念相冲突、相斗争中生成的。这样一种生成过程实际上是一种观念上的革命，这种革命不可能是完全彻底的，总是或多或少地会留下一些本国的印记。另 一方面，既然从价值观念现代化过程的一开始，价值观念现代化就总是在一定的国家、民族范围内进行的，在与本国本民族的传统文化冲突、斗争和妥协之中展开的，那么，在不同的国度，价值观念现代化的结果就不会是完全相同的。这不仅在后起的现代化国家是如此，而且在现代化原发的西方国家也是如此。我们虽然笼统地把西方各国的现代化称为西方的现代化，事实上大家都知道，西方各国的现代化是不尽相同的，而且从西方世界的范围内看，它们彼此之间的差别还是很大的。例如，美国的现代价值观念与德国的现代价值观念就存在着很大的差异：美国更强调个体，德国更强调整体；美国更倾向自由开放，德国更倾向调控保守；美国更崇尚物质享乐，德国更崇尚精神追求，等等。作为价值观念现代化结果的这种差异就是现代价值观念的个性或特殊性。我们应该承认，在当今人类，以至今后的人类，不可能存在一种纯而又纯的现代价值观念，现代价值观念总是通过不同社会的价值观念体现出来的，尽管可能有些国家的现代价值观念更典型。从这种意义上看，现代价值观念具有不同的国家、民族或传统特色是不可避免的。

现代价值观念之所以必须具有不同的国家、民族或传统特色，是因为这样至少具有以下三个方面的重要性：首先，只有这样，现代价值观念才会具有多样性。现代价值观念本性上是开放的、多元的，只有具有不同的形态，整个人类的现代价值观念才会丰富多彩，相互补充、相互竞争、相互促进、相得益彰，从而使整个人类的价值观念在这种多样性中不断丰富、发展和完善。如果只肯定一种现代价值观念模式，不仅与现代价值观念的本性相违背，而且会使现代价值观念缺乏生机和活力，直到最后枯萎。其次，只有这样，现代价值观念才会为不同国度、不同民族、不同信仰的人们乐意接受。现代价值观念产生于西方，而且是在西方国家侵略和掠夺其他国家的过程中生长起来的，广大的非西方国家在情感上很难接受西方现代价值观念这种现代价值观念模式，如果使包含在西方现代价值观念之中的现代价值观念的核心内容本国化并构建适合各国国情和民族、传统的现代价值观念形态，各国会在情感上更容易接受它，避免“西化”之嫌。最后，只有这样，现代价值观念才会在各国和平地确立，避免因价值观念的严重冲突所导致的流血、战争和动乱。现代价值观念是与传统价值观念根本对立的，确立现代价值观念如果考虑各国的国情和传统，就有可能避免价值观念转换可能导致的流血和战争，就有可能通过温和的改革实现价值观念的现代化。历史事实表明，这种温和的价值观念现代化方式是代价更小因而也是人们更乐于接受的方式。

自 20 世纪 80 年代初中国就致力于解放思想、更新观念，这实际上也就是致力于价值观念的现代化。在中国致力于价值观念现代化的一开始就强调中国的价值观念现代化要有中国特色，这种指导思想是十分正确的。我们要实现价值观念的现代化，但不能照搬别的国家的模式，而必须形成自己的现代价值观念的形态，形成自己独特的个性。其所以如此，是因为以下两个理由：

首先，无论我们怎样全盘地学习或照搬别人的模式，我们也不可能完全彻底地学到别人的模式。这是因为价值观念现代化总是在一定的社会历史和文化传统中进行的，而这一切已经积淀成了深层的心理结构，要完全改变它也许几百年都是十分困难的。如果我们一定要照搬别人的模式，其结果可能不仅没有学到别人的模式，自己的传统也被破坏得面目全非，所形成的价值观念不仅没有个性和特色，而且可能是非驴非马的“四不像”。顺便指出，在我国价值观念现代化过程中，有不少人担心全盘西化因而反对全盘西化。在我们看来，这种担心是没有根据的，因为无论中国怎样全盘西化，没有几百年甚至更长的时间，中国这样文化传统悠久的国家是不可能全盘西化的。我们认为，反对全盘西化是对的，但理由不应该是担心中国会全盘西化，而应该是全盘西化的结果所形成的价值观念不会真正是现代化的价值观念，也不会真正是西方现代价值观念，而是某种杂烩。

其次，从自己的国情（包括历史文化传统和社会现实状况）实现价值观念现代化，不仅可以在实现价值观念现代化过程中形成自己的个性和特色，更重要的是可以丰富、发展和完善现代价值观念。历史事实已经证明，现代价值观念总体说来较之过去的一切传统价值观念都要优越，都更有利人类的生存、发展和幸福。

但是，现代价值观念并不是十全十美的，还存在着很多难以克服的局限和缺陷，而且事实上永远也不可能达到十全十美。因此，它需要各国在构建它的过程中从不同的角度、不同的层次、不同的方面、根据不同的情况丰富、发展、完善它。如果世界上各个国家都在坚持现代价值观念一般原则的前提下，根据自己的国情构建它，追求其个性和特色，现代价值观念会更快地丰富和完善。由于价值观念现代化有先有后，后起的国家向先行的国家学习和借鉴是不可避免的，也是必要的，但这种学习和借鉴不能是照搬。学习不是照搬它的模式，而是学习这种模式所包含的内核，所体现的精神，所确立的原则。借鉴也不是照搬它的模式，而是借鉴它构建和运用的经验教训。弄清这一点是十分重要的。例如，在中国无论是反对向西方学习还是主张向西方学习的人，常常把这种学习理解为全盘西化。其结果是在是否应该向西方学习的问题上始终难以形成共识，使中国应该向西方学习而没有向西方学习，应该学习的没有学到、不应该学习的倒学了不少，大大耽误了中国价值观念走向现代化的进程。

三、中国价值观念应具备的本土特色

如果我们肯定中国的价值观念现代化应该有自己的特色，而且这种特色不能是自发形成的，而必须是自觉构建起来的，我们必须致力于这种特色的构建，那么我们就必须进一步研究，中国价值观念现代化应该具备什么样的特色。

这里首先必须明确，我们要使中国的现代价值观念有自己的特色，并不是或并不主要是为了与别人相区别，不是为了与别人相抗衡，不是为了满足自己的虚荣心，归根到底是为了自己国家的国民生存得更好。那种对中国国民生存得更好无利的“花架子”式的“特色”是没有意义的，因而也是不值得追求的。另一方面，有一些设想的特色可能的确是十分有利于中国国民更好地生存，但却并不是中国社会所能形成的，也就是说，不管我们如何努力，我们都不可能使自己具备这些特色。这涉及国民素质、文化传统、综合实力等多种制约因素。这种可望不可及的空中楼阁式的“特色”也是我们应该否弃的。总之，我们要追求的特色必须既是有益的也是可能的。根据这种要求，中国价值观念应该具备的自身特色可以概括为以下六个基本方面：

（1）追求和谐。中国自古以来都十分重视和谐，并把和谐作为重要的价值目标，以至于有的学者认为中国文化是“和合”文化。中国传统所追求的和谐包括个人身心的协调、家庭成员的和睦、人际关系的融洽、社会秩序的纲常、天人关系的合一，等等。这其中可能有些专制性的糟粕和过时的内容，但其基本精神是值得发扬光大的。批判地继承追求和谐的传统观念，不仅可以丰富现代价值观念，而且可以克服现代价值观念过分重视物质享受、过分重视个人自由、过分强调主宰自然等偏向。中国在价值观念现代化的过程中如果能弘扬这种中国传统文化的精神，不仅可以形成中国现代价值观念的特色，而且可以使中国的现代价值观念更完善。当然，这种和谐不是完全传统意义的那种无个体、无个性、无物我差别的和谐，而是以现代个体自主、人类主体等原则为前提的和谐，不是清一色的静态秩序，而是富有多样性的动态秩序。从今天人类的现实来看，个体自主的现代原则与中国对和谐追求的传统完全可以统一起来，而且也应该统一起来。

（2）重视整体。中国传统的价值观念是绝对整体主义，十分强调整体。新中国成立后，社会把集体主义作为基本道德原则和价值原则，十分强调集体。显然这两者之间有着某种承继关系，而且有着共同的基本价值取向，这就是强调整体或集体的地位高于个人或个体。这种价值取向与现代价值观念的个体主义原则，强调个体的价值取向是对立的。但是，中国历史和现行价值观念的整体主义或集体主义所包含的肯定整体或集体的实体地位、强调整体对于个体的意义、要求人们热爱整体这些价值观念是有价值的，有助于克服现代价值观念的某些偏颇。现代价值观念从根本上说是个体主义的价值观念，它是作为传统绝对整体主义的对立物产生和出现的，这从根本上是有利于整个人类更好地生存的。但是，这种价值观念由于是整体主义的对立物，因而在产生的过程中过多地否定了整体的实体地位和对于个体的意义。这种偏向自20世纪中期后开始有所纠正，但到目前为止，尚未完全纠正过来。整体虽然从终极的意义上看是从属的，但并不总是从属的。事实已经一再表明，整体的好坏对于个体有着决定性的影响。因此，在中国价值观念现代化的过程中批判性地吸收传统的和现行的价值观念的合理内容，及早注意并适当纠正近代以来在个体与整体关系上出现的偏向，不仅可以形成中国现代价值观念的特色，而且可以丰富和发展现代价值观念。当然，重视整体，并不意味着否认个体的主体地位，而是要重视整体对个体的意义，使个体的发展和整体的发展协调共进。

（3）关怀他人。传统价值观念特别是不同民族的价值观念，都是范围较狭小的人群的价值观念，是熟人社会的价值观念，这种价值观念通常人情味比较浓。在中国民间盛行的价值观念，这种人情味就十分突出。中国自古推崇和追求“老之老，吾之老；幼之幼，吾之幼”的美德。将这种价值观念进行批判性的转换，也可以成为中国现代价值观念的一种特色。现代价值观念的基本前提是肯定人是利己的，然后由此出发要求合理地利己，也就是要通过利他来利己。这种观念是与人的本性相一致，可以构建人人相互服务的现代社会，但是，这种观念总是给人一种赤裸裸地把他人当手段的感觉，似乎人与人之间除了利害关系之外没有什么超利害的关系，使人际关系冷冰冰的，缺乏温情。这实际上也表明了现代价值观念存在着局限。正因为如此，当代人类普遍呼唤世界多一点爱。在这种情况下，我们在构建现代价值观念的过程中就应该利用我国已有的关怀他人的重人情的传统资源，来克服现代价值观念存在的局限，使我国构建的现代价值观念超越于西方现行的现代价值观念。事实上，弘扬中国重人情的传统与现代的合理利己原则并不冲突。一方面，大家都普遍关心他人，社会就会普遍充满温情，人们在这样的环境中生存会有更安全更美好的感觉，而这是现代价值观念所追求的更好地生存这一根本目标的一个重要方面。另一方面，关心他人并不排斥相互竞争，这正如体育项目比赛一样，大家在赛场上是对手，在赛场外是朋友。竞争和友情可以相互补充，相得益彰。如果我们给现代价值观念增添友谊、友爱的内涵，现代价值观念会更完善，如果中国价值观念的现代化从一开始就弘扬中国重人情的传统，不仅可以形成中国现代价值观念的特色，而且可以为人类的现代价值观念的完善作出自己的贡献。

（4）注重合作。中国传统社会的基础是分散的自然经济，在这种经济基础上虽然形成了整体主义的价值观念，但这种价值观念却并不怎么强调合作精神。应该说，中国传统的价值观念是比较缺乏合作精神的。然而，中国解放后几十年实行的是计划经济体制，这种体制虽然有种种弊端，但却突出了合作精神，合作精神成为社会倡导的一种重要价值观念。今天中国的计划经济体制虽然正在为市场经济体制所取代，但计划经济体制下所形成的合作精神却是一种精神财富，有助于克服过分市场化容易导致的以邻为壑的弊端。在我国价值观念现代化的过程中，我们应该努力使计划经济条件下高度重视的合作精神嫁接到市场观念上来，使两者有机地结合起来。市场经济本来就是一种社会化的经济，它虽然以个体为价值主体、以个体的利益为追求、以竞争的方式来实现利益，但个体的利益要通过社会来实现，特别是现代市场经济是一种需要宏观调控的市场经济，合作精神和观念是更好地实现个体利益，营造良好的市场环境，防止社会完全市场化的重要保证。另一方面，现代社会是一种组织化的社会，人生活和工作在各种组织中，组织的正常运行和最佳地发挥效能，更直接要求有合作的观念和精神。因此，在我国大力倡导市场观念、竞争观念的同时，倡导合作精神并使之与市场、竞争有机地结合起来是十分重要的。普遍形成合作观念，也可以成为我国现代价值观念的一大特色。

（5）崇尚道德。中国社会历来都高度重视道德，以至于不少人把中国传统社会称为德化社会。从现代的观点看，以德治国是弊大于利的，因而现代社会强调依法治国。历史事实证明，以德治国而不依法治国不仅不能治理好社会，而且会使社会陷入苦难的深渊。以德治国而不依法治国的结果只会是“人治”，只会是专制统治。相反，依法治国才能真正维护社会的秩序，才能真正建立自主与和谐相统一的社会。但是，不能仅仅以德治国并不意味着道德不重要。道德是社会的价值导向机制，它的使命在于告诉人们在法制的范围内怎样更好、怎样最好，告诉人们怎样走向完善。作为导向机制，它可以鼓励和引导人们不断追求，同时又告诉人们应该追求什么。因此，具有道德可以使人精神充实、不断追求、不断完善。另一方面，道德是一种个体的内在制约机制，有了道德的自觉，人们才能真正成为自由的主体，有了这种制约机制作补充，社会才会更和谐有序。然而，令人遗憾的是，到目前为止所形成的现代价值观念都十分重视法制的作用，而不太重视道德的作用，甚至把道德看作是个性自由的障碍。这应该说是现代价值观念的一种偏见。另一方面，现代价值观念从总体上看是一种物质主义取向的价值观念，在这种价值观念的影响下，现代世界不断刺激人们的物质欲望，人们不断千方百计地追求满足物质欲望，整个世界已经成为了一种物欲的世界，精神欲望没有了，精神追求没有了。这应该说是现代价值观念的一种偏颇。正是上述偏见和偏颇导致了在信奉现代价值观念的国度普遍存在精神空虚以及由此引起的社会病流行的问题。因此，在我国价值观念现代化的过程中，如何在建立现代法制观念的同时建立现代道德观念、在重视物质追求的同时重视精神追求，是值得我们注意的重要问题。中国有着重视道德的传统，为了克服现代价值观念过分重视法制、过分重视物质而忽视道德的缺陷，我国的价值观念的现代化应该很好地利用我国重视道德的传统和传统社会的道德资源，使我国构建起来的现代价值观念避免已有现代价值观念的问题。当然，中国传统的道德资源有许多与现代价值观念的原则相冲突的东西，这需要我们以现代价值观念的基本原则为尺度进行清理、批判和转换。不过，可以肯定的是，对中国传统道德进行批判性转换并使之成为中国现代价值观念体系的内容是十分有意义的，而且可以成为中国现代价值观念的鲜明特色。

（6）讲究情趣。重视时间、讲求效率是现代价值观念的一个重要特征。在这种价值观念的指导下，现代社会生活的节奏越来越快、越来越紧张，人们的生活日益表层化、视觉化。这导致了以下一些明显的问题：一是人们的心理压力很大，紧张很难缓释，其结果是不断追求强刺激，这就是现代社会之所以出现吸毒、性乱等现象的深层原因；二是人们只重感官，特别是视觉的满足，缺乏深层次的追求，人越来越平面化，越来越没有生活情趣，人类社会长期以来认定的美好事物，如爱情、友谊越来丧失其崇高的价值，越来越实用化；三是人们成天忙忙碌碌，传统社会的那种闲适完全消失殆尽，人们越来越为环境所左右，没有真正属于自己的空间，人消失在不断增长的物欲世界之中。总之，现代世界变得越来越疯狂，这样疯狂下去，人的心理承受不了，人的环境承受不了。中国传统社会是一种自然经济的社会，这种社会的发展是停滞的，人们的生活节奏是缓慢的。正是在这种社会条件下形成了中国人特别是中国上流社会非常重视生活的情趣、优雅这种传统。今天，自然经济这种经济形态已经被人类所否弃，但是在这种社会形成的讲究生活情趣的观念却可以而且应该嫁接到现代价值观念之上。讲究生活情趣与现代社会生活并不是完全对立的，相反是完全相容的，而且是现代生活所应该追求的。因为讲究生活情趣不仅可以丰富个性，愉悦人生，使生活更充实、更美好，而且可以缓释紧张，调剂生活，使工作更轻松、更愉快。另一方面，由于现代社会人们的劳动时间大大缩短，闲暇时间大大增加，由于物质文明和精神文明的巨大进步，因而讲究生活情趣和优雅已不再是少数贵族的专属品，而可以成为所有人的共有品。因此，在我国价值观念现代化的过程中，针对目前流行的现代价值观念的局限突出讲究生活情趣的意义，对于克服现代价值观念存在的弊端，形成现代价值观念的中国特色是十分必要和重要的。

四、谨防“中国特色”的消极作用

中国价值观念的现代化应该具有中国的特色。在中国价值观念现代化的过程中，应该追求形成中国的特色，这无论对于中国社会的健康发展，还是对现代价值观念的丰富、发展和完善都是十分必要而又重要的。但是，我们也应该注意到，在价值观念现代化的过程中过分强调中国特色也可能导致消极作用。我国价值观念现代化过程的实践已经一再地证明了这一点。“中国特色”这个口号的可能消极作用主要体现在以下几个方面：

第一，在构建有中国特色的现代价值观念的过程中，过分强调中国特色，很容易使人们注重“中国特色”而忽略了“现代价值观念”。中国价值观念现代化的任务是要确立有中国特色的现代价值观念，显然，这两者是有主有次的：确立现代价值观念是主要的，是有中国特色现代价值观念的根本规定性；而中国特色是次要的，是有中国特色现代价值观念的非根本规定性。然而，确立现代价值观念是更为困难的任务，因为现代价值观念是与中国传统的和现行的价值观念根本对立的，而且对于中国人来说是外在的。正因为如此，在进行价值观念的现代转换过程中的中国人在情感上、本能上更倾向于重视中国特色而有意或无意地忽视现代价值观念的根本规定性。这在价值观念转换过程中遇到困难和阻力时尤其是如此。由于存在着这种可能性，因而在我国价值观念转换的过程中不能过分强调中国特色，特别是在价值观念现代化的前期要防止过分强调中国特色而不重视价值观念的根本性转换。在整个价值观念转换的过程中，要始终抓住价值观念从传统到现代转换这个根本和关键，在着力实现这种转换的过程中兼顾中国特色。

第二，在进行价值观念的现代转换的过程中，一些保守人士可能抓住“中国特色”做文章，以应该突出中国特色为由，阻挠甚至反对价值观念的现代转换。在中国，经过二十多年的思想解放和观念更新，特别是现代化建设已经成为大势所趋、人心所向并且成为我国基本国策的情况下，一些保守人士已经不公开反对实现现代化，不公开反对观念更新，但他们可能抓住“中国特色”这面旗帜做文章，以这不符合“中国特色”、那不符合“中国特色”阻挠或反对一些根本性的价值观念转换和更新。他们通常把“中国特色”问题与“西化”问题联系起来，丢掉“中国特色”搞现代化就意味着“西化”。用“西化”来阻挠、限制和反对改革，动辄就指责别人搞精神污染，搞自由化，搞私有化，搞资本主义。中国二十年来改革遇到的主要阻力不是国外的，而是国内的，而且几乎都是以“中国特色”这个口号为大旗进行的。从某种意义上说，“中国特色”几乎成了一些人用来吓唬人的“虎皮”。由于存在着这种可能性和现实性，因而在我国价值观念现代化的过程中，必须全方位开放，必须通过一定的法制和政策措施，保证在理论和实践的探索方面无禁区，使“中国特色”不可能成为反对改革的武器。而要做到这一点，我们至少在价值观念现代化的初始阶段不应过分强调“中国特色”的意义。

第三，“中国特色”的口号可能成为人们自我原谅、推卸责任的堂而皇之的理由。在价值观念现代化的过程中，难免出现这样那样的失误、问题，这本来是自然的，问题是要正视问题并努力地去解决问题。可是有不少人却可能不去这样做，他们不去想办法解决问题，而是想方设法去找理由搪塞，从而为自己开脱。“中国特色”就成为了他们最充足也是最方便的理由。如果改革不到位，他们就会说，这是中国特色；如果出现了什么不良现象，他们就会说，这是中国特色；如果出现了某种失误，他们也会说，中国的特色就是如此。这样一来，“中国特色”并没有成为中国真正的特色和个性，相反成了逃避改革的避难所。我们稍加反思就可以发现，中国改革开放到今天，被认为是中国特色的东西几乎都是中国改革开放的难题。这些难题常常成为改革的拦路虎，不是人们不能解决，而是人们不敢解决。由于这种可能性和现实性的存在，因而中国的价值观念更新要走出困境，加快步伐，必须拆除这个“避难所”，而“拆除”的方式就是要使中国特色从属于现代价值观念，以现代价值观念的根本原则为标准和尺度来衡量“中国特色”，只有不与之相冲突的价值观念才有可能被看作是有中国特色的价值观念。

事实告诉我们，如何正确认识和对待中国特色问题已经成为一个事关我国改革开放和现代化建设的关键性问题。这个问题解决得不好，中国的价值观念现代化和整个现代化建设事业就不可能顺利进行，中国的现代化就会始终在“体”、“用”问题上兜圈子，而走不出自己设定的怪圈。对此，我们应有清醒的认识。

当代中国价值观的源与流*

自党的十六届六中全会提出建设社会主义核心价值体系以来，特别是自党的十八大提出培育和践行社会主义核心价值观以来，构建以社会主义核心价值观为核心内容的当代中国主流价值观的任务提到了全党和全社会的面前。毫无疑问，构建当代中国主流价值观必须立足于当代中国特色社会主义建设和改革开放的伟大实践，必须与当前我国进行的全面深化改革相一致、相协调。同时，我们也必须从古今中外汲取正确合理有益的思想观念，以使我们正在构建的当代中国价值观成为具有中国特色的人类最先进的价值观。为此，有必要对当代中国价值观的来龙去脉进行疏理，弄清它与中国传统文化及当代世界文明的关系，确定它在当代世界和人类历史上的方位，阐明它应具备的优势和特色。基于这种考虑，本文拟从与马克思恩格斯创立的科学社会主义理论、中国悠久的文化传统，以及当代世界最有影响力的西方近现代价值文化的关系角度，对当代中国价值观与它们关系究竟怎样进行考察，对应从它们中承继、吸收和借鉴什么作初步的阐述。

一、对马克思主义的坚持与发展

当代中国正致力于构建的主流价值观即中国特色社会主义价值观的真正源头在哪里？答案应是不言而喻的，其真正的源头是马克思恩格斯创立的科学社会主义，即马克思主义。在整个中国特色社会主义建设和中国特色社会主义价值观构建过程中，坚持马克思主义是任何时候都不可动摇的。

马克思主义从传入中国到今天，经历了三个重要的历史阶段。第一个阶段是从中国共产党成立到中华人民共和国成立。在这个时期，先进的中国知识分子将马克思主义与中国工人运动相结合，组建了中国共产党，并且在中国共产党的领导下，以推翻帝国主义、封建主义和官僚资本主义“三座大山”的压迫，夺取新民主主义革命和社会主义革命胜利为目标，最终建立了社会主义的新中国，并且使马克思主义成为国家的主导意识形态。第二个阶段是中华人民共和国成立到实行改革开放国策。这是社会主义价值观在中国大陆占统治地位的时期，但由于种

---

* 原发表于《山东社会科学》（与张景合作）2015 年第 5 期，中国人民大学复印报刊资源《中国特色社会义理论》2015 年第 5 期转载，原标题为《当代中国价值观的源流探析》。

种历史原因，新中国所确立的社会主义价值观并非本来意义的马克思恩格斯所创立的社会主义价值观，而是苏联模式的社会主义价值观。这种价值观的计划经济模式，以及党和国家领导人对社会主义社会阶级状态的错误估计，最终导致了“文化大革命”的空前浩劫。对“文化大革命”的深刻反思，使中国进入到了一个新的历史时期，这就是从实行改革开放到今天进行中国特色社会主义建设的时期。这个时期对“什么是社会主义”、“如何建设社会主义”的艰苦探索，使我们党深刻认识到：一方面我们必须坚持马克思主义的社会主义，因为只有社会主义才能救中国，才能发展中国；另一方面必须真正把马克思主义与中国实际相结合，使马克思主义中国化时代化大众化，因为只有中国特色社会主义才能使中国实现现代化。

马克思主义从在中国传播到成为国家主导意识形态的过程，是马克思主义与中国实际相结合的过程，是马克思主义中国化时代化大众化的过程，也是马克思主义在中国逐渐取得胜利的过程。中国社会主义革命和建设之所以能取得胜利，从思想理论的角度看，是因为我们找到了并根据不同历史阶段的实际运用和发展了马克思主义。马克思主义在中国社会主义建设事业中的指导思想地位得到了全社会乃至全世界的普遍公认，而且它是我们中国人找到的能使中华民族实现伟大复兴和实现现代化的唯一正确思想理论。马克思主义是一个完整的思想体系，其正确性和独特魅力突出地表现在：它深刻揭露了以市场经济为基础的资本主义所不可克服的生产社会化与生产资料私人占有之间的内在矛盾，以及由此必然导致的社会两极分化和周期性经济危机；科学揭示了资本主义由于其不可克服的矛盾而必然为社会主义所取代的历史规律；大胆预示了替代资本主义社会的社会主义社会不再是以资本增殖为终极目标的社会，而是以社会成员全面而自由发展的社会。把马克思主义与中国实际结合起来建设的中国社会主义，已经显示出并将进一步日益显示出资本主义所无可比拟的优越性。今天构建当代中国价值观的过程，就是把马克思主义与中国实际进一步结合起来的过程，是马克思主义进一步中国化、时代化和大众化的过程。

正在构建的当代中国价值观始终都旗帜鲜明地坚持和发展马克思主义。《中共中央关于构建社会主义和谐社会若干重大问题的决定》明确指出：“马克思主义指导思想，中国特色社会主义共同理想，以爱国主义为核心的民族精神和以改革创新为核心的时代精神，社会主义荣辱观，构成社会主义核心价值体系的基本内容。”①

① 《中共中央关于构建社会主义和谐社会若干重大问题的决定》，《人民日报》2006年10月19日第1版。

党的十八大报告中进一步明确要求，加强社会主义核心价值体系建设，要“推进马克思主义中国化时代化大众化，坚持不懈用中国特色社会主义理论体系武装全党、教育人民”①。马克思主义当代中国化时代化大众化的最重要成果是中国特色社会主义理论和实践。中共中央印发的《关于培育和践行社会主义核心价值观的意见》明确把高举中国特色社会主义伟大旗帜作为培育和践行社会主义核心价值观的指导思想。②党中央文件的所有这些要求既是对我国过去社会主义实践经验的科学总结，也是对构建当代中国价值观提供的明确要求。

当代中国价值观并未建成，尚处于构建的过程中，还必须坚持和发展马克思主义。构建当代中国价值观首先必须进一步坚持马克思主义的基本立场、基本观点、基本原则，使我国构建的主流价值观真正是马克思主义，是科学社会主义的。无论是国内还是国外，有不少人认为马克思主义产生于19世纪，今天已经过时。还有些人认为马克思预言资本主义必然灭亡，然而到一百多年后的今天也没有灭亡，从而怀疑马克思主义的正确性。我们知道，西方今天占统治地位的自由主义一般认为产生于17世纪的英国思想家洛克。自由主义虽然经历了从自由放任主义到国家干预主义的转变，但它的基本立场、基本观点、基本原则没有变。马克思的社会主义产生于19世纪，比自由主义还要晚两个世纪，我们没有理由说它到今天必定过时，而洛克的自由主义不会过时。至于说资本主义到今天尚没有灭亡，并不能表明马克思恩格斯预言的破产。一方面，资本主义固有的矛盾及其后果依然存在，今天没有灭亡并不意味着它不会灭亡。资本主义今天仍然充满着生机和活力，主要得益于国家干预政策的实施和现代科学的发展，这两个方面是马克思主义创始人所未曾充分预料到的。另一方面，我们也不难看出，当代资本主义也正在朝着马克思恩格斯所预示的社会发展方向发展。就是说，由于现代科技的发展和国家干预的实施，今天的资本主义不一定要通过无产阶级革命和无产阶级专政进入社会主义社会，但它的发展方向，乃至整个人类社会的发展方向，都是马克思所预示的以人的全面而自由发展为原则的自由人联合体。今天我国构建主流价值观之所以要坚持马克思主义，就是要使中国走出一条不同于资本主义的社会主义道路，从而达到马克思恩格斯所设想的人类理想境界。对于已经走向社会主义道路的中国而言，不可能也不应该像苏俄那样回头再走资本主义之路。

---

① 胡锦涛：《坚定不移走中国特色社会主义道路 夺取中国特色社会主义新胜利》，《人民日报》2012年11月18日第1版。

② 《关于培育和践行社会主义核心价值观的意见》，《人民日报》2013年12月24日第1版。

马克思主义必须在丰富和发展中坚持。构建当代中国价值观的过程也就是丰富和发展马克思主义的过程。在当代中国发展马克思主义面临双重的任务：其一，要以马克思主义为指导探索我国现代化建设过程面临的各种新的问题，不仅使马克思主义与中国实践对接、结合，在有效解决当代中国问题的过程中使之成为中国最先进的价值观，成为价值观多元时代的中国主流价值观。其二，也要以马克思主义为指导探索当代世界面临的各种新的问题，使马克思主义与当代世界实践对接、结合，在有效解决当代世界问题的过程中使之成为世界最先进的价值观，成为价值观多元时代的世界主流价值观。这两个方面不是分离的，而是紧密的联系在一起的。一方面，在全球一体化的新情况下，中国问题与世界问题完全分不开，特别是我国市场经济兴起以来暴露的许多问题与其他所有市场经济国家相似。这种新的情况要求当代中国价值观构建必须将中国问题与世界问题联系起来考虑和研究解决，缺乏世界视野，中国问题不可能得到真正的解决，当代中国价值观也不可能真正构建起来。另一方面，马克思主义是一种世界性思潮，是近代产生的、在今天世界最有影响力的两大思潮之一。中国是信奉马克思主义的国家，而中国是世界上人口最多的国家，也是社会主义事业最兴旺发达的国家。因此，当代中国不仅有解决本国的社会主义现代化问题的责任，而且也肩负着研究解决现代人类面临的世界性问题的重大使命。从这种意义上看，我们要把当代中国价值观作为具有世界意义、全人类意义的价值观来构建，使之成为当代人类最先进的价值观。这种价值观以其先进性可以与西方自由主义价值观相抗衡、相竞争，不仅不被自由主义价值观战胜，相反要通过超越它而最终战胜它。只有这样，我们才真正在当代弘扬和发展了马克思主义。

二、对中国文化传统的融入与开新

当代中国价值观是在当代中国构建的国家价值观，原本是中国文化和价值观的历史延续。作为中国特色社会主义价值观是与改革开放前的传统社会主义价值观一脉相承的，本质上一致的。然而，改革开放前的中国价值观不仅对国外特别是西方封闭，而且对传统文化也是封闭的。如此一来，就提出了当代中国价值观与中国文化传统以及与中国传统文化的关系问题。

中华人民共和国的成立不仅在辛亥革命摧毁了皇权专制制度的基础上建立了社会主义制度，而且也在20世纪初“新文化”运动的基础上对传统文化进行了彻底否定。这种彻底否定在“文化大革命”中达到了登峰造极的地步。当时举国上下“破四旧”“立四新”[①]，与传统实行“彻底决裂”。应该承认，传统社会主义价值观是与中国文化传统隔断的，对传统文化采取的是历史虚无主义态度。自改革开放开始，我国不仅对国外打开了大门，而且也对传统文化打开了大门。近几十年来在中国大地上出现了“新儒学热”和“国学热”。人们越来越清醒地意识到，马克思主义中国化不只是要与中国社会现实相结合，而且也必须与中国文化传统相结合。实际上，无论我们是否承认，中国社会现实都是中国文化传统的延续，当代中国现实也在创造着中国文化传统。而且，尽管在“文化大革命”中，中国人革了文化传统的命，但中国现代生活中处处都依然渗透着中国传统文化的精神和因素。显然，试图将当代中国现实与中国文化传统割裂开来，既不可能，也会使马克思主义丧失民族文化的根基和血脉，从而没有了活力源泉。

正是基于这种认识，改革开放以来，特别是实行社会主义市场经济以来，党中央高度重视弘扬中国优秀传统文化对于当代中国价值观构建的极其重要意义。中共中央印发的《关于培育和践行社会主义核心价值观的意见》指出：“中华优秀传统文化积淀着中华民族最深沉的精神追求，包含着中华民族最根本的精神基因，代表着中华民族独特的精神标识，是中华民族生生不息、发展壮大的丰厚滋养。”[②]习近平同志也明确指出：“中华文明绵延数千年，有其独特的价值体系。中华优秀传统文化已经成为中华民族的基因，植根在中国人内心，潜移默化影响着中国人的思想方式和行为方式。今天，我们提倡和弘扬社会主义核心价值观，必须从中汲取丰富营养，否则就不会有生命力和影响力。”[③]“中国人民的理想和奋斗，中国人民的价值观和精神世界，是始终深深植根于中国优秀传统文化沃土之中的，同时又是随着历史和时代前进而不断与日俱新、与时俱进的。”[④]当前我国主流价值观的构建正在着力弘扬中国传统优秀文化，努力将当代中国价值观融入到中国悠久的文化传统之中，使之实现伟大的复兴。当代中国价值观与传统社会主义价值观的重要区别之一，在于它在对传统文化开放的过程中正在融入中国文化传统，开始自觉从优秀传统文化中汲取资养，正在成为中国式的（而非苏俄式的）、有中国

---

① “破四旧”，指破除旧思想、旧文化、旧风俗、旧习惯；“立四新”，指立新思想、新文化、新风俗、新习惯。

② 《关于培育和践行社会主义核心价值观的意见》，《人民日报》2013 年 12 月 24 日第 1 版。

③ 习近平：《青年要自觉践行社会主义核心价值观——在北京师生座谈会上的讲话》，《人民日报》2014 年 5 月 5 日第 2 版。

④ 《习近平在纪念孔子诞辰 2565 周年国际学术研讨会暨国际儒学联合会第五届会员大会开幕会上的讲话》，《人民日报》2014 年 9 月 25 日 2 版。

特色的。当前我国的主流价值观构建的重要任务之一就是要使当代中国价值观真正植根于中国文化传统的沃土之中，使它在其中生根、开花、结果。

中国优秀传统文化中蕴藏着构建中国特色社会主义价值观的重要启示。比如：关于天下为公、大同世界的思想；关于以民为本、安民富民乐民的思想；关于为政以德、政者正也的思想；关于仁者爱人、以德立人的思想；关于中和、泰和、求同存异、和而不同、和谐相处的思想，等等。[①] 中国优秀传统文化的丰富内容可以为人们认识和改造世界提供有益启迪，可以为治国理政提供有益启示，也可以为当代中国价值观构建提供丰富内容和有益启发。当代中国价值观要融入中国文化传统，要弘扬优秀传统文化，这是当前已经普遍形成共识的。不过，在处理与传统的关系上，也有些问题需要我们在构建当代中国价值时注意和明确：

第一，当代中国价值观融入中国文化传统，并不是要使之湮没在中国文化传统中，而是要使之成为新的中国文化传统。几千年来形成的中国文化传统，其内容极其丰富，但是我们也应该看到，近代以前的中国文化传统就其主体而言是建立在落后的自然经济基础上的宗法皇权主义文化传统。当代中国价值观不能简单地融入这种传统，而要根据现代市场经济和民主政治对这种专制主义文化进行进一步的革故鼎新，并在此基础上形成中国特色社会主义新文化传统。因此，当代中国价值观对中国文化传统的融入是革命性的、创新性的，而不是与已有的专制主义文化传统的混合，不是在它已经被打碎后再接续起来。它是在新的时代、新的经济基础之上构建的一种包含优秀传统文化内容同时又与现代世界文明接轨的先进价值观。这种情形类似于西方近现代价值观与西方古代（古希腊罗马和中世纪）价值观的关系。西方近现代主流价值观不是西方古代主导价值观的自然延续，而是完全适应西方市场经济兴起和发展的需要构建起来的，尽管它从西方古代价值观中吸收了许多有价值的内容。

第二，当代中国价值观弘扬和传承中国优秀传统文化，并不是要回归到中国传统文化，也不是要把传统文化嫁接到现代文明上，而是要在弘扬传统的过程中利用优秀传统文化资源。自改革开放以来，我国社会转型时期出现了不少社会问题，在这种情况下，一些学者认为马克思主义已经过时，社会主义价值观已经失效，而且西方文化也已经衰落且不适用于中国，因而主张用传统文化特别是传统

---

① 关于中国优秀传统文化的内容，习近平同志列举了十五个方面。参见《习近平在纪念孔子诞辰2565周年国际学术研讨会暨国际儒学联合会第五届会员大会开幕会上的讲话》，《人民日报》2014年9月25日2版。

儒家思想来解决当代社会问题。香港学者胡国亨先生就认为，西方文化已经衰败，在这种情况下仿效西方的现代化未必有前途。那么未来的中国应该何去何从？他提出复兴孔子学说是唯一出路："孔子思想（不是儒家学说）的复兴，可能会为中国未来文化建设提供一个最健康、最扎实及最平衡的基础。"① 他实际上是主张用所谓"大孔子学说"取代马克思主义作为当代中国价值观的理论基础。在这种情况下，我们必须清醒地意识到，在当代中国弘扬和传承传统优秀文化，从根本上说，是要利用传统文化的资源为当代中国价值观构建服务，使当代中国价值观不仅是社会主义的，而且是有中国特色的，是接地气的，具有民族认同感和亲和力，人们喜闻乐见。如果以为构建当代中国价值观就是要使社会主义价值观回到传统价值观（无论是诸子百家的和后来的思想家的，还是占主导地位的专制主义的）或在新的历史条件下复兴传统价值观，那我们就会犯致命性的错误，其实践后果不仅仅会是人们的思想混乱，更会将中国引入灾难的渊薮。

第三，当代中国价值观要利用的中国传统文化资源，不只是儒家思想，更不只是以儒家价值观为依据构建的宗法专制主义的传统文化，而是中国进入文明社会以来逐渐形成的传统文化。中国传统文化资源极其丰富，包括西周及以前的文化、春秋战国时期诸子百家的文化，后来佛教与中国文化融合后形成的文化、宋明程朱理学和陆王心学文化，以及鸦片战争开始形成的"新文化"等思想文化，也包括极其丰富的制度文化、行为文化等。利用中国传统文化，不只是要利用思想文化，更不只是要利用儒家思想文化，而是要利用各种文化资源；不仅要直接利用传统文化的有益内容，而且要总结其经验教训，将历史经验教训作为今天的重要历史借鉴。这里有一点需要指出，我们通常说要弘扬和传承优秀中国传统文化，这是对的，但我们在利用传统文化资源时，就不只是利用优秀的，也需要利用那些糟粕的，从中总结历史经验教训，并引以为鉴，这即是所谓"以史为镜，可以知兴替"。实际上，历史文化资源本身也通常是良莠兼俱的，并没有绝对优秀的或绝对糟粕的，只是优秀或糟粕的程度差异而已。因此，我们不能指望从历史文化资源中挑出纯粹优秀的内容来继承，而只能以批判的态度吸取其精华剔除其糟粕，以达到"古为今用"的目的。

总之，当代中国价值观构建是一种对中国文化传统和价值观传统的开新，是在这种开新过程中对中国文化传统的融入和延展。

---

① 胡国亨：《独共南山守中国——戳破西方文化优越的神话》，中文大学出版社，1995年，XIV。

三、对西方近现代价值文化的借鉴与超越

当代中国价值观构建是在我国实行改革开放的历史境遇中进行的。西方近现代价值观对我国当代主流价值观构建具有直接的“触媒”作用。在实行改革开放国策之初，我们感到必须解放思想、更新观念。当时虽然意识到要实现我国现代化，必须实行经济体制改革以及其他体制的改革，但并未清醒地意识到要从更深层次上更新和重构我国主导的价值观。我国国门打开之后，西方现代文明的高度繁荣使我们深感自己国家的贫穷和落后，也使我们逐渐感到西方近现代文化和价值观的强大力量和给我国社会生活带来的巨大冲击。这使急于实现现代化的中国人感到要全面深化改革开放，同时也感到，要全面深化改革就需要构建与日益变化的社会体制和社会生活相适应的现代价值观。

实际上，西方近现代价值观对于我国构建当代主流价值观不仅具有“触媒”作用，还具有其他多方面的意义。首先，它给我们提供了许多现代价值观的思想资源。我们大量地译介西方的学术著作，进行日益广泛深入的文化教育交流，在中国大地上掀起了一次又一次的西方文化冲击波。我们不能否认西方近现代价值文化的资本主义性质，也不能否认其中有很多糟粕，但是我们也必须肯定其中有不少与市场经济、民主政治、现代法治、现代科技相适应的东西。这些东西为当代中国价值观构建提供了丰富的可供选择和借鉴的内容。其次，西方近现代价值观及其构建也给我们提供了构建主流价值观的经验教训。西方近现代价值观和文化是西方资产阶级自觉构建的结果。西方近代以来的思想家提供了各种可供选择的价值观理论方案，西方近现代政治家则从这些方案中选择了自由主义理论作为主流价值观，并将其付诸实践，使之现实化。西方近现代价值观的构建使我们意识到在现代文明条件下自觉构建主流价值观的必要性和重要意义，意识到与计划经济相适应的价值观不适应市场经济，市场经济需要与之相应的价值观；另一方面西方近现代价值观及其构建的局限性和难以克服的各种难题，也使我们力图避免西方近现代价值观建设走过的弯路和已经显现的偏颇。正是鉴于这种经验教训，我们意识到我国不能走西方近代构建价值观的老路，不能搞“全盘西化”，而必须坚持走社会主义道路，当然这种社会主义不是传统的社会主义，而是有中国特色的社会主义。

正因为改革开放以来党中央正确地意识到了西方价值观对我国主流价值观所具有的意义，所以我国不断扩大对外开放，由改革开放初的“被冲击”到自 1992 年邓小平南巡讲话开始的“主动引进”。在这个过程中，我们也走过一些弯路。例

如，20世纪80年代开展的“清除精神污染”、“反对资产阶级自由化”等，就是力图用传统社会主义价值观抵御西方思想文化的冲击。事实证明，这是不能完全奏效的。20世纪90年代我国实行市场经济体制之后，改变了以前被动应对的策略，在更自觉更主动地对外开放的同时，开始适应全面深化改革开放和建立社会主义市场经济的需要，自觉主动地构建当代中国价值观，特别是社会主义核心价值体系和核心价值观。这种自觉主动的价值观构建不再对西方近代价值观采取敌视的和简单抵制的态度，而是吸取其中有价值的合理内容，真正采取了“洋为中用”的积极开放态度。其最重要的成果就是党的十八大把过去被看作为西方资本主义价值观重要内容的“自由”、“平等”、“公正”、“民主”、“法治”等纳入了社会主义核心价值观之中，作为其中重要的理念，并赋予社会主义的新涵义。

在对待西方近现代价值观的问题上，改革开放以来我国虽然走过一些弯路，但总体上看路子是正确的，而且是非常卓有成效。构建当代中国价值观应当沿着这条路子走下去，这就是党的十八报告提出的八项“必须坚持”中的“必须坚持改革开放”。但是，随着中国特色社会主义事业的迅猛发展，随着全球一体化的进一步加深，我们在构建我国主流价值观的过程中，在对待西方文化和价值观的问题上还需要进一步理清思路，调整策略。具体地说，有以下三点值得特别注意：

第一，我们需要进一步在学习借鉴西方近现代价值观的基础上致力于超越。西方近现代价值观是西方资产阶级经过几百年的艰苦探索和奋斗构建起来并使之现实化的。它不仅是人类历史上第一个自觉构建的最完整系统的价值观，而且至少在近代它也是人类最先进的价值观。这种价值观以其独有的实力和魅力彻底战胜了在西方占统治地位一千多年的基督教教会的统治和世俗的封建主义、专制主义，并且造就了繁荣发达的西方现代文明。马克思恩格斯曾充分肯定资产阶级在人类历史上所发挥的重要作用：“资产阶级在历史上曾经起过非常革命的作用”；“资产阶级在它的不到一百年的阶级统治中所创造的生产力，比过去一切世代创造的全部生产力还要多，还要大”。[①] 在马克思恩格斯作出上述判断一百多年后的今天，西方资产阶级又解决了不少面临的新问题，并使近代确立的资本主义价值观进一步得到完善。我国是致力于市场经济和现代化建设的发展中国家，西方近代几百年来通过理论和实践不懈探索形成的价值观，其中肯定有不少内容是值得我们去批判地学习和借鉴的。应该承认，改革开放以来我国已经从中吸收了不少有

① ［德］马克思、恩格斯：《共产党宣言》，中共中央编译局编译：《马克思恩格斯文集》2，人民出版社，2009年，第33、36页。

益的内容，但是我们不能以为这种学习借鉴已经完结，相反，我们还要以更博大的襟怀学习借鉴其中一切有价值的能为我所用的东西。当然，我们今天的学习借鉴应该更自觉更主动，更要着眼于超越它来学习借鉴。要明确，我们学习借鉴的目的不仅在于解决当代中国由市场经济引起的问题和现代化过程中出现的问题，也许更在于构建比西方资本主义价值观更先进的当代人类最先进的价值观，使社会主义战胜或代替自由主义而成为当代世界的最强势思想体系和文化体系。

第二，我们需要调整以前的做法，从学习吸收为主借鉴比照为辅转向以借鉴比照为主以学习吸收为辅。经过三十多年的对西方开放，西方文化和价值观中的不少内容已经为我们所了解和吸收。在这种情况下，我国主流价值观构建在对待西方文化和价值观的策略方面应作相应的调整，要从以前以学习吸收为主，转向以借鉴比照为主。学习吸收主要是一个“拿来”的过程，使其为我所用，其对象是西方已经取得的成果；借鉴比照则主要是一个“参照”的过程，将其作为对手，其对象是西方当代怎么做。中国的崛起已经使西方国家将中国看作是它们的对手，同样，我们也必须有意识地将西方世界作为我们构建价值观和新世界的对手，了解对手，研究对手，在博弈和合作中超越它。这即是所谓“知己知彼，百战不殆”。

第三，我们要超越西方价值观，还需要进一步改进对待西方文化的态度。经过三十多年的改革开放，我们已经有了对待西方文化的正常心态和博大胸怀，但也不同程度地存在着某些值得注意的问题。其中一个特别突出的问题是，我国有不少人将西方近现代价值观在中国的传播与西方某些反华势力的“西化”和“分化”图谋混为一谈。我国对西方文化以及其他国家文化实行开放政策，以及西方文化在当代世界的强势地位，使得西方价值观在中国大陆得到较广泛的传播，西方价值观至今仍然在中国相当有影响力。出现这种情况原本是自然而然的。但是，我们有一些人却简单地将这种情况看作是西方反华势力的“西化”、“分化”图谋，并因而反对对西方文化的学习和借鉴。的确，西方有些反华势力试图分裂中国、使中国全盘西化，我们也应该粉碎这种图谋，但我们不能因此否认学习借鉴西方的必要性。实际上，问题很简单，西方反华势力用来分裂中国的东西一定不是西方优秀的文化，而只能是西方用来对付别人而自己不用的东西。我们向西方学习借鉴的不是这样的对付中国的东西，而是西方人自己用的且对我们有用的东西。因此，我们要将西方近现代价值观及其构建的有益内容和经验与西方反华势力的“西化”、“分化”图谋区分开来。

社会主义核心价值观的道德化*

培育和践行社会主义核心价值观（以下简称为“核心价值观”）既有一个学习、教育、宣传的问题，也有一个使其内容和要求法制化、道德化和政策化的问题。自党的十八大以来，核心价值观的学习、教育、宣传受到了高度的重视，兴起了一波又一波的热潮，也收到了良好的效果，但使核心价值观法制化、道德化和政策化的问题还没有受到全社会足够的重视，甚至对此尚缺乏应有的意识。刘云山同志指出，核心价值观建设要“在落细落小落实上下功夫，久久为功、锲而不舍抓下去”。① 使核心价值观法制化、道德化和政策化，就是使之落细落小落实的关键性途径。

一、价值观与道德观的关系

核心价值观道德化的内容很丰富，但其核心内容是使核心价值观转化为社会和人们的道德观。然而，价值观与道德观的关系比较复杂，而且在人类历史上有一个漫长的演变过程。了解这种情况对于我们理解核心价值观道德化很有意义。

学界一般认为，“价值”这个概念最早是17、18世纪英国古典政治经济学家提出并引入经济学的，所涉及的是交换价值、使用价值等经济价值内容。到18、19世纪德国哲学家康德、洛策、尼采等人又将其引入哲学。康德重视“道德价值”，洛策主张建立价值哲学，尼采则提出“重估一切价值”。19世纪末20世纪初奥地利哲学家迈家、艾伦菲尔斯等人提出建立一般价值观，并对美国产生影响，20世纪初至今美国有一大批哲学家研究一般价值论，其中包括价值观。作为一个概念，“价值观”最早也是在19世纪伴随着价值哲学、“价值重估”一般价值论的出现而出现的。“价值观”中的“价值”概念，指的是涵盖对于人类有意义的所有价值，如经济价值、政治价值、文化价值、宗教价值、道德价值等等。19世纪以前，不能说人类没有价值和价值问题，但所关心的主要是道德价值（主要概念是“善”“恶”，此外还有“正当”、“不正当”、“公正”、“不公正”），17世纪才开

* 原发表于《中原文化研究》（与张媛媛合作）2015年第6期，原标题为《论核心价值观的道德化》。

① 参见《政协常委会第十二次会议开幕 俞正声出席、刘云山作报告》，《人民日报》，2015年8月27日第1版。

始关注经济价值。就是说，在“价值观”概念出现之前，人类只有“道德价值观”和“经济价值观”的概念，而道德价值观几乎与人类社会始终相伴相随。

自从出现了“价值观”的概念之后，道德价值观当然被涵盖进去，但是，道德价值观只是道德或者说社会道德体系中的一个要素，虽然是其中的一个核心要素。社会道德体系除了道德价值观外，还包括体现道德价值观的道德理想和道德规范以及引导人们追求理想、遵守规范的制约机制，而道德规范本身又是一个体系，涉及社会生活各个方面。这就是说，道德是以道德价值观为核心的一种社会控制体系。

道德作为一种社会控制体系，自古以来就存在。在传统社会，它是维护家庭、社区、部落或国家秩序的主要手段，而作为社会控制体系的法律则可能有也可能无，即使有，也常常不是主要的社会控制手段。在现代社会，法律逐渐成为社会的主要控制机制，它以强制的手段确保人们的行为遵守社会的基本规范；而道德虽然也是社会控制机制，虽然还对人们的行为起规范作用，但主要作用已不在于此，而在于使人们将社会的规范转变为自己的行为准则，将社会的终极价值目标（或共同理想）、核心价值理念、基本价值原则转化为自己的人格理想、价值取向、价值追求、道德品质和内心信念。从这种意义上看，道德不只是善恶价值观，还是一种社会控制机制，在现代社会它尤其是社会的导向机制，具有以自身的特殊功能将社会价值观的内容现实化的不可替代作用。而且，其善恶价值观本身也必须是与价值观完全一致的，否则一个社会就会陷入混乱。

价值观作为对价值的一般的总的看法，就社会而言，是对社会价值目标、理念和原则的看法。一个社会确立主流价值观，就是要使全体社会成员对该价值观所确定的价值目标、理念和原则形成共识，并转化为内在信念和行为准则，而且要具体化为法制、道德、政策等社会控制机制，并通过这些主要社会控制机制使之内化于人们内心。其中，道德的意义主要在于，通过将社会主流价值观道德化使其深入人心并渗透到社会生活的各个方面。而这里所说的“道德化”就是通过道德舆论、道德教育和修养、道德良心、道德责任感和义务感、道德风俗习惯等道德方式或手段使社会的道德要求转化人们的人格理想、内心信念、优秀品质和行为准则。这样一种道德化的过程，也就是确定社会主流道德观的过程。

二、道德化：核心价值观现实化的必由之路

培育和践行核心价值观从实质上讲就是使核心价值观现实化，现实化为社会

的现实价值体系和社会公众的内心信念及行为准则。核心价值观现实化有诸多路径。最常见的、也是社会普遍重视的路径，是学习、教育、宣传或传播等。这种路径的主要特点是“直接影响”，即通过这种路径使社会成员（包括个人、各种组织、党政机关等）直接面对核心价值观，或者说使核心价值观直接对社会成员发生影响。这当然十分重要，因为通过这种途径社会成员可以直接了解、领会、掌握、运用、贯彻核心价值观。但是，这种途径也有其局限性。那就是社会成员在多大程度上把握和应用核心价值观是因人而异的，没有什么外在的制约力，也没有什么内在约束力，而且社会也很难掌握社会成员对核心观认同和实行的程度（广度和深度）。因此，核心价值观现实化不能仅仅靠“直接影响”的路径，还需要诉求“间接约束”。这种路径就是通过将核心价值观的内容和要求转化为社会的法制（法律和制度）、道德、政策等社会控制机制对人们起约束作用，使人们在一定意义上不得不培育和践行核心价值观。核心价值观借助社会控制机制对人们发生影响，这显然是一种间接影响。从我国目前的情况看，在培育和践行核心价值观方面，人们非常重视“直接影响”，而对“间接影响”重视不够。然而，通过社会制约机制使核心价值观对全体社会成员发生影响的力度要比前面所说的“直接影响”大得多，因此我们必须给予高度重视。

法制、道德和政策这三种现代社会的主要控制机制，在使核心价值观现实化方面发挥着不同的作用，而且相互补充、相互促进，而不能有所缺失和相互替代。

法制的作用主要在于，使核心价值观的一些最基本的内容和要求成为国家的宪法、法律和制度，从而通过法制的强制力使之得以贯彻实施。例如，我国宪法规定“把我国建设成为富强、民主、文明的社会主义国家”、“中华人民共和国的一切权力属于人民”，这就对核心价值观中的“富强、民主、文明”作出了宪法规定。同时，我国宪法也把民主作为国家制度，如规定我国是“人民民主专政国家”、国家机构实行“民主集中制原则”。如果有人在中国宣扬贫穷、专制、愚昧并从事这方面的活动，那就是违宪的行为，司法机关就可以对他进行法律制裁。

法制是强制性的，因而威力强大，人们不得不接受所规定的核心价值观要求，否则就应当受到制裁，但法制是具有普适性的，而且比较僵死，难以适用于一些特殊的、具体的和变化的情况。因此，需要政策。在核心价值观现实化过程中，国家政策的主要作用是在法制范围内针对特殊的、具体的和变化的情况通过行政手段贯彻落实核心价值观各项内容和要求，如国家可以出台最低社会保障政策、大病救助政策来贯彻落实核心价值观中的“公正”要求，当然对于违反政策的行为也可以给予行政处罚。政策的特点是灵活，特别是可通过灵活的政策措施对符合和违反核心价值观要求的行为给予鼓励和惩罚。不过，政策的处罚力度较轻，不足以维护那些根本性的、总体性的核心价值观要求，因而政策需要与法制配合起来发挥作用。

法制、政策的优势在于具有强制执行性，政策还有激励的优势，核心价值观的内容和要求一旦进入其范围，一般就能得到有效的贯彻落实。但是，它们有三个共同的局限：一是范围的局限性。它们所规定的通常是根本性、总体性、全局性、事关国计民生的核心价值观的内容和要求，这种规定不可能涉及社会生活的方方面面；二是层次的基础性。它们所规定的通常是核心价值观的最基本内容，不涉及其中的理想化的内容和要求；三是规范的外在性。它们是通过外在的强制性对人们起作用，而管不了人们是否将其转化为内心信念或自觉的行为准则。法制和政策的这三个共同局限，正是道德可以充分发挥作用之处。首先，道德在人们的个人生活和社会生活中无所不及，它不仅渗透社会生活，也渗透个人生活，甚至渗透到内心深处（如需要、欲望、情感、意志、观念等），因此将核心价值观转化为道德，就可以使之深入人心，贯穿整个社会生活及其过程。其次，道德不仅包括规范体系和机制，而且包括导向体系和机制，它在规范人们的行为的同时引导人们追求更高的理想，因此将核心价值观转化为道德可以使之成为人们的理想、信念和追求，并且能使人自觉地遵循体现核心价值观的法制、政策的规范要求。最后，现代道德虽然一般不具有强制性，但它有诸多手段使人们遵循社会规范并追求社会理想，如前面所说的舆论、教育、修养，以及良心、责任感、义务感、风俗习惯等，因此道德可以更有效地将核心价值观内化。

由此看来，使核心价值观转化为道德，或者说使之道德化，是使核心价值观现实化的必由之路。没有这种道德化以及与之相关的法制化和政策化，仅靠一般性的学习、教育、宣传是不可能真正解决核心价值观现实化问题的。

三、核心价值观道德化的含义和主要任务

核心价值观道德化既不同于它的法制化，也不同于它的政策化。核心价值观有两个层次的内容和要求：一是导向性的；二是规范性的。核心价值观的法制化，是指其中体现社会主义本质的要求以及事关社会主义社会秩序和谐的要求的制度化，以及这些要求中的底线要求的法律化。核心价值观的政策化，则是针对我国社会主义现代建设过程中出现的各种新情况、新问题，根据核心价值观的内容和要求制定相应的政策，以使之适应新情况，解决新问题。与法制化不同，政策化

既可能涉及核心价值观的导向性内容和要求，也可能涉及规范性的内容和要求。核心价值观的道德化就其涉及的范围而言，它与政策化相同，涉及整个核心价值观的内容和要求；就其稳定性而言，它与法制化相似，它要构建具有相对稳定性的道德体系。道德化与法制化、政策化的不同之处在于，它所要构建的是体现核心价值观的道德体系，这种体系与法制体系在取向上一致，但其结构和具体内容不同；另一方面它还要通过道德的控制机制使道德体系贯穿于社会生活，内化于人们心中。因此，核心价值观的道德化就是要构建体现核心价值观内容和要求的道德体系并使之在社会生活中有效地发挥作用。

在当前，我国核心价值观道德化的主要任务是构建体现核心价值观的道德体系。我国现行的道德体系是新中国成立后适应计划经济体制构建起来的。改革开放以来，特别是实行市场经济体制以来，我国许多人的道德观念和行为准则事实上已经发生并还在发生着变化。但是，我国社会倡导的道德观念和推行的道德体系变化较小，整体上看与我国现行的经济体制以及其他社会体制改革不同步、不适应，也与许多人实际奉行的道德相脱离。这种情况一方面表明，构建与核心价值观相一致的核心道德体系不是要将现行的道德体系推倒重建；另一方面也表明，这种构建也不是我们一直以来所进行的那种一般意义的“加强道德建设”。“构建当代中国道德体系不是我们通常所说的‘加强建设’，而是要以更新和调整为前提的。”[①]就是说，当代中国道德体系构建并不是要推翻现行道德体系，而是要根据新的社会历史条件和核心价值观对现行道德体系进行更新和调整，使之与新的社会历史条件相适应，体现核心价值观的新要求。中国特色社会主义建设的伟大实践和核心价值观之间是内在一致的，是良性互动的，核心价值观是对中国特色社会主义建设实践的观念反映、概括和升华，同时又是这种实践的核心内容和价值体系。因此，构建体现核心价值观的道德体系，实际上也就体现了当代中国新的社会条件的历史必然性和客观要求。

社会的道德体系一般包括两个层次：一是道德标准体系，包括从基本道德规范和最高道德理想的要求，它们构成道德不道德、道德水平高低的标准；二是道德控制体系，这是包括使社会的道德要求转化为人们的人格理想、内心信念、德性品质、道德情感和行为准则的道德机制。因此，构建体现核心价值观的道德体系包括两方面的任务：一是构建体现核心价值观的道德标准体系，这即是狭义的道德体系；二是构建体现核心价值观的道德标准体系得以发生作用的道德控

---

① 江畅、范蓉：《论当代中国道德体系建设》，《湖北大学学报》（哲学社会科学版）2015 年第 1 期。

制体系。

体现核心价值观的道德标准包括一般道德原则、基本道德规范、不同生活领域的道德要求、最高的道德理想。一般道德原则表达整个道德要求的基本价值取向。就我国现阶段而言，我们主张一般道德原则应为和谐主义。基本道德规范即通常所说“底线伦理”，是行为善恶与否的基本标准，主要包括爱国、敬业、诚信、友善、敬畏、永续。不同领域的道德要求主要涉及公共生活、职业生活和家庭生活。对于这些领域的道德要求，《公民道德建设实施纲要》作出了明确的规定。最高道德理想从社会角度讲在现阶段就是实现“中国梦”，即国家富强、民族振兴、人民幸福；从个人角度讲就是马克思的理想，即“人的全面而自由发展”。[①]在基本道德规范到最高道德理想之间还有不同的层次。例如，如果说利己不损人是底线伦理，而自觉为实现“中国梦”而努力奋斗是最高理想，那么，先人后己、舍己为人就是两者之间不同层次的道德要求。道德标准体系建构的主要任务，是要从理论上提出并论证完整的道德标准体系，并且要通过一定的途径使社会得到普遍认同。

道德标准体系得以发生作用的道德控制体系的构建，主要包括社会舆论氛围的营造，学校德育教学，各种非教学性的德育，选人用人道德状况考核机制，社会的扬善抑恶机制。社会舆论包括现代媒体的舆论和日常社会生活的舆论（如公共场所的舆论、单位的舆论、组织的舆论等）。营造这种舆论氛围的目的是形成褒扬真善美、贬抑假恶丑的社会环境，给人们的道德表现增加正能量。学校德育教学包括各级各类学校开设的思想道德教育课，这是人们系统接受道德教育的主渠道，可以从根本上控制人们的道德状况，使人们的道德按社会期待的方向发展。学校德育教学的构建主要是要使各级各类道德教学相互衔接，教学内容科学合理并体现核心价值观的要求。各种非教学性德育，即日常的各种思想道德教育，通常是针对个别性、局部性或全局性问题的。这种形式的德育构建的任务是要建立健全的道德教育队伍，并使他们能卓有成效地开展工作，以解决在人们身上发生的或面临的各种具体的道德问题。选人用人道德状况考核机制，主要是指各单位进人用人，特别是选拔干部有明确的道德要求，并能使之在选人用人的过程中得到贯彻。社会的扬善抑恶机制，主要是指在树立道德典型、奖励道德英雄模范人物，以及对典型的邪恶人物和行为进行谴责。扬善抑恶机制是道德社会控制的重

① 参见江畅、范蓉：《论当代中国道德体系建设》，《湖北大学学报》（哲学社会科学版）2015 年第 1 期。

要手段，它们的构建不仅要求科学、合理、有效，而且要正规化、常态化、制度化。只有这样，它们才能真正发挥扬善抑恶的独特功能。

四、培育和践行体现核心价值观的道德观

核心价值观道德化，就其实质而言，就是要在全社会确立或者说培育和践行体现核心价值观的道德观。这是构建体现核心价值观的道德体系的基础性和先导性的工作。就当前而言，我们需要着重做好以下四项工作：

第一，提高对培育和践行体现核心价值观的道德观重要性的认识。前文所述表明，体现核心价值观的道德观既是核心价值观的重要内容，又是使核心价值观落到实处的重要途径，核心价值观只有道德化，才能真正深入人心。因此，我们要把培育和践行体现核心价值观的道德观作为培育和践行核心价值观的重要途径，给予高度重视。当前，特别要注意克服普遍存在的讲核心价值观不讲核心价值观的道德化，讲培育和践行核心价值观而不讲培育和践行体现核心价值观的道德观的问题，从而把核心价值观与体现核心价值观的道德观的培育和践行有机地结合起来，利用道德的特殊功能和作用强化核心价值观的培育和践行。

第二，形成对体现核心价值观的道德观的共识。体现核心价值观的道德观并不就是核心价值观，而是核心价值观的道德化。那么，这种道德化的核心价值观或体现核心价值观的道德观是什么，它如何使核心价值观落细落小落实，这不仅需要理论上的研究，而且要将理论研究的成果转化为全社会的共识。特别需要注意的是，我国目前的道德体系和人们的道德观并不都是体现核心价值观的，有些内容可能还是与核心价值观背道而驰的。在这种情况下，从理论上构建体现核心价值观的道德观、从实践上使之成为全社会的共识就是摆在全党全社会的严肃问题，亟待我们加以解决。刘云山同志指出，“核心价值观建设，重要的是坚持以立为本、立破并举”①。体现核心价值观的道德观建设亦应如此。

第三，将体现核心价值观的道德观教育纳入道德教育的全过程，营造弘扬这种道德观的舆论氛围。体现核心价值观的道德观还需要从理论上构建和完善，但从实践的角度看，我们不能等到这种道德观完善后再来培育和践行，而要边进行理论上的构建和完善边培育和践行。更何况，当前我国已经初步形成了核心价值

① 《政协常委会第十二次会议开幕 俞正声出席、刘云山作报告》，《人民日报》2015年8月27日第1版。

观，而核心价值观与体现核心价值观的道德观不仅本质上是一致的，而且在内容上许多都是相通的。在培育和践行体现核心价值观的道德观方面有许多工作要做，最重要的还是要将其纳入道德教育的全过程，营造弘扬这种道德观的舆论氛围。纳入道德教育的全过程，就是不仅要纳入国民教育体系，纳入各种职业培训、干部培训，而且要纳入全社会的各种不同的日常的道德教育之中，包括家庭、单位和各种组织的道德教育，使之成为教育的主要内容。营造弘扬这种道德观的舆论氛围，就是要通过各种现代媒体和传统媒体宣传体现核心价值观的道德观，“注重用正面典型激励人，用反面典型警示人，引导全社会崇尚先进、礼敬英雄”（刘云山语），使弘扬体现核心价值观的道德观成为社会舆论的主旋律和正能量。

社会主义核心价值观的法制化*

党的十八大以来，培育和践行社会主义核心价值观（以下简称“核心价值观”）已经成为全党全社会的共识。培育和践行核心价值观的根本目标和基本任务就是要使核心价值观现实化为当代中国现实的社会价值体系，使之成为当代中国文化的核心内容和深层结构。这是一个实践转化的过程。实现这一转化有许多工作要做，其中一项关键性的工作就是要使核心价值观的价值目标和要求制度化、法律化。党的十八届四中全会作出了全面推进依法治国的重大决定，在这种历史背景下，如何使全面推进依法治国与核心价值观现实化有机结合起来，使核心价值观引领和贯穿法治中国建设的全过程，是值得高度重视的一个重大理论和实践课题。

一、法制化：核心价值观现实化的关键环节

人类社会的历史表明，要使一个价值观成为社会倡导和推行的价值观，需要借助政治力量；而要使社会倡导和推行的价值观变成社会现实的价值体系，变成社会公众普遍的信念和准则，则必须运用政治力量使所倡导和推行的价值观制度化和法律化。在基督教形成初期，罗马帝国采取各种手段对基督教加以镇压，防止其价值观扩散。直到罗马皇帝君士坦丁于313年颁布《米兰敕令》给予基督教合法的社会地位后，基督教价值观才得以在罗马帝国范围内广泛流传。325年，君士坦丁在尼西亚城主持召开了基督教第一次世界性会议，并出台了所有基督教徒都必须遵守的《尼西亚信经》这一法规性文件。这意味着基督教价值观开始被法制化。“君士坦丁一生虽然犯了许多错误，但他却把基督教的思想渗入到了法律之中”[①]，这一举措为基督教价值观在西方中世纪现实化为占统治地位的价值体系和文化奠定了基础。我国的儒家价值观也是在形成几百年后到汉武帝“罢黜百家，独尊儒术”才成为官方价值观，并通过法制化而成为中国宗法专制社会的主导价值体系和文化的。西方近代主流价值观转变为社会的价值体系和文化也经历了一

---

* 原发表于《思想理论教育》（与张景合作）2015年第10期，原标题为《论社会主义核心价值观的法制化》。

① 宗可光：《西方教会史》，第二编第一章“罗马帝国皈依基督教”，http：//www.chinacath.org/book/html/130/content.html.

个法制化过程。今天中国的情形不同，社会主义核心价值观已经被党中央确定为国家倡导和推行的价值观，现在面临的任务是如何使之制度化，从而使之转变为社会法律制度，并从而成为全体社会成员的内心信念和普遍信奉的行为准则。

那么，为什么在一种价值观被确立为社会倡导和推行的价值观之后还必须使之制度化和法律化呢？这是因为制度和法律既有规范的作用，又有引导的作用。社会可以通过使价值观的基本要求成为明确的法律制度条文（规则），并通过法律制度的强制力一方面强制人们按照这些规则行动，另一方面告知人们只有将这些规则变成自己的行为准则才能获得自由。也就是说，法律制度在规范人们的过程中也在起着引导人们的作用。只有在确立了外在的社会规范的情况下，这些规范才能转变为个人的内在规范或行为准则；也只有在外在规范转变为个人行为准则的基础上，个人才能形成对社会规范和基本价值要求的内在认同和确信。人们是在被迫或自觉地遵守体现社会价值观要求的制度和法律规则过程中使价值观的基本要求转变成自己的基本价值信念和价值追求的。当然，要使外在的社会规范普遍转变为社会成员的内心信念，外在规范所体现的价值要求本身必须是代表全体社会成员的根本利益和整体利益的，必须是对社会成员普遍公正的。但是很显然，如果没有完善的法律制度这一中间环节，即使有了代表全体社会成员利益且公正的价值观，也很难使之普遍转化为个人的行为准则和内心信念。这是因为：第一，社会成员的价值追求即使是符合社会总体价值取向的，也会发生相互妨碍和相互伤害并导致社会无序，因此必须有统一的规则来防止这种情形发生。其次，即使社会成员在同一社会价值体系内追求价值实现，他们也常常会发生价值冲突，这种价值冲突可能导致社会冲突甚至战争的严重后果，因而也需要制度法律作为调节各种价值冲突的调节机制。法律制度就是这种机制。第三，在任何社会都存在作恶的问题。统治者可能滥用权力作恶，普通公民也可能不择手段谋取个人私利，这也要求有制度法律来有效地加以防止。

在人类思想史上，许多思想家强调制度特别是法律对于实现社会价值目标和维护社会秩序的重要意义。虽然他们没有使用“核心价值观法制化”的概念，但程度不同地表达了法制化对于社会价值观现实化的极端重要性。英国政治哲学家霍布斯关于自然法与民约法关系的阐述，就充分表达了核心价值观法制化的必要性。在霍布斯那里，自然法就是价值观，指的是公道、公正、感恩以及根据它们所产生的其他道德。在他看来，自然法的要求在单纯的自然状态下都不是正式的法律，只是使人们倾向于和平和服从的品质。在国家成立之后，自然法才成了实际的法律。之所以要将自然法转变成人们必须服从的民约法（法律），是因为在平民的纠纷中，要裁定什么是公道、什么是公正、什么是道德并使它们具有约束力，就必须有主权者的命令，并规定对违反者给予什么惩罚。在他看来，民约法与自然法并不是不同种类的法律，而是法律的不同部分，其中以文字载明的部分称为民约法，而没有载明的部分则称为自然法。所以，“自然法在世界各国便都是国法的一个组成部分。反过来说，民约法也是自然指令的一个组成部分。因为正义——履行信约并将每一个人自己的东西给予他自己——是自然法的指令，而国家的每一个臣民又都订立了信约要服从国法，所以服从国法便也是自然法的一部分了。”①现代英国著名经济学家、政治哲学家哈耶克则特别强调法律应该体现价值观。他指出，法治所应关注的重点不是法律是什么的规则，而是法律应当是什么的规则，亦即一种“元法律原则”或一种政治学说。②“法治的理想以人们对法之含义有着一种明确的界说为前提，而且并非立法机构所颁布的每一法规都是此一意义上的法。”③他强调，欲使法治维续效力，就必须遵守这类元法律规则。④显然，哈耶克这里所说的“元法律原则”就是核心价值观的基本要求。现代美国著名法学家庞德也指出，法律作为社会控制的一个重要特点是，“谋求在理性的基础上并以人们所设想的正义作为目标来实现社会控制”⑤。从历史上思想家的有关论述，我们大致上可以得出这样的结论：一个社会，特别是一个现代社会，其价值观要求要得以贯彻，必须使之条文化为法律制度；其价值理想要得以实现，必须以法律制度作保障。

党的十六届六中全会以来，特别是党的十八大以来，社会主义核心价值观已经为全党和全社会所认知，在某种意义上说已经家喻户晓，但是尚未得到普遍认同，更未普遍内化为人们的内心信念和行为准则。重要原因之一就是尚未使它法制化。其突出的表现有三：其一，已有的法律制度尚未完全体现社会主义核心价值观的要求。我国当前实行的许多法律制度是在实行市场经济体制以前甚至是在改革开放以前确立的，而社会主义核心价值观是在我国实行改革开放后，特别是实行市场经济体制后逐渐形成的一种与改革开放前的传统社会主义核心价值观有诸多重大差异的价值观。那些没有根据这种价值观修订和调整的法律制度不可能

① ［英］霍布斯：《利维坦》，黎思复、黎廷弼译，杨昌裕校，商务印书馆，1985年，第208页。

② 参见［英］哈耶克：《自由秩序原理》上，邓正来译，生活·读书·新知三联书店，1997年，第261页。

③ ［英］哈耶克：《自由秩序原理》上，邓正来译，生活·读书·新知三联书店，1997年，第263页。

④ 参见［英］哈耶克：《自由秩序原理》上，邓正来译，生活·读书·新知三联书店，1997年，第264页。

⑤ ［美］庞德：《通过法律的社会控制》，沈宗灵译，楼邦彦校，商务印书馆，1984年，第46页。

体现这种价值观的要求和理想。例如，我国现行的户籍制度就是与核心价值观中的自由要求相冲突的。其次，我国现行的法律制度体系还是不够健全、完整、自洽的，社会主义核心价值观的要求尚不能通过法律制度充分体现出来。例如，我们尚未出台遗产税制度，这从一个侧面反映了社会公正的要求还有待落实。最后，法律制度在社会生活中尚不具有最高权威。今天我国的一个突出问题就是权大于法，权力关不进制度的笼子。正是针对这种情况，习近平总书记指出："政府是执法主体，对执法领域存在的有法不依、执法不严、违法不究甚至以权压法、权钱交易、徇私枉法等突出问题，老百姓深恶痛绝，必须下大气力解决。"[①]虽然核心价值观尚未法制化的原因很多很复杂，但它尚未完全法制化是客观事实。我们必须面对这一事实，并采取切实可行的措施加快法制化的进程。

我国目前强力倡导和推行的核心价值观与我国现行法律制度之间存在着不相匹配和相当的反差，不仅妨碍了核心价值观落到实处，而且导致了一些严重的社会后果，如社会的两极分化相当严重、官员腐败普遍发生、生态环境急剧恶化等等。这样一些严重问题，导致人们对核心价值观持怀疑甚至否定的态度。有些人怀疑核心价值观的真实性，觉得它不过是当前中国一些严重社会问题的装饰，不仅不管用，甚至起着某种消极作用；也有人虽然承认核心价值观是好的、先进的，但认为它不符合中国国情，是空泛的花架子，不能解决当前中国的问题。这样一些看法和态度，严重妨碍了核心价值观的社会认同。有调查数据显示，对核心价值观（核心价值体系）非常认同的人数只有24%，而不认同的和说不清的占30.9%、有点认同的占45.1%。[②]在这种情况下，加快核心价值观法制化进程，使它的要求真正贯彻到整个社会生活过程，一方面消除人们的疑虑和消极态度，另一方面克服我们当前面临的一些严重社会问题，已经成为摆在全党全社会面前的紧迫而严峻的任务。

二、核心价值观法制化的意蕴、任务与方略

核心价值观的法制化，即核心价值观法律化和制度化，并不是指所有核心价值观的所有内容都法律制度化，而是指其中体现社会主义本质的要求以及事关社

---

① 习近平：《关于＜中共中央关于全面推进依法治国若干重大问题的决定＞的说明》，2014年10月28日新华网。

② 参见戴茂堂、周海春、江畅等：《我国主流价值文化及其构建调查》（调查报告集），人民出版社，2014年，第109页。

会主义社会秩序和谐的要求的制度化，以及这些要求中的底线要求的法律化。显然，法律化是制度化中的一部分。当然，在现代社会，基本制度也需要法律化，用法律特别是宪法为基本制度提供保障。一般意义的价值观和核心价值观有两个层次的内容：一是导向性内容；二是规范性内容。导向性内容的作用就是给国家、社会组织和社会公众提供价值导向，其中最重要的是不同层次和不同维度的价值目标，以及实现这些目标的路径和手段，这些内容主要通过教育宣传让人们知晓并进而认同。规范性内容的作用则是给国家、社会组织和社会公众提供行为准则，这些内容要通过制度和法律来强迫人们遵循。大致上说，导向性内容是现代道德的内容，现代道德的职能是给人们提供价值导向；规范性内容则是现代法制的内容，现代法制的职能是给人们提供行为规范。当然，两者并不是截然分开的。后者就是我们所说的法制化。社会主义核心价值观法制化指的就是其中的规范性内容转变为社会现实的法律制度。

要了解社会主义核心价值观的法制化，首先需要了解一般意义的核心价值观与价值观之间的关系。我们曾对这种关系作了如下界定："一种完整的价值观作为观念的价值体系，是由不同维度、不同层次的子体系构成的。从不同维度看，观念价值体系包括经济价值体系、政治价值体系、文化价值体系、社会价值体系、生态价值体系等子体系。从不同层次看，观念价值体系包括目的价值体系、手段价值体系、规则价值体系、制约机制价值体系等子体系。在所有这些不同层次、不同维度的价值体系之中，还有一个作为其中心或核心的体系，这即是我们现在常说的核心价值体系。核心价值体系包括三个基本层次，即终极价值目标、核心价值理念和基本价值原则。"[①]一般来说，在观念价值体系中，越是子体系的内容越需要法制化，如经济价值体系等子价值体系比核心价值体系更需要法制化。一个社会的经济价值体系往往就是通过经济制度体现的，其他属于价值体系中的子体系也大体都如比。相比较而言，核心价值体系的内容通常比较抽象和一般，因而它们不能直接法制化，而要通过各种子体系的具体要求来实现它们的法制化。当然，它们作为一般原则通常也需要在宪法中加以确定。

上述情况表明，我们要实现核心价值观法制化，首要的任务就是要使观念的核心价值体系具体化为不同维度、不同层次的子观念价值体系，然后再将这些子观念价值体系变成法制体系。就我国当前的主流价值观或社会主义价值观而言，核心价值观或观念的核心价值体系大致上已见雏形，但不同维度不同层次的价值

① 江畅：《论价值观与价值文化》，科学出版社，2014年，第21页。

体系没有完全形成。从这种情况看，当前我国面临着通过构建和完善体现核心价值体系精神和要求的不同维度和不同层次的子价值体系来实现核心价值体系法制化的紧迫任务。构建和完善这些子价值体系，也就是构建完整系统的中国社会主义价值观体系。这一体系构建不起来，就谈不上核心价值体系的法制化。

当代中国价值体系的构建或者说核心价值观制度化面临的问题不是如何从无到有，而是如何使现行的法制体系优化的问题，既包括如何使它完整系统的问题，也包括如何使它的形式和内容体现核心价值观的精神和要求的问题。前面说过，我国现行的法律制度在相当的程度上还没有完全贯彻核心价值观的内容和精神，针对这种情况，我们需要对现行法律制度进行改革。《中共中央关于全面深化改革若干重大问题的决定》明确提出了深化我国现代法律制度改革的任务，这就是“建设法治中国，必须坚持依法治国、依法执政、依法行政共同推进，坚持法治国家、法治政府、法治社会一体建设。深化司法体制改革”[①]。为此，党的十八届四中全会作出了《中共中央关于全面推进依法治国若干重大问题的决定》。该决定指出：“全面推进依法治国是一个系统工程，是国家治理领域一场广泛而深刻的革命，需要付出长期艰苦努力。全党同志必须更加自觉地坚持依法治国、更加扎实地推进依法治国，努力实现国家各项工作法治化，向着建设法治中国不断前进。”[②]因此，核心价值观法制化是与不同维度不同层次价值体系构建一体的，而这种构建又是同现行法律制度的改革相配套的。从某种意义上说，核心价值体系的法制化需要以现代法制改革作为突破口，在改革的过程中完善，通过改革实现核心价值观法制化。

法制化的关键在于“化”。这里所说的“化”，简单地说，就是要使核心价值观中应该制度化和法律化的内容全都制度化和法律化，不留任何死角和漏洞。这实际上就是党的十八大提出的“全面推进依法治国”所意指的，也是《中共中央关于全面推进依法治国若干重大问题的决定》提出的“建设法治中国”所要求的。这里有一个重要的前提是要弄清楚核心价值观的哪些内容需要法制化，而这又需要对核心价值观的内容加以阐发。只有将核心价值观的内容充分地阐发出来，我们才能了解其中的那些内容需要法制化。这种阐发既有理论层面的阐发也有实践（操作）层面的阐发。操作层面的阐发就是要使核心价值观的内容与现实社会生活对接，构建或完善不同维度不同层次的价值体系；理论层面的阐发则是构建核心

---

① 《中共中央关于全面深化改革若干重大问题的决定》，2013 年 11 月 15 日新华社。

② 《中共中央关于全面推进依法治国若干重大问题的决定》，2014 年 10 月 28 日新华社。

价值观的完整理论体系。只有形成了这样的理论体系，我们才能清楚地辨识其中的哪些内容需要直接法制化，哪些内容需要通过更具体的价值体系法制化。因此，核心价值观的完整理论体系的构建也是核心价值体系法制化的重要任务。从逻辑的角度看，这种构建是核心价值体系法制化的前提条件。

我们曾多次谈到，核心价值体系包括三个层次的内容：一是终极价值目的，概括地说，就是国家富强、民族振兴和人民幸福的“中国梦”；二是核心价值理念，即党的十八大报告中提出的“24字”；三是基本价值原则，那就是党的十八大报告中提出的8个“必须坚持”。[①] 从法制化的角度看，这三个层次的内容应当成为宪法的核心内容，或者说，需要宪法化，并且要通过宪法将其体现为国家制度。《中共中央关于全面推进依法治国若干重大问题的决定》提出要“科学立法”，根据核心价值观的精神和要求对我国现行宪法进行修订是科学立法的重要内容之一，也是核心价值观法制化需要采取的首要步骤。这是一个重要的前提，如果这一前提不具备，其他工作难以展开，或者说就有可能陷入混乱和不自洽。

在核心价值体系中，核心价值理念被认为是核心内容，因而也是法制化的重点。在“24字”中，“富强、民主、文明、和谐”指的是我们国家的建设目标和发展方向。它们必须被确定为国家宪法的根本原则，任何其他法律、政策、措施等规范性文件，以及任何组织和个人的行为都不能违背它，违背它就是违宪。其中的“自由、平等、公正、法治”既是上述目标实现的保障条件，本身也具有目的的意义。它们不仅必须确定为国家宪法的原则，而且要通过各种法律制度来具体化、条文化，使之成为人们不得不遵循的规范。至于“爱国、敬业、诚信、友善”则主要是价值导向的内容，其中有些内容（如诚信）也需要提供制度保障，不同地域或单位也可以根据情况使之成为制度。不过，一般来说，它们不存在法制化的问题。

以上所述是就核心价值观应该法制化的内容而言的，就法制化的形式而言，需要建立体现核心价值观精神和要求的法制体系，即社会主义法制体系。这一体系是一个以宪法为核心，由宪法体系、法律体系和制度体系构成的同心规范体系。从结构上说，制度体系包括法律体系，法律体系包括宪法体系；从层次上说，宪法高于法律、法律高于非法律化的制度。这一制度体系是社会对人们有强制性约束的唯一规范体系。一切行政权力采取的政策、措施以及政府官员的行政活动等

---

① 参见江畅：《当代中国价值观的根本性质、核心内容和基本特征》，《光明日报》2014年6月18日第13版；《当代中国价值观构建》，《马克思主义与现实》2014年第4期；《论全面构建社会主义价值体系》，《社会科学战线》2014年第3期。

都必须严格限定在这一体系的框架范围内，不可逾越。同时，这一制度体系是从中央到地方、从政府组织到非政府组织（包括企业事业单位）的各种法律制度协调一致、逻辑严密的完整体系。中央的法制体系是核心和最高标准，地方法制体系则是其中从属的组成部分，不得与之相悖；政府的法制体系是各种非政府组织的基准，任何非政府组织的制度都不得违背政府的法律制度。

三、核心价值观法制化面临的主要障碍及对策

核心价值观法制化问题是我国改革开放后，特别是实行市场经济体制之后提出的新问题。在改革开放前，我们实行的计划经济体制。这种经济体制客观上要求行政权力至上，因为只有在行政权力具有最高权威的前提下，计划经济才能有效地运行。与这种体制相适应的政治体制必须是集权体制。应该承认，当时客观上也存在着核心价值观，可以相对于“中国特色社会主义价值观”称之为“传统社会主义核心价值观”[①]，虽然当时并未明确意识到这一点，或者说尚未形成核心价值观的清晰概念。当时的核心价值观也存在着现实化的问题，但在计划经济体制和集权政治体制的条件下，核心价值观不可能法制化，倒是可以在某种意义上说实际上走了人格化的路子。也就是说，核心价值观主要是通过转化为政治领导人的人格品质并通过其所体现的行为来见诸于现实。不可否认，当时也存在法律制度，法律制度也程度不同的体现了当时价值观的精神和要求，但这些法律制度在社会生活中不具有最高权威，相反只是政治领导人进行政治和社会管理的手段。当代中国核心价值观法制化问题严格说来是20世纪90年代实行市场经济体制之后一段时间才明确提出来的，具体地说，也就是近十几年提出来的。其比较直接的原因在于市场经济客观上要求政治上必须实行法治，否则社会秩序就会发生混乱，今天我国的现实已经表明了这一点。当然，这也与我们近一些年来才有明确的社会主义核心价值观的意识、概念和构建有直接关系。正因为如此，我国目前的核心价值观尚处于起步阶段。起步是艰难的，特别是我们的起步不是从头开始，而是已有一套法律体系存在着，并发挥着作用，而其背后还有与之相应的观念，有一大批既得利益者。这就使核心价值观法制化更为艰难，面临着诸多障碍。对此我们必须有清醒的认识，并必须采取有效对策应对。

---

① 关于传统社会主义价值观与中国特色社会主义价值观的异同，可参见江畅：《论当代中国价值观》，周海春主编：《文化发展论丛 · 中国卷》（2014），社会科学文献出版社，2014年，第15～16页。

如果不考虑既得利益者的干扰（这种干扰本身需要通过法制化过程来加以解决），我们认为当前我国核心价值观法制化面临以下三大障碍：

第一，法制观念模糊。改革开放以来，我国公众的法制意识有很明显的增强，但无论是社会管理者还是普通百姓的法制观念仍然比较含混，没有普遍确立现代法制的观念。法制自古以来都存在，但近代以来人类的法制观念发生了深刻的变化。这主要体现在，法制从传统社会作为统治的手段转变成了现代社会社会管理的权威。通俗地说，就是对于政府和官员来说“法无授权不可为”。这对于我国社会来说是一种全新的观念，社会公众并未普遍确立这种观念。这主要体现在两个方面：一是虽然今天人们都已经意识到法治的重要性，但现代法治意味着什么人们缺乏清晰的概念。相当多的人认为，依法治国就是运用法律治理国家，而没有意识到依法治国真正含义在于在法律授权的范围内依法治理国家。显然，没有“法律授权”这一前提的依法治国可能是传统的法治，而不是现代的法治。二是更多的人包括社会管理者没有意识到除了法律约束之外还有制度的约束。社会法律再健全也不可能管理社会的一切事务，因此还需要法律之外更广泛的制度。因此，社会除了要依法律治理之外还需要依制度治理。就是说，在法律的框架之内，也并非社会管理者说了算，还需要依据制度行事。例如，对于一个社会团体、一个单位而言，就不能简单地说要实行法治，而要说必须依制度管理。对于老百姓来说亦如此，不仅要守法，也要遵守制度。现代社会严格说来，不只是法治的社会，而是法律制度治理的社会，现代“法治”只不过是“法律制度治理”的简称而已。如果对此缺乏意识，即使实现了法治，社会也不一定会是真正和谐有序的。对于这一点，我们许多人包括社会管理者可能还没有明确的概念。

第二，缺乏核心价值观法制化的意识。社会的法制化是有依据的，这种依据就是社会倡导和推行的价值观。过去我国有比较强的意识形态意识，而没有核心价值观意识。两者之间既有联系又有区别。一般来说，社会占统治地位的意识形态是统治者进行统治的思想观念体系，所体现的是统治者的意志，它可以体现全体成员的意志，也可以不体现。其中毫无疑问包含核心价值观，甚至也可以说就是核心价值观的体系。而今天我国所倡导和推行的核心价值观是集中全党全社会智慧所确立的，是国家将这种价值观上升为国家意志，并运用政治力量强力推行的。这样，它也就成了社会的新的占统治地位的意识形态。如果我们承认核心价值观体现了我国全体社会成员的意志，那么，我国现行的法律制度需要以它为检验的尺度进行审查，符合的就保留下来，有问题的就要修订，缺乏的则要补充。然而，今天我们虽然广泛谈论推进依法治国，谈论核心价值观，但却较少谈两者之间的内在关联，没有旗帜鲜明地宣称依法治国的精神实质就是核心价值观，依法治国的过程就是核心价值观法制化的过程。缺乏核心价值观法制化意识的直接后果就是“两张皮”：所依的法制不完全体现核心价值观精神和要求，而核心价值观则因为没有法制化而始终停留在观念的层面，甚至只是停留在宣传层面。

第三，不愿意、不习惯法制化。过去社会治理的情形是官员凭借手中的权利运用法制来统治社会和管理百姓，而现在则要求官员在法制的范围内依据法制行事。在没有法制可依而又必须有所作为的情况下，首先要通过合法途径来制定法律制度。这在很多社会管理者看来，既费事麻烦，又会影响办事效率，因此大家不习惯、不愿意法制化，甚至抵制法制化。对于普通老百姓来说，不实行法制管理，他们有更多的自由空间，更自由自在。更为重要的是，在不实行严格法制管理的情况下，他们有什么特殊问题要解决，还可以通过“走后门”、托人情，甚至行贿达到目的。因此，老百姓也不一定习惯、愿意真正实现法律制度治理。虽然普通老百姓在看到官员以权谋私的时候十分愤恨，觉得法治很重要，但一到了自己有问题需要解决的时候又觉得不那么严格地依法制办事更好。这个问题在我国更普遍更根深蒂固。如果说前面两种障碍可以通过宣传教育逐渐加以解决的话，那么，这种障碍则需要进一步解放思想，更新生活观念和生活方式。而这将是一个艰难甚至痛苦的过程。

上述障碍存在的原因很复杂。其中有两个原因是特别值得重视的：其一，与我国人治传统相伴随的深层次的人治观念没有得到更新有关。其二，计划经济体制遗留下来的与之相应的体制机制尚未全面深化改革到位。针对核心价值观法制化存在的障碍及其原因，根据《中共中央关于全面深化改革若干重大问题的决定》和《中共中央关于全面推进依法治国若干重大问题的决定》，我们提出以下三点对策性建议：

第一，进一步解放思想，更新观念。核心价值观的法制化，实际上是我国当前全面深化改革的重要内容之一。《中共中央关于全面深化改革若干重大问题的决定》明确指出，全面深化改革必须进一步解放思想，同样，推进核心价值观法制化也必须以进一步解放思想、更新观念为先导。改革开放以来，我国的解放思想和观念更新不断扩大和深化，已经更新了许多与市场经济、民主政治、现代法治和科技不相适应的观念。正是有了如此深刻的观念变化，我国社会主义现代化建设才迅猛发展。但是，正如《中共中央关于全面深化改革若干重大问题的决定》指出的，“解放思想永无止境”。而且，我国的观念更新远未完结，还有一些深层次观念需要进一步更新。其中重要表现之一，就是旧的法制观念即人治观念还在相当程度上存在。应该承认，今天我国公众大多已经意识到了这种观念与现代化的不相适应性及其导致的严重社会后果，并且正在努力地更新这种旧观念。但是，正如前面已经指出的，我们尚未普遍确立现代法制观念。这种新的观念不确立起来，旧的观念就会发生作用，就会自觉不自觉影响我们的决策和行为。因此，加快核心价值观制度化的进程，必须进一步解放思想，在有意识地确立现代法制观念的过程中彻底破除旧的法制观念。普遍确立新的法制观念，需要舆论宣传和教育引导，但更需要全面深化体制机制改革。普遍观念更新需要相应的制度环境，只有在全面深化体制改革的过程中才能进一步破除旧观念、确立新观念。

第二，充分利用中央权威强力推行法制化。核心价值观法制化的过程主要是一种体制机制改革的过程，这种改革的过程需要全社会的努力，更需要运用政治力量强力推进。我国经济迅速发展，社会安定团结，改革开放深得人心，党中央和中央政府具有崇高的社会威望。在这种良好的社会环境下，我们要充分利用我国独特的强大政治优势推进核心价值观法制化进程。今天，党中央已经确立了当代中国社会的核心价值观，同时又作出了全面深化改革和全面推进依法治国的重大决定。这一切都为核心价值观法制化奠定了坚实基础，准备了充分条件，我们现在需要做的工作是如何更加自觉地将核心价值观法制化与全面深化改革、全面推进依法治国有机的结合起来，特别是要围绕核心价值观法制化全面深化改革和全面推进依法治国，通过全面深化改革和全面推进依法治国使核心价值观现实化为法制体系、价值体系和当代中国文化。做好这一工作需要调动地方和其他各方面的积极性，更需要发挥中央权威的统领、推动和监督作用。党中央和中央政府的坚强领导是核心价值观法制化和现实化的根本保证。

第三，加快法制化的理论研究和实施方案设计进程。核心价值观法制化是其现实化的关键，直接关系到核心价值观现实化的成败。而核心价值观法制化是一个非常复杂的社会工程，首先需要理论上的充分准备，还需要根据科学的理论设计正确合适的实施方案。应当承认，近几年来，我国加大了核心价值观、全面深化改革和全面推进依法治国等方面理论研究和应用研究的力度，也取得了许多重要的理论成果，我国这些方面的实践越来越自觉并得到了较充分的理论论证。但是，这一任务远未完成。我国的理论研究及相应的应用研究还需要进一步突显核心价值观的地位，紧紧围绕核心价值观全面展开。具体地说，就是要围绕核心价值观及其法制化和现实化这一轴心问题，展开全面深化改革和推进依法治国研究。要构建当代中国现实的社会价值体系，从逻辑上看，首先要构建当代中国观念的核心价值体系。当然，在我国目前的情况下，这两者不可能截然分开，但是，哲学社会学科围绕核心价值观及其法制化和现实化协同攻关，着力构建完整系统的中国特色社会主义价值体系的理论体系，并在此基础上提供具有可操作性的实践方案，则是先决性的。因此，哲学社会科学工作者应清醒地意识到自己所肩负的重大历史责任，加快核心价值观法制化、现实化的理论研究和实施方案设计的进程，为中国特色社会主义价值体系构建提供充分有力的理论支持和正确可行的实施方案。

社会主义核心价值观的政策化*

社会主义核心价值观（以下简称“核心价值观”）需要道德化、法制化，也需要政策化。[①] 政策是国家、政党或者其他社会政治集团为了实现一定历史时期的路线和任务而制定的国家机关或者政党组织的行动依据和准则。就国家而言，政策是对法律和制度的重要补充，在我国法制尚不健全的情况下，政策更具有特殊的作用。因此，要使核心价值观现实化为文化，要构建社会主义价值文化，不仅要使核心价值观充分贯彻落实到法制之中，而且也要使其充分贯彻落实于政策的制定、实施和检验的全过程，使核心价值观法制化。政策与法制不同，它具有灵活性和时效性，为了使核心价值观政策化，必须建立其保障机制，以使政策的制定、实施和检验整个过程都充分体现核心价值观的精神和要求。建立这种保障机制和确保其有效运行，是主流价值文化构建的一个极其重要方面，在构建主流价值文化的过程中，我们切忌忽视这个方面。

一、政策化：核心价值观现实化不可或缺的重要途径

核心价值观必须政策化，其根本原因是政策在现代国家治理中具有其独特的不可替代的作用。社会生活的日常运行主要靠政策这种管理手段维系着，要使核心价值观落细落小落实，尤其需要使之充分贯彻于一切政策及其活动之中。因此，政策化是核心价值观现实化不可或缺的重要途径。

一般来说，在现代社会，法制、政策和道德是国家治理或社会管理的三种主要手段，或者说控制机制。在信奉自由主义的西方国家，道德并不被看作是社会控制机制，但政策仍然发挥着重要作用。这就是说，无论是西方国家还是非西方国家，政策都是社会管理的主要手段之一。现代国家是法制国家或者说应该是法制国家，这是得到广泛认同的。但是，为什么在法制之外还要有政策呢？这是因为社会生活的复杂性和变动性决定的。社会生活极其复杂而又千变万化，它需要法律制度来确保社会生活的基本秩序以及这种秩序的可持续性，同时又需要政策来应对社会生活复杂而又变动的情况，处理生活中出现的各种影响人们正常生活和社会秩序的问题，从而减少社会

---

* 即将发表于《思想理论教育》（与陈山合作）2016 年第 4 期，原标题为《论社会主义核心价值观的政策化》。

① 关于社会主义核心价值观的道德化和法制化，参见江畅、张媛媛：《论核心价值观的道德化》，《中原文化研究》2015 年第 5 期；江畅、张景：《论社会主义核心价值观的法制化》，《思想理论研究》2015 年第 10 期。

矛盾、冲突和震荡，使社会达到和谐。法律制度是人们行为的最基本规则，因其具有强制性而能保证这些基本规则得到有效实行，其必要性是不言而喻的。但是，法律只规定人们行为的“底线”，而且比较稳定且比较僵死，不能用来处理在法制范围内的那些特殊的、具体的和变化的具体问题。而政策的意义正在于可以相对灵活地处理这些具体问题。关于政策对于政党和国家工作的重要性，毛泽东曾作过很多阐述，他甚至把政党的任何活动都是实行政策。“政策是革命政党一切实际行动的出发点，并且表现于行动的过程和归宿。一个革命政党的任何行动都是实行政策。不是实行正确的政策，就是实行错误的政策；不是自觉地，就是盲目地实行某种政策。”[①]所以，政策对于政党来说性命攸关。“政策和策略是党的生命，各级领导同志务必充分注意，万万不可粗心大意。”[②]正是因为政策在国家或社会治理中具有不可或缺的重要作用，所以一个社会的核心价值观需要通过政策贯彻到社会生活的各个方面。

政策的制定者是国家或政府，政策实施所凭借的力量是政治权力。在现代法制社会，政府所制定的政策必须在法制的范围内，不能违背法制，而且政策的制定也需要依据法定的程序。如果这样，社会就是法治社会。然而，人类社会并不总是法治社会，而且今天也并不是所有国家都是法治国家。今日世界各国都有法律，也都有政策，但两者在不同国家中的地位是很不相同的。在法制健全的所谓“法治国家”，政策是完全在法制范围内制定和实施，而在其他一些国家，情形则不完全相同。有的国家的政策不完全受法制的约束，存在着与法制不一致甚至相冲突的情形，在这种情形下，政策就成为了社会管理的主要依据。有的国家的政策完全不受法律的约束，制定和实施政策甚至可以置法制于不顾，政策在国家生活中具有最高的权威。在一些国家，由于法制不健全，因而在一些方面根本没有法制可以约束政策制定和实施。所有这样的一些国家都不是完全意义上的法治国家，这样的国家在今日世界可能还占有相当大的比重。不言而喻，在这样的国家，政策对于国家的核心价值观的贯彻落实比完全意义的法治国家更加重要，不通过政策的渠道，核心价值观的要求便无法进入人们的社会生活。

我国正处于现代化建设过程之中，法制建设是现代化建设中的应有之义，因而我国改革开放以来一直都十分重视法制建设，当前正在全面推进依法治国和依宪治国，建设社会主义法治国家。由于我国的法制目前还不够健全，因而在很多应当由法制实行管理的地方，还需要用政策来替代。另一方面，中国共产党自建立开始就

---

① 《毛泽东选集》第4卷，人民出版社，1991年，第1286页。
② 《毛泽东选集》第4卷，人民出版社，1991年，第1298页。

有高度重视政策的传统。在新中国成立之前，虽然在中国共产党领导的区域也曾制定和运用过法制，但那不是严格意义上的法制，而且也不是自始至终如此，至少在共产党没有根据地的时期是靠政策管理党内军队事务。正因为如此，毛泽东把政策看作是共产党的生命。新中国成立后，这种高度重视政策的传统一直延续了下来。改革开放前，我国主要依靠政策治理，在一定意义上可以说是一个主要依政策治国的国家。改革开放后，这种局面正在加速改变，但国家机关仍然习惯于运用政策管理国家事务。这不仅体现在法制尚不健全的领域主要靠政策管理，而且还体现在即使有法制存在也依然不用法制来制定和实施政策。因此，我国目前的情况是，政策的制定和实施不完全是在法制范围之下，政策在有些领域（包括已经有法制的领域）的地位高于法制。将政策的实施完全置于法制的范围之内，既需要有健全的法制，也需要健全的法制能够真正有效地发挥作用。由此看来，我国的法制建设还面临着艰巨的任务，我国真正成为“法治中国”还有相当长的路要走。尤其是在我国现阶段，政策是贯彻落实核心价值观要求的主要途径，其意义甚至超过法律。

在我国这样法制尚不健全的国家，主流价值观之所以更需要通过政策来贯彻，主要是有以下三个方面的原因：首先，我国虽然近年来不断加快法制化进程，但建立健全的法制体系需要一个相当长的过程。这其中不仅存在着根据核心价值观制定一些尚缺的法制并修订不符合核心价值观要求的法制的任务，而且还存在着更艰巨的有法必依、执法必严的举国养成法治习惯的任务。在这种情况下，政策在相当长时期内在相当大的范围还会发挥着法制的作用。因此，如何使这些发挥着法制作用的政策真正体现核心价值观的要求，事关国家的长治久安和健康发展。其次，我国现行的许多政策是新中国成立以来逐渐制定的，其中有相当部分现在还发挥着作用，但并没有体现核心价值观的要求甚至违背其要求。对于这一部分需要根据核心价值观的要求来修订或重新制定。最后，在我国社会急剧变化的今天，我国还在不断地制定新的政策，这就存在着如何确保将要制定的政策体现核心价值观要求的问题。

国家政策的制定者是国家或政府，国家和政府存在着依据什么制定政策、实施政策和检验政策的问题，或者简单地说存在着政策的依据问题。政策的依据涉及三种主要因素：一是法律方面的依据，二是实际需要，三是主流价值观。在这三种因素中，主流价值观是根本性的制约因素。任何国家政策都是根据一定时期内社会管理的实际需要制定的，这种实际需要是政策制定和实施的事实依据。缺乏这种实际需要，就不需要制定政策，即使制定了政策也无法实施。但是，在实际需要既定的情况下，在法制健全的国家还需要考虑法制和社会主流价值观（通常体现为主流意识形态）的要求。

法制体现的是公民的意志，事关国家稳定和发展的大局，而且是通过立法机关通过立法程序制定的，具有稳定性。而政策通常是由作为执行机关的政府在法制范围内根据实际需要制定的，具有对策性和灵活性。因此，法制高于政策，政策要服从法律，政策是在法制的范围内根据法制的相关原则制定的处理日常事务的具体准则。那么，法制的依据是什么呢？一般地说，现代法制是公民意志的体现。然而，公民意志是通过两种形式来体现的。一种形式是由公民代表组成的立法机构来直接反映公民的意志。这体现在法制是通过立法机构组成成员表决来制定。另一种形式则是得到社会普遍公认的价值观来体现的。社会普遍公认的价值观可能是在民意的基础上通过立法机关确认的，或者通过执政党确认的。这种公认的价值观常常集中体现为宪法，宪法作为根本大法需要通过更为复杂的程序来制定，具有更大的稳定性。上述两种形式不是分离的，而是同时发生作用的。除宪法以外的任何法律既要依据宪法，又要依据立法机关的意志。如果说法律是以宪法为依据，而宪法是一个社会主流价值观的体现（当然也需要通过立法机构乃至全体公民的确认），那么，所有的法律都必须体现社会的价值观。因此，在法制健全的法治国家，政策要依据法律从实质上说就是要依据社会的主流价值观或主流意识形态。

然而，法制大多是在一个国家范围内普遍适用的一般性原则，而政策是在这些一般性原则范围内的具体准则，面临着各种复杂的变化的情况。因此，政策不仅要通过遵循法制原则来体现社会的主流价值观，还需要在具体制定的过程中直接体现主流价值观的要求。这是因为价值观是一种价值体系，其中只有一部分是直接关系社会稳定和发展的最基本要求才被法制化，还有很多内容和要求不可以都法制化。这样的一些内容和要求在很大程度上要通过政策来直接体现。例如，我国宪法规定“中华人民共和国的一切权力属于人民”。这一规定体现的是我国主流价值观“必须坚持人民的主体地位”的原则要求。我国主流价值观中有一系列的内容和要求都体现了这一原则，这些内容和要求有一部分需要不同的法制来贯彻落实，更多的是需要通过日常社会管理中的政策来贯彻落实。因此，即使在法治社会，在政策间接通过法制体现主流价值观要求的情况下，还需要政策来直接体现主流价值观的要求特别是规范性要求。社会价值观包括理想性内容，也包括规范性内容。在传统社会，社会价值观的规范性内容主要由法制和道德来贯彻，在现代法治社会则主要由法制和政策来贯彻，而道德侧重于对人们进行引导，引导人们从对规范的遵守到对理想的追求。在法制和政策这两者之中，法制只能贯彻主流价值观的一部分规范性内容，虽然是一些最基本的规范性内容，而其他的规范性内容要由政策来贯彻。只有既通过法律又通过政策，主流价值观的规范性内容才能得到充分的贯彻。

二、核心价值观政策化的任务和特点

核心价值观政策化就是所有政策都要体现核心价值观的精神，贯彻核心价值观的要求。具体地说，核心价值观政策化包括两个方面：其一，使所有政策都体现和贯彻核心价值观。这里所说的所有政策，既包括从今以后出台的政策，也包括已经出台并还在发生作用的政策。核心价值观政策化首先是指已经出台并尚在发生作用的政策和将会出台并会发生作用的政策体现和贯彻核心价值观。其二，政策有一个从制定到实施再到检验的过程，核心价值观政策化也指使核心价值观落实到这一过程的每一个环节。因此，核心价值观政策化既体现为每一政策都要体现核心价值观的要求，又体现为每一政策的整个过程体现核心价值观的要求。由此看来，目前我国核心价值观政策化实际上面临着三个方面的任务：

第一，从今以后国家出台的所有政策都必须体现和贯彻核心价值观。政策的制定和出台是整个政策过程的关键。只有所制定的政策体现了核心价值观的精神和要求，它的实施才可能使核心价值观的精神和要求贯彻到实际生活中去，政策的检验也才有正确的标准。核心价值观政策化，首先要求各级政府及其部门每天出台的政策都要体现和贯彻核心价值观。中国是一个大国，国家机构从中央到地方多达五级，即中央、省（直辖市）、地级市（地区）、县、乡镇，而且除乡镇一级之外，每一级政府都拥有几乎无法说清楚的政府部门（因为有许多机构虽然不是政府部门，但履行着政府部门的职责）。所有这些不同层级政府及其不同部门每天都在出台不同的政策。当然，政府及其部门的层次越高，其政策的影响越大，直接以政府名义出台的政策比以政府的部门名义出台的政策影响大。要使今后所有出台的政策都体现和贯彻核心价值观，这是一项难度非常大的任务。

第二，对国家过去出台而现在还在发挥作用的政策进行清理检查，弄清楚它们是否体现和贯彻了核心价值观。与前一项任务相比，这是一项更复杂、更艰巨的任务。新中国成立以来，我国各级政府及其部门出台的政策不计其数，其中很多都还在发生作用，而且由于时代的局限等原因它们完全没有或者没有充分体现核心价值观的要求。比如，新中国成立以来实行的户籍政策和1977年以来实行的高考政策，就是没有充分体现核心价值观要求的政策。虽然近年来作了一些改革，但远远没有改革到位。客观地说，这项工作早已启动，甚至可以追溯到改革开放。我国的改革实际上不只是对体制机制的改革，也是对许多不合时宜的政策的改革。或者可以这样说，我国的体制机制在很大程度上是靠政策支撑的，对体制机制的改革就是对政策的改革。党的十八届四中全会作出的全面深化改革的决定是对过去改革的进一步强调和重新部署，而这实际上就是要根据核心价值观的要求重新审视现行的各项政策，并作出与之相适应的调整和修订。但值得注意的是，所有这些改革措施主要是中央政府层面的，虽然我国实行的是“举国”体制，中央政府进行的改革会直接影响到地方各级政府，但实际情况要复杂得多。有经验的人可能都感觉到，除了中央的统一政策以及与之相一致的地方政策之外，还不知道有多少地方的“土”政策，这些“土”政策大多与中央政策不一致，更谈不上贯彻核心价值观。核心价值观政策化的第二个任务，就是要通过检查和修订使举国上下所有的现行政策都体现和贯彻核心价值观。

第三，使已经出台体现和贯彻核心价值观的政策能得到有效实施。前面说过，政策是在法律的范围内用来处理各种特殊、具体和变化的问题的准则，它是核心价值观“接地气”的主要途径。在已经制定出台了体现和贯彻核心价值观的政策的情况下，只有使之得到有效的实施，政策所体现和贯彻的核心价值观才能落实到现实生活。这既有一个实施的过程，也有一个实施必不可少的检验的环节。政策的检验不仅是验证政策是否真正体现和贯彻了核心价值观的需要，也是验证政策是否充分实施的需要。所以，检验也是实施的一个重要环节。使体现和贯彻核心价值观的所有政策能够得到有效实施，这也是一项艰难的工作。这不仅会涉及每一项政策的实施都有可能使一些人或地方的利益受到损害，他们因此会阻挠政策的实施，或者使政策在实施中变形，而且一项政策要得到充分实现还需要很多配套条件，否则就不可能得到充分实施，或者走样。例如，新华社于2016年1月5日公布了《中共中央、国务院关于实施全面两孩政策改革完善计划生育服务管理的决定》。中央之所以要作出这一决定，是因为当我国出台全面放开两胎政策后，会带来许多新的问题，如需要更多妇产医院，更多妇女生产会对工作产生不利影响，将来有更多孩子需要上学、就业等。显然，这些相关的问题不解决好，两胎政策这一人性化的政策就难以充分落实。伴随着改革的全面深化，我国近年来新出台了很好的政策，而且也对许多过去不合理的政策根据核心价值观的要求进行了修改，总体上看，我国目前实行的政策较之过去更充分地体现了核心价值观的精神和要求。在这种情况下，如何使这些好政策落实到位，是我国核心价值观政策化面临的第三大任务。

从以上对核心价值观政策化的含义和当前我国面临的主要任务可以看出，核心价值观政策化具有不同于核心价值观法律化、道德化的明显特点，而这些特点表明核心价值观政策化的复杂性和艰巨性。

（1）政策主体的多元化。一般来说，国家政策是国家制定、实施和检验的，但这里所说的国家是由各级政府及其部门作为其代表的。因此，政策的主体实际上是多元的，这即是我们通常所说的“政出多门”。显然，政策不同于法制。在我国，除了乡镇一级之外，从中央到县这四级都可以制定法律，但制定的主体是各级人民代表大会，因而就同一级而言，法制的主体是单一的。而政策的主体即使在同一级也有不同的主体，而且同一级主体中又有政府与其部门之间的差别。政策与法制特别是法律还有一个重大的不同，这就是法律的主体是立法机关，它是一个相当大的群体，法律的出台至少可以集中这个群体的智慧，而政策的主体常常是一个政府部门，而一个部门的工作人员十分有限，可利用的智慧资源也很有限。如此，政策的失误比法律失误的几率要高得多。政策也不同于道德。在我国，有管理道德的专门部门，即各级党委（通常由其宣传部分管），而且作为国家的道德体系常常是由中共中央宣传部制定并出台的，例如《公民道德实施纲要》。从这种意义上看，我国所倡导的道德，其主体实际上是一元的。显然，这种情形也不同于政策。政策主体多元的情形，必然会出现下级政策与上级政策之间、政府部门与政府的政策之间、政府不同部门的不同政策之间矛盾和冲突的情形。如果考虑政策的实施，情形就会更复杂。政策主体多元的情形首先会提出在核心价值观政策化的过程中，如何使所有这些政策主体在制定、实施和检验政策的整个过程中体现和贯彻核心价值观的问题；其次也会提出如何使所有这些不同部门的政策协调一致的问题；此外还会提出政策主体如何利用社会智慧资源的问题。

（2）制定政策的高要求。在社会生活中，制定政策是大量的、变动的，影响因素极其复杂。一般来说，既要有依据又要充分考虑实际情况和需要。依据有不同的方面：一是法律依据。政策必须在法律的范围内并依据法律制定，不与法律相冲突。二是政策依据，即上级的政策以及同级相关的政策。一种政策不能与上级政策及同级相关政策相冲突；三是理论依据特别是核心价值观。政策不仅不能与核心价值观相冲突，而且要通过政策来体现和落实核心价值观。不考虑前两个方面的依据，仅就核心价值观方面而言，就给政策主体提出了很高的要求。它要求每一政策制定者都必须熟知核心价值观的精神和要求，只有这样，他们才能在制定的过程中真正做到体现和贯彻核心价值观。同时，它还要求每一个政策制定者在体现和贯彻核心价值观的过程中善于处理政策之间出现的相互矛盾和冲突。我们知道，核心价值观本身是一个体系，包括不同的层次和不同的方面，这就是说即使不同的政策都体现和贯彻了核心价值观的要求，但如果不考虑不同政策所体现的要求之间的协调，仍然会出现矛盾。这就提出了不同主体的政策怎样才能良性互动的问题。

（3）落实政策的高难度。在社会生活中，核心价值观在大多数情况下要靠政策来具体体现和贯彻。然而，这些政策不仅存在着制定体现和贯彻核心价值观的难题，而且还存在着将这样的政策落实到位的难度。这也是政策不同于法律的一个重要特点。法律是一种强制的社会控制手段，政策虽然有一定的强制性，但其强制性大大弱于法律。在我国司法判决尚存在着“执行难”的问题，更不用说政策的实施了。我国是一个政策大国，办任何事情都讲政策。政策不同法制，它的约束力有限，而且违反了政策的处罚也比较轻微。也许正因为如此，人们为了避免政策对自己的不利影响，常常采取措施抵制、违反甚至破坏政策的落实。实际上，这种情形主要不是发生在公民个人身上，而是发生在相对于上级政府及其部门的下级政府及其部门。这就是颇具中国特色的所谓“上有政策，下有对策”。下级的对策有种种不同情形，可能是完全违反上级政策的，可能是扭曲变形的，也可能夹带“私货”。在这种种情形下，政策再好，也不能发挥好的作用，甚至比不出台政策更好（因为不出台政策，下级可能无法利用政策谋私）。因此，对于我国这样的政策大国来说，出台体现和贯彻核心价值观的政策固然不易，而使已经出台的体现和贯彻核心价值观的政策得到充分的实施也许难度更大。这就需要建立政策实施的控制机制，包括检验机制。

三、建立核心价值观政策化的长效保障机制

毛泽东曾经说：“共产党领导机关的基本任务，就在于了解情况和掌握政策两件大事。”[①] 毛泽东的这句话深刻揭示了共产党领导的国家机关的主要职责。在我国迈向全面建成小康社会和实现社会主义现代化的伟大征程中，国家机关“掌握政策”就是要根据核心价值观的基本精神和要求制定和修订政策，并使之得到充分有效的实施，简言之，就是要使核心价值观政策化。前面的分析表明，这是一项十分复杂而艰巨的任务。那么，如何保证各级国家机关真正实现核心价值观政策化，克服目前在政策制定、修订，以及实施过程中尚严重存在的不能充分有效地体现和贯彻核心价值观的各种问题呢？我们认为，关键是要建立行之有效的核心价值观政策化长效保障机制，使我国的所有政策过程都体现和贯彻核心价值观的精神和要求。

我们认为，这种保障机制应该是政府自律机制、“人大”督察机制、舆论监督机制、公众评判机制和“纪委”督导机制“五位一体”的保障机制。其中政府自律是重点，纪委督导是关键，但要建立使核心价值观政策化的长效保障机制，需要舆论和公众的积极参与。只有这五种机制共同发力、协同作用，并形成制度，才能建立起核心价值观政策化的长效保障机制。

政府自律机制是指作为政策主体的政府及其部门内部建立的保障所有的政策

---

① 《毛泽东选集》第 3 卷，人民出版社，1991 年，第 802 页。

过程都充分体现和贯彻核心价值观的机制。从全国整个政府系统来看，这种自律机制主要包括三个方面的自律：一是所有出台和实施政策的主体的自我约束机制。这里的政策主体包括从中央到地方各级政府及其部门。这种自律机制是通过提高政府工作人员的综合素质、工作能力特别是对核心价值观精神和内容的精准把握来保证他们的政策过程能体现和贯彻核心价值观自我约束机制。这种机制需要通过挑选德才兼备的政府工作人员、对他们进行教育培训和必要的考核来实现。二是同一级政府机关的监察部门对同一级政府及其部门监察。这对于政府及其部门来说是一种外在的约束，但从同一级政府机关来看是一种自我约束机制。建立这种机制就是要监察部门参与同一级机关所有的政策过程，对政策过程是否体现和贯彻核心价值观进行督促检查，对那些没有体现和贯彻的及时予以纠正。三是上一级政府与下一级政府的相互制约机制。这也是全国政府系统内部的一种自我控制机制。建立这种机制要改变我国目前存在的上级政府较多督察下级政府，而下级政府较少监督上级政府的状况，使上下级政府能够相互监督，对于双方没有体现和贯彻核心价值观的政策要通过适当的途径反映并予以纠正。从我国目前的情况看，政府自律机制要由中共中央纪委和国家监察部来统一组织和统一管理。

人大督察机制是指全国各级人民代表大会对政府的所有政策是否体现和贯彻核心价值观进行督促和检查。这种督察机制包括三个基本环节：一是同级政府出台的重大政策需要报同级人大审批，一般政策需要报人大备案；二是人大要对重大政策的实施状况进行督促和检查，对于政策执行过程中发生的偏差要督促政府纠正；三是对重大政策实施后的社会效果定期进行评估，并决定其是否继续实施。建立这种机制要克服目前人大只是听政府或其部门的报告，而对其重大政策出台和实施无权过问的状况。对政府实行有效监督是人大的一项基本职能，而对政府的监督主要是对其政策过程的监督，不进行这样的监督，人大对政府的监督就形同虚设，政府可以随心所欲，最终导致严重的甚至灾难性的后果。“去产能”被列为 2016 年五大结构性改革的任务之首。李克强总理在 2016 年的第一个工作日（1 月 4 日）便在太原主持召开钢铁煤炭行业化解过剩产能、实现脱困发展座谈会，研究化解过剩产能的办法。他强调，要以“壮士断腕”精神来化解过剩产能，并且表示我们不会再通过“强刺激”、“大水漫灌”的投资来扩大内需。[①] 为什么会出现产能严重过剩的问题，根源就在于过去政府的决策缺乏必要的监督和程序，只由政府机关甚至领导人说了

① 李克强：《要更加注重运用市场化办法化解过剩产能》，www.gov.cn［2016-01-10］。

算。用李克强的话说："我们产能过剩的几个行业，哪个不是审批出来的？"[①]这种情况从中央到地方的各级政府都存在。例如，2008年，为抗击世界金融危机，国务院办公会匆匆决定投入4万个亿人民币作为基本建设拉动内需。且不谈这种投资决策是否正确，仅仅从决策的程序看，4万个亿（全国人均约3000元）可以不经过全国人大批准就实施，那么就不难想象今天会出现如此严重的产能过剩问题。今天，我们仍然可以肯定，没有人大的督察机制，要使核心价值观真正政策化是不可能的。

舆论监督机制和公众评判机制是两个相互密切关联的制约机制。当代的舆论监督主要是新闻媒体监督，这些媒体包括电视、广播、互联网、手机客户端、微信等。新闻媒体因为它的特殊功能和广泛影响能对核心价值观政策化起到相当强大的作用。新闻媒体舆论监督的力量来自它们的受众，即社会公众。受众越广泛，媒体的影响力越大。另一方面公众对核心价值观状况的评判也需要通过媒体传达到政府机关、人大和纪委。因此，这两种机制应该共同发挥作用。就这两种机制本身而言，建立舆论监督机制的关键是加大媒体对核心价值观政策化状况报道的相对独立性和自由度，而建立公众评判机制的关键是要建立疏通公众参与政府决策和表达自己意见的渠道。建立这两种机制的前提条件是政府决策要更加科学民主、更加公开透明。

建立核心价值观政策化长效保障机制需要坚持和加强党的领导。我们党是构建核心价值观的总设计师和领导力量，在实现核心价值观政策化的过程中，尤其要坚持和加强党的领导。各级党组织一方面要切实加强对核心价值观政策化的领导和指导，另一方面要通过各级党的纪律检查委员会加强对核心价值观政策化的督办，特别是加强对以上所述几种机制协同发挥作用的协调。纪委督导机制是这样一种机制，即通过对在政府机关工作的党员进行监督、引导，以确保党员干部在政策过程中坚定不移地体现和贯彻核心价值观，同时将以上所说的几种不同机制整合成一种统一协调的机制，在核心价值观政策化长效保障机制建立和运行的过程中发挥牵头作用和核心作用。党的十八大提出要全面提高党的建设科学化水平，习近平总书记提出的"四个全面"的战略布局中要求"全面从严治党"。我们认为，无论是从全面提高党的建设科学化水平来看，还是从全面从严治党来看，都要求加强和改进党对核心价值观构建的领导，其中的重要内容之一就是要在各级党组织的领导下建立起以纪委为核心的核心价值观政策化的长效保障机制，使核心价值观通过政策这一主要政治渠道有效地进入社会生活，并在社会生活中充分展示核心价值观的先进性和优越性，从而普遍增强社会公众的制度自信、道路自信、理论自信和价值自信。

---

① 李克强：《产能过剩的几个行业，都是审批出来的》，www.gov.cn［2014-10-10］。

构建当代中国道德体系*

党的十六届六中全会提出构建社会主义核心价值体系，党的十八大提出培育和践行社会主义核心价值观，构建当代中国价值观和当代中国价值体系的任务提到了全党和全社会的议事日程。当代中国道德体系是当代中国价值体系的重要组成部分，构建当代中国道德体系是构建当代中国价值体系的题中应有之义。因此，我们要在构建当代中国价值体系的同时，构建当代中国道德体系。

一、构建当代中国道德体系的必要性

改革开放以来，特别是实行市场经济体制以来，我国的经济社会生活发生了深刻的变化。自20世纪90年代开始，我国从社会主义计划经济体制转向社会主义市场经济体制，经济体制的这种转换已经并将继续促进社会政治体制、文化体制、社会体制、生态文明体制的转变。社会主义市场经济的发展，客观上要求我国全面改革与之不相适应的各种体制机制。正是适应这种历史发展的要求，党的十八届三中全会作出了《中共中央关于全面深化改革的若干重大问题的决定》。改革开放以来我国社会已经发生了深刻变化，全面深化改革将会给我国社会带来更深刻的变化，也要求构建与之相适应的道德体系为变化的社会体制和社会生活提供道义辩护和道德保障。构建当代中国道德体系，是我国全面深化改革、实现中国民族伟大复兴的"中国梦"的必然要求。

我国现行的道德虽然可以追溯到革命战争年代的革命道德，但作为一种完整系统的社会道德体系形成于中华人民共和国成立之后。这种道德体系是在继承革命战争年代优良的革命道德的基础上适应社会主义计划经济构建起来并与之相适应的社会主义道德。在改革开放之前的三十年，社会主义道德对于计划经济体制的建立和运行起到了极其重要的维护和保障作用，对于建立在计划经济之上的整个社会生活秩序，对于我国人民社会主义道德品质和人格的塑造也具有决定性的意义。但是，改革开放以来，特别是实行市场经济体制以来，经济体制以及与之相适应的其他社会体制的变化，使过去基于计划经济形成的道德体系明显地与之

---

* 原发表于《湖北大学学报》（与范蓉合作）2015年第1期，原标题为《论当代中国道德体系的构建》。

不相适应。马克思主义认为，道德作为一种特殊的社会意识现象，它是社会经济关系的反映，同时又对社会经济关系发生影响。当社会经济关系发生了变化时，道德必须作与之相适应的变化，否则它就会对社会关系变化起阻碍作用。恩格斯指出："人们自觉地或不自觉地，归根到底总是从他们阶级地位所依据的实际关系中——从它们进行生产和交换的经济关系中，获得自己的伦理观念。"[①]改革开放以来，特别是实行市场经济体制以来，我国许多人的道德观念和行为准则事实上已经发生着变化，其中有相当一部分是与市场经济及其带来的新的社会生活相适应的，如自主观念、互利观念、责任观念等等。但是，我国社会倡导的道德观念和推行的道德体系变化较小，整体上看与我国经济体制以及其他社会体制改变不同步，不适应，也与许多人实际奉行的道德相脱离。这种情况表明，构建与我国市场经济以及正在全面深化改革的社会体制相适应的道德势在必行。如果我们不自觉进行道德观念和道德体系的改革和构建，道德不仅将会对我国的全面深化改革、对社会主义现代化建设起阻碍作用，而且会形成社会推行的道德与人们实际奉行的道德相背离的局面，其结果必定会导致社会道德混乱。

生活在当代的中国人，普遍感到当前我国的道德状况相当不好，甚至令人堪忧。导致这种状况的原因极其复杂。在社会转型和深刻变革的时期，道德状态发生某些混乱难以避免。《中共中央关于构建社会主义和谐社会若干重大问题的决定》指出："我国正处于并将长期处于社会主义初级阶段，人民日益增长的物质文化需要同落后的社会生产之间的矛盾仍然是我国社会的主要矛盾，统筹兼顾各方面利益任务艰巨而繁重。特别要看到，我国已进入改革发展的关键时期，经济体制深刻变革，社会结构深刻变动，利益格局深刻调整，思想观念深刻变化。这种空前的社会变革，给我国发展进步带来巨大活力，也必然带来这样那样的矛盾和问题。"[②]客观地说，我国目前发生的这样那样的道德问题与这种社会的深刻而急剧变化有着密切的关联。但是，我国的社会转型和全面深化改革是在党和政府领导下有序进行的，在道德方面似不应发生如此之多的乱相。我们认为，当前我国社会道德问题如此突出的一个关键性的原因在于，社会推行的道德与人们实际奉行的道德脱节，与深刻变化的社会体制和社会生活不相适应。我国尚缺乏对现行社会道德需要改革的意识，似乎经济、政治、文化、社会、生态文明等各方面的体制都需要深化改革，社会价值体系需要改革，而道德体系不需要改革，不需要从

① ［德］恩格斯：《反杜林论》，《马克思恩格斯文集》第9卷，人民出版社，2009年，第99页。

② 《中共中央关于构建社会主义和谐社会若干重大问题的决定》，《人民日报》2006年10月19日第1版。

理论和实践上更新和建构，因为这种道德体系本身就是好的，问题出在没有按照这种道德行事。由于这种意识发生作用，我国在强力推进体制改革的过程中，道德更新和重建因而被认为不需要而被忽视和被遗忘。如此一来，社会的道德就出现了这样一种格局：被推行的道德由于与变化的社会生活以及人们的价值追求不相适应而不为社会成员普遍认同和遵循，而人们由于没有与变化的社会生活和价值追求相适应的道德作指导，而实际奉行的道德五花八门，甚至将只适应于市场经济的最大利益化原则当成了道德的原则。就是说，社会推行的道德由于不适应变化的社会生活而丧失了对社会生活的规范力和指导力，人们在道德方面处于各行其是的状态。这就是当代中国道德失序、道德状况堪忧的症结之所在。当前我国道德的混乱状况，影响了人们的正常生活，甚至动摇了人们对中国特色社会主义的信念，其后果极其严重。从这个角度看，更新现行社会道德体系，构建与全面深化体制改革相适应的当代中国道德体系，是摆在全党和全社会面前的一项十分紧迫的任务。

二、构建当代中国道德体系的基础

构建当代中国道德体系不是我们通常所说的“加强建设”，而是要以更新和调整为前提的。像当代中国价值体系构建一样，当代中国道德观念体系构建并不是要推翻现行道德体系，而是要根据新的社会历史条件对现行道德体系进行更新和调整，使之与新的社会历史条件相适应。这种新的社会历史条件构成了我们更新和调整现行道德的现实根据。

一般地说，当代中国新的社会历史条件就是中国特色社会主义建设的伟大实践。这种伟大实践是通过改革开放实现的，或者说中国特色社会主义建设的实践就是改革开放的实践，在当前就是全面深化改革的实践。这种伟大实践所要追求的目标是建设社会主义现代化强国，社会主义现代化强国意味着国家富强、民族振兴、人民幸福，而实现这种目标的主要路径则是社会主义市场经济、社会主义民主政治和社会主义法治，这就是中国特色社会主义道路。我们认为，社会主义市场经济、民主政治和法治，就是我们对我国现行道德进行更新和调整的基础和根据。也就是说，我们通过更新和调整构建的当代中国道德体系不仅要置根于这三者之中，而且要与它们相适应，并为之提供道德的支持。

按照历史唯物主义的观点，在市场经济、民主政治和法治这三者中，市场经济又具有决定性的作用。民主政治和法治都是市场经济所要求并与之相适应的社会治理体系。市场经济是市场主体多元化的经济，它要求每个市场主体（个人和企业）都是自由的，能自主决策、自主经营、自负盈亏，都有平等的人格和平等的竞争机会。市场经济的这种性质要求在道德上承认道德的主体是多元的，个人是社会的道德主体，企业也是社会的道德主体。在现代社会，个人和企业都是存在于国家之中，国家当然也应当是道德的主体。个人和企业还与其他各种社会组织（如事业单位、各种党派、各种社会团体等）相关联，因而这些社会组织也应当成为社会道德的主体。承认所有这些个人、组织和国家是道德主体，就是要承认它们都有各自的利益和价值追求，道德不是要将所有个人和组织的利益和价值追求归结为某一种或一类主体的利益和价值追求，而是要使它们的利益和价值追求和谐地得以实现。同时，市场经济也要求道德培育人们的责任感，使享有自由的人们承担起与自由相应的社会责任。市场经济是以谋求利润为目的的经济，追求利润的最大化。市场经济的这种性质一方面要求道德为人们的利益追求提供道义的辩护，营造道德的环境；另一方面也要求用道德规范市场主体的经济行为，限制人们不正当的利益追求，防止利益最大化追求可能导致的人格资本化和整个生活物化、异化，以维护正常的经济社会秩序。市场经济是竞争性经济，它要求不同市场主体凭实力竞争以实现获利，要求竞争必须公平，在公平竞争中优胜劣汰。市场经济的这种性质要求道德运用自身的力量在全社会确立互利、诚信、公平、正义的观念，并使之成为人们行为的基本准则。我国的市场经济是社会主义市场经济，国家有指导和规范经济生活的职责，通过这种必要的干预，防止两极分化，实现共同富裕和共同发展。我国市场经济的这种性质要求道德必须将社会整体利益作为主要的价值取向，必须引导人们着眼于社会整体利益的实现来实现自己的利益，以形成社会整体利益、他人利益与个人利益的双赢共进的格局。

我国宪法和我党党章都规定，要以马克思主义为指导思想。马克思主义中国化的理论成果是中国特色社会主义理论。因此，当代中国道德建设必须以中国特色社会主义理论作为思想基础。按照马克思主义创始人马克思和恩格斯的设想，在没有了阶级和阶级对立后的社会，所有的人都是自由的，每一个人的自由发展以其他所有人自由发展为条件，因而社会成员是普遍自由的，而社会则是一种“以每一个人的全面而自由发展为基本原则”①的自由人联合体。“代替那存在着阶级和阶级对立的资产阶级旧社会的，将是这样一个联合体，在那里，每个人的自

① ［德］马克思：《资本论》第一卷，中共中央编辑局：《马克思恩格斯文集》5，人民出版社，2009年，第683页。

由发展是一切人的自由发展的条件。”[①] 中国特色社会主义理论根据马恩的这种理想，结合我国社会主义初级阶段的实际，提出党的一切奋斗和工作都是为了造福人民，把以人为本作为党的根本宗旨和执政理念，把“人民拥护不拥护”、“人民赞成不赞成”、“人民高兴不高兴”、“人民答应不答应”作为各项方针政策的出发点和归宿，强调发展为了人民、发展依靠人民、发展成果由人民共享，把解决人民群众切身利益问题放在首位。这一理论丰富和发展了马克思主义关于社会主义根本目的的思想。马克思主义和中国特色社会主义理论要求当代中国的道德必须是以人为本的道德，它必须以社会成员的全面而自由发展作为道德的终极目的和价值取向，其各方面的要求都要服从于和服务于这一目的的实现。

当代中国道德无疑是在中国文化传统中生长的道德，中国传统文化是它的文化资源，它与中国传统文化有着割不断的血脉联系。习近平同志指出：“中华优秀传统文化已经成为中华民族的基因，植根在中国人内心，潜移默化影响着中国人的思想方式和行为方式。今天，我们提倡和弘扬社会主义核心价值观，必须从中汲取丰富营养，否则就不会有生命力和影响力。”[②]社会主义道德观是社会主义价值观的重要内容，必须传承和升华中国传统文化中的道德资源。习近平同志在北京大学师生座谈会上的讲话中，列举了中国传统道德资源中一些精华内容：中华文化强调“民惟邦本”、“天人合一”、“和而不同”；强调“天行健，君子以自强不息”、“大道之行也，天下为公”；强调“天下兴亡，匹夫有责”，主张以德治国、以文化人；强调“君子喻于义”、“君子坦荡荡”、“君子义以为质”；强调“言必信，行必果”、“人而无信，不知其可也”；强调“德不孤，必有邻”、“仁者爱人”、“与人为善”、“己所不欲，勿施于人”、“出入相友，守望相助”、“老吾老以及人之老，幼吾幼以及人之幼”、“扶贫济困”、“不患寡而患不均”，等等。所有这些内容都应吸纳到当代中国道德体系之中，都应在当代中国道德体系构建过程中得到传承，并使之发扬光大。

三、当代中国道德规范体系的架构

道德与伦理不同，伦理所涉及的主要是行为领域，而道德涉及道德认识、道

① ［德］马克思、恩格斯：《共产党宣言》，中共中央编译局：《马克思恩格斯文集》2，人民出版社，2009年，第53页。

② 习近平：《青年要自觉践行社会主义核心价值观——在北京大学师生座谈会上的讲话》，《人民日报》2014年5月5日第2版。

德情感、道德品质、道德行为四个基本领域。与此相应，一个社会的完整道德体系一般包括四个方面：道德价值体系，道德情感体系、道德品质体系和道德规范体系。这四个子体系虽然可能会存在着内在的不一致，甚至自相矛盾，但它们是相互联系、相互渗透的。在这四个体系中道德规范体系所涉及的是行为领域，而人们的行为直接关系到社会的秩序，因而这个领域通常是社会最关注的道德领域，也是人们最容易感受到道德力量的领域。考虑到本文篇幅的限制，我们这里只讨论当代中国道德规范体系。

社会道德规范体系通常包括四个层次或部分：一是道德规范体系的价值取向，它是道德规范体系的核心；二是体现价值取向的基本道德原则；三是体现基本道德原则的基本道德规范；四是基本道德原则对社会不同生活领域的基本要求，或者说是体现基本道德原则的行为准则。在道德规范体系中，价值取向是根本性的，它规定着整个道德规范体系的性质，是一种道德规范体系区别于其他道德规范体系、一种道德区别于其他道德的主要标志。我们可以根据这样一种构架模式考虑当代中国应有的道德规范体系。

改革开放以来，我国一直都十分重视道德建设，党中央先后发布了直接涉及道德建设的《中共中央关于社会主义精神文明建设指导方针的决议》(1986年)、《中共中央关于加强社会主义精神文明建设若干重要问题的决议》(1996年)、《公民道德建设实施纲要》(2001年)、《中共中央关于构建社会主义和谐社会若干重大问题的决定》(2006年)等重要文件。在改革开放以来的历次党的代表大会报告中也都有关于道德建设的论述。党中央有关道德建设的文件对当代中国道德规范体系的构架和内容作出了具体的界定。根据党中央有关文件的精神和内容，综合考虑构建当代中国道德的现实根据、理论依据和历史资源，以及当代社会实践的创新，我们归纳总结出了一个当代中国道德规范体系的初步架构。

我们认为，我国当代道德规范体系的价值取向是和谐主义。和谐主义在承认个人、群体（企业及其他各种组织）和国家都是社会道德主体的前提下，追求各道德主体的利益与社会整体利益共赢共进，追求整个社会在尊重多样化的前提下实现和谐有序，追求所有社会成员的全面而自由发展。和谐主义承认社会成员的主体多元性和多样性，承认他们都有自己的价值追求和价值体系，承认他们的价值可能会发生冲突，在此前提下，寻求他们的互利互惠、共赢共进，使他们和谐地生活在社会共同体的大家庭之中。作为当代中国价值体系的核心内容，和谐主义总体上要求当代中国道德要着眼于社会成员全面而自由发展而构建个体（作为社会成员的个人和各种组织）与国家的社会和谐、个人与他人之间的人际和谐、个人与自己的身心和谐、人类与自然的自然和谐。和谐主义既不同于西方近代以来的个人主义，也不同于中国传统社会的整体主义。它将个人作为社会的主体和实体，但并不认为社会的主体和实体只是个人，还包括国家和其他各种组织；它所追求的不是单个人的利益和价值的实现，而是追求作为社会成员的个人和组织利益的普遍实现和共同增进。它将国家作为一种具有管理整个社会的特殊社会组织，认为它是社会的主体和实体，但并不是唯一主体和实体，而且它作为社会的管理者，其唯一使命是要使社会成员特别是个人在和谐的社会环境中普遍实现自己的价值，获得自己的幸福。

将和谐作为当代中国道德规范体系的价值取向和核心内容，是有充足理由的。首先，《中共中央关于构建社会主义和谐社会若干重大问题的决定》就已经将和谐社会看作是中国特色社会主义的本质属性，是国家富强、民族振兴、人民幸福的重要保证。其次，中国传统文化本质上是一种和谐文化，“和为贵”理念深深地扎根于民族心理，最终成为中华文化的价值取向和鲜明特征。“和为贵”不但作为中华民族的核心理念渗透在社会的各个领域，而且陶冶并塑造了中华民族的性格。再次，和谐体现了现代市场经济和民主政治的客观要求。市场经济是多元主体经济，民主政治是多元主体政治，总之，现代社会是多元主体社会。这种多元主体的社会格局需要道德以及法律来使他们彼此和平共处，相辅相成，相得益彰，良性互动，而这就是和谐的基本内涵。①

根据和谐主义的价值取向和基本要求，我们认为可以确立三条基本道德原则，即共赢、公正和负责。和谐主义是在肯定存在不同道德主体前提下追求他们的价值的普遍实现，因此它要求人们的社会行为在任何情况下都要使行为所涉及的各方受益，至少不受害。这就是共赢原则的基本要求。这一条原则适用于所有道德主体，包括国家、各种组织和个人。公正作为道德原则主要适用于那些有可能分配社会资源（如金钱、财富、名誉、地位，以及各种机会等）、提供各种产品和服务的道德主体。这一原则要求，在分配、评价、裁决、奖惩及提供各种产品和服务的过程中使相关者得其所应得，讲求公平，关怀弱者，伸张正义，廉洁自律，不以权谋私，不徇私舞弊。负责适用于所有有行为能力的社会成员，包括健康的成人、各种组织和国家。负责作为道德原则，要求行为者敢做敢为，勇于担当，具有强烈的责任心，对自己负责，对家庭负责，对所在的组织负责，忠实履行自己应尽的义务和应承担的责任，不文过饰非，不敷衍塞责。显然，在上述三条基

① 参见江畅：《幸福与和谐》，人民出版社，2005 年，第 7 页。

本原则中，共赢原则是最基本原则，也是人们行为正当不正当的最基本判断标准。

根据党中央有关文件，以及当代人类和中国的实践发展，我们认为，可以从行为可能涉及的个体与群体、个人与他人、人类与自然这三种基本关系，对当代中国道德基本规范作如下规定：①个体与群体之间关系的基本道德规范是爱国、敬业。爱国是对作为社会成员的所有个人和所有组织涉及与国家关系的行为的基本道德要求；敬业则是对所有从业人员涉及与所从事的职业及职业组织的行为的基本道德要求。②个人与他人之间的基本道德规范是诚信、友善。③人类与自然之间关系的基本道德规范是敬畏、永续。这一规范是对所有道德主体的要求，包括对国家的要求。所谓敬畏，是指我们要对自然、生命有敬畏之心，在自然的利用、改造过程中遵循自然规律，避免消极后果，不肆意妄为，无所顾忌；所谓永续，是指我们利用、改造自然的行为不能造成长远的消极后果，要为子孙后代留下青山绿水蓝天。在这六个基本道德规范中，爱国、敬业、诚信、友善在党的十八大报告中被列入了社会主义核心价值观的内容，体现了党中央对这四个道德规范的高度重视，也表明当前我国社会这四个方面存在着更为突出的问题。

我国改革开放以来一直从道德的角度将社会生活划分为公共生活、职业生活和家庭生活，并将这三个基本领域的道德要求称为社会公德、职业道德和家庭美德。《公民道德建设实施纲要》根据我国社会主义初级阶段的实际情况对三个领域提出了明确的道德要求，并对它们作了简练的概括。社会公德的要求是“文明礼貌、助人为乐、爱护公物、保护环境、遵纪守法”；职业道德的要求是“爱岗敬业、诚实守信、办事公道、服务群众、奉献社会”；家庭美德的要求是“尊老爱幼、男女平等、夫妻和睦、勤俭持家、邻里团结”。这些概括基本上反映了我国当代道德价值取向和基本原则的要求，可以作为当代中国道德规范体系中对社会生活三个基本领域的基本道德要求。不过，我们也可以使用中国传统道德中的“义”、“忠”、“孝”三个范畴更简要地加以表达。“义”是指在公共生活领域要讲信义，诚实无欺，言而有信，与人为善，行为举止合宜恰当。“忠”是指在职业领域要忠于职守，爱岗敬业，尽职尽责，精益求精，办事公道，讲求信誉。“孝”是指在家庭生活要尽孝，尊长爱幼，勤劳节俭，关爱和睦，履行家庭义务和责任。

概括说来，当代中国规范道德体系是一种以和谐主义为价值取向和核心内容，以共赢、公正、负责为基本原则，以爱国、敬业、诚信、友善、敬畏、永续为基本规范，以“义”、“忠”、“孝”为基本道德要求的道德规范体系。这一道德规范体系，体现马克思主义的社会理想追求，适应当代中国社会实践的客观要求，富有中国传统道德文化特色，是具有中国特色的社会主义道德规范体系。

四、构建当代中国道德体系关键在于更新观念

我国有着重视道德教化的优良传统。改革开放以来，适应社会转型新形势的需要，党中央更加重视精神文明建设，强调物质文明建设和精神文明建设两手抓，“两手”都要硬。应该说，构建当代中国道德体系具有丰富的资源和独特的优势。导致我国目前道德状况欠佳的直接原因是适应当代中国特色社会主义实践要求的道德体系尚未建立起来。从目前的情况看，妨碍当代中国道德体系构建的主要障碍是我们的一些道德观念比较陈旧。因此，进一步解放思想，更新道德观念是构建当代中国道德体系所亟待解决的问题。我们相信，解决了道德观念问题，并在此基础上发挥我国的道德优势并利用好我国的道德资源，当代中国道德体系不需要很长时间就可以建立起来，我国的现实道德状态也会根本好转。

我们认为，我们需要改变在相当大程度上尚存的三种旧的道德观念，并要相应地确立三种新的道德观念：

第一，改变国家是道德立法者、人民是道德守法者的观念，确立所有道德主体都既是道德立法者又是道德守法者的观念。我国是人民当家作主的社会主义民主国家，在我国，人民（全体社会成员）是社会的主体，国家代表和体现人民的意愿和意志，所推行的道德体系像所确立的法律体系一样，必须充分体现人民的意愿和意志，而且国家作为道德主体本身也要受道德的约束。如果国家推行的道德体系不能体现社会成员的意愿和意志，不能有效地维护社会成员的权利和利益，所推行的道德体系就不能得到社会成员的普遍认同。同样，如果国家推行的道德体系，作为国家代表的官员不能模范地遵守，所推行的道德体系也不能得到社会成员的普遍认同。我国目前推行的道德之所以不能得到普遍认同和遵守，一个重要原因是道德的立法者与守法者分离。而其根源则在于，在我们的思想观念中，一方面把国家看作是道德立法者，而不是道德立法者的代表者，不是道德的守法者；另一方面把社会成员只看作是道德守法者，而不同时把他们看作是道德的立法者。如果有这样一种观念，道德立法者的代表者就会变成道德立法者本身，也就有可能不考虑作为真正道德立法者的社会成员的意愿和意志，不考虑他们的实际情况，所确立的道德脱离社会成员的实际，不能很好地反映他们的利益诉求。如果所推行的道德不能充分体现社会成员的意愿和意志，社会成员就会把道德看作是从外面强加给自己的、让自己作出牺牲的东西，因而也不会自觉自愿地遵从它。要改变我国目前道德问题严重的局面，必须从根本上改变把国家看作道德的

立法者，而把人民看作是道德守法者的观念，确立国家是道德立法者的代表者，人民是真正的道德立法者，同时也是道德守法者的观念，使所推行的道德真正体现人民的意愿和意志。

第二，改变道德意味着自我牺牲的观念，确立道德是有利于人更好生存的生存智慧的观念。道德就其本性而言是人类在长期生活过程中形成的使自己生存得更好的生存方式，它是人类生存智慧的体现。但是，在传统社会，道德发生了异化，作为人类使自己生存得更好的生存方式变成了控制人、甚至奴役人的工具，其突出的体现就是它要求人们一味地作出自我牺牲。不可否认，在某些特殊情况下，例如在战争年代，在某些危急的处境下，道德要求行为者为了他人或共同体的利益作出个人的牺牲。但是，在平常的日常生活中，它不是要求人们牺牲自我利益或生命，而是告诉人们怎样才能更好地实现自己的利益。考虑和追求自己的利益和权利是人性的自然倾向。道德肯定人们追求自己利益和权利的合理性和正当性，但告诉人们这种追求有两种方式：一种是不道德的方式，另一种是道德的方式。不道德的方式就是唯利是图、不择手段的方式。人们按照这种方式行事，不仅会伤害他人和共同体，而且会最终伤害自己。因为如果每一个体都无所顾忌地行事，必然导致人与人之间的相互伤害，最终行为者自己也必然会受到伤害。与不道德的方式不同，道德方式要求人们在追求自己的利益和权利的时候不能伤害他人和共同体，这是道德的底线要求。在现代社会，道德的这种底线要求一般都已经被法制化。就是说，如果损人利己，不仅会在道德上受到谴责，而且还会受到法律的制裁。在此基础上，道德还引导人们在不伤害他人和共同体的情况下还要有利于他人和共同体，实现利益共进和共赢；引导人们在无损于人、有益于人的基础上追求通过他人利益的最好实现来实现自己利益。道德的意义就在于，它不仅告诉人们什么是道德上好的（善的），而且告诉人们怎样更好，怎样最好。其一般原则依次是无损于人、有益于人和服务他人。无损于人是最低的、起码的道德要求，而服务他人则是最高的道德原则。这一最高原则要求人们着眼于他们和社会的利益行事，为他人和社会提供优质服务，对他人和社会负责，以他人和共同体的利益为重，必要时勇于牺牲自身利益。不过，这一原则并不是对个体追求自己利益的否定，相反是以这一追求为基础和前提的。这一原则要求必要时为了他人和共同体的利益牺牲自己利益，看起来似乎是与人们的利益诉求相冲突的，但其实不然。因为这种要求是对所有社会成员而言的，而不只是对某一部分社会成员而言的，每一个个体都不仅有可能成为这一要求的付出者，也有可能成为这一要求的受惠者。这种要求归根到底是为了社会个体的利益，只不过不是仅仅为了某一个或某一些特殊的个体。[①]总之，道德的根源在于人谋求生存得更好的本性，道德从根本上说就是生存得更好的方式。正是在这种意义上，我们说道德是人生存的智慧，而不是自我牺牲。作为生存智慧的道德不是冷酷无情的，而是人性化、人道化、人情化的。只有这样的道德才会得到社会成员的普遍认同和信奉。

第三，改变个人与他人、个体与整体在价值上相互对立的观念，确立它们可以实现价值共赢的观念。在以自然经济为基础的传统社会，人们的生存资源有限，因而个人与他人、个体与整体在利益问题上必定是此消彼长、相互对立和冲突的关系。正因为如此，传统道德为了维护社会秩序和统治者的利益，要求人们作出自我牺牲。从市场经济出现以后，人们渐渐发现，个人与他人、个体与整体的关系并不一定必然是相互矛盾的，而完全可以达成一致和实现共赢。例如，一个厂商完全可能通过使他的顾客的利益得到最好的实现来自己的利益，他越是把顾客当作"上帝"，"上帝"就越是惠顾他。现代社会生活实践越来越表明，不仅市场经济中的人际关系是互利共赢的，而且整个社会生活中人际关系都可以如此。一个具有优良品质、高尚人格的人，他就会有良好的人脉关系，而良好的人脉关系有助于他在事业上取得成功。当我们破除了个人与他人、个体与整体相互对立的观念的时候，我们就不会再把道德理解为自我牺牲了，而会把它看作是实现个人与他人、个体与整体各方共赢的最佳方式。

① 参见江畅：《幸福与和谐》，人民出版社，2005年。

当代中国道德情感体系构建*

我们曾在《论当代中国道德体系构建》① 一文中提出构建当代中国道德体系，并阐述了当代中国道德规范体系的架构。我们认为，当代中国道德体系包括价值体系、规范体系、品质体系和情感体系。本文试就当代中国道德情感体系构建的必要性、道德情感体系的理论架构以及构建面临的主要任务等问题进行探讨，以就教于伦理学界的各位同仁。

一、应当重视道德情感问题

纵观中西伦理学界，学者们对道德情感问题没有给予足够的重视。

从西方的情况看，古代伦理学研究重视道德品质（德性）问题，特别是“一个人应该怎样生活”或“一个人应该成为什么样的人”的问题，形成了以德性伦理学为代表的相当完善的德性论；近代伦理学研究重视道德规范问题，特别是“一个人应该怎样行动”的问题，影响很大的主要有功利主义和道义论。当然，西方自古至今都重视道德价值问题，主要是有关善、至善和幸福的问题。相较之下，西方伦理学对道德情感问题的研究则显得重视不够，长期以来缺乏相关有影响的重要学术成果，道德情感问题至今尚未成为西方伦理学研究的一个基本领域，没有形成伦理学的情感论分支。

不过，西方自古以来还是有不少伦理学家研究过道德情感问题。苏格拉底讨论过友谊，柏拉图对爱的问题进行了较深入的研究，形成了颇有影响的“柏拉图之爱”的观念，亚里士多德更对“友谊”作了系统的阐述。中世纪思想家从神学德性的角度大量讨论了作为三大神学德性之一的“爱”或“仁爱”。近代英国有不少伦理思想家（沙夫茨伯利里、哈奇森、巴勒特以及休谟、亚当·斯密等）主张将道德置于情感特别是同感（sympathy，常被误译为“同情”）的基础之上，形成了英国情感主义学派。只不过这一学派没有受到社会的重视，其观念没有进入主流道德文化。此后，还有一些伦理学家研究过情感问题（如马克斯·舍勒、元伦理学中的非认识主义者），但也没有产生太大的社会影响。20 世纪 80 年代后，伴

---

* 原发表在《道德与文明》2016 年第 1 期（与张媛媛合作），原标题为《试论当代中国道德情感体系构建》。

① 该文发表在《湖北大学学报》（哲学社会科学版）2015 年第 1 期。

随着德性伦理学的复兴和女性主义伦理学的兴起，道德情感问题特别是关爱问题成为一些德性伦理学家（其中有些也是女性主义者）关注的焦点。不过，他们的思想尚未真正成为西方主流观念。

与西方的情况相似，虽然“仁者爱人”是中国先秦儒家思想的一个重要命题，新中国建立后也把“五爱”作为社会主义道德的基本规范，但从伦理学理论研究的角度看，情感问题在中国思想史上并没有受到真正的重视。传统社会重视的主要是规范问题，例如“三纲五常”；当今社会人们普遍关心的更不是情感而是利益，主流伦理学观念和教材对道德情感问题也鲜有涉及，即使涉及也是重在强调其规范意义（如把“五爱”作为社会的道德规范）。可以这么说，即使在西方关怀伦理学颇为火热的今天，情感问题在中国伦理学界依然几乎还是个“空场”。

人是复杂的高级动物，有理性、理智的一面，也有感性、情感的一面。一些哲学家注意到，情感和欲望是以生存本能为基础的，与理智相比较，它们对于人的生存而言，更具有原初性、根本性的意义。情感原本是人的有机组成部分，一旦被扭曲、被湮没，人就不再是原本意义上的人。这样的人是畸形的、可怕的，成为了这样的人，其人生就再也没有应有的乐趣和幸福，相反会始终与痛苦和不幸相伴随。心理学家发现，人的理智也离不开情感，情感的缺失可能会导致非理智行为的产生。“如果一个人失去所有情感，他将变成‘理智的傻瓜’。”① 情感可以直接对整个人生质量产生影响。整个情感状况可以影响整个人生（包括人生历程和人生整体），某方面的情感状况也可以影响整个人生。这就是亚里士多德所主张的“善性以及幸福主要依赖于人们的情感状态”②。一个在情感上整体是健康、丰富、持久、美好的人，才会有幸福的人生，在一定意义上甚至可以说，他就会有幸福的人生。就某方面的情感而言，一种正面的、积极的情感不一定必然给人生带来幸福，但一种负面的、消极的情感却足以使人陷入苦难的深渊，甚至毁灭整个人生的幸福。因此，情感问题事关人生幸福，不能不受到学界和社会的重视。

亚里士多德曾经断言“人是理性动物”，这一论断影响了人类文明两千多年。在这一名言的影响下，人们在绝大多数时候只意识到自己是理性的，渐渐地忽略了自己的情感属性。正如兰茜·硕曼所指出的，“在日常生活中，情感的表达经常得不到多少理解，而且太经常地被轻蔑地看作是反思和理性生活的敌人。”③随着以

---

① 参见［美］麦特·里德雷：《美德的起源——人类本能与协作的进化》，刘琦译，中央编译出版社，2004 年，第 150 页。

② Nancy Sherman. Making a Necessity of Virtue. Cambridge：Cambridge University Press，1997：35.

③ Nancy Sherman. Making a Necessity of Virtue. Cambridge：Cambridge University Press，1997：25.

理性为基础和价值取向的现代文明昌盛，人的情感不仅进一步被边缘化，而且被压抑，被扭曲，被替代，被湮没。情感问题在今天的人类社会中愈加突出，已经成为困扰人类的一个重大生存问题，主要表现在以下几个方面：一是情感的潜能被忽视，被压抑。人们更多地关注人的理智潜能的开发和培养，而忽视了人的情感潜能。二是情感的释放渠道受阻，人们的情感需求普遍得不到满足，情感被边缘化。三是某些不正常、不健康的负面情感被强化，社会不仅变成缺乏真情的冷漠社会，而且还充斥着自私、贪婪、猜忌、嫉妒、忿懑、艾怨，以及由此引起的敌对、争斗和陷阱，成为可怕的社会。[①]诸多事实表明，情感问题是当代社会最突出、也是最深层的社会问题之一，值得全人类高度重视。

当代中国正在走向现代文明，市场经济的迅猛发展正在使整个社会生活日益市场化、资本化。基于理性片面强化的利益最大化原则正在压抑甚至吞噬人们的情感，人们的情感生活空间因此要么在迅速萎缩，要么在发生病变或异化。由于情感的隐退，个人和社会正在成为“单向度的”（马尔库塞语）。理性及基于理性的经济技术力量逐渐成为控制整个社会的唯一力量，非理性的情感力量则朝两极转化：一方面健康的、道德的情感正在消逝，另一方面病态的、邪恶的情感则正在成为追求利益的帮凶。这种状况导致了极其严重的后果：从社会角度看，人与人之间缺乏真情和友爱，“只有永恒的利益，没有永恒的友谊”的信条盛行，“认钱不认人”成为通则，由以上所说的那些邪恶情感导致的严重社会问题（如腐败、“假冒伪劣”、各种欺诈等）日益严重；从个人角度看，生活的意义变得越来越单调、贫乏，更多地占有社会资源成了人的唯一追求和动机，因过度的生存压力、竞争压力而导致的心理疾病正在大肆蔓延，对人们的生活构成了一种普遍威胁。现实和理智都告诉我们，当代中国在迅速走向富强和现代化的同时，已经成为世界上情感问题最严重的国家之一。当代中国情感问题的现状和潜在风险警示我们，研究和解决情感问题是中国建设社会主义现代化强国所面临的一项紧迫而重大的任务。

“人民幸福”是中国梦的终极价值目标。一方面，人民普遍幸福地生活的根本前提是其需要得到尽可能全面的满足。人的需要有许多维度和层次，情感的需要无疑是人需要的基本层次和重要维度。情感对人生既可以产生正面的积极作用，也可以产生负面的消极作用，满足情感需要不是满足一切情感需要，而是要培养和促进健康的情感，防范和克服一切负面情感和消极情感。另一方面，实现人民幸福必须有效解决现实存在的严重社会问题，其中包括情感问题以及由其所导致

---

① 参见江畅：《德性论》，人民出版社，2011 年，第 412 ～ 413 页。

的社会问题。人生来就具有情感的潜能，而这种潜能通过人在一定环境中生活才成为现实。这里就存在一个从潜能变为现实的广度问题、深度问题，以及各种情感的结构及其取向问题，涉及环境、教育、个人修养等主要因素。所有这些问题的解决既需要全社会的高度重视，同时也需要理论和学术的支持。情感具有复杂性，而且与人的认识、意志、行为活动密切相关，受人的观念、知识、能力、品质等人格因素的直接影响。因此，情感问题是一个十分复杂的问题。从理论学术的角度看，这个问题的解决有赖于心理学、社会学、教育学、伦理学等诸多学科的协同研究，其中伦理学的任务就是要构建理论化的道德情感体系，并推动党和政府使之现实化，即通过教育、舆论、奖惩以及调动个人道德修养的积极性等途径使之转化为个人的道德情感准则和信念。

二、道德情感体系的理论构架

道德情感与其他情感一样，是一种复杂的心理现象和心理活动，它本身存在着内在的结构，有不同的层次和维度，有体现情感的一般道德性质的核心范畴。然而，迄今为止，在中外伦理学史上，只有对道德情感问题的不同方面的论述，未见有学者提出和阐述道德情感体系的结构。在此，我们根据历史上已有的思想资源，结合当代中国现实状况以及当前伦理学研究成果，尝试提出一个道德情感体系的理论构架，供学界讨论。

我们认为，如同道德价值体系有一个核心范畴“善”、道德规范体系有一个核心范畴“正当”、道德品质体系有一个核心范畴“德性”一样，道德情感体系也有一个核心范畴，即“仁爱”。情感有善恶、道德不道德之分。我们把道德的、善的情感称为仁爱（charity）。“仁”在中国古代文献中就是道德的、善的意思，“仁爱”指的就是道德的情感。需要注意的是，这里所说的情感不是指人们偶尔爆发的自然情绪，如生气、伤心、兴奋、忧愁等，而是指人们在长期生活中通过修养、积淀逐渐形成的较为稳定的感情，如友爱、关怀、仇恨、嫉妒等。仁爱实质上就是今天常说的关爱，其基本含义就是关心和爱护。关心就是对他者（包括人、社会和自然）的关切，即把他者视为与自己利害攸关的存在，一损俱损、一荣俱荣。爱护就是对他者的情谊、呵护，即把他者看作是自己爱的对象，看作是自己情感获得满足的源泉。仁爱不是外在地强加给个人自己的，而是人自我实现的需要和满足，它是人完善和幸福不可缺少的重要组成部分。缺乏道德感情的人不仅是不完善的人，而且是有问题的人。

“仁爱”作为道德的情感，集中体现为关爱，既包括对他人、共同体的关爱，也是对个人自己的自爱，因而仁爱对于好生活和好社会都具有重要意义。马克斯·舍勒在谈到爱这种情感对于人的意义时指出：“在人是思之在者或意愿之在者之前，他就已是爱之在者。人的爱之丰盈、层级、差异和力量限定了他的可能的精神和他与宇宙的可能的交织度的丰盈、作用方式和力量。”[①]他甚至断定：“谁把握了一个人的爱的秩序，谁就理解了这个人。”[②]同时，“仁爱”可以呈现出不同维度和强度。从维度来看，仁爱可以涵盖友爱到圣爱；从强度看，仁爱可以涵盖温情之爱到激情之爱。因此，仁爱涵盖人的一切道德的或善良的情感，可以作为道德情感体系的核心概念。

仁爱的形成有一定的情感基础，如怜悯、同情、同感、共感等，但这些情感并不能称之为道德的感情，而只是自然的感情。情感是人的基本潜能之一，作为潜能的情感可以道德地开发，也可以不道德地开发，通过道德的过程开发出来的情感潜能就是道德的情感。道德地开发情感潜能的过程就是仁爱培育的过程。这也就是说，仁爱并不是与生俱来的，而是后来形成的。一个人能否具有道德情感，自身是关键性因素。仁爱是建立在心理意义的美好感情之上，缺乏这种美好感情，仁爱就成为无源之水、无本之木。缺乏心理意义的美好感情，所谓道德情感就不过是人的一种额外负担，而不是情不自禁的结果。康德所说的对道德敬畏感，在某种意义就是这种外在的道德情感，而不是人自我实现的有机组成部分。

将“仁爱”作为道德情感体系的核心范畴有其历史根据。在中国思想史上，最早提出“仁爱”思想的是孔子。《论语》记载：“樊迟问仁。子曰：‘爱人’。”(《颜渊》)。孟子将这一思想概括为“仁者爱人”。孟子曰：“君子所以异于人者，以其存心也。君子以仁存心，以礼存心。仁者爱人，有礼者敬人。爱人者，人恒爱之；敬人者，人恒敬之。”(《离娄下》) 后来《淮南子·修务训》、《史记·袁盎列传》、明代唐顺之《廷试策》等文献都使用过“仁爱”概念。这些历史文献表明，仁爱观念是中国优秀传统文化的核心内容之一。在西方思想史上，“仁爱”也一直是诸多思想家所关注的对象。柏拉图认为，爱是古老的，而且是人类一切最高幸福的源泉。爱被看作是一种冲动，充满着美和善，是一种提升灵魂、使之能够踏上通往真理之路的神圣的迷狂。爱的结果是智慧和德性，爱追求的是达到看见美本

---

① ［德］马克斯·舍勒：《爱的秩序》，万俊人主编：《20世纪西方伦理学经典》(II)，中国人民大学出版社，2004年，第224页。

② ［德］马克斯·舍勒：《爱的秩序》，万俊人主编：《20世纪西方伦理学经典》(II)，中国人民大学出版社，2004年，第216页。

身、拥有德性本身的境界。[①] 在古希腊，有四个词包含有爱的含义。它们分别是：① eros，意为亲密的爱或浪漫的爱，大多指性爱的激情。当它的第一个字母大写时，指爱神，即厄洛斯。② storge，意为家庭之爱。③ philia，意为作为一类爱的友爱。④ agape 意为无私的爱，仁爱。在柏拉图的对话集中，所谈论的爱在很多时候是 eros，但柏拉图所推崇的爱是 agape。这种爱在基督教那里融入了神学德性，奥古斯丁称之为“爱”(love)，托马斯·阿奎那称之为“仁爱”(charity)，其意为上帝之爱和邻人之爱。由此看来，仁爱在西方也是历来受推崇的道德情感。

仁爱一般来说主要是对他人、共同体或其他某种事物而言的。从个人与亲人、朋友、路人和神祇的关系来看，仁爱可以划分为亲爱、友爱、博爱、圣爱几种类型：亲爱就是对亲人的爱；友爱就是对朋友的爱；博爱就是对陌生人的爱；圣爱就是对神祇的爱。我们将这类仁爱称为“邻人之爱”。从道德的意义上看，也应该存在着对自己的道德感情，这种感情就是自爱。“趋利避害”是人类的本性，因此，自爱这种感情在通常情况下不会发生什么问题，但在一些特殊情况下，人们也可能不自爱，甚至自恨自厌，以致自残、自杀。因此，为了使人们珍惜自己的生命，需要将自爱作为一种道德的感情加以强调。而且，从爱的源头来看，一个人只有自爱才可能爱他人，自爱是仁爱的前提和基础。从个人与生活环境的关系来看，仁爱可以划分为爱家、爱集体、爱国家、爱人类、爱自然等几种感情：家庭之爱是指人们对家庭、家人的爱；集体之爱是指人们对自己所在的各种集体的爱，其中最常见、最重要的是职业组织；国家之爱是指人们对自己生活在其中的国家的爱，即通常所说的爱国主义；人类之爱是指对整个人类的爱；自然之爱是指对自然环境和资源的爱。我们将这一类仁爱称为“环境之爱”。

仁爱不仅有不同的类型，而且也有不同的强度。从强度的角度看，我们可以将仁爱划分为两种，即“道德柔情”与“道德激情”。无论是邻人之爱还是环境之爱，都存在着道德柔情和道德激情的区别。道德柔情是一种温和的关爱感情。像宽厚、仁慈、友善、乐善好施等大致上属于道德柔情的范围。道德柔情是温情脉脉的，给人以温暖，因而可以称之为“道德温情”。道德激情是一种激烈的关爱感情。像慷慨就义、见义勇为、舍己救人、申张正义等大致上属于道德激情的范围。道德激情常常是在道德冲动的驱使下形成的强烈道德感情，因而也可以称之为“道德冲动”。无论是道德柔情还是道德激情都存在着大爱与小爱的区别。不

---

① 参见［古希腊］柏拉图：《会饮篇》、《斐德罗篇》等，《柏拉图全集》第 2 卷，王晓朝译，人民出版社，2003 年。

过，人们通常将道德激情看作是大爱，具有这种大爱的人被认为是道德英雄。从道德柔情和道德激情的特点不难看出，前者是道德感情的常态，而后者是在特殊情况下产生的具有冲动性质的特殊状态。而且，道德激情需要以道德柔情为基础。一个人在日常生活中充满了道德柔情，在一些危急的时刻就会产生道德冲动，从而发生道德壮举。道德柔情和道德激情的划分并不具有层次高低的意义，它们对于仁爱感情来说都是必要的。例如，在他人、环境处于厄困之中时，我们需要道德柔情；而当他人、环境处于危急之中时，我们需要道德激情。

道德情感包含了荣辱感、义务感、责任感、使命感、公正感等道德态度。这些道德态度也就是通常沙夫茨伯里、哈奇森等人所说的“道德感”（sense of morality）。这些道德的态度融合在一起就构成了人的良心或良知。良心渗透在所有类型的道德情感之中，是道德情感的重要标志。

我们已经作过论证，当代中国道德体系的价值取向或一般原则是和谐主义①，仁爱则是和谐主义在情感领域的体现，是当代中国道德情感体系的基本原则。我们以上所述的各种道德情感可看作是仁爱的各种不同层次和不同形式（如邻人之爱及亲爱、友爱、博爱、圣爱），它们是道德情感的标准，也是道德情感的具体原则或范畴。仁爱和这些更具体的道德情感范畴一起构成了当代中国的道德情感体系。这种体系是当代中国道德体系的组成部分，它与当代中国道德价值体系、道德规范体系、道德品质体系一起构成了中国道德的总体体系。这四个体系各司其职，它们之间具有内在一致和良性互动的关系，其基础是道德价值体系。道德规范体系中的正当、道德品质体系中的德性、道德情感体系中的仁爱都是道德价值体系中的善在行为、品质和情感领域的具体体现。如果我们把和谐主义看作是一般价值原则的话，那么作为正当原则的共赢、公正、负责是它在行为（规范）领域的体现，作为德性原则的基本德性②是它在品质领域的体现，而作为仁爱原则的邻人之爱和环境之爱是它在道德情感领域的体现。正当、德性和仁爱的原则在人生不同领域贯穿和体现善的原则，并从不同领域保证社会道德价值原则的实现。

三、道德情感体系构建面临的主要任务

前面已经谈到，社会道德情感体系无论在中国还是在西方都没有建立起来，

---

① 江畅、范蓉：《论当代中国道德体系构建》，《湖北大学学报》（哲学社会科学版）2015 年第 1 期。

② 关于基本德性与派生德性的区别，参见江畅：《德性论》，人民出版社，2011 年，第 86 ～ 87 页。

因而构建道德情感体系面临着艰巨的任务，既亟需理论的构建，也亟需实践的推进。就我国目前的情况而言，我们认为构建社会道德情感体系除了要充分认识构建的必要性和紧迫性之外，还需要抓紧做好以下几项工作：

第一，加强情感问题的理论学术研究，逐步建立系统完善的道德情感理论体系。前文说过，古今中外虽然不乏对道德情感问题的研究，但均不系统。到目前为止，国内有关道德情感研究方面的有分量、有影响的著作几乎是空白，这与有关道德价值问题、道德规范问题、道德品质问题的研究现状形成了鲜明对照。学术理论研究的这种状况表明，至少到目前为止我国尚未形成道德情感体系的理论模式或框架，更没有对这种框架的论证和讨论。道德情感体系的理论模式是社会现实道德情感体系认同和构建的前提和依据，在现代社会，没有这样的理论模式就不可能构建起现实的道德情感体系。在目前情况下，国家要通过各种途径，特别是通过国家社会基金项目申报和审批引导一批学者研究道德情感问题，鼓励学者从自己的特殊角度构建不同的道德情感体系的理论模式和实践方案。有了多种多样的模式和方案，党和政府可以从中择优实施，或者在吸收各家之长的基础上构建更优秀、更可行的模式和方案。

第二，加大仁爱情感宣传力度，营造有助于人们形成美好感情和道德感情的社会氛围。影响仁爱情感形成的因素有多种。其中最重要的是环境和教育。环境的作用是“感化”，教育的作用是“指导”。我国有个成语叫“触景生情”，生动地表达了环境与道德情感之间的深刻关联。情感虽然常常由某种具体的情景、对象引起，但也会形成某种定势。那种总能引起或激发人们美好感情的环境，会使生活其中的人们逐渐形成美好感情的定势，也会由此激发人们在此基础上产生道德感情。相反，那种总能引起丑恶感情的环境，人们身处其中不仅难以孕育美好的感情，甚至会激发丑恶的感情更不用谈形成道德感情。总能引起或激发人们美好感情的环境，它得是自由、平等、公平、正义的，也得是人际和谐、人类与自然和谐的，还得是充满真情和友爱情谊的。在当代社会，人们对于前两方面的要求已有了清醒的意识，并在为创造这样的环境作努力，但对第三个方面的环境重视得很不够。在市场经济的冲击下，人类社会的美好情感日益淡化，人们正在变成没有情感的冷血动物。这种势态发展下去非常可怕，需要我们给予高度重视。今天特别要注意运用现代媒体（如电视、互联网、手机客户端等）营造有利于道德情感产生和表达的环境，同时也要努力在家庭、单位和公共场所营造关爱氛围，使人们在这种环境和氛围中自觉不自觉地受到熏陶和感化。

第三，使道德情感教育进学校、进课堂，注重增强学生培养道德情感的意识和能力。无论从理论上看，还是从实践上看，美好感情和道德感情都是需要通过教育加以培育的。教育可以使人们意识到情感特别是美好感情和道德感情对于人类和自己人生的重要意义，认识到情感的本性和功能，掌握如何通过加强修养培育自己的美好感情和道德感情。现代教育为了适应市场经济的需要，片面重视科技知识方面的传授，而极度忽视情感的培育，尤其是缺乏道德情感教育。当然，我们也有思想教育课，也讲道德，但灌输的主要是道德规范，较少讲道德品质，几乎不讲道德情感。这是当前道德教育中存在的一种严重偏颇。为了纠正这种偏颇，必须加大道德情感教育的力度，丰富其内容，使道德情感教育融入国民教育的全过程。要根据不同层次不同学校的实际情况制定不同的道德情感教育计划，安排不同的道德情感教育内容。一般来说，道德情感教育的程序要从自爱到他爱，从亲爱到博爱，从小爱到大爱。既不能将道德情感教育当作无用的教育而放弃，又要防止用一些空洞的说教取代情感教育。而且，道德情感教育要像知识教育一样，将不同层次相互联系，彼此贯通，使学生受到的情感教育尽可能完整系统。道德情感教育的着重点要放在增强学生自觉培养道德情感意识和能力上，特别是要着重培养他们道德情感修养的意识和能力，使学生离开学校后终生受益，并且能使自己的道德情感不断丰富和升华。学校的道德情感教学要与学校道德情感环境的营造结合起来，要建立师生之间、同学之间的充满情谊的关系；也要与家庭道德情感结合起来，推动父母建立充满温情的家庭环境，有意识地培养孩子健康美好的感情，并进而逐步培养他们的道德感情。

第四，对道德修养进行引导和指导，促进人们将仁爱修养与智慧修养有机结合起来。仁爱这种道德情感的培育关键在于智慧。人长到一定阶段之后，情感修养就会提到议事日程。情感修养与德性修养与其他素质修养具有类似性，不过，它更需要人的理智的作用，尤其是需要理智转化为智慧。当人的理解转化为情感之后，理智不仅能够控制感情，而且能使这种控制保持在合理的限度，防止过度控制，同时它还能确保控制的道德指向。但是，智慧并不是人与生俱来的，而是在人到了一定年龄以后才可能形成，而且智慧的形成也需要一定的主客观条件。情感像欲望一样是人的动力机制，但有可能比欲望更具有稳定性。通过一定的培育，情感可以成为善的，听之任之，它就会始终处于可善可恶的状态。但是，如果经过了道德的濡化，而且达到一定程度，它激发出来的就始终是善的。使情感激发时始终都处于善的状态有两种情形：一种情形是在一定情景下用理智控制，使情感激发出来时能在理智控制之下成为符合社会道德规范的。这样受到控制的情感就是道德的。另一种情形是养成了运用理智控制道德情感的习惯，在任何情况下都能运用理智根据社会的道德规范控制情感。这样，就不是在某种情景中理智使情感成为道德的，而是理智在任何时候都能将情感控制在道德的范围之内。在第二种情形下，理智本身必须优化成智慧。就是说，只有一个智慧的人，才能始终使情感成为道德的。之所以这样说主要是因为：第一，智慧的道德性能使情感成为道德的。智慧是理智的优化或最佳状态，而它之所以如此，最根本的是因为智慧意味着理智已经被德化，也就是说，智慧意味着理智这种理性加意志的能力获得了道德的取向，它在任何情况下发生作用都只会是道德的，而不会是不道德的。第二，一旦人的理智转化为智慧，它就会意识到情感的激发可以发生不道德的行为，因而它始终都会对情感进行监管，只要它激发就将其控制在社会道德规范的范围内。与智慧能有效控制情感不同，虽然每一个人都有一定的理智，但并不是每一个人都会在情感激发时自觉地运用理智去控制情感，而且有时还会因利益驱动而运用理智去助长一些邪恶的情感。例如，一个人对某人产生了仇恨的情感，如果他的理智没有转化为智慧，他就有可能会运用理智去实施报复行为。

应当重视价值文化自我批判*

一个国家要发展繁荣自己的文化，文化自觉、文化自信和文化自强都是重要的，但不能忽视另一个方面，那就是文化的自我批判。文化自我批判是文化自觉的标志，是文化自强的动力，尤其是文化自信的前提。没有经过文化自我批判、缺乏文化自我批判容易导致盲目的文化自信。无数历史事实证明，盲目的文化自信是有害的，很有可能导致一个国家或民族的文化落后、文化衰败。文化自我批判应该贯穿于文化建设的整个过程之中，就今天的中国而言，尤其要贯穿于文化改革的过程。今天中国文化的建设、发展和繁荣只有通过文化改革实现，而文化改革需要以文化自我批判为前提。因此，我们既要重视文化自觉、文化自信和文化自强，也要重视文化自我批判。一个社会的主导文化是其价值观的体现，其实质是价值文化，对文化的自我批判实际上就是对价值观的自我批判。这种批判的目的不是自我否定，而是使自己始终对自己保持警醒状态，防止其衰退和颓废，使其始终保持青春和活力。

一、文化自我批判是文化的自我反思、辨析、扬弃和完善活动

我国"文化大革命"期间盛行的"大批判"败坏了文化自我批判的名声，以致今天人们一提到"文化批判"就有点谈虎色变。"文化大革命"的"大批判"并不是真正意义的文化自我批判，而是在"批判"、"革命"名义下对文化进行的简单粗暴的自我否定。真正意义上的文化自我批判不是文化的自我贬损，更不是文化的自我否定，而是文化的自我反思、自我辨析，以及在这个过程中并通过这个过程实现的文化自我扬弃和自我完善。因此，文化自我批判是肯定的、积极的、建设性的，而不是否定的、消极的、破坏性的。

任何国家或民族的文化都是一个复杂的系统，有不同的维度和不同的层面。按照冯天瑜先生的看法，文化包括认知、规范、艺术、器用、社会等维度，可以划分为物态文化、制度文化、行为文化、心态文化等层面。[①]在这些复杂的系统中，既包含正确的、积极的、先进的、有用的和优质的因素，也包含错误的、消极的、

* 原发表于《道德与文明》2011年第5期，原标题为《也要重视文化自我批判》。

① 参见冯天瑜、何晓明、周积明：《中华文化史》，上海人民出版社，1990年。

落后的、无用的和劣质的因素，而且这个复杂的系统或多或少存在着矛盾、不足和缺陷。到目前为止，人类历史上的国家或民族文化没有尽善尽美的，也没有一无是处的，通常是好坏优劣并存，只是其程度不同而已。而且一个国家或民族的文化不是一成不变的：可以朝好的方向变化，这就是发展；也可以朝坏的方向变化，这就是退化。正是根据一种文化好坏优劣的程度及其变化的方向区分它是好的还是坏的、是充满生机活力还是衰落腐败的。文化自我批判的一个重要前提是文化的主体承认自己的文化好坏优劣并存并且有可能朝更好的方向发展。一个国家或民族的文化主体广义上说是全体国民，狭义上则是社会的管理者（在现代社会通常是政府）。如果一个社会的管理者认为自己的文化是完美的，不存在什么缺陷和问题，它就不会认为自己的文化有进行自我批判的必要，并会因而抑制或扼杀文化自我批判。然而，一旦一个社会的管理者对自己的文化持这种态度，该社会的文化即使整体上是比较好的，也会因为缺乏自我批判而会逐渐变得不好或走向衰败。因为一种文化只有不断地进行自我批判才能使自己充满生机活力，朝更好的方向发展。

文化自我批判是一种文化自我反思和自我辨析的活动。“所谓反思，就是换方向、换角度、换位置进行再审视、再认识、再思考。”[①]文化自我反思是文化主体以自己的文化为对象进行反思，也就是从新的方向、新的角度、新的位置对自己的文化不断地换方向、换角度、换位置进行再审视、再认识、再思考，既认清它的特质、结构、优势、特色，更要找出它的各种问题。反思的过程同时也是辨析的过程。所谓辨析，就是辨别剖析。文化自我辨析就是文化主体在对自己文化进行反思的过程中对自己的文化进行辨别剖析。通过辨别剖析，分清自己文化中的哪些内容是正确的、积极的、先进的、有用的、优质的，哪些内容是错误的、消极的、落后的、无用的、劣质的，发现自己文化中存在哪些矛盾、不足、缺陷，并探讨其原因。文化自我批判虽然要对文化作正负两方面的反思和辨析，但主要是针对负面的，即找出文化中的错误、落后、消极、无用、劣质的内容，以及矛盾、不足、缺陷的方面。如果我们把所有这些文化的负面东西称为文化的问题，那么可以说，文化自我批判是主要针对文化的问题所进行的反思和辨析活动。

在文化自我反思和辨析的过程中，需要进行比较。这种比较有三种不同的参照系。一是外域的文化。人类的文化是由不同的文化体系构成的，不同的文化体系各有自己的特质、优势、特色、缺点、不足，其中也程度不同地存在好坏优劣

① 江畅：《理论伦理学》，湖北人民出版社，2000 年，第 7 页。

的内容。进行文化自我比较，文化主体首先要将自己的文化与外域的文化进行比较。这种比较不只是与外域的现行文化进行比较，还需要与外域的传统文化进行比较。通过比较，文化主体可以对自己的文化作出鉴别和剖析，区分自己文化的好的方面、坏的及不完善的方面，并探讨其原因。二是传统的文化。当代世界各种文化体系都或长或短地存在着文化传统，传统的文化都程度不同地存在着精华和糟粕的方面。在进行文化辨析的过程中，文化主体还要将自己现行的文化与自己传统的文化进行比较。通过这种比较，文化主体可以发现自己是否发扬了传统文化中的精华，剔除了传统文化中的糟粕。三是当代人类的主流文化。伴随着全球化时代的到来，当代人类文化出现了趋同的大势，这种大势正在成为人类的主流文化。在这种新的情况下，某一文化主体在进行自我辨析的过程中，还需要将自己的文化与人类整体文化的最新发展相比较，以发现自己的文化是否与人类主流文化发展方向一致，是否能融入人类主流文化。比较是为了鉴别，也是为了借鉴。只有通过借鉴，文化主体才能更清楚地对自己的文化进行辨析。

文化自我反思和自我辨析所指向的是文化自我扬弃，因而文化自我批判实质是一个文化自我扬弃的过程。“扬弃”在哲学上是指在事物新陈代谢过程中，新事物对旧事物的既抛弃又保留、既克服又继承的关系。就文化而言，扬弃是一定的文化主体通过对自己的文化进行自我反思和自我辨析，发扬自己文化中的正确的、积极的、有用的和优质的因素，抛弃文化中的各种问题因素，实现文化的发展和繁荣。因此，文化的扬弃不是简单地肯定一切，也不是简单地否定一切，而是文化的积极自我辨析、选择、更新的过程。这种文化的自我扬弃也就是文化的革故鼎新，即改变、革除文化中的各种问题，传承和发扬文化中正确的、积极的、有用的、优质的文化因素，吸收和借鉴外来文化的合埋内容，实现文化的更新。文化主体之所以要进行文化自我批判，之所以要通过文化自我批判寻找自己文化中的各种问题，其直接的目的就是为了对文化进行扬弃，实现文化的革故鼎新。文化的自我反思和自我辨析并不就是文化的自我扬弃，但却是文化自我扬弃的前提，而且本身包含在文化自我扬弃的过程之中，是一个过程的前后两个阶段。正是在这种意义上，我们将文化自我扬弃包含在文化自我批判之中。

文化自我反思和自我辨析的另一个目的是文化的自我完善。社会文化构成因素极其复杂，其中总有一些不足和缺陷的方面，也常常会出现矛盾，而且随着社会的变化，过去文化中比较充分、完整的方面也会因为不适应新的变化而变得不充分、不完整，比较和谐的文化变得不再和谐。另一方面，人类都追求文化的进步，任何社会都希望自己的文化发展和繁荣。发展就是朝更好的方向变化，而繁荣就是丰富升华。进行文化自我反思和自我辨析，就是要不断地借鉴外域的、传统的、人类主流的文化并根据社会变化的新需要，找出自己文化的不足和缺陷，及时发现自己文化的矛盾，通过发展繁荣使自己的文化走向丰富多彩，走向更高的层次。这个过程就是文化的自我完善过程。文化自我完善并不等于文化自我反思和自我辨析，但却是以之为前提的。没有这一过程，就不会有文化的自我完善，因而也可以说文化自我反思和自我辨析是文化自我完善必不可少的环节。

文化的自我反思和辨析是有根据的，文化的自我扬弃和完善也是有根据的。一定社会的文化有不同的维度和层次，文化自我批判的根据也相应有不同的维度和层次。例如，批判物态文化有物态文化的根据，批判制度文化有制度文化的根据。但是，文化自我批判有一种终极的根据，这就是社会全体成员的生存、发展和享受需要得到更好的满足或社会成员的普遍幸福。文化自我批判的目的是为了实现文化的自我扬弃和自我完善，而文化的自我扬弃和自我完善又是为了社会全体成员的文化需要的满足，为了社会成员的普遍幸福。因此，社会成员的普遍幸福也是文化自我批判的终极根据。有了这一根据就可以防止文化自我批判走偏，出现中国“文革”那样的“大批判”，也可以防止文化片面发展和虚假繁荣情况的发生，使文化发展和繁荣始终走在健康的轨道上。这种根据要求，文化主体的一切文化自我批判活动都要以社会成员幸福的普遍实现为终极尺度。在进行文化自我批判的过程中，文化主体都要以社会成员幸福的普遍实现为根据来对待自己的文化，更要以此为根据来对待外域的、传统的文化和当代人类主流的文化，特别要防止简单地用外域的文化批判自己的文化，用传统的文化指责现行的文化，用当代人类主流文化否定民族文化。

二、能否自觉进行文化自我批判事关文化的兴衰存亡

从前面对文化自我批判的实质和内涵可以看出，文化自我批判对于一个国家或民族的文化发展和繁荣至关重要，一个文化主体能否自觉地进行文化自我批判关系到一种文化的兴衰存亡。从人类历史看，有诸多自觉进行文化自我批判带来文化发展和繁荣的事例，也有诸多不进行文化自我批判导致文化落后和衰败的事例。这里我们可以以西方和中国近现代文化发展为例加以说明。

西方中世纪的文化是天主教文化占主导地位的文化。西方中世纪是天主教会的一统天下，基督教文化在十三世纪前后达到了鼎盛的时期，自 14 世纪以后开始走向衰落。其重要原因之一，就是作为基督教文化主体的天主教会放弃了文化自

我批判，并且逐渐丧失了文化自我批判的能力，再也不能产生像奥古斯丁和托马斯·阿奎那那样的思想大家。在天主教文化衰落的过程中，西方社会先后出现了几股文化批判思潮，最重要的是文艺复兴运动、宗教改革运动和启蒙运动。这三股文化批判思潮分别从天主教内部和外部同时对西方中世纪占主导地位的天主教文化进行批判。当然，无论是天主教内部还是外部的批判，都应该说是西方文化的自我批判。正是这些文化自我批判运动动摇了天主教文化在欧洲的统治地位，在心态文化特别是思想观念方面实现了革故鼎新，并且为西方社会文化的进一步改革和发展奠定了基础。在这三大运动的基础上，西方各国又先后进行了政治革命、产业革命、技术革命、科学革命、哲学革命等文化自我批判活动。这些活动在思想文化变革的基础上进一步实现了政治、经济和社会生活的变革，建立起了现代西方的物态文化、制度文化、行为文化和思想文化，实现了西方社会从传统到现代的转变，实现了西方文化的现代化。到20世纪上半叶，西方现代文化达到了繁荣。事实表明，现代西方文化有其自身致命性的缺陷和问题，这些缺陷和问题在这种文化一产生就暴露了出来。在这种情况下，西方社会自19世纪又出现了对西方现代文化进行反思和批判的后现代文化思潮。这一思潮在思想观念方面的批判导致了西方社会国家干预主义的产生。两者相互作用，正在使西方文化和社会从现代走向后现代。西方从中世纪到当代的文化变化过程充分表明，有没有自觉的文化自我批判直接关系到一种文化的兴衰，也从根本上影响到社会的兴衰。

当代中国的文化发展和繁荣在一定意义上也是近代以来一系列文化自我批判活动的结果。晚清王朝像欧洲中世纪天主教会一样缺乏文化自我批判意识和能力，不仅不能进行文化自我批判，相反顽固守护腐朽没落的旧文化。但是在这种社会历史背景中，逐渐生长了文化自我批判的力量并开始了对清文化乃至中国传统文化的批判。早期先后出现了洋务运动、明治维新、辛亥革命等文化自我批判运动，其中洋务运动在一定意义上可以说是清文化内部的文化自我批判运动。伴随着文化自我批判的深入，后来又出现了“新文化”运动、新民主主义和社会主义文化和革命、改革开放等文化自我批判运动。正是经过约150年的文化自我批判，产生了中国特色的社会主义文化。不可否认，在这150年的文化自我批判过程中，出现过一些过度和偏激的文化自我破坏和否定，但中国有今天的文化发展和繁荣离不开建设性的文化自我批判。可以这样说，如果没有近代以来的文化自我批判，今天的中国文化还会是以儒家文化占主导地位的封建文化，不会有今天的面向世界和现代化的中国特色社会主义文化。

从西方和中国近代以来文化变化以及整个人类文化变化的历史看，我们大致上可以得出以下几点基本看法：

第一，文化自我批判是文化自觉的主要标志。“自觉”的本义是通过认识而有所觉悟，也就是由迷惑而明白，由模糊而清楚，由错误而正确，其前提是觉醒。觉醒就是意识到了要进行自我认识。文化自觉就是文化主体意识到要对自己的文化进行自我认识，并在这种认识的过程中对自己文化的认识从迷惑、模糊、错误转向明白、清楚和正确。显然，文化自觉不只是文化主体自我觉醒，开始对自己的文化进行认识，而且是对自己的文化开始有明白、清楚而又正确的认识。文化自我认识不是一种自然而然的感知，也不是一种盲信盲从，而是一种以自己的文化为对象的反思性认识。但是，文化自我认识并不一定是以发现和解决文化中存在的问题为目的的辨析性、建设性认识，也有可能只是以赞赏和宣扬自己文化为目的的辩护性、保守性认识。那种辩护性、保守性的文化自我认识，虽然也是一种文化觉醒，但并不是真正意义上的文化自觉。文化自觉必须通过旨在发现和解决自己文化中的问题的反思和辨析才能形成，而这个过程就是文化自我批判的过程。不经过这样的文化自我批判，文化主体是不可能对自己的文化达到明白、清楚、正确的认识的，也就不能达到真正的文化自觉。文化自我认识是文化自觉的前提，但并不等于文化自觉，文化自觉是对文化的自我认识达到了明白、清楚、正确的程度，而要达到这种程度，就必须进行文化反思和辨析。如果说文化自觉是一种文化自我认识，那它是一种文化的批判性认识。而且，文化主体可能在一段时期内有文化自觉，但久而久之又会丧失这种自觉，对自己文化的认识从明白、清楚、正确的认识而转向迷惑、模糊、错误的认识。要确保文化主体始终保持文化自觉，就必须总是对自己的文化保持警醒，不断对自己的文化进行自我批判。因此，一种文化是否达到了自觉，主要不在于文化主体是否文化觉醒，是否进行自我认识，而主要在于它经常在进行自我认识的同时进行自我批判。能经常进行文化自我批判标志着一种文化的自觉。

第二，文化自我批判是实现文化整体变革更新的推动力量和有力武器。人类的文化变革是与人类的社会变革互动的。文化变革可能导致社会变革，社会变革也会导致文化变革。从人类历史来看，这种互动常常是阶段性的，呈现为不同社会形态和不同文化形态的整体变革。在这种阶段性变化中，文化都会发生整体变革，出现文化体系的更新。例如，现代文化就是对传统文化的更新，后现代文化是对现代文化的更新。从人类历史看，文化的整体变革常常不是自然而然发生的，而是通过文化自我批判实现的，文化自我批判是革除旧文化的有力武器，也是新文化产生的推动力量。文化自我批判的这种作用主要体现在两个方面：一是当社会发生变化的情况下，需要通过文化自我批判变革旧文化并肃清其消极影响，建立与变化着的社会相适应的文化。任何一种文化都是一种强大的力量，即使是行将衰败的文化也是如此。要在旧文化存在的条件下建立一种新文化，必然会遭到旧文化的强烈抵制。在这种情况下，只有通过文化自我批判，才能弄清旧文化的腐朽性和危害性，从而有效地动摇旧文化的根基，肃清旧文化的影响。二是在社会将要发生变革而尚未发生的情况下，需要文化自我批判来催化和推动文化变革和社会变革。社会变革常常有所预示或征兆。这种预示对于生活在这种社会中的一般人来说常常不易觉察，但那些敏锐的思想家能够洞察这种征兆。如果这些思想家率先对文化进行批判，并带动文化主体进行文化自我批判，就会发现旧文化不适应将要发生的社会变革，并通过文化的革故鼎新促进新社会的诞生。例如，19 世纪西方非理性主义哲学家就敏锐地洞察到现代社会的弊端，并致力于对现代文化进行批判。这种批判带动了 20 世纪西方文化主体对现代文化的批判，从而促进了西方社会和文化从现代向后现代的转变。

第三，文化自我批判是防止文化衰败、实现文化发展繁荣的内在动力和可靠保障。历史事实表明，到目前为止人类的任何一种文化都不是十全十美的，总是程度不同地存在着问题，存在着错误的、消极的、落后的、无用的、劣质的内容或因素以及矛盾、不足、缺陷的方面。如果不对这些问题逐步加以解决，而任其恶化，就会导致文化的衰败；相反，如果对这些问题有意识地逐步加以解决，就会实现文化的发展和繁荣。解决这些问题的过程也就是文化自我扬弃和完善的过程，而文化的自我扬弃和完善是以文化自我批判为前提的，并且包含着文化自我批判。只有通过文化自我批判，才能对文化作出辨别分析，找出并革除文化中的问题，发现和弘扬文化中的精华以及其优势、特色的内容。同时，文化自我批判意识也能使文化主体始终对自己的文化保持警醒，关注自己文化的问题并着力加以解决，追求文化的发展和繁荣。任何一种文化都是不完善的，而且永远也不可能达到尽善尽美，因而任何一种文化都存在着不断发展繁荣的问题，都存在着建设的问题，也就会存在着文化自我批判的问题。文化自我批判是文化永葆青春和活力的保证，是文化实现发展和繁荣的必由之路。

文化自我批判并不是在一种文化行将衰败时才需要进行的，而是任何时候都要进行的，是文化建设的基本内容和经常性活动。文化自我批判为社会文化建设清理基础、确定方位、指明方向。没有经过文化自我批判、没有文化自我批判伴随的文化建设会是盲目的。只有两者相互支持和协调统一才能实现文化的发展和繁荣。为了进行经常的文化自我批判，一个社会不仅要有一批专门从事文化自我批判的文化工作者，而且要将文化自我批判纳入整个社会文化建设的全过程，在批判中建设，在建设中批判，通过批判与建设并举实现文化的发展和繁荣。

三、增强文化自我批判意识，自觉进行文化自我批判

文化自我批判是一种自主的自觉活动。要进行经常的文化自我批判，首要的是文化主体要有清醒的文化自我批判意识。人的自主活动都是有意识的，意识越清醒、越强烈，活动的目的就越明确，活动的愿望就越强烈，活动的自觉性就越强。文化自我批判活动是一种自主的活动，要进行这种活动，文化的主体首先要有进行这种活动的意识。文化自我批判的意识是建立在对文化自我批判重要性认识的基础之上的。文化自我批判对于文化发展和繁荣具有根本性的意义，就今天的中国而言，要进行文化改革和建设，要发展和繁荣中国特色社会主义文化，也离不开文化自我批判。我们只有根据中国特色社会主义实践发展的要求，通过对我国现行文化进行深刻、全面的反思，进行深入、细致的辨析，在发现我国目前文化的特质、优势和特色的同时找出问题，特别是找出其中不适应中国特色社会主义实践需要的错误的、消极的、落后的因素，我们的文化改革和建设才是头脑清醒、目标明确的，我们才能对发展和繁荣中国特色社会主义文化进行准确的定位。能否进行和怎样进行文化自我批判，直接关系到我国当前的文化改革和建设，也直接关系了中国特色社会主义文化的发展与繁荣。只有上升到这样的高度，我们才能形成和不断增强我们的文化自我批判意识。

就我国当代而言，要增强文化自我批判意识，尤其要注意克服这样一种想法，即认为我国目前的文化已经是有优势、有特色的先进文化，现在的任务是要致力于文化的建设和发展。我们且不谈当代中国文化的优势、特色是否形成，是否已经成为人类的先进文化，即使我们已经达到这样的程度，也不能忽略文化自我批判的重要性，也不能不努力增强文化自我批判的意识。前面的分析表明，即使一种文化达到了比较完善、先进的程度，也需要不断进行自我批判才能使之保持青春和活力，否则这种文化就会落后甚至走向衰败。实际上，当代中国文化远远没有达到比较完善、先进的程度，远远不能满足社会成员日益增长的文化需要和幸福需要，文化改革、建设和发展的任务相当繁重和紧迫。在这种情况下，我们切忌盲目乐观自信，相反要低调谨慎，不断增强文化自我批判意识，将文化自我批判与文化改革、与中国特色社会主义文化建设和发展有机结合起来，通过文化自我批判实现文化自强，将我们的文化自信建立在文化自我批判的基础之上，使我

们的文化自信成为有充足理由的清醒的自信。

进行经常的文化自我批判，更要有勇于文化自我批判的精神。进行文化自我批判通常是很难的，至少比增强文化自信难度要大得多。综观人类历史，每一种社会文化都有某种“那喀索斯情绪”，文化主体对自己的文化总有某种天然的自恋情感。特别是在自己的文化受到外来文化冲击的情况下，文化主体更是极力维护和努力弘扬自己的文化，而不愿意去对自己的文化进行反思、辨析和揭短，甚至忌讳文化自我批判。因此，要进行文化自我批判，需要有勇于文化自我批判的精神。这种精神就是始终对自己的文化保持警醒的头脑，勇于面对自己文化的问题，以批判的眼光和态度对待自己的文化。中国具有悠久而丰富的传统文化，这是我国长期以来文化自信的主要根据。然而，20 世纪以来，中国传统文化不断受到西方文化的冲击，我国的文化自信受到严重的挑战。在这种情况下，重建我国的文化自信是非常重要的。但是，我们要建立文化自信，必须勇敢地面对我国传统文化和现行文化的问题，必须树立文化自我批判的精神并自觉地对我国的文化进行自我批判。只要这样，我们才能真正发现我国文化中的那些错误、落后、消极、无用、劣质的内容，以及矛盾、不足、缺陷的方面，根据我国经济社会发展的需要和社会成员日益增长的文化需要克服这些问题，建设和发展具有中国特色的社会主义新文化。也只有这样，我国文化才能有效地抵御外来文化的冲击，建立文化的自信，实现文化的自强。

进行文化自我批判需要有能力，不具备文化自我批判的能力，即使有文化自我批判的意识和精神，也不能进行有效的文化自我批判。如果我们将文化自我批判理解为文化反思、辨析、扬弃和完善的活动，那么文化自我批判能力就相应地可以划分为文化反思能力、文化辨析能力、文化扬弃能力和文化完善能力。文化自我反思能力是文化主体换方向、换角度、换位置重新审视、认识和思考自己文化的能力。这种能力与其说是一种能力，不如说是一种意识，也就是文化主体有文化反思的意识，经常对自己的文化进行反思。一个文化主体自我反思意识越强，它就越会进行自我反思。文化自我辨析能力是文化主体在文化自我反思的过程中对文化正面和负面进行辨别和剖析的能力。这种能力直接关系到文化主体能否对自己的文化作出好坏优劣的区分，能否找到导致文化问题的根源。文化扬弃和完善能力实质上是以文化辨析为基础和前提的文化选择和建设能力。显然，在这四种文化自我批判能力中，文化辨析能力是最重要的能力或者说是核心能力。这种能力不只是涉及对文化本身的判断能力，更重要的是涉及对判断根据和标准进行选择的能力。文化主体只有选择了正确的判断根据和标准，才能对文化作出正确的判断。判断的根据和标准不对，是不可能作出正确的判断的。当代世界对文化的好坏优劣有各种不同评价根据和标准，在这种情况下，要对我国文化的好坏优劣作出正确的判断，面临着对判断的根据和标准作出正确选择的难题。破解这个难题，涉及方方面面。在当前的情况下，最重要的是要进一步解放思想，更新观念，在选择判断根据和标准的过程中，既要考虑我国的实际和人类文化发展的大势，更要考虑我国社会成员日益增长的文化需要，考虑他们更好生存的需要。

要保证文化自我批判经常不断地进行，需要建立文化自我批判的社会运行机制。文化自我批判常常是一个揭短现丑的过程，那些从事批判的人也可能因此而受到打击报复，甚至惹来杀身之祸。因此，人们通常并不情愿进行这种批判。但是，文化自我批判因其重要而要不断进行，这就需要建立一种社会运行机制，以确保文化自我批判无论人们愿意与否都能经常不断地进行。建立这种机制至少有两方面的重要性：其一是确保文化自我批判不至于因社会管理者不喜欢而停止；其二是保护从事文化自我批判的人不受打击迫害。这种机制因而也是社会进行经常的文化自我批判的保障机制。文化自我批判意识、精神、能力最终要落实到形成经常不断的文化自我批判的机制上。只有建立了这种机制，文化自我批判才会经常不断地进行，也才可以为人们进行文化自我批判营造氛围和环境，增强人们的文化自我批判意识、勇气和能力。这种机制的建立是一种文化自我批判成熟的标志，也是一种文化成熟的标志。建立了这种机制的文化，必将永葆青春活力，必定不断发展繁荣。但是，建立这种机制难度是相当大的，会遇到较大的阻力。因此，要建立这种机制并确保其正常运行，需要有法制的保障。

人生价值篇

幸福、完善与享受*

幸福问题历来是伦理学家们所关注的中心问题，伦理学的使命就是要研究和解决什么是幸福和如何实现幸福这一人生根本问题。幸福实际上是指人的根本的和总体的需要（亦即人的生存的和发展的需要）得到满足所产生的愉悦状态。其中满足根本的或生存的需要是前提，满足总体的或发展的需要是关键。人的总体的或发展的需要根源于人具有无限发展的潜力和可能性，满足人的总体的或发展的需要，就是实现人的潜力和可能性，就是人的自我完善。因此，人的完善是人的幸福的终极指向。然而，人的完善就像大海上的地平线，只能最大限度地接近，但永远也不可能完全实现。既然这样，那么这种对完善的追求是否排斥享受？完善是否包含享受？弄清这一问题对于我们丰富人生和实现追求幸福生活的理想有着极为重要的意义。

一、完善在于自我实现

早在德国哲学家雅斯贝尔斯所谓的“轴心时代”（公元前500年前后的600年时间范围内），人们就已经注意到人有一种追求自我完善的倾向。自那时以来，历代的思想家们在回答这种倾向究竟是什么时，提出了种种不同的观点：

一种观点认为，人的自我完善在于人的道德完善。这种观点的根据在于，人的本质在于理性和以之为基础的道德。既然道德是人之所以为人的集中体现，那么人的自我完善就是要使人的这种本质得到充分的实现。这是一种传统观点，与那种把道德作为人追求的终极目标的观点一脉相承。

另一种观点认为，人的自我完善在于人的人格完善或个性完善。这种观点的根据在于，人格或个性是由人的心理倾向和心理过程的特点、人的心理特征以及心理状态等构成的心理结构，体现了不同个人的整体性和独特性，是人的本性之所在。使人格完善就是使人性得以完满的实现，使人成为有丰富个性的人。这是一种现代心理学观点，它提出的一个重要背景是，现代大量出现的人格残缺、扭曲、变形、异化等人格病态。

---

* 原发表于《武汉交通管理干部学院学报》第2卷第1期（2000年3月）（与陈占友合作）。

还有一种观点认为，人的自我完善在于人全面而自由的发展。这种观点的根据在于，人的本性既包括自然性，又包括社会性，是综合而又丰富的，但其中社会性是根本的规定性。因此，人的自我完善，就是在自由的社会中充分地实现这些本性，使人获得全面的发展。这是一种政治学的观点，所针对的是专制社会对人的本性的压抑，对人的自由的剥夺，对人的发展的抑制，及其所导致的人的片面、畸形发展和异化。

在关于人的自我完善的种种观点中，有一种越来越为学者和大众所认同的观点，这就是认为人的自我完善在于自我实现。这种观点是由美国著名人本主义心理学家马斯洛最先提出并系统阐述的。

马斯洛通过大量的研究发现，人类有一种成长、发展、利用潜力的心理需要，他称之为自我实现的需要。这种需要是建立在人的生理需要、安全需要、归属和爱的需要以及尊重的需要等基本需要的基础之上的，当这些基本需要得到合理满足之后，自我实现的需要就出现了。

关于自我实现需要和自我实现，马斯洛在不同地方，从不同角度作了不少表述。关于自我实现的需要，最通俗的说法莫过于这段话："一位音乐家必须作曲，一位画家必须绘画，一位诗人必须写诗，否则他始终都无法安静。"[①] 人们都需要尽其所能，这一需要就称为自我实现的需要。这段话用比较具有伦理学韵味的方式表达，就是："一个人能成为什么，他就必须成为什么，他必忠实于他自己的本性。"[②] 即自我实现的需要就是人的"一种想要变成越来象人的本来样子，实现人的全部潜力的欲望"[③]。关于自我实现，马斯洛说："自我实现也许可以大致描述为充分利用和开发天资、能力、潜力等等。这样的人似乎在竭尽所能，使自己趋于完美。"[④] 自我实现也就是指人的发展需要得到满足，其本质特征就是人的潜力和创造力得以充分发挥。

自我实现的需要虽然直接的是人的发展需要，但它是继人的生理需要、安全需要、归属需要、自尊需要等基本需要的优势出现之后，其优势一般才会出现的高层次需要。就是说，自我实现的需要是在基本需要得到满足后才在决定行为时具有最大力量和强度的需要。因此自我实现的需要反映了人的总体需要或根本需要。这种需要的满足由于以基本需要或生存需要的满足为基础和前提，

① ［美］马斯洛：《动机与人格》，许金声等译，华夏出版社，1987 年，第 53 页。
② ［美］马斯洛：《动机与人格》，许金声等译，华夏出版社，1987 年，第 53 页。
③ ［美］戈布尔：《第三思潮：马斯洛心理学》，吕明、陈红雯译，上海译文出版社，1987 年，第 45 页。
④ ［美］马斯洛：《动机与人格》，许金声等译，华夏出版社，1987 年，第 176 页。

因而不仅意味着发展需要的满足，而且意味着生存需要的满足。这种生存和发展需要的满足也就是人的自我完善，就是人性的充分实现。换言之，自我实现也就是自我完善。

我们每个人都有这种自我实现的需要和倾向，都有一种改进自己的冲动，一种更多地实现我们的潜力、朝向自我实现或人性充分发展的冲动。甚至几乎所有的婴儿也都生来具有心理发展的潜力和需要。同时，我们每一个人也都有大量未被充分利用的潜能，人们与他们应该成为的人相比，他们只用了其全部潜力的极小一部分。也就是说，绝大多数人都有可能比实际中的自己更伟大。

尽管事实上所有的人都有自我实现的需要和潜力，但只有极少数的人达到自我实现。其所以如此，原因之一是人们对他们的潜力全然无知，他们既不知道什么是有可能做到的，也不理解自我实现会给人带来什么好处。原因之二是人的本质中除了有一种发展的趋势外.还有一种相反的趋势，即倒退、害怕发展、逃避自我实现的趋势，也就是所谓的“逃避成长”现象。人们既惧怕自己最坏的东西，也惧怕自己最好的东西，既惧怕自己最低的可能性，也惧怕自己最高的可能性。因而在高峰体验时，人们会激动得发抖，也会因机体的虚弱，忍受不了长时间的令人极度的兴奋和幸福而害怕、畏惧，这也是高峰体验为什么总是很短暂的原因之所在。正是这种“逃避成长”的“约拿情结”使得大多数人没有达到自我实现。

人们往往把自我实现仅仅看作是一种终极状态，而不是一个活跃于一生的动态过程，看作是一个远大目标，而不是一种演变。这种看法是不正确的。自我实现不仅是一种终极状态，而且是随时随刻、点点滴滴的实现个人潜能的过程。正是在这个过程中，人们逐渐走向成熟，走向真实的完善的自我，达到自我实现。

二、完善不排斥享受

在人类思想史上有许多学派和学者把完善作为人生的追求目标，但其中有不少学派和学者却把完善与享受对立起来，似乎这两者是水火不相容的。享受是与欲望相联系的，享受就是欲望的满足。上述思想家之所以把完善和享受对立起来，褒扬完善而贬抑享受，就是因为他们认为作为享受基础的欲望是邪恶的。

古罗马的斯多亚派认为，善是一种依照理性和道德生活的圆满，这种圆满生活必须排除人的肉体感情，克制欲望，节制激情，只有这样，才能合乎理性，顺从理性，从而达到精神上的“圆满”和心灵上的“和谐”。由此，他们反对肉欲，把肉欲看作是邪恶的象征，以为它们会妨碍人们获取真正“幸福”的生活。基督教著名神学家奥古斯丁也把完善与享受完全对立起来。他认为，物质的享受、财富的聚集、荣誉的引诱，或淫欲、声色、荣华富贵等，对于许多人来说被当成幸福，其实这些只是世俗的幸福或虚幻的幸福、转瞬即逝的幸福。真正的幸福并不是这些，而是对上帝的追求。这种至高无上的幸福不要说求而得之，即使仅仅寄以向往之心，亦已胜于任何俗世的幸福。然而这种幸福靠人的努力是不能获得的，因为人有原罪。人要获得幸福只有鄙弃自已、热爱上帝、奉公守法、克已禁欲、赎罪修行，以求得上帝的拯救和宽恕，这才是通向天国之路。中国宋明时代的程朱理学则更提出了“存天理，灭人欲”的极端禁欲主义观点。他们强调，天理与人欲是完全对立而不可并存的：“人之一心。天理存则人欲亡，人欲胜则天理灭，未有天理人欲夹杂者。”[①]人道德修养的目的就是要革尽人欲，复尽天理。存天理灭人欲的极致，就是人与天理合而为一，人与天道合而为一，这样的境界就是圣人境界，就是人生的完满境界。

上述这些极端禁欲主义观点的一个共同特征，就是把欲望看作是邪恶的，并进而把作为欲望满足的享受与作为自我实现的完善对立起来，否认享受，强调完善。但人的欲望究竟是不是邪恶的呢？

要回答这个问题，首先需要搞清楚到底什么是欲望。人的欲望实际上是指基于人的生理和心理需要所产生的对需要对象的渴求。它不同于动物的本能。本能是动物求生存、繁衍和自我保护的要求和满足这种要求的能力，是所有动物都具有的心理能量，不包含任何社会性、理智性的因素。欲望则不同，它既以本能为基础，又以激情为基础；欲望只是要求，并不必然包含满足这种要求的能力；欲望总包含有社会的、认知的因素，是本能社会化、认知化的结果。一个刚出生不久的婴儿就有吃奶的本能，但显然不是说这种本能是一种吃奶的欲望。欲望与冲动也不同，冲动一般是盲目的，无明确目标的；而欲望一般是有理智参与作用，有比较明确的目标。

欲望大致可划分为两种类型：一是基于生理需要的生理性欲望，如食欲和性欲；一是基于心理需要的心理性欲望，如色欲、名欲、利欲、权欲等。第二类欲望更具主观色彩，它们是派生的，一般是人类所特有的。这类欲望无限多，并且随着社会的发展会变得越来越多。人的本能体现为或者不如说发展为欲望，这正是人类文明进化的结果，是人不同于动物的根本性的标志。从这个意义上看，欲望是生物进化的表现，它不是消极的，而是积极的。从人的欲望本身来看，它是

---

① 《朱子语类》卷十三。

自然的，无论任何人都不可避免地产生；它是中性的，无所谓是非善恶美丑。应该作道德评价的不是欲望本身，而是另外两个方面：一是欲望是否应该满足，二是欲望应该如何满足。

不仅欲望本身是中性的，无所谓善恶与正当不正当，而且不论是对于个人还是对于社会，一般来说，有欲望比没有欲望好，欲望强烈比欲望平淡好。对个人而言，一个人在没有任何兴趣欲望的时候，绝对不是人生中最好的时候，相反，肯定是人生中最灰暗的时候。这对于个人享受人生是这样，对于个人发展人生、发展自我则更是这样。如果一个人没有追求事业成功的强烈欲望，对待工作得过且过、无所用心，他是决不可能在事业上取得真正成功的。在这里像在其它方面一样，有欲望不一定能成功，但没有欲望决不可能成功。

对社会而言，欲望对社会发展和文明进步的意义更是显而易见。从一定意义上说，人类社会的发展是一个以产生欲望到满足欲望，再到产生新欲望的螺旋式展开地无限延伸的过程。正是在这一过程中，人类的文明才日益进步。而欲望则是这一过程永不枯竭的源泉和动力。例如，如果没有美食的欲望，人类恐怕不只是没有如今这么丰富多彩的饮食文化，人类的农业文明，乃至工业文明、科学技术都是成问题的。如果没有权利欲，人类就不会有当今世界如此完备的政治文明。

由以上的分析看来，欲望不是邪恶的，而是自然的、中性的，不是多余的、消积的，而是必要的、积极的。如果我们肯定这一点，那我们就有理由说，作为欲望满足状态的享受也是必要的、积极的，是人生中不可缺少的部分。因为欲望只有在不断满足的过程中，才会不断产生新的欲望，这样才会构成活生生的现实生活和充满生机活力的人生。也只有在这种“欲望—满足—欲望”的无限过程中，人生才逐步走向完满。从这种意义上看，人生的完善或人的自我实现，就是由一个个欲望的满足构成的一个整体，它不仅不排斥享受，反而要以享受作为它的基础，作为它的内容。一个没有欲望的人生、一个没有欲望满足的人生、一个没有任何享受的人生，肯定不叫人生，更谈不上是完善的人生。因此，那种企图通过弘扬过时的禁欲主义来克服现代社会出现的各种问题的努力，不仅是徒劳的，而且是有害的，最终只会妨碍人的自我实现和自我完善，妨碍社会的进步和发展。

三、幸福在于在享受中求完善

对人生而言，享受总是具体的、个别的，而完善总是抽象的、总体的。作为欲望的满足所引起的愉悦感的享受，随时随地都可能出现。享受本身也有不同的层次，有些是很容易获得的，有些很不容易获得，有些一辈子都不能获得。但是，享受总是由具体的事情引起的，总是现实的、个别的。完善则不同，它是人的根本的总体的需要（表现为欲望）得到满足所达到的境界，这是一种总体的、动态的理想境界。在现实的人生中，这种理想的境界只能不断接近而不可能完全达到。如果一个人宣称他达到了人生的完善境界，那充其量只是他的一种自我感觉，事实并非如此。

在现实生活中，人们只能追求一个个的欲望或愿望的满足或实现，很难达到完善的境界。这就使得许多人在追求满足的过程中轻视或忽视对完善的追求，似乎完善是可望而不可及的虚无飘渺的东西。这种人生态度尽管历来都很流行，但确实是成问题的，它是导致许多人本可以生活得更好而未能如此的重要原因，其结症在于它没有注意到追求完善对于人生的意义。

现实中没有一个真正达到完善的人。但是，有完善作为追求和没有完善作为追求，无论是人生的追求过程，还是人生的追求结果都是很不一样的。就追求过程而言，追求完善的人，他的人生似乎有一条主线，有一个方向，他的所有欲望、追求、满足都是围绕这条主线展开的，都是朝着同一个方向的，都是某一个整体的一部分。而不追求完善的人，他的一生是漫无目的的、零散的，生活的内容是分离的、割裂的，生活的道路是蹒跚的、徘徊的。就追求的结果而言，追求完善的人，他的欲望和满足有可能丰富而深厚，他的生活可能充实而完满。而不追求完善的人，他的欲望和满足只会是散乱而浅薄的，他的生活会经常充斥空虚和无聊。

有没有完善作为人生追求之所以会引出很不相同的人生，其原因就在于，完善虽然是抽象的、总体的，不可能在现实生活中完全实现，但它对人生有一种规范和导向作用。当一个人形成了完善的观念并使之成为追求的目标之后，这种完善的观念就会作为思维定式对人的意识和行为发生作用。它会鼓励那些与完善相一致的欲望的产生，抑制那些与完善不一致的欲望的产生；它会在所出现的欲望中选择那些与完善相一致的欲望作为追求的目标；它会使人对那些与完善相一致的欲望的满足感到快乐或享受。长此以往，完善观念和追求完善的志向就会作用人的整个身心结构，作用于人的意识和行为，有可能使一个人的生活围绕完善的观念，朝着完善的目标形成一个不断向前推进、外延不断扩大、内涵不断加深的有机整体。

在现实生活中，也有一种与只追求享受而不追求完善的人生态度相反的人生态度，即只追求完善而不追求享受。这种人生态度在传统社会由于社会的倡导而比较常见，在现代社会则由于享乐主义之风盛行而比较罕见，但仍然存在。在传统社会，完善的片面性（只重道德和人格）和严酷性（要求泯灭一切欲望和激情），使许多以完善为唯一追求的人成为完善的牺牲品，他们非但没有成为完整的、真正的人，相反成了人性的怪物。中国封建社会出现的二十四孝图中所描绘的“郭巨埋儿”，就是其中典型事例之一。在现代社会，也有极少数醉心于人生的至善至美，一心节欲甚至克欲，安贫乐道，过着清教徒般的生活，毫无疑问，这样的人也不会成为完善的人。这样的人严格说来不是现代人，而不过是传统人格的留念者而已。

如果说那种只追求享受的人不重视追求完善，主要是因为对完善对于人生的意义缺乏认识的话，那么追求完善的人不重视追求享受，则主要是因为对享受对于完善的意义缺乏认识。完善不是可以一次性地达到的，更准确地说，是不可能完全达到的。完善就存在于追求完善的过程之中，就存在于一次次地欲望、一次次地满足之中。如果我们排除所有这些欲望及其满足，完善就成了空中楼阁。事实上，对于活着的人来说，欲望及其满足是不可能完全排除掉的，如果真的被完全排除，那就意味着生命中止。

在享受与完善的关系上，我们既要反对传统社会倡导的那种追求完善而否定享受的人生价值导向，也要克服现代社会流行的那种沉溺于享受而忽视完善的人生价值取向。把追求享受与追求完善真正有机地结合起来，这才是现代人应有的人生态度。

把追求享受与追求完善有机地结合起来，对于实现人生的幸福是十分重要的。完善作为自我实现，按照马斯洛的看法，一般只能出现在基本需要满足之后，一般只能出现在年龄较大的人（通常是60岁以上的人）身上。如果我们把完善或自我实现看作是幸福，那么也就等于说，在基本需要满足之前，在60岁以前，人们不可能有幸福。这种结论显然是荒谬的。实际上我们不能把幸福等同于完善，完善是一种理想的幸福生活状态，但不是唯一的幸福生活状态。幸福作为人的根本的总体的需要得到某种程度的满足所产生的愉悦状态，也就是在完善的过程中所获得的享受，它存在于追求享受和追求完善的有机统一之中。幸福不是一种终极状态，它就是日常生活中的享受。与其它享受不同的地方只在于，它是以完善为指向，有助于完善实现的享受。

要做到把追求享受与追求完善真正有机地结合起来，就是要求我们既要在追求完善中追求享受，又要在追求享受中追求完善。在追求完善中追求享受，就是要把完善作为我们一切欲望、追求和满足的指向和目标。以完善为尺度衡量和选择我们的欲望，并努力满足这些欲望，把这样的满足作为享受。这样我们就不会被欲望牵着鼻子走，成为欲望的奴隶，相反能主宰欲望，成为欲望的主人。在追求享受中追求完善，就是要在追求享受的过程中，通过追求享受来追求完善，完善是一个总体性概念，它是由一个个的具体的欲望满足构成的，追求完善事实上就是追求一个个欲望的满足，我们不可能不去追求这些具体的满足而只去追求完善，而只能在追求这些具体的满足中来逐渐走向完善。实际上，问题不在于追求欲望的满足或享受，而在于如何追求享受，是否使对享受的追求指向完善的目标，是否把追求享受与追求完善结合起来。

在追求完善中追求享受，在追求享受中追求完善，说到底，就是要把享受人生与完善人生结合起来。人生十分短暂，如果不在这短暂的时光充分享受人生的乐趣，那人活一辈子又有什么意义？人活在世界上当然不是为了受苦受难，而是为了享受幸福快乐。享受是与苦难对立的，而不是与劳动对立的。一个人完全可能既爱劳动，也爱享受，既有奉献精神，又有享受意识。特别是在现代社会条件下，人类生存状况大大改善，完全有条件使自己的欲望得到更充分地满足，有时间和精力去丰富人生、体验人生、玩味人生、享受人生。然而，享受人生有一个宽度和深度问题，这就是完善人生的问题。享受人生有两种不同的方式：一是在一种狭窄的范围、浅薄的层次上享受；二是在宽阔的范围、多级的层次上享受。前一种是缺失的享受，后一种是完善的享受。不言而喻，任何人都愿意选择完善的享受。追求完善的享受，就是追求完善的人生，就是幸福。

在求享受中求完善的过程，就是一个以完善为指向不断超越已有的享受，追求更多、更高的享受的过程，这个过程也就是不断超越自我的过程．不断达到自我实现的过程。正是在这一过程中，人们才能真正地实现人生的幸福。

智慧的意蕴和意义*

智慧像幸福、德性一样，是一个美好的字眼，说一个人有智慧，那是对他的褒奖。早在古希腊时期智慧就被推崇为个人和城邦的第一德性（美德），哲学也被看作是智慧之学，可见智慧对于人类的极端重要性。然而，人类常常误解了智慧甚至淡忘了智慧。因此，我们要经常回味一下智慧的本性和意义，对它与理性的关系作些反思。

一、智慧的意蕴

在汉语中，智慧一般是指“辨析判断、发明创造的能力”①。智慧的英文对应词是“wisdom”，“《牛津英语词典》（*Oxford English Dictionary*，1989）给‘智慧’下的前两个定义是：‘①指在与生活和品行有关的问题方面正确判断的能力；指在手段和目的的选择中判断的圆满性；有时在不太严格的意义上，指实践事务方面的圆满感；②指知识（特别是高级的抽象的知识），与愚蠢相对。’根据《兰登书屋词典》（*The Random Dictionary*，1987，2nd ed.）解释，‘智慧’的两个可选择的意义是：‘①有智慧的性质或状态；与就行为作出的公正判断相关的真的或正确的知识；②学术上的知识或学问。’”②显然，英语“智慧”一词的日常含义比汉语要丰富和深刻。

智慧与愚蠢相对立，与聪明相近。关于这三者之间的关系，彭富春教授曾从哲学的角度作过一个很富启发意义的辨析。他说：“愚蠢就是不知道。它不知道事情是什么。这就是说，它不知道什么是存在的，什么是不存在的；什么是真实的，什么是虚幻的。它甚至不知道自己不知道，也就是不知道自己的愚蠢。愚蠢在自己和世界两方面都处于无知状态。”“但智慧往往被等同于聪明。聪明指人有特别的听和看的能力，也就是人能听和看到事物。但一般意义的聪明是有疑问的。它虽然有听和看的能力，但都有一个无法逾越的限度。故聪明大多

---

* 原发表于《湖北经济学院学报》2011 年第 2 期，中国人民大学复印报刊资料《哲学原理》2011 年第 8 期转载，原标题为《论智慧》。

① “智慧”，《现代汉语词典》，商务印书馆 2002 年 8 月修订第 3 版增补本（大字本），第 1625 页。

② John Kekes. Moral Wisdom and Good Lives. Ithaca and London：Cornell University Press，1995：4.

不是大聪明，而是小聪明。这意味着它只知道小，而不知道大；只知道近，而不知道远。于是，聪明也容易变为愚蠢。”“与愚蠢和聪明不同，智慧是真正的知道。知道表现为一种特别的心灵的能力，它能洞晓万事万物的奥秘。它知道什么是存在的，什么是不存在的；什么是真实的，什么是虚幻的。它知道自己知道。它不仅知道世界，而且知道自己。”[①] 虽然只有具有哲学智慧的人才会知道什么是存在的和不存在的，以及什么是真实的和虚幻的，但任何一个称得上有智慧的人都是“真正知道”的人，而不是“不知道”或有“无法逾越的限度”的人。

在哲学界，许多哲学家对智慧的含义和本性作过规定。沙容·莱恩（Sharon Lyan）在对西方哲学家关于智慧本性进行概述的基础上提出：“S 是有智慧的，当且仅当：① S 有广泛的事实和理论知识；② S 知道怎样生活得好；③ S 在生活得好方面是成功的；④ S 有非常少没有得到证实的信念。”[②] 这一规定是比较全面的，但对智慧的含义阐述得还不够清晰。《牛津哲学指南》的“智慧”词条对智慧有一个一般性的解释，这个解释也许更有助于我们对智慧含义和本性的把握。这个词条将智慧界定为“把反思的态度与实践的关切统一起来的一种理解（understanding）形式”。“这种反思态度的目的是要理解实在的根本本性及其对过好生活的意义。这种实践关切的对象是要在主体的品质和环境既定的情况下构成一种关于过好生活的合情合理的概念，并对他们得在其中作出决定和行动的情境作出评价。作出这些评价因为许多情境的复杂性而是困难的，好生活是不完全的，个体的品质和环境的可变性使一般原则成为不充分具体的。因此，智慧可以与评价复杂情境的好判断、通过对人的条件的反思性理解获得的好生活的概念等同起来。”[③] 另外一位哲学家对智慧的解释也许更容易理解：“一个有智慧的人不仅知道实在是什么，而且知道它能是什么。当一个人必须接受像他所发现的那样的世界时，他或她还能做另外两件事情：①区分世界的哪些方面更有价值；②以这样的方式行动：改进这个世界。哲学家的任务就是要阐明怎样做这两件事情。”[④]

综合哲学史上哲学家对智慧理解的资源，结合本人对智慧的理解，我认为，

---

① 彭富春：《论中国的智慧》，人民出版社，2010 年，第 4 页。

② “Wisdom”，in Stanford Encyclopedia of Philosophy. http：//plato.stanford.edu/entries/wisdom/.

③ “Wisdom”，in The Oxford Companion to Philosophy. Oxford：Oxford University Press，1995.

④ Runkle G. Theory and Practice：An Introduction to Philosophy. New York：CBS College Publishing，1985：208.

智慧是适应人更好生存需要形成的，观念正确、知识丰富、能力卓越和品质优良在经验基础上实现有机协调的，注重整体观照、恪守推己及人、践行中庸之道、既入世又出世的，明智审慎并重、使所有活动恰当合理的综合统一机能和活动调控机制。它“是人特有的一种复杂机能，是人的灵性的集中体现”[①]，是理智的优化和最佳状态。

智慧并不是人类一开始就有的，而是随着人类的进化适应人类更好地生存的需要逐渐形成和增强的。从历史的角度看，智慧大致到人类进入文明社会已经形成，在古希腊神话中就有智慧女神，这表明那时人们已经有了智慧的概念。但是，智慧并不是一成不变的，随着人类的进化，特别是人类教育科技文化的进步，人类的智慧不断地在向广度和深度方向发展。智慧之所以会随着人类的进化而不断增强，是因为智慧不仅是适应人类更好生存产生的，更是人类更好生存的内在机能和生存方式。今天，人类的智慧已经形成并对人类更好生存发挥着极其重要的作用。智慧作为人适应自己更好地生存所形成和发展起来的特有综合统一能力和调控机制，其使命是要使人能在艰难的生存竞争中有效地保护自己，丰富自己，发展自己，获得需要满足，实现自我价值。因此，智慧实质上就是生存智慧。

但是，人类整体和人类个体并不总是有智慧地生存，常常会发生偏差。特别是就人类个体而言，虽然每一个人都具有理智，都有智慧的潜能，但并不是每一个人的理智都转化成了智慧，并不是每一个人的智慧潜能都被开发了出来，更不是每一个人将它开发出来后就运用它。智慧的形成需要智慧修养，智慧的运用需要智慧意识。因此，虽然智慧是适应人更好生存形成的机能，但在不同的人那里差别却是很大的。

智慧是知识和能力在理性和经验基础上的有机综合统一，而这种统一是以正确观念为前提、以德性为要求的。在哲学史上不少哲学家将智慧等同于知识，这种看法局限非常大。不能否认，没有必要的知识，一般来说是不会有智慧的，在现代社会尤其如此。所以，一般可以说有智慧的人是有知识的人。但是，我们不能反过来说有知识的人就是有智慧的人。现实生活中，许多有知识的人并不具有多少智慧。智慧包含知识，但不等于知识。智慧也是人的生存能力，有智慧的人是生存能力强的人，生存能力强的人就是有智慧的人。智慧包含德性的要求，有智慧的人不是那种有知识、有能力但有恶性的人，而是有知识、有能力的德性之

---

① 江畅：《幸福与和谐》，人民出版社，2005年，第11页。

人。智慧还必须以观念正确为前提，观念正确是智慧的首要条件。一个人观念不正确，即使他再有知识、能力和德性，也难算得上有智慧。实际上，说智慧是观念、是知识、是能力、是德性都不准确，智慧是这四者协调一致的综合机能。具有这种机能的人就能生存得好，一个有智慧的人就是能生存得更好的人。不同的人，智慧的这四个方面的比重各不相同，于是个人智慧的质与量存在差别。鉴于现代社会一般人都具有一定的知识和能力，人们要成为有智慧的人，最需要的是正确观念和优良品质。

智慧的观念、知识、能力和德性这些构成要素有机综合统一的基础是理性和经验。理性是智慧的能力基础，经验是智慧的生长基础。其中经验对于智慧的形成具有特殊的意义。经验像土壤，为智慧的生长提供平台和营养；经验又像一个熔炉，将正确的观念、丰富的知识、卓越的能力和优良的品质熔炼为一种综合的机能，而智慧的这四个方面的构成要素也是在经验中生长起来和熔炼出来的。

智慧体现在人的活动全过程。人生是由活动构成的，包括认知与评价、判断与选择、构想与决策、动机与愿望、情感与意志、行为与反思，等等。智慧不只是体现在人的活动的某一个方面，而是体现在所有这些活动的全过程。一个有智慧的人，具有较强的认知能力，善于发现真理；具有正确的评价能力，能对事物作出客观正确的评价；具有正确的判断和选择能力，能对事物和行为作出正确的判断并在此基础上作出正确的选择；具有较强的决策能力和构想能力，能作出正确决策，并善于根据决策制定恰当的活动方案；具有较强的行为实践能力和反思能力，善于将活动方案付诸实践并追求良好的效果，注重对自己的思想和行为进行反思，通过反思和自我批评不断修正错误，克服缺点和不足，使活动趋于完善；具有善良积极的动机和愿望，无损人利己、损公肥私的意图，注重个人与他人、组织的利益共进；具有健康的情感和坚强的意志，积极进取，勇于开拓并不屈不挠，不达目的不罢休。当然，任何一个人都不可能在所有这些方面都做到尽善尽美，但一个有智慧的人追求所有活动的完善，坚决杜绝那些有害于自己、他人、群体和环境的活动，对于各种活动中发生的问题及其导致的消极后果能及时有效地予以纠正。

智慧是具有实践意向的活动调控机制。智慧不是单纯的知识和能力，而且具有将知识、能力运用于实践的要求并对人的各种活动进行调控的自觉调控机制。尽管西方不少哲学家认为智慧有实践的方面，或者将智慧分为理论智慧和实践智慧，但一般都更强调智慧的实践意义或为好生活服务的意义。《哲学百科全书》“智慧”词条对“智慧”就作出了这样的规定：“从最广泛、最普遍的意义上说，智慧指的是对生活行为作出合理的、满意的判断。智慧可以伴之以渊博的知识、敏锐的理智和深刻的预见，但它并不是这些中的任何一种，而是在它们不在的地方显现。智慧涉及理智的理解或洞察，但与其说它关注对事实的肯定或理论的严密，不如说是关注实践生活的手段和目的。”[①]这一规定与我们前面所引证的西方有关文献对“智慧”的解释一样，特别强调智慧的实践意向。

智慧的实践意向集中体现为它要求人们要明智与审慎并重，并根据这种要求对人的活动进行调控。在《幸福与和谐》中，笔者曾将智慧的特点概括为四个方面，即注重整体观照，要求人们注重从根本上总体上认识和处理问题，要求人们在认识和处理各种问题时兼顾到各方面，立足于根本、着眼于总体认识和处理问题，切忌顾此失彼，抓住一点，不及其余；恪守推己及人，要求人们“己所不欲，勿施于人”，也就是时时事事处处想到别人也是人，也有与自己一样的自由、权利和追求，这一切都应该得到尊重，切忌强人所难，把自己不想要的、不想做的强加给别人；践行中庸之道，要求人们为人处事要遵循中道原则，无过无不及，力求做到恰如其分，合情合理，切忌走极端，无所顾及；既入世又出世，要求人们以积极的态度追求成功，为自己和所在集体（包括单位、国家等）谋求福利，同时又要求人们以超然的态度对待追求的结果，适度淡化对功名利禄的占有，切忌成为利益的奴隶，成为贪欲的奴隶。[②]这四个方面可以进一步概括为明智和审慎两个方面。明智就是要注重整体观照，恪守推己及人；审慎就是要践行中庸之道，既入世又出世。

智慧的实践意向所指向的是人更好生存。人活在世界上就是为了过上幸福生活，每一个人都追求幸福生活。那么，怎样才能过上幸福生活呢？智慧是过上幸福生活的最佳路径。智慧就是人类为实现幸福而准备的综合统一的机能和调控机制，它存在的根据和价值就在于为创造幸福生活的实践服务。人类之所以会在长期的进化过程中积淀了智慧的潜能，个人之所以会热爱智慧，开发智慧，通过修养获得智慧，就是因为智慧能为人更好生存服务，使人走上幸福之路。“智慧是人生的指南针、控制器。它给人认识、评价、选择、活动以正确方向，给人与环境（包括自然环境和社会环境）的关系、人自身内在的各种关系以恰当调节。”[③]

---

① “Wisdom”, in the Encyclopedia of Philosophy（2nd Ed.）, Macmillan Reference USA，1996：73.

② 参见江畅：《幸福与和谐》，人民出版社，2005 年，第 11 页。

③ 江畅：《幸福与和谐》，人民出版社，2005 年，第 10 ～ 11 页。

二、智慧与理性、理智的关系辨析

智慧与理性的关系十分复杂。在西方哲学史上，不少哲学家对这两个概念不加分别地使用。在古希腊早期，智慧作为一种德性，其含义比较丰富，不仅包含理论、理性的方面，也包含实践、非理性的方面。但是，自苏格拉底追求给事物下定义开始，后来的哲学家们一直都比较强调智慧的理性方面，甚至将智慧与理性等同起来。康德将亚里士多德的哲学智慧和实践智慧转变成了理论（思辨）理性和实践理性。亚里士多德虽然注意到智慧与理性之间的差异并赋予了实践智慧含义的丰富性，但所推崇的还是理性，特别是思辨的沉思活动。总的来看，自苏格拉底一直到19世纪非理性主义哲学出现，西方哲学一直都推崇理性，并以理性取代智慧，即使是中世纪的经院哲学也追求对上帝存在等基督教义的理性论证。

尼采对传统价值的重估揭开了对西方理性主义传统的反思和批判。但是，由于西方传统文化的广泛影响，直到今天，很多人都分不清理性与智慧。笔者偶然见到《光明日报》的《光明讲坛》上有我国当代作家王蒙先生的题为《思想的享受》演讲，其中讲到“智慧的享受”。他对智慧作了一个解释：“什么是智慧？就是通过思想之后，把复杂的东西弄得越来越清晰了，弄得越来越明白了，把混乱的东西整理出个头绪来了，过去别人不知道的东西，你现在知道了，你有所发现、有所发明，这种智慧对人的享受，可以说也是无与伦比的。”[①]显然，王蒙先生这里讲的是理性，而不是智慧。这种情况表明，即使在今天，我们仍很有必要将智慧与理性的关系进行认真的辨析，以了解两者之间存在着什么差别，以及忽视智慧而单纯重视理性已经导致和可能导致的消极后果。

在汉语中，“理性”既指“属于判断、推理等活动的（跟‘感性’相对）”，也指“从理智上控制行为的能力”[②]。后一种含义大体相当于“理智”。理性的英文对应词是reason，reason一般是指人的思考、理解、构成意见等的思想能力。从哲学的角度看，理性是指通过判断、预言、推论、概括和比较等心理活动来提出和断定命题。在这种意义上，理性经常与权威、直觉、情感、玄想（神秘主义）、迷信和信仰相对照，而理性主义者认为它在发现什么是真的或什么是最好的方面比这些东西更可靠。这个词的意义在很大程度上是与合理性（rationality）交叉的，

① 王蒙：《思想的享受》，《光明日报》2009年7月23日第11版。

② 《现代汉语词典》，商务印书馆，2002年8月修订第3版增补本（大字本），第775页。

而且在哲学中“reason”的形容词在通常情况下是“rational”，而不是“reasoned”或“reasonable”。对于理性在什么精确的意义上不同于情感、信仰或传统，人们是有争议的。理性活动可以是隐含的或外显的，它可以在心里进行，也可以写出来。理性的概念是与语言和逻辑联系在一起的，并且反映了希腊的“logos”一词的多重含义。“logos”是“logic”的词根，翻译成拉丁文就成了“ratio”，然后翻译成法文就成了“raison”，由此派生出了英语的“reason”。①

从以上所述可以看出，理性虽然有多重含义，但基本的含义是指人的一种通过判断、推论、概括、比较、构想等方式思考、理解、阐述的认识能力，其主要特点是思想。从广义上看，即从与直觉、情感、信仰等相比较看，理性包括思想，也包括康德所说的知性，甚至包括感性；从狭义上看，它不包括感性，是相对感性而言的，大致相当于智力。与我们所说的智慧相比较，两者之间存在着如下差异：

第一，理性是人的一种思想能力，而智慧是人的一个综合机能。理性是人的认识能力中的一种，即思想能力。除了理性之外，人还有其他认识能力，如感觉、直觉、灵感等。除了认识能力之外，人还有其他能力，如体力、欲望力、情感力、意志力等。智慧则是人的观念、知识、能力和德性有机综合统一的机能。除能力之外，智慧还包括正确的观念、丰富的知识和优良的品质。仅就能力而言，智慧除了思想能力之外，还包括感觉直觉、灵感、欲望、情感、意志等能力。理性是一个中性词，并不意味着思想能力强，而智慧是一个褒义词，意味着思想能力强，虽然每一个正常人都有理性，但并不是都有智慧的，只有那些思想能力较强的人才能说是有智慧的。理性不仅不包括直觉、灵感、欲望、情感、意志等能力，而且基本上是排斥它们的。人类历史事实已经表明，人越强调理性，理性越发达，人的直觉、灵感、欲望、情感、意志等能力越萎缩或扭曲。智慧则不同，它在注重人的理性的使用和发挥同时也注重发挥人的非理性能力，不忽视人的欲望、情感、意志、感受，所追求的不只是合理，而且合情。有研究者指出，历史上的智慧学派一般都强调智慧是知识、理解、经验、谨慎和直觉理解等因素的不同结合，以及很好地应用这些因素解决难题的能力。“在许多文化传统中，智慧和智力具有一些交叉的意义；换言之，它们被按等次排列，智力对智慧是必要的，但不是充分的。”②

① Cf.“Reason”，in Wikipedia，the Free Encyclopedia. http：//en.wikipedia.org/wiki/Reason.

② “Wisdom”，in Wikipedia：The Tree Encyclopedia. http：//en.wikipedia.org/wiki/Wisdom.

第二，理性所追求的是共性、普遍性、统一性，而智慧所追求的是合情合理性。理性的一个重要特点是要在个别中寻求一般，从特殊中寻求普遍，从多样性中寻求统一性，因此理性越发达，人们的生活越趋同，越统一，越来越扼杀个性，越排斥特殊性，越缺乏多样性，社会就会成为千人一面的社会，个人也会成为没有情感的纯理性动物。智慧则不同，它追求的是适宜性、合情合理性，容许多样性和个性。古希腊雅典城邦是一个推崇智慧的社会，那个社会丰富多彩，每一个人的个性都得到了较好的发挥，人们的幸福感也很强。而今天的现代文明社会则是一个推崇理性的社会，这种社会越来越单调统一，个性没有了，多样性没有了，个人成了社会这一大机器上的没有情感的部件，人们的幸福感也越来越差。

第三，理性的重要特点是注重局部精确和不懈追求，而智慧的特点是注重总体观照和适度满足。理性讲求统一性和精确性，因而有利于科学技术和生产力的发展，有利于全人类建立共同的标准和规范。这是理性的优点，但理性的这种特点运用到人的日常生活中，就有可能导致人们斤斤计较，争名于朝，夺利于市。理性的另一个特点，就是康德所说的追求“打破砂锅问到底”，这种精神对于推动科学技术和生产力发展是有利的，但运用到人们日常生活中，就有可能使人们始终不满足现状，追求占有更多社会的紧缺资源，导致贪欲的产生。智慧则不同，它作为人的一种综合机能，要求人们注重从根本上总体上认识和处理问题，要求人们在认识和处理各种问题时兼顾到各方面，立足于根本、着眼于总体认识和处理问题，切忌顾此失彼。同时，构成它的德性要素要求人们追求适度满足，不能贪得无厌。当然，智慧本身包含理性，它并不排除理性在经济、科技、管理等领域追求精确和不满足现状，但反对将这种做法运用于个人生活的所有领域。

第四，理性在价值上是中性的，而智慧在价值上则是正面的。理性作为一种思想能力，每一个人都具备，而且不包含德性的要求。因此，一个人可以运用这种思想能力为人类造福，也可以运用这种能力去作恶。一个罪犯越有理性，他作案的水平就越高超，其破坏性越大，也越难侦破。智慧则是包含德性在其中的，一个有智慧的人是一个德性之人，他不会运用智慧去作恶，如果他去作恶，就不能说他有智慧。智慧与幸福、德性一样，是正面的价值，是人类追求的价值目标。一般来说，理性如果不置于智慧的范畴之内，就有可能发生问题。

理性与智慧都是适应人类更好生存需要形成和发展的能力，而且在人的智慧中，理性是最重要的能力，没有理性人类不会有如此发达的文明。但是，在人类发展的过程中，出现了过分重视理性而忽视人的其他能力和功能的问题，导致了许多文明病。今天我们强调智慧，就是要克服在对待理性上存在的偏颇，正确运用理性，将理性的运用纳入智慧的范围，从而使理性更好地为人类生存服务。

理智在汉语中的意思是“辨别是非、利害关系以及控制自己行为的能力”①。理智的英文对应词是 intellect。Intellect 的意思是“心灵推理和获得知识的能力（与感情和本能相对）”②；“思想的能力”③。显然，“理智”与“intellect”并不是对应的，汉语的“理智”包括了控制力的含义，与意志相关，而英文的“intellect”没有这种含义，大致相当于理性。我国学者将 intellect 译为“理智”不是很准确。不过，也有西方学者看到了理智与意志的关系。例如，斯宾诺莎就说过，“意志与理智是同一的。”④他论证说，意志与理智不是别的，只是个别的意愿与观念自身，但个别的意愿与观念是同一的，所以意志与理智是同一的。我们这里在汉语的意义上使用“理智”。从汉语的角度看，理智与智慧都以理性为基础，而且其结构要素也是相同的，包括观念、知识、能力（包括智力、意志力等）、品质等主要方面，并且体现在人的认识、情感、意志的活动之中。它也是一种综合机能，但理智与智慧的区别在于，每一个正常的人都有理智，但并不是每一个正常的人都有智慧。从这种意义上看，智慧属于理智的范畴，但智慧是理智的一种特性或状态，从伦理学的意义上看，智慧是理智的最佳状态，是理智的优化。智慧与理智的关系，大致上相当于德性与品质的关系。⑤两者之间的另一个差异在于，理智通过学习训练就可以获得，而智慧除此之外还需要自觉的修养。一个人只有通过有意识地进行涵养锻炼才可能获得智慧。

这里需要特别指出的是，无论是理性、理智，还是智慧都是以人的意识特别是自我意识为前提的。自我意识是意识的核心内容，是人与动物区别的主要标志。人在与环境交互作用的过程中，能意识到人与环境的关系，意识到环境的力量和价值，意识到自己的目的和活动及其结果。自我意识就是人作为活动的主体对自己的存在价值、地位、需要以及满足需要的途径等的意识。自我意识是与对象意识相对而言的，并且是在对象意识的基础上形成的。一般而言，当人的意识包含

① 《现代汉语词典》，商务印书馆 2002 年 8 月修订第 3 版增补本（大字本），第 775 页。

② “intellect”，《牛津高阶英汉双解词典》，商务印书馆、牛津大学出版社，1997 年，第 777 页。

③ “intellect”，in Catholic Encyclopedia，http：//www.newadvent.org/cathen/08066a.htm.

④ ［荷］斯宾诺莎：《伦理学》，商务印书馆，1958 年，第 82 页。

⑤ 顺便指出，我们不赞成柏拉图将智慧看作理性的德性（实即优秀），因为理性不包含意志力，而智慧是包含意志力的。

了自我意识的时候，它才成为理性的。以自我意识为前提对人的活动进行调控，人就具有了理智，而能使这种调控达到最佳状态，人就是有智慧的。

三、智慧的意义

“智慧是自古代以来一直作为运用过好生活所需要的知识来歌颂的理想。‘智慧’超出简单地知道/理解什么事物是可供选择的，而提供在它们之间进行辨别的能力，选择其中最好的。”①这一论断大致上指出了智慧的意义。如果我们将好生活理解为幸福，那么这一论断与笔者在《幸福与和谐》等著述中将智慧看作实现幸福的最佳途径是一致的。②智慧的直接意义就在于它对于人生的意义，即它是实现幸福这一人类终极目的的最佳途径。约翰·刻克斯指出：“道德智慧的具有存在着程度问题：它越多使生活越好，而它越少使生活越坏。所以尽可能多地追求道德智慧是合情合理的。”③

智慧能为人生确定正确的终极目的，即幸福。人的活动都是有目的的，人的目的千差万别，但在所有的目的背后有一个对所有目的和追求具有制约作用的终极目的。对于这种终极目的，有的人意识到，有的人没有意识到，意识到终极目的的人追求终极目的会更自觉。人们的终极目的各不相同，不少人把占有更多金钱、财富、权力、名誉等社会紧缺资源作为终极目的，也有人把尽情享受、及时行乐作为终极目的，还有人把职业上的成就作为终极目的。有智慧的人能在所有这些终极目的中发现哪种终极目的是正确的，是人应该选择的。从伦理学的角度看，只有幸福才是人的正确的终极目的，因为只有幸福生活才是好生活。然而，虽然有伦理学的定论，但由于种种复杂因素的影响，人们并非必定选择幸福作为生活的终极目的。只有有智慧的人，才会意识到幸福对于人生的意义，才会将幸福作为自己的人生终极追求。因为“一个有智慧的人能辨别重要问题的核心”④，在人生问题上他能把握什么是对人生最紧要的。

智慧能使人全面而深刻地把握好生活即幸福生活的真谛和要求。自古以来，人们对幸福生活的理解并不一致，存在着不少的偏差。一个有智慧的人的智慧本身是适应幸福生活的需要形成的，这样的人具有正确的观念、广泛的知识、卓越

---

① “Wisdom”，in Wikipedia，the Free Encyclopedia，http：//en.wikipedia.org/wiki/Wisdom.

② 参见江畅：《幸福与和谐》“引言：幸福与和谐”，人民出版社，2005 年。

③ John Kekes，Moral Wisdom and Good Lives，Ithaca and London：Cornell University Press，1995：1.

④ “Wisdom”，in Wikipedia，the Free Encyclopedia，http：//en.wikipedia.org/wiki/Wisdom.

的能力和优良的品质，因而能正确理解什么是幸福生活，把握幸福的实质和各方面的要求。这样的人不会对幸福作片面的、肤浅的理解。这样的人不会把幸福理解为对资源的占有，因为资源的一定占有只是幸福的条件，占有再多资源也不意味着一个人幸福。这样的人也不会把幸福理解为具有德性，尽管德性既是幸福的条件也是幸福的内容，但德性并不等于幸福。对于这样的人而言，幸福意味着人的根本的总体的需要得到较好的满足，并有进一步满足的可能；幸福是一个理想，但这种理想对于人生具有根本性的导向和激励作用，人们在追求的过程中享受着幸福。因此，有智慧的人的幸福观是全面的、深刻的，不会抓住一点，不及其余，也不会浅偿辄止，满足现状。正是在这种意义上约翰·克刻斯把道德智慧看作是过好生活所需要的最重要德性。她说："道德智慧是一种对于过好生活具有本质意义的德性。"①

智慧能使人在追求幸福的过程中处理好各方面的关系。人生面临诸多关系需要处理，如个人与组织的关系、个人与他人的关系，眼前与长远的关系、局部与全局的关系、理想与现实的关系、奋斗与享受的关系、物质需要满足与精神需要满足的关系等等。处理好这些关系，人才能获得幸福。智慧是一种综合协调的能力，也是一种综合协调的思维方式，它要求人们能着眼于人生存和发展的根本的、总体的需要来对待和处理这些关系问题，整体观照，将所有这些关系问题纳入到如何有利于幸福的实现来思考和解决。同时，"有智慧的人对他人是真诚和直率的"②，有智慧的人的德性也为他们处理好这些关系特别是人际关系问题奠定了良好基础。

追求智慧的过程与追求幸福的过程具有高度一致性。智慧是人的一种有机综合机能，这种机能并不是自发形成的，而是追求它才能形成的。每一个人都有智慧的因素（观念、知识、能力、德性），但一个人要成为有智慧的，必须将这些智慧的因素提升到一定的程度并综合协调统一起来。这是一个相当艰难的过程，需要修炼。智慧实际上是人获得幸福的能力，将智慧运用于现实生活，人就可以过上幸福生活。因此，获得智慧这种能力，就是获得幸福的能力，人们追求智慧的过程，也就是为幸福准备主观条件的过程，也就是追求幸福的过程，这两个过程是高度一致的，是同一过程的两个方面。人们幸福的程度是与其获得幸福的能力直接相关的，一个人越有智慧，他就越有可能过上幸福生活，生活的幸福广度和深度越大。

---

① John Kekes. Moral Wisdom and Good Lives. Ithaca and London：Cornell University Press，1995：1.

② "Wisdom"，in Wikipedia，the Free Encyclopedia. http：//en.wikipedia.org/wiki/Wisdom.

智慧不只是对个人幸福具有重要意义，对于社会发展也具有重要意义。

首先，建立以智慧为基础的文明可以从根本上克服以理性为基础的文明的弊端。从近代西方发源的现代文明是一种以理性为基础的文明。“现代化的各个方面如以自然科学知识为基础的技术的普遍运用（技术现代化），以机器大生产为基础的工业化（经济现代化），一体化、法制化和集权化的国家体制的建立（政治现代化），科层制的普及（组织的现代化），以功能、绩效原则为基础的高度分化与流动的各种社会结构的形成（社会现代化），理性至上、个人至上、成就至上、效率至上的价值观的确立（文化现代化）等等，都不过是社会生活‘理性化’的不同方面。现代化社会的许多特点如专业化、标准化、同步化、集中化、规模化、系统化、控制化等都是社会生活全面‘理性化’的条件与结果。现代化说到底是依赖于人类借助（工具）理性来实现的对自然界和人类社会生活本身的控制能力的增长。”①

以理性为基础和主要手段的现代文明的缺陷随着现代文明的发展日益显露出来，而且已经导致了许多不良后果：从个人与自身的关系来看，由于过分刺激对资源的欲望和鼓励对资源的无限追求，人日益被欲望所主宰、所奴役；从个人与他人的关系来看，由于社会资源总是相对有限的，而人又变得日益贪得无厌，因而人与人之间争权夺利的竞争愈演愈烈；从国家与国家的关系来看，由于一些国家拼命扩张本国利益并力图占有更多有限资源，世界各国竞争日益激烈，弱肉强食，战乱不已；从人类与自然的关系来看，人类为了满足贪得无厌的欲望，不断向自然开战，把自然看作是无主的、用之不完的宝库，只管收获，不问耕耘，野蛮地掠夺自然。②

要克服现代文明的这些弊端，需要做许多工作，但最根本的就是要将以理性为基础和手段管理社会和谋求社会发展变为以智慧为基础和手段来管理社会和谋求社会发展。智慧与理性的最大区别在于：理性追求统一性、普遍性，追求成功、效率、竞争、占有，追求利益的最大化，而不管人的其他方面的发展；智慧则追求多样性、特殊性，追求幸福、公平、和谐、共享，追求生活的最优化，全面考虑人的发展。显然，以智慧作为社会管理和发展的基础和手段，可以克服以理性为基础和手段的种种弊端，使社会更稳定和美好。

其次，可持续发展观需要运用智慧贯彻落实。时下中国普遍谈论科学发展观，

---

① 谢立中、孙立平：《二十世纪西方现代化理论文选》，上海三联书店，2002 年，第 12 页。

② 参见江畅：《幸福与和谐》，人民出版社，2005 年，第 418 ～ 419 页。

要求学习和实践科学发展观。中国的科学发展观实际上是从联合国提出的可持续发展观演变而来的。“可持续发展”的概念最早是1972年在斯德哥尔摩举行的联合国人类环境研讨会上正式提出的，在1987年由世界环境及发展委员会所发表的《我们的共同未来》的报告中将“可持续发展定义为“既满足当代人的需求，又不损害未来世代人满足其需求的能力”。可持续发展观强调实现代际之间公平、同代人之间的公平以及人与自然之间的公平，其实质在于既要达到发展经济的目的，又要保护好人类赖以生存的大气、淡水、海洋、土地和森林等自然资源和环境，使子孙后代能够永续发展和安居乐业。可持续发展观作为人类全面发展和持续发展的高度概括，不仅要考虑自然层面的问题，甚至要在更大程度上考虑人文层面的问题；不仅要研究可持续的自然资源、自然环境和自然生态问题，还要研究可持续的人文资源、人文环境和人文生态问题。

显然，可持续发展观的贯彻落实不能以理性作为思维方式，而只能以智慧作为思维方式。理性思维方式的一个重要特点，就是追求利益最大化和占有最大化。以理性为基础的发展观根本不可能是全面、可持续的，而是片面、不可持续的。智慧思维方式不同，它强调整体观照，从人类整体和未来考虑问题，它追求利益和占有的适度化和道德化。可持续发展观实际上就是一种智慧的发展观，而不是理性的发展观。今天不少人不能按可持续发展的要求行事，其根源就在于还是理性思维方式作怪。贯彻落实可持续发展观的关键，在于社会的管理者，特别是国家领导人。如果社会管理者仍然保持理性的思维方式，可持续发展就是一句空话，只有社会管理者普遍转变思维方式，用智慧思维代替理性思维，社会才有可能真正实现可持续发展。

再次，追求智慧可以使社会更和谐美好，使地球更适合人居。“智慧要求人们不仅能做事实判断或描述判断，而且也能做规范判断。人的目的，按照希腊人的传统，就是要把握‘善、真、美’。”[①]古希腊社会把智慧作为首要的美德来追求，因此，古希腊人不注重财富、权力的占有，而追求人生的真善美。古希腊人生活实践表明，追求智慧，可以避免因为过分追求资源占有所导致的各种社会问题，可以使社会更个性化、多样化。个性化、多样化是社会和谐的基础，也是个人按照个人意愿生活的前提。正是个性化、多样化使希腊社会迎来了最适合人居的黄金时代。

---

① Runkle G. Theory and Practice：An Introduction to Philosophy. New York：CBS College Publishing，1985：205.

社会成员普遍追求智慧，对于社会和谐美好至少具有三方面的意义：

一是每一个社会成员追求智慧，他们就不会只把对资源的占有作为追求目标，而会把适合自己个性的幸福生活作为追求目标。幸福的最重要特点就是不以占有资源为取向，而是以自由而全面发展为取向。幸福虽然可以成为社会普遍追求的目标，但幸福是一个抽象的概念，每一个人都可以也需要对它进行填充，因而不同的人有不同的幸福生活。每一个人的主观条件不同、环境不同，因而每一个人的幸福生活是不完全相同的，在这种意义上，幸福事实上是一种多元的目标。如果每一个社会成员因为有智慧而把追求自己的幸福生活为目标，显然社会就不会因为每一个成员普遍地追求有限的资源而产生争斗和祸患。这样的社会才有可能真正成为和谐美好的社会。

二是每一个社会成员追求智慧，他们就能处理好自己人生中的各种关系，特别是物质需要满足与精神需要满足的关系。“幸福不在于占有畜群，也不在于占有黄金”[①]，而在于对生活的满意感。这种满意感不是占有资源就能产生的，而要通过人的各方面的需要（包括物质的和精神的需要）综合协调的满足才能产生。智慧是正确认识和处理这种关系的唯一正确路径。有智慧的人不会因为别人比自己提升快而嫉妒、郁闷，更不会为了占有更多的资源去铤而走险。有智慧的人的生活是少烦恼的，是从容自若的。如果一个社会的所有成员都追求智慧，心理正常的人就会越来越多。

三是每一个社会成员追求智慧，他们就会按智慧的思维方式行事，能处理好个人与他人、组织的关系，形成和谐的人际环境。如果一个社会没有大的利益争端和冲突，而且人们普遍能处理好人际关系，这个社会当然会是和谐和美好的，也是人们乐于在其中生活的。我们今天的社会矛盾和冲突的根源除了追求资源占有之外，就是人们缺乏宽容和信任。人们之间不宽容、缺乏信任感与利益冲突有关，也与人们的思维方式有关。以理性为思维方式更强调人的独立性和他人、组织的外在性、竞争性，而以智慧为思维方式更强调人的社群性和他人、组织的不可或缺性、协调性。当人们普遍将他人和组织真正看作是自己的生存条件、真正意识到“人最需要的是人”（霍尔巴赫语）时，社会的人际关系环境就会从根本上得到改善。

智慧对于人类意义无比，但它不被人类重视。智慧是宝藏，需要挖掘；智慧是花朵，需要呵护；智慧是合金，需要冶炼。在当前这个智慧几近枯萎的时代，

① ［古希腊］德谟克利特：《著作残篇：道德思想》，周辅成：《西方伦理学名著选辑》（上卷），商务印书馆，1964年，第79页。

更需要激活并复兴智慧。赵汀阳研究员曾断言："智慧已经衰退了。""我们长时间地容忍了思想的无聊和无用。从不再智慧的思想中搜寻各种角度和说法，又有什么意义？用已经不再智慧的思想去打捞过去的智慧，又有什么收获？只有当拥有了新的智慧，才能理解旧的智慧——一种智慧只有在另一种智慧中被理解——当我们越来越没有智慧，也就越来越不理解过去的智慧。在缺乏新智慧的情况下，旧智慧也会变质。"[①]他认为，在这个无智慧的状况急速弥漫的时代，"复兴智慧"是我们这个时代"最需要的文化行动之一"。

① 赵汀阳：《一个或所有问题》，江西教育出版社，1998年，第4页。

德性的本质及源泉*

我国当代伦理学界和思想教育研究领域一直都十分重视人们的道德品质（品德）研究，但近一些年来伦理学界对德性或美德的重视在很大程度上是受当代西方德性伦理学兴盛的影响。德性问题是一个极其复杂的问题，研究者见仁见智。这里试就德性的本性、特征、源泉及其与道德规范的关系、形成发展过程提出一些初步的想法。

一、德性的本性

在中国，“德性”的字面意义是具有“德”的性质，说“德性的品质”，就是说品质具有“德”的性质。我国传统文献中，“德”这一概念使用频繁，但“德性”一词使用较少。当代中国学界使用“品德”一词很多，主要是指道德品质。在西方，德性（virtue）这个词，有两个来源：一是源自拉丁文的 virtus，表示男子气或勇敢。用西塞罗的话说，“德性这个术语是从那个表示男人的词来的；一个男人的主要特质是刚毅。”① 二是源自希腊文的 *aretê*，在英语中一般被译成 virtue，但 *aretê* 的含义要比英文的 virtue 更广，不过 virtue 更具有道德的意味。对于希腊人来说，*aretê* 除了指我们今天说的德性的含义，还包括其他各种被看作优秀的性质，如身体的美。正是在这种意义上，可以说“速度是马的德性（*aretê*）”，“高是蓝球运动员的德性（*aretê*）”。所以，有学者主张将 *aretê* 译为“优秀”(excellence)。这种译法也许更准确。

“德性”在西方是一个古老的伦理学术语，自古以来，伦理学家对德性作过许多阐释。通过对德性原初含义、古希腊哲学家和当代伦理学家对德性阐释的考察，可以发现虽然对德性的理解和阐释不尽一致，但也有一些共识。如：德性不同于一般行为习惯的意向或品质特性；德性是公认为好的、优良的或值得赞扬的品质；德性不是与生俱来的，也不是自发形成的，而是在环境的作用下通过智慧选择形成的；德性不只是体现在行为方面，而且体现在认知、情感、意志等活动及态度

---

* 原发表于《伦理学研究》2010 年第 4 期，中国人民大学复印报刊资料《伦理学》2010 年第 12 期转载，原标题为《论德性》。

① Cicero，“Tuscul.”，I，xi，18.

方面。根据这些共识，我们就可以大致上把握德性的一般含义。这里，我们以这些共识为基础对德性作出这样的规定：德性是人优秀品质中的一种，是由理智或智慧在正确道德观念的前提下根据有利于具有者和他活动于其中的共同体及其成员更好生存的根本要求培育的，通常以心理定势对人的活动发生作用并使人的活动及其主体成为善（好）的道德意义上的善（好）品质，即道德的品质。德性是一种善（好）性，是不同于行为善的品质善。

德性是一种品质，是人的品质的道德特性或状态。就是说，它是在一定环境下通过培育形成的对认识、情感（包括情绪）、意志、行为活动具有稳定的规范和导向作用，并通过这些活动体现出来的意向或心理定势。亚里士多德在分析德性的归属时指出，在心灵中有三种东西，这就是情感、能力和品质。在这三者之中，“德性既不是感情，也不是能力，那么它们必定是品质了”①。亚里士多德意义上的德性，是广义的德性，意指品质的优秀，而我们所说的德性特指人的道德意义的品质，它是人类优秀品质的一种，而不是全部。亚里士多德认为德性是一种品质，这种观点是正确的，而且得到了许多学者的认同。就德性作为品质而言，它是与作为品质的恶性相同的，因为恶性也是品质，但恶性是一种坏品质或恶品质，而德性是一种好品质或善品质。正如亚里士多德所指出的，仅仅说德性是品质还不够，还要说它是什么的品质。在他看来，所有的优秀，都不但要使以它为优秀的东西本身状态良好，而且使它很好地履行其功能，而“如果这一原则普遍适用的话，那么人的优秀即德性就是那种人能因此而成为善的并能很好地履行其适当功能的品质”②。这里的“优秀”是一种性质，正是从这种意义上，我们说德性不仅是品质的性质，而且是不同于恶性的品质性质，即品质的特性。

德性也可以说是品质的一种状态。亚里士多德曾经明确说过：“德性是关涉选择、存在于相对于我们而言的中道、由理性和人具有实践智慧的人会决定它的方式所决定的一种品质状态。”③如果从伦理学的角度将品质划分为好的或善的状态和坏的或恶的状态，那么，也可以说德性是品质的好的或善的状态。

一种品质之所以被看作德性，是因为它有利于具有者、他活动于其中的共同

① ［古希腊］亚里士多德：《尼各马可伦理学》，苗力田主编：《亚里士多德全集》（第八卷），中国人民大学出版社，1992年，第34页。

② ［古希腊］亚里士多德：《尼各马可伦理学》，苗力田主编：《亚里士多德全集》（第八卷），中国人民大学出版社，1992年，第34页。

③ ［古希腊］亚里士多德：《尼各马可伦理学》，苗力田主编：《亚里士多德全集》（第八卷），中国人民大学出版社，1992年，第36页。

体及其成员更好生存的，或者有利于其中一者更好生存而无碍并无害于他者更好生存的。对于德性的好坏，不同时代、不同道德和文化体系、甚至不同的思想家和普通人有不同的看法。从当代伦理学的角度看，真正好的品质或德性是同时有利于品质具有者本人、他活动于其中的共同体及其成员更好生存的品质，至少对其中之一更好生存有利而对其他者无妨碍和无伤害。从道德评价的角度看，一般来说，这种有利的程度（范围和深度或高度）越大，品质的好性越大，德性的水平越高。

这里特别要指出的是，不利于品质具有者本人更好生存的品质不能说是好品质（德性）。对于德性的这一特点，许多伦理学家已经注意到。例如，菲力帕·福特就断定，德性是既有利于具有者又有利于其他人的品质，因而是个体善的构成部分。如果一种品质特性不利于或服务于其具有者和其他人的需要，这种特性就不能被合适地看作是一种德性。[①]当然，不利于品质具有者活动于其中的共同体及其成员更好生存的品质也不是好品质或德性。

德性作为一种心理定势不是自然而然形成的，而是德性主体在社会的教育和其他因素影响下，在生活实践中运用理智进行选择和确认以及将这种确认转变为意愿、谋求和行为逐渐形成的，而选择又是以反思、比较、甄别、判断为前提的，确认则是经过寻找理由和试错过程的。这个过程通常是德性的养成过程。在这个过程中，理智发挥着主导作用。德性基本形成之后，还需要进一步使其拓展和提升。这是德性完善的过程，这个过程也是一个德性修养过程。在这个过程中，智慧发挥着主导作用。或者说，只有理智转化成了智慧，人们才会自觉地进行德性修养。德性是人们在生活实践中运用道德智慧不断选择逐渐积累下来的稳定态度和习惯性行为方式。

人们在生活实践中运用理智或智慧进行选择总是具有一定价值取向的。正确的价值取向从终极意义上看，就是前面所说的有利于德性具有者本人及其活动于其中的共同体及其成员更好生存，但实际的情况可能更复杂。无论从历史上看还是从现实上看，不少人的价值取向受不同的道德环境的影响以及个人的其他因素的影响并不一定是有利于德性具有者本人及其活动于其中的共同体及其成员更好生存。

理智或智慧的选择也总是以一定的道德观念为前提的。人德性形成和改变总

① Cf. Philippa Foot. Virtues and Vices and Other Essays in Moral Philosophy，Berkeley，CA：University of California Press，1978：125.

是在一定的道德环境中进行的。人生活在道德环境中，总会受道德环境的影响形成一定的道德观念。从逻辑上看，道德观念是在先的，也就是说，德性的形成和改变总是以一定的道德观念为前提的。但在实际上，情形可能更复杂。德性形成和改变可能是与道德观念的形成和改变相互作用的。人们在道德环境中会选择一定的道德观念，并在这种观念的指导或影响下通过选择形成品质。

德性作为心理定势会无意识地使人的认识、情感、意志、行为乃至人成为好的或善的道德规定性。广义的德性，或者说在古希腊的意义上，不只是指道德意义上的善，而且指更一般意义上的好，即价值论上的优秀或值得赞扬性质。从这个意义看，德性不只是道德意义的概念，而是价值意义上的概念。不过，狭义的德性主要是指道德意义的好。正是这种好的性质使人的各种活动成为好活动，使人成为好人。正是在这种意义上，亚里士多德说“人的德性就是既使得一个人好又使得他出色地完成其功能的品质”①。

德性作为品质不仅体现在行为方面，而且体现在认识、情感和行为活动乃至人生活的各方面，不仅对行为，而且对认识、情感、意志、行为活动，不仅对人的活动、人生活的各方面，而且对于整个人具有规范和导向作用；而德性作为好品质，它具有使这各方面成为好的规范和导向功能。

德性对认识、情感、意志和行为的上述作用通常是无意识的、自然而然的，而不是有意识的、理性控制的，用康德的话说，是“出于倾向”的，而不是“出于责任（或义务）”的。关于这一点，我们不太赞同亚里士多德的看法。按照亚里士多的观点，“每一个德性的行为都是一个实践智慧的运用”②。我们也不完全赞成斯洛特所主张的德性行为由德性动机决定，完全不用道德智慧参与的观点。③我们认为，德性通常是以未被意识到的动机对人的活动发生作用，这时一般不需要道德智慧发生作用，但有德性的人也可以将这种无意识的动机转变为有意识的动机，这时道德智慧就会起作用。

人们谈到德性时，可能指某一种德性，也可以指一个人的德性。因此，德性这个词可以指单一的德性，也可以是整体的德性。我们通常说的“善良”、“诚实”、“正直”，所指就是单一的德性，人们常常在这种意义上使用德性。但是，严格说

① ［古希腊］亚里士多德：《尼各马可伦理学》，苗力田主编：《亚里士多德全集》（第八卷），中国人民大学出版社，1992 年，第 34 页。

② Karen Stohr. Manners，Moral，and Practical Wisdom，in Timothy Chappell，ed，Values and Virtues：Aristotelianism in Contemporary Ethics，Oxford：Clarendon Press，2006：202.

③ Cf. Michael Slote. Agent-Based Virtue Ethics，in Stephen Darwall，ed，Virtue Ethics，Oxford：Blackwell，2003.

来，德性是一个总体。作为总体的德性，它有两个维度：完整性和高尚性。完整的德性是指人可能具备的德性达到了完整无缺的程度，高尚的德性则是指人可能具备的德性达到了至高无上的程度。达到了完整和高尚有机统一的德性，我们可谓之为“完善的德性”或“至德”。至德是一种德性的理想境界，是人德性修养（包括德性养成和完善的过程）所追求的终极目标。

二、德性的特征

根据以上对德性含义的阐释，我们可以看出德性具有以下主要特征：

其一，指向性。瓦拉斯指出：“所有德性的本性和价值都能根据它们在我们的生活中的各种功能和作用来理解。”① 任何一种德性不是目的本身，而是有所指向的。这种指向性在不同的价值体系中可能是不同的。对于德性的指向性，亚里士多德伦理学是肯定的，因为他的德性伦理学是目的论的，认为德性是以幸福为目的的。现代不少德性伦理学家不赞同亚里士多德的目的论观点，把德性作为目的本身。这种看法值得讨论。但是，这里所说的德性的指向性不同于结果主义或功利主义主张的其价值在于所产生的结果的看法，它是指德性最终要服从于和服务于其具有者及其活动于其中的共同体更好生存的。从这个意义看，德性即使具有目的价值，也不是终极价值。

其二，意向性。德性不是一般的心理现象，而是一种心理定势，对人的生活（包括情感、态度、行为等）具有规范作用和导向作用。也许正是因为如此，许多西方伦理学家将德性理解为“意向”（dispositions）或“倾向”（inclinations）。但是，德性的这种规范和导向作用不同于社会的法律、制度、道德、政策等的规范作用，它不是通过一定的强制力起作用的，而是作为一种个人的心理定势发挥作用的。在很多情况下，德性的规范和导向作用是自发的，不需要理性的判断，也不需意志的强制力。所以，有西方学者认为“德性是一以贯之地以正当方式行动的有价值的品质特性或意向”②。意向性另一重要体现是，德性总是实践性的，它要通过人们的情感、态度、特别是行为体现出来。

其三，多维性。德性作为人的心理定势体现在人活动的各个方面。人的活动

① “Preface”，James D. Wallace，Virtue and Vice，Ithaca and London：Cornell University Press，1978：II.

② Ludwig Siep. Virtues，Values，and Moral Objectivity，in Christopher Gill，Virtue，Norms，and Objectivity，Oxford：Clarendon Press，2005：83.

是复杂的，通常划分为知、情、意、行。在人活动的所有方面都存在着德性问题，如在认识方面有“好学”的德性，在情感方面有“友爱”的德性，在意志方面有“刚毅”的德性，在行为方面有“勇敢”的德性等。从这个意义看，德性不是一维的，而是多维的、多向度的。这种多维性大致上相当于罗瑟林德·荷斯特豪斯所说的“多轨迹的意向”，即“德性不仅仅是做道德上值得或需要的事情的倾向。不如说，它要具有一种复杂的思想形式（mindset）。这包括情感、选择、愿望、态度、兴趣和感受等。”①

其四，统一性。德性的统一性的思想最初是苏格拉底提出来的。如果从苏格拉底的“诸德为一”和“德性即知识”的观点看，他的德性统一性思想可以理解为德性统一于关于德性的一般知识。这种理解也许更符合苏格拉底思想的基本精神。亚里士多德实际上也主张德性具有统一性，他的思想隐含着道德的德性统一于中道原则之上，情感和行为遵循中道原则就会获得德性，而道德的德性最终的根源在于实践智慧。中道原则就是实践智慧的原则。我们基本上赞成苏格拉底和亚里士多德的观点。

德性的统一性首先在于德性都以道德智慧为基础，所有德性都是智慧特别是道德智慧的体现。兰茜·硕曼在谈到实践理性（实即道德智慧）对于品质的意义时说：“正是实践理性使品质的不同目的一体化，同时精化和评价它们，并最终对什么是要做的最好和最优的事情作出所有经过考虑的判断。”②根据道德智慧对于品质的这种重要作用，我们可以把智慧看作是总体德性或德性总体，也可以说是第一德性或最高德性。不过，虽然德性统一性的基础在于智慧，但其根源在于人（包括德性具有者及其活动于其中的共同体）生存得更好，或者说在于幸福，因为人的幸福就在于生活得好、生活得更好。可以说，智慧是德性统一性的基础，幸福是德性统一性的目标，而智慧和幸福两者之间又是相互关联和依存的。

德性的统一性还在于不同的德性之间存在着如格里高利所说的相互关联性、相互促进性。各种德性之间存在着相互依存、相互联系、相互作用的关系，而且一种德性和多种德性有助于另一种新德性的形成，德性之间还可以相互强化，促使德性的稳定和德性水平的提高。德性的这种相互关联性和相互促进性既体现在不同类型的德性之间，也体现在同一类型之间。德性涉及个人对自己、对他人、对群体等方面，这些方面的德性也是相互联系、相互促进的。

---

① “Virtue”，New World Encyclopedia，http：//www.newworldencyclopedia.org/entry/Virtue.

② Nancy Sherman. The Fabric of Character：Aristotle’s Theory of Virtue. Oxford：Clarendon Press，1989：4-5.

德性的统一性使德性成为一个人是不是好人的规定性，正因为如此，所以有学者将德性看作是“那种使人成为一个好人的品质”[①]。当然，德性的统一性也不是绝对的，否则就不需要那么多的具体德目。

其五，稳定性。德性作为品质不容易形成，一旦形成也是相当难改变的，只有在一些特殊情况下才可能发生较快的转变。荷斯特豪斯曾提醒我们：“关于人们的德性和恶性的一个重要事实是，它们一旦获得，就会强有力地盘居下来，严格说来，这是因为它们涉及的远不只是以某些方式行动的倾向。这样的品质特性方面的变化是一种深刻的变化，这种变化是正如我们所说的‘整体下滑’（all the way down）。这样一种变化慢慢地发生，但在它突然发生变化的罕见情况下，这种变化要求特殊的解释——如宗教的惯例、改变人们的整个生活观的一种经历、大脑受损或药物作用。它肯定不是一种人们一夜之间就可以决定造成的变化，就像人们可能决定打破终生的生活习惯，停止早餐喝咖啡一样。”[②]

其六，普适性。麦金太尔主张德性是历史性、相对性的，每一种德性都是相对于一定社会和文化体系的。“麦金太尔在《德性之后》中提出的中心观点是不同的文化体现不同的德性。”[③]麦金太尔的观点在一定意义上说是对的，因为历史上不同的道德和文化体系都有各自特有的德性。但是，麦金太尔的观点是一种对历史事实的描述，从伦理学的角度看，存在着明显的局限。首先，虽然“不同社会强调不同的德性”[④]，但如果从全人类来看，有不少德性是相同的或可得到不同道德和文化体系认可的，如古希腊的智慧、勇敢、节制、公正、友爱这些德性在其他民族是可以得到认同的，至少不会认为是恶性。其次，更重要的是，伦理学家不是要为不同道德和文化体系的德性作论证，而是要确立德性的一般原则并根据这种原则审查人类已经存在过的德性，认定人类已经存在过的德性哪些是真正的德性，哪些不是真正的德性，通过去伪存真的功夫批判地继承人类的德性遗产，并在此基础构建适合当代的德性。这种构建的德性不再是只适合特定道德和文化体系的德性，而是适合全人类的具有普适性的德性。

---

① 余纪元：《德性之镜：孔子与亚里士多德的伦理学》，林航译，中国人民大学出版社，2009 年，第 41 页。

② Rosalind Hursthouse. On Virtue Ethics. Oxford：Oxford University Press，1999：12.

③ “Introduction”，Daniel Statman，ed，Virtue Ethics，Edinburgh：Edinburgh University Press，1997：20.

④ Stan van Hooft. Understanding Virtue Ethics. Acumen Publishing Limited，2006：1.

三、德性的源泉

自亚里士多德以来，许多学者都承认德性是人通过实践特别是行为活动获得的品质，但对这种品质的道德性质是从哪里来的或者说人因为什么而要获得德性则有不同的看法。

在亚里士多德那里，德性被看作是人运用实践理性进行道德选择的活动。他在谈到德性与情感的区别时指出，“我们感到愤怒和恐惧时并没有道德选择，而德性则是道德选择的活动，至少肯定不是独立于它的。”这种选择不是根据某种道德规范进行的，而是人的智慧作出的。在他看来，道德德性所涉及的是情感和行为，而情感和行为都存在着过度、不及和中道的情形。道德德性就是智慧在这三者之中选择的中道，“过度和不及都属于恶性，中道才是德性”[①]。德性作为“倾向于运用审慎选择、处于相对中道的品质”是理性决定的，并且是具有实践智慧的人会决定的。显然，根据亚里士多德的观点，德性不是某种社会道德要求的内化或个性化，而是理性或智慧根据怎样才能使人成为好的或善的并能很好地履行其适当功能的需要在情感和行为的过度与不及之间作出的中道选择。

亚里士多德的这种观点为不少当代德性主义伦理学家所赞同。对此迈克尔·斯洛特说得十分明确：“在德性伦理学中，焦点在于有德性的个体和那些使之配称为有德性个体的内在的特性、意向和动机。（一些德性伦理学承认一般的规则甚至法则，但这些规则或法则被明确地看作是派生的或次要的因素。）”[②]亚里士多德和当代德性伦理学家的这种看法虽然强调人的理性或智慧的选择在德性形成过程中的作用，但这种选择是根据人成为好人或人能过好生活而对情感和行为本身合适不合适或者说是否中道作出的，而不是根据外在的行为规范作出的。我们可以将这种观点称之为“内在论”的观点。这种内在论的观点所指向的是为了人自身成为善的或过好生活，从这个意义上看，这种观点也可以看作是内在目的论的观点。

与亚里士多德主义的这种观点不同，也有不少学者把德性或道德品质看作是社会的道德规范在个人身上的内化。这种观点在我国比较流行。例如，罗国杰教授主编的《伦理学》就认为：“道德品质是一定社会的道德原则和规范在个人思想和行为中的体现，是一个人在一系列的道德行为中所表现出来的比较稳定的特征

---

① ［古希腊］亚里士多德：《尼各马可伦理学》，苗力田主编：《亚里士多德全集》（第八卷），中国人民大学出版社，1992年，第36页。

② Michael Slote. Moral From Motives. Oxford：Oxford University Press，2001：4.

和倾向。”[①]唐凯麟教授在谈到个体道德及其与社会道德关系时也指出：“社会道德是构成个体道德的本质内容，而个体道德则是社会道德在个体身上的内化和个性化。”[②]在他看来，所谓道德内化，就是个体在社会实践中，通过对社会道德的学习、选择和认同，将其转化为自身内在的行为准则和价值目标，形成相应的个体道德素质的过程。“个体道德就是这种道德内化的产物。”[③]显然，如果我们把德性看作是个人的道德的话，德性也应该是社会道德在个人身上的内化和个性化。这种观点将德性看作是社会道德要求在个人身上的内化或个人思想和行为中的体现，我们可以称之为“内化论”的观点。

在当代西方，也有学者主张这种内化论的观点。例如，弗兰肯纳认为离开了规则（原则）或行为后果（也可以表达为原则），我们无法确定德性是什么。因此，道德规则或行为后果是第一性的，而德性是从属的、第二性的，德性不过是按原则行动的心理倾向。[④]

内在论的观点和内化论的观点实际上并不是对立的，而是互补的，而且有一些共同的方面。这两种观点都将德性看作是人的品质或道德行为的稳定特征和倾向；都强调德性是获得性的，而不是与生俱来的；都重视道德实践在德性形成过程中的作用；都注意到了人自主选择对于德性形成的意义。两者的区别主要在于，内在论的观点侧重于从人自身更好生存考察德性的源泉，而内化论的观点侧重于从社会道德对个人影响的角度考察德性的源泉。如果我们考虑个人为什么要接受社会道德的影响，为什么要将社会的道德要求内化，我们就会发现，个人之所以如此，实际上也是因为个人意识到只有这样个人才能更好地生存。事实上，这两种观点是在不同的层面考察德性的源泉的结果。

如果借用黑尔（R. M. Hare）将道德思维划分为直觉思维和批判思维的观点来分析，内化论的观点是在直觉的道德思维层次考察德性的源泉，而内在论的观点是在批判的道德思维的层次考察德性的源泉。从直觉的道德思维层次上看，人们的德性一般都是社会道德要求在自己身上的转化，特别是在德性自发形成的过程中是如此。人们通常是在社会的道德要求下（通常通过父母、教师等权威的力量或舆论褒贬的力量等）自觉不自觉地践行社会的道德要求，并逐渐形成行为习惯和内在品质。在这一过程中，许多人并没有意识到德性形成与自己更好生存的关

① 罗国杰：《伦理学》，人民出版社，1989年，第394页。
② 唐凯麟：《伦理学》，高等教育出版社，2001年，第159页。
③ 唐凯麟：《伦理学》，高等教育出版社，2001年，第161页。
④ 陈真：《当代西方规范伦理学》，南京师范大学出版社，2006年，第272～277页。

系，不一定形成了道德智慧。只有当人们在这一过程中逐渐意识到了为什么要按社会道德要求行为、这样行为对自己的生存有什么意义并根据自己更好生存的需要对自己形成的品质进行批判性反思并重新进行德性的选择和确认的时候，他的道德思维才达到了批判的道德思维层次。从这个层次看，德性的最根源在于德性具有者自己更好地生存及其所需要的自己所在共同体的所属成员更好生存。当人们达到这种道德思维层次的时候，他所选择形成的德性可能仍然符合社会道德要求，也可能不是，也可能不全是。当然，并不是所有人都达到了批判的道德思维层次，一般来说，只有学习过伦理学的人才会具有批判的道德思维。

四、德性与道德规范的关系

在谈到德性的源泉的时候，我们需要对德性与社会道德规范的关系作进一步的考察。

德性一般都体现为德目或德性要求，人们一般都承认这种德目具有规范性，在一定意义上也可以说是一种规范。但是，德性规范与社会的道德规范在性质上是有区别的。我们可以借用约翰·塞尔（John Searl）观点来区分这两者之间的关系。塞尔在他的非常著名的文章“怎样从‘是’派生出‘应当’”中将规则区分为规范性的规则（regulative rules）与构成性的规则（constitutive rules）。他说：“一些规则规范存在着的行为形式。例如，礼貌的餐桌行为的规则规范吃的行为，但吃的行为独立于这些规则存在。另一方面，一些规则不仅规范而且创设或界定新的行为形式；例如，下棋的规则就不仅规范一个先前存在的被称为下棋的活动；它们……创制那种行为……的可能性……婚姻、金钱、承诺的惯例是像棒球或下棋的惯例一样的，因为它们都是这种构成性规则体系。”[①] 根据塞尔的这种区分，我们可以说德性规范是构成性规则，它是使一个人成为德性之人的规则，而道德规范则是规范性规则，它使一个行为成为道德行为的规则；道德规范通过人的有意识动机对行为发生影响，而德性规则则通常通过无意识动机对行为发生影响。不过，两者并不是截然分离的，而是关系密切的。

社会的道德规范是不同社会根据自身的需要自发形成或自觉提出的对人们行为的道德要求，这种道德要求被有的学者称为“实践必要性”（practical

① John Searl. How to Derive “Ought” from “Is”, in Philippa Food, ed, Theories of Ethics, Oxford: Oxford University Press, 1964: 112.

necessity）[①]。不同社会的根本需要和终极追求各不相同，有的社会将统治的长治久安作为社会的终极追求，有的社会则将社会成员的普遍幸福作为终极追求，因而以这种不同需要为根据自发形成或自觉提出的社会道德规范也不会相同。而且，社会的道德规范可能是明确提出甚至是成文的，也可能是以风俗习惯的形式流行的。尽管社会的道德规范的情形非常复杂，但有一点是可以肯定的：每一个社会都有自己的道德规范，而且每一个社会的道德规范都会对其成员的行为有不同程度的约束力并对其成员的品质有不同程度的影响力。正是这种约束力和影响力催生了人们的德性，并不断地对人们的德性起强化作用。同时，由社会成员践行道德规范构成的社会道德生活也给人们的德性提供了可供吸取的营养和可供实践的场所。可以说，社会道德规范是个人德性生长的土壤。

另一方面，在社会道德规范约束和影响下形成的德性，对于社会道德规范的践行又具有非常重要的积极作用。个人的德性不只是个人的幸福之基，而且可以使人们更自发地遵守社会的道德规范。人们可能主要出于三种动机遵守社会的道德规范：一是出于外在压力被迫遵守；二是出于理性权衡自愿遵守；三是出于德性品质自发遵守。出于外在压力遵守道德规范的问题在于，当这种压力不存在时，人们就有可能不遵守。最典型的情形是，当一个人干坏事不可能被人发现时，他就有可能不遵守道德规范。出于理性权衡遵守道德规范也有问题，当人们发现违反道德规范可能带来更大利益时有可能置规范于不顾。出于德性品质遵守道德规范可以克服前两种动机的问题，它的特点在于使按道德规范行事成为了行为习惯，在没有任何外在压力的情况下也会不考虑利害得失地遵守道德规范。一个德性之人是一个不会感到道德规范对自己有约束力的人，是一个“从心所欲不逾矩”的自由人。正因为德性对于社会道德规范具有重要的促进和保障作用，所以历史上的统治者都十分重视社会成员的德性建设。当然，许多统治者重视德性建设并不是出于德性是个人的幸福之基考虑的，而只是为了统治者的长治久安或社会稳定有序。

① Stan van Hooft. Understanding Virtue Ethics. Acumen Publishing Limited，2006：8.

情感与理智的和谐*

情感[①]是人生的一个非常重要方面，对人生幸福有着深刻而又广泛的影响。情感问题是一个古老的话题，在现代文明背景下的今天更是一个困扰许多人的难题，值得我们每一个人思考，更应该为当代伦理学家关注和探讨。

一、人是情感动物

人是复杂的高级动物，有理性的方面，也有感性的方面；有理智的方面，也有情感的方面。人是理性的、理智的动物，也是感性的、情感的动物。根据心理学家弗洛伊德的研究，人的心理就像海洋里的冰山，其理性的、理智的意识方面只不过是露出水面上的山尖，而感性的、情感的、欲望的、本能的无意识方面则是水面下的巨大山体。使人成其为人的不只是水面上的山尖，而是包括水面下的山体的整座山。按照哲学家莱布尼茨的说法，人是一个包括理智和意志，也包括微知觉、知觉和本能、欲望的"单子"。这"整座山"或"单子"才是完整的人，才是完整的心灵。如果没有了那些感性的、情感的方面，人也许是天使，但决不再是真正意义上的人。

从我们日常的经验看，任何正常人也都是有情感的，只是有些人可能情感浅薄一些、单一一些，有些人可能深刻一些、丰富一些，但不可能一点情感都没有。这正如人人都有理智，只存在着程度的差别一样。人们经常谈到某某人是"冷血动物"、某某人"铁面无情"。这种说法通常都是就某人的某一方面而言的。传说历史上的包拯包青天"铁面无情"，但这只是就办案而言的，他对待他的母亲就不是这样，否则他就不是一位名扬千古的大孝子。人们常说的"冷血动物"通常是

---

* 原发表于《伦理学研究》2009年第4期，中国人民大学复印报刊资料《伦理学》2009年第12期转载，原标题为《情感与人生：伦理学视野的审视》。

① "情感"的英文对应词是 emotion，但也有学者将英文中的 emotion 译为"情绪"（见黄希庭等译的［美］戴维·迈尔斯著《心理学》第13章，人民邮电出版社，2007年）。这种译法笔者以为是不合适的，因为实际上英文中并没有与中文"情绪"直接对应的语词，中国人日常生活中所说的"情绪"在英文中似包含在 emotion 一词之中。鉴于 emotion 大致上包括了中文中通常所说的感情和情绪两方面的含义，笔者以为该词还是译为"情感"比较好，本文所说的"情感"就是在这种意义上使用的。顺便指出，曹日昌主编的《心理学》（吉林科学出版社，2007年）中根据英文文献将情感与情绪分开，并认为感情包括情感和情绪，这种看法似乎根据不充分。

就他对他人特别是亲人而言的，而这样的人往往对功名利禄有着巨大的热情。也许正是对这些功名利禄的感情过份强烈而导致对他人的情感冷淡。人的情感是多维度多层次的，一个人某一个方面的情感淡薄或缺乏，并不意味着他其他方面的情感也如此，我们更不能由此得出这个人没有情感的结论。我们认为，人不存在有无情感问题，只存在情感正常不正常、健康不健康、丰富不丰富、持久不持久、强烈不强烈、高尚不高尚、美好不美好的问题。

人生来就有情感，但这并不是说人的一切情感都是与生俱来的。情感如同理智一样，人与生俱来的是潜能，而这种潜能是通过人在一定环境中生活才变为现实的。这里就有一个从潜能变为现实的广度问题、深度问题、各种情感的结构及其总体取向问题。这些方面的状况如何取决于三方面的因素：一是生活环境，最重要的也许是家庭环境和社会环境，它们对人们情感的广度、深度、结构和发展方向的一般状况有根本性影响。二是教育。情感可以通过教育培养，培养的过程就是使人们的情感从潜能变为现实的过程，教育可以对人的情感从潜能变成什么样的现实发挥重要作用。三是个人的作为。个人是情感的主体，情感的广度、深度、结构和发展方向如何最终取决于个人，个人的能动性在情感从潜能变成什么样的现实方面具有决定性作用。人的情感潜能如不能正常地变成现实，人的情感就会发生问题，人的生活也会发生问题，这就如同人理智的潜能不能正常地变成现实，人的理智、人的生活会发生问题一样。

无论是正常变成现实的情感还是不正常变成现实的情感，都是人的一种心理能量，这种能量可以而且需要得到必要的调节和释放。调节主要是运用理智对情感进行引导和控制。释放主要有两种途径：一是宣泄，即将喜怒哀乐等情感发泄出来，这种宣泄通常是无对象的，当然不排除希望别人分享或引起别人的共鸣。二是表达，即将自己的情感表达出来，这种表达通常是有对象的，并希望引起对象的反响或被对象接受。如果人的情感得不到必要的释放，就是说人的情感需要宣泄时不能得到宣泄，需要表达时得不到表达，或表达了没有反应，人就会感到压抑、郁闷，人的生活就会因此发生问题，久而久之，人的情感也会萎缩、变异，并从而影响人的正常生活。

古希腊著名哲学家亚里士多德曾经断言，“人是理性[①]动物”，这一论断影响了人类文明两千多年。在这一名言的强有力影响下，人们更多地想到自己是理性的，

---

① 理性（reason）与理智（intellect）并没有严格的区别，但理性更强调逻辑性，因而外延要比理智窄一些，而且理性更多地与感性相对应，而理智通常与情感相对应。

与此同时却渐渐地淡忘了自己也是情感的，忽略了人既是理性动物或理智动物，也是情感动物。随着以理性为基础和价值取向的现代文明的昌盛，人的情感不仅被进一步边缘化，而且被压抑，被扭曲，被替代，被湮没。今天的人类，情感问题普遍突出，已经成为困扰人类的一个重大生存问题。

当代人类的情感问题主要表现在以下几个方面：一是情感的潜能被忽视，被压抑。人们更多地关注人的理智潜能的开发和培养，而忽视了人的情感潜能的开发和培养。社会的价值取向和导向是理智型的，工具理性盛行，科学技术昌明，唯才是举，学校教育实际上是智育至上。在这种社会环境和教育的影响下，个人所追求的也主要是怎样成为有用的人才，而不关心自己情感的培养和呵护。这样一来，生活在这样的社会之中的人的情感潜能不仅被搁置，而且被过份开发的理智潜能所挤压、所抑制。二是情感的释放渠道受阻，人们的情感需求普遍得不到满足，情感被边缘化。现代社会是一种理性化的科技统治的天下，发泄和表达情感常被看作是不理性、不理智的举动和表现，人们自觉不自觉地不断努力压抑人的喜怒哀乐情感，不敢甚至也不愿意对情感对象表达自己的真实情感，使自己日益理性化、理智化，成为单面的冷漠动物。三是某些不正常、不健康的负面情感被强化，社会不仅缺乏真情，而且还充斥着自私、贪婪、猜忌、嫉妒、忿懑、艾怨，以及由此引起的敌对、争斗和陷阱，成为可怕的社会。人的情感潜能得不到正常的开发和培养，情感就有可能得到不正常、不健康的生长，那些对人类生存不利的情感就有了可趁之机。例如，如果缺乏教育的影响，人的那种天然的自利倾向就可能演变成一种极端自私的情感。另一方面，人的情感得不到必要的释放，就有可能积聚成可怕的破坏性能量，这种能量可能使人患上贪婪、抑郁、歇斯底里、精神分裂等精神性心理疾病，而且可能扭曲变形为敌对、仇视、破坏等对待社会和他人的可怕态度和恐怖行为。

情感原本是人的有机组成部分，一旦被湮没，被扭曲，人就不再那么像人了，或者不如说，人不再是原本意义上的人。这样的人当然是畸形的、可怕的，成为了这样的人，其人生就再也没有人生原有的乐趣和幸福，相反始终与痛苦和不幸相伴随。

二、多彩复杂的情感天空

一般地说，人的情感（包括感情与情绪）是以本能为基础、相对于理智而言的心理感受。情感的原始基础是本能。就人而言，本能是人类在长期进化的过程中积淀的原始求生存的能力及其对环境作出反应的活动。情感就是在这种反应活动中对某种活动的对象及其活动本身产生的具有赞成性倾向（如好感、喜悦、爱恋），或反对性倾向（如反感、忧愁、憎恶）的心理感受。人的情感是与人的理智相对而言的。情感是以作为求生存能力的本能及其受理智作用后产生的欲望为基础产生的心理感受，这种感受可以强化或弱化本能和欲望活动，因而情感是人生存的动力机制。理智则是人的认知、判断、推理、选择、决定的能力，理智的活动及其成果可以引导和控制人的本能和欲望活动。从这个意义上可以说，理智又是人生存的控制机制。人类有了理智之后，情感这种动力机制会作用理智，而理智这种控制机制也会对情感发生作用。从这种意义上看，应该说，人的情感是以本能和欲望为基础，受理智影响和控制的心理感受。

由于情感是与理智纠缠在一起的，因而人的情感已经不完全是本能的，而且因为有理智的作用，人的情感与动物的情感相比较，要丰富、深刻得多，也要复杂得多。可以说，人的情感世界是一个多彩的、复杂的天空。我们可以从性质、广度、深度和强度三个维度对人的情感世界进行考察。

从性质来看，人的情感是有倾向性的，或者是正面的或者是负面的，或者是肯定的或者是否定的，或者是积极的或者是消极的。

人的情感并不都是正面的，也有负面的。正面情感与负面情感的划分主要是以情感是否有利于人的生存为根据的。一般而言，有利于个人、他人和整体生存的情感是正面的情感，不利于或有害于个人、他人和整体生存的情感则是负面的情感。正面情感可大致分为四种主要类型：第一类是与人的本能相联系的天然情感，如自爱、乡情、同情等；第二类是后天获得的对他人的个人情感，如亲情、爱情（含性爱）、友情（友爱）等；第三类是后天获得的对个人、他人和整体的社会感情，如美感、道德感（可简称为德感，包括义务感、责任感、使命感、正义感等）、事业心（可称为业感）等。第四类是在前三类情感基础上升华的情感，如仁爱、博爱、圣爱等。负面情感难以进一步作出类型的划分，大致上包括自私、贪婪、猜忌、嫉妒、歹毒、残酷、忿懑、艾怨、憎恨、仇视这样一些情感。除正面的和负面的情感之外，也有一些中性的情感，如喜悦、忧愁、抱怨、好感、厌恶、愤怒等。正面情感通常是人们和社会称道的情感，负面情感则是人们和社会不认可或讨厌的情感，而中性情感是人们和社会可能认可也可能不认可的情感。

人的情感虽然复杂，但总体上看有两种基本取向：肯定性的和否定性的。肯定性的情感是指情感主体自己肯定的感情，否定性的情感是指情感主体否定的感情。肯定性的情感一般是以“喜悦”为特征的，而否定性的情感一般是以“厌恶”

为特征的。一个事物或人引起了情感主体喜悦的感受，有时并由此引出了爱的感受时，这就表明该事物或人引起了情感主体的肯定性感情；反之，一个事物或一个人引起了情感主体厌恶的感受，有时并由此引出了恨的感受，这就表明该事物或人引起了情感主体的否定性感情。与正面情感是好的情感而负面情感是不好的情感不同，肯定性的感情并不一定就是好的情感，而否定性情感也不一定是不好的情感。例如，对子女的溺爱是一种肯定性的情感，但这种情感并不是好的。又如，对为非作歹的恶行感到厌恶是一种否定性情感，但这种情感是好的。这表明，肯定性情感、否定性情感与正面情感、负面情感的关系是复杂的。一般地说，前者主要是个体自然产生的，后者是从社会角度审视的。

无论是正面的、负面的情感还是肯定性的、否定性的情感，其中大多是积极的情感。其主要特征在于，它们都是以愿望（包括欲望、兴趣或希望）为指向的，而且其情感主体愿意宣泄或表达的。与之对立的是消极情感，如悲观、失望、绝望、抑郁、焦虑、冷漠等，由情感扭曲、变态等导致的畸形情感也属于消极情感。其突出特征在于，它们一般不是以愿望（包括欲望、兴趣或希望）为指向的，而且其情感主体往往不愿意调节也不愿意宣泄或表达的。悲观、失望、绝望主要是由于愿望或情感受挫引起的看不到前途或希望的消极情绪或感情。冷漠则通常是由于悲观、失望、绝望引起的那种没有喜悦，没有忧愁，没有爱，没有恨，对一切无所谓、不动心的情感状态。悲观、失望、绝望、抑郁、焦虑、冷漠等消极情感是不正常的情感，长期处于这种情感状态，极有可能导致情感的扭曲、变态。所以，在一定意义上可以说消极情感也属于负面情感。

从广度来看，人的情感世界是多姿多彩的。人的情感不是无缘无故发生的，而总是由某种东西引起的，这即是所谓的“世界上没有无缘无故的爱，也没有无缘无故的恨”。情感的诱发因素，可谓之为“情感诱因”。同时，人的情感也不是漫无边际的，而总是有所指向的。情感所指向的对象，可谓之为“情感对象”。情感诱因与情感对象可能是一致的，也可能是分离的，但从总体上来看，大体上是一致的。情感诱因和情感对象十分丰富，几乎可以说，人能接触的一切都可以成为人的情感诱因，也都可以成为人的情感对象。

归纳起来，这些诱因和对象大致上可以划分为八类：①自我。一个人自己的某一个方面乃至整体都能诱发自己的情感，也可以成为自己情感的对象。希腊神话中的那喀索斯的自恋情结就是一个典型例证。②他人（包括亲人、亲友、同事、路人）。我们接触的任何一个人都可以引起我们的情感，也可能成为我们的情感对象。不用说亲人、亲友之间，即使是路见陌生人遇难，我们也会产生同情心，也可能会出于友爱伸手援助。③家庭。今天之所以有不少男人不愿意回家，可能是因为他们家外有“家”，对新家有了眷恋而对老家已经厌倦。④组织（包括工作单位、社团等）。现在有许多工作单位都注重培养职工的认同感、归属感，这表明工作单位是可以成为情感诱因和情感对象的，其他各种组织亦如此。⑤家乡（包括社区）。传统社会流行的“美不美家乡水，亲不亲故乡人”说法表明人们可能对作为自然村落的家乡产生家园的眷恋感，而今天许多城市居民缺乏家园感的一个重要原因，是因为他们生活在彼此隔离陌生的高楼大厦。⑥社会（包括国家、祖国）。到今天为止，人类生活的社会仍然是以国家为单位的，国家又常常与祖国在范围上一致。我们国家强调人们要热爱祖国、热爱社会主义，这表明政治国家也好，祖国也好，都可以激发人们的爱憎情感，成为人们的爱憎对象。⑦世界（包括人类）。世界和人类虽然与个人的情感相隔较远，但自古以来，一直都有人拥有“四海之内皆兄弟”的情怀，有为人类工作的热情。在全球一体化的今天，世界和人类更成为人类情感关注的对象。⑧自然（包括动物）。古人对自然的恐惧，今人对自然景区的热爱，文人骚客对自然的赞美都表明，自然自古以来就是人类情感的重要源泉，也是人类情感的重要对象。今天的宠物爱好者，更表明动物可以成为人类爱恋的对象。

就深度和强度来看，人的情感是可深可浅、可强烈和不强烈的。无论是正面情感还是负面情感，无论是肯定性情感还是否定性情感，无论是积极情感还是消极情感，都存在着深度和强度的区别。情感深度与强度常常是关联的，难以截然分开，不过情感深度更多地是就可表达的情感而言的，如刻骨铭心的爱、咬牙切齿的恨，而人的每一种情感都可以有不同的强度，最低的是淡泊或平静，最高的就是激情。淡泊就是没有多少情感。这是一种无喜无怒、无爱无恨的情感状态。这种状态与冷漠不同，它是自然形成的，而不是本来可以产生和释放情感而刻意压抑使其不产生或不释放，更不是对一切都无所谓和不动心。激情则是强烈的情感。这是一种大喜大怒、大爱大恨的情感状态。在淡泊与激情之间，存在着无法再细分的不同强度层次。情感强度的形成与情感诱因和情感对象有关系，更与情感主体的情感力或情感感受能力直接有关，也与理智的控制能力有关系。

三、对情感的价值审视

人是在家庭和社会中生存的，人的生活环境对人的情感形成、诱发、调节和释放有着决定性影响。随着人类文明的进步，人类生存的环境对人的情感的培养、导向和规范作用逐渐增强。同时，人的情感是与人的理智交织在一起的，受到理智的控制。正是因为环境和理智的影响，人类的情感越来越成为可控的。人类控制情感的总体方向是使情感更有利于人类个体和整体的生存。人的情感的复杂性，使人的情感可能从不同的向度对人的生活产生影响。为了使人的情感有利于人类生存，有必要对人类的情感进行价值审视，弄清人的哪些情感是有利于人类生存的，哪些情感是不利于人类生存的。我们要通过这种审视和判断，对人的情感作出选择，并规定其方向、范围和程度，从而为人的情感的培养、调节和释放提供依据。

从伦理学的角度看，可以根据是否有利于人的生存从五个方面对人的情感进行价值审视，即情感是否健康，是否丰富，是否持久，是否高尚，是否美好。这五个方面就是伦理学审视情感的五个维度，也是情感是否有利于人的生存的五条标准。其中是否健康是情感的底线标准，规定着情感的好坏善恶性质。健康的情感是有利于人的生存的，因而是好的或善的情感，反之就是不利于人类生存的，因而是坏的或恶的情感。是否丰富、是否持久、是否高尚这三条标准是情感的量度标准，它在健康标准的前提下，规定着情感是否更有利于人的生存，因而规定情感价值的大小。是否美好是情感的理想标准，所涉及的是能否使情感成为乐生要素。

从有利于人生存的角度看，什么样的情感是健康的呢？首先，有利于个人身心健康的情感是健康的。个人身心健康是人生存的基本前提，没有身心的健康，谈不上更好地生存。因此，情感是否健康的首要标准就要看情感是否有利于人的身心健康。健康的情感应当是有助于身体和心理健康的，不会由情感诱发身体或心理疾病。其次，有利于个人家庭和睦、职业成功的情感是健康的。职业和家庭是人生存得好和生存得更好的两大支柱。健康的情感应当是促进家庭和睦和事业成功的，应当是个人事业成功和家庭和睦的源泉和动力。再次，有利于营造协调的人际关系的情感是健康的。人生活在环境中，人际关系是人生活的最重要环境，环境不好，不仅生存的压力大，而且会因此影响个人的身心健康以及事业成功和家庭幸福。健康情感应当是促进人际关系协调的，或者说应当是人际关系的润滑剂。最后，有利于促进个人生活于其中的共同体和谐发展的情感是健康的。现代人生活在各种不同的共同体中，个人的生存状况与个人生活于其中的共同体的命运紧密相联。有共同体的和谐和发展，才有个人人际关系的协调，才有个人事业的成功，也才有个人的身心健康和家庭和睦。有共同体的公共福利的增进和繁荣，个人的幸福才有根本保障。健康的情感应当是促进共同体的和谐和公共福利的。

以上四个方面的划分是理论上的，实际上这四个方面是相互联系的，在将有利于这四个方面的情感控制在合理的限度内，它们是可以相互促进的。

从以上这四个方面看，前面所说的与人的本能相联系的自爱、乡情、同情等天然情感，对他人的亲情、爱情（含性爱）、友情等个人情感，对个人和整体的美感、德感、业感等社会情感都是健康的情感。它们可以从不同的角度促进个人的身心愉悦、家庭和睦、职业成功、人际关系协调，以及共同体和谐和繁荣。而像自私、贪婪、猜忌、嫉妒、歹毒、残酷、忿懑、艾怨、憎恨、仇视这样一些负面情感，以及悲观、失望、绝望、抑郁、焦虑、冷漠这样一些消极情感以及扭曲、变态的情感，则是不健康或有害的情感。

在健康的前提下，一般地说情感越丰富越有利于人的生存。有利丁人的生存，就是能提高人生存的质量。不同时代有不同的质量标准和要求，当代人类生存的质量标准和要求是人的全面而有个性的发展。人的全面发展就是人的综合素质（包括思想道德、专业技能、生理心理和乐生休闲等素质）得到全面发展。人的有个性发展，就是每个人的综合素质是与他的主观条件和客观条件相适应的、具有个性特色的，而不是所有人千篇一律的。所谓情感丰富，主要是指人的各种情感都得到了充分的培养和呵护，在所有情感生活方面都具有良好情感感受能力。健康的情感是人的动力机制和快乐源泉。显然，健康的情感越丰富，对人素质的全面而有个性发展越有利，并可以提高生活质量，相反，如果情感单一，人素质的一些方面就会得不到发展，生活就会有欠缺。例如，一个有强烈的事业心而缺乏亲情、友情、兴趣单一的人，可能专业技能素质得到较充分发展，职业取得较大成就，但他的家庭生活、社交生活可能就是单调而乏味的。这样一个人，职业再成功，也不能说他是全面发展的，他可能成名成家，但不会成为一个幸福的人，难得有生活的乐趣。

既然丰富的健康情感有助于人的生存，那么一般来说，这种情感越能持久越好。如果一个人始终都保持强烈的责任感，那么他就会始终都以负责的态度对待亲人和朋友、对待工作和社会，这种负责的态度无疑有利于他在世界上安身立命，使他得到尊重和取得成功。当然，这种情感的持久并不是指自始至终保持某种情感状态，而是指在适当的场合、适当的时间能激发和释放情感。情感像理智一样，它是一种能力，情感能力培养出来后，并非就一劳永逸，由于种种原因，已经获得的情感能力可能丧失。例如，一对培养了良好的性爱感情的夫妻，可能因为夫妻一方有了婚外恋而使原来的良好性爱感情淡化或丧失。又如，一位事业心极强的领导干部可能到了即将退休的时候变得得过且过，甚至走向颓废。这类例子比比皆是。我们所说的情感持久指的是始终都保持或增强情感的感受能力，而不使这种能力弱化或丧失。因此，即使是健康的情感也需要呵护。呵护就是珍惜，就是培育。珍惜就是要十分珍视和爱惜健康美好的情感，用心使其栩栩生辉；培育就是精心培养和哺育健康美好的情感，适时为其浇水施肥。呵护的目的是要使健康的情感保持旺盛的生命力。呵护是有条件的，最重要的条件是要有坚定的正确人生理想和信念。这种正确的人生理想和信念就是个人更好地生存并通过他人更好地生存实现自己更好地生存。理想和信念是情感的支柱，一旦人生理想破灭，信念动摇，再健康的情感也会变质。

健康的情感存在着不断升华的问题。所谓升华就是提高情感的层次，也就是通常所说的使情感更高尚。使情感走向高尚，主要就是使情感从自爱、同情、亲情等天然的个人的情感逐步走向友情、博爱和德感等社会情感。使情感升华对个人生存的意义主要在于，可以提高人的精神境界以及人生境界，扩展个人自身存在的意义，从而使人生更有深度感，更有愉悦感和幸福感。使健康情感逐渐升华更有利于共同体的和谐和美好，人们的情感普遍升华可以使人们从自我走向"大我"，更关注他人和共同体整体的幸福。这样，罪恶和争斗就会减少，社会就会更人性化、人情化和人道化。

情感有一个情感主体以及其他人感觉美好不美好的问题，即使是健康的、高尚的情感也存在这样的问题。所谓情感美好，就是情感在情感主体那里引起了愉悦的感觉，令情感主体心旷神贻，甚至陶醉，而且这种感觉可以在别人那里引起共鸣或同感。情感美好有三个前提条件：一是情感健康。不健康的情感不可能是真正美好的，即使情感主体对不健康的情感有美好的感觉，其他人也不会有同感。二是情感适宜，即情感要与情感主体适合和相宜。只有与个人的年龄、性别和素质状态以及客观条件相适宜的情感，才会在情感主体那里引起美好的感觉。如果不适宜，看起来健康、丰富、持久或高尚的感情也有可能不能引起情感主体的美好感觉，甚至可能令人难受，看起来别扭。例如，对于女性来说，由于生理和社会文化的原因，关爱是一种特别适合为女性普遍具有的情感。这是一种复合性的情感，其对象主要是家人，也可以是同事和其他人。具有这种情感，会使女性更具有性别特色和情感魅力。相反，对于男性来说，关爱的情感则难以取得女性那样的效果，有时还会使人有一种"一个大男子汉，怎么婆婆妈妈的"感觉。三是情感强度。一种情感要达到一定的强烈程度才能使人愉悦，才能令人陶醉。文天祥"人生自古谁无死，留取丹心照汗青"的强烈爱国情怀，在给人以情感震憾的同时，给人以一种为人豪迈的美好感觉。显然，如果情感没有这么强烈，这句诗就产生不了如此美好的感动人和振奋人的效果。当然，情感也不能过于强烈，否则会乐极生悲，也会引起别人的反感。

以上五条标准是衡量情感是否有利于人生存的一般价值标准。在实际生活中，情形十分复杂，需要综合考虑，不能简单地生搬硬套，一切都要以生存得更好为终极尺度。

四、幸福的源泉与痛苦的渊薮

虽然情感是与理智相对而言的，甚至常常被看作是与理智相对立的，但越来越多的哲学家注意到，由于情感是以生存本能为基础的，而生存的本能是动物与生俱来的，因而与理智相比较，情感对于人的生存来说，更具有原初性、根本性的意义。在一定意义上说，本能和情感是人和动物共有的，而理智则一般只有人才具有。哲学家的这种发现告诉我们，情感与人生状况，特别是与人生的幸福和痛苦有着更本原的内在联系。情感对人生有全面、深刻而直接的影响，它可以成为人生幸福的源泉，也可以成为人生痛苦的渊薮。这里我们主要从对家庭生活、职业生活、人际关系、心态，以及对整体生活质量的影响几个方面考察情感与人生的关系。

家庭生活是个人生活的一个重要方面。家庭生活好坏直接关系到个人生活是否幸福。家庭生活好坏的重要标准是家庭是否和睦。“家庭和睦有两个层次的要求：一是基本要求，包括家庭完整，夫妻之间的性爱关系和谐，家庭成员的权利得到尊重，家庭成员尽自己应尽的责任等四个方面。二是理想境界，包括对家庭有自由感、舒适感、温情感、惬意感、眷恋感等五种感受。”[①]和睦的家庭生活，要求家庭成员至少具备这样一些健康的情感，即自爱、亲情、责任感和义务感，以及夫妻之间的性爱情感。例如，健康的自爱情感对于家庭生活和睦就具有基础性意义。如果家庭的每一个成员都能自爱，都能自觉的爱惜自己的身体，维护自身健康，这就会给家庭免去由其成员身心健康问题给家庭罩上的阴影以及带来的经济负担和精神压力。从这个意义上看，自爱是家庭成员对家庭负责的表现。又如，夫妻性爱关系和谐是家庭和睦的拱心石，夫妻之间的性爱健康而富有激情，夫妻双方会从家庭获得舒适感、温情感、惬意感、眷恋感，家庭也会因此而变得美好。相反，如果家庭成员缺乏以上所述的这些情感，家庭就难以和睦。例如，丈夫因

---

① 江畅：《幸福与和谐》，人民出版社，2005 年，第 471 页。

为工作忙而成天在外面应酬，没有家庭责任感，缺乏或淡化夫妻性爱情感，家庭危机就即将产生。如果家庭成员不仅缺乏上述健康积极情感，而且还存在着自私、猜忌、嫉妒、歹毒、残酷、忿懑、艾怨、憎恨、仇视、冷漠、绝望这样一些负面、消极的情感，家庭就不再是乐园，而是地狱了。因此，健康、丰富、持久和美好的情感是家庭和睦的生命线。

职业生活也是个人生活的重要方面。由于现代职业不仅是谋生的手段，而且是自我实现的途径，并正在成为乐生的要素，因而职业生活的好坏已经成为人们是否幸福的重要指标，它直接规定着人们幸福的深度。职业生活好坏的主要标准在于是否具有职业成就感。职业成就感的前提是职业成功，其基本标志在于表现优秀。职业是否成功取决多种因素，如职业技能、职业道德、职业环境、开拓精神、创新意识等，而其中最重要的是情感因素，特别是业感和德感的状况。业感和德感对于职业生活来说，既是动力机制，又是保障机制。业感和德感强的人，就会敬业，就会具有强烈的职业责任感和社会责任感。如果持之以恒地保持这种业感和德感，一个人一般都会取得职业成功。由于职业成功还取决许多其他的条件，包括其他的情感条件，因而不能说具有强烈而持久的业感和德感就一定取得职业成功，但可以肯定的是，不持久具有强烈的业感和德感是决不可能取得职业成功的。相反，如果以自私、贪婪、猜忌、冷漠、悲观、绝望这样一些负面、消极情感对待职业，职业注定要失败，甚至失去职业。

在现代社会，人生活的范围日益广泛，交往的范围日益扩大，人们生活在日益复杂的人际关系中，人际关系已经成为了人们生活的重要环境，对人生幸福具有重要影响。良好的人际关系不仅可以使人得到更多的理解、帮助和支持，而且可以为职业成功、扩大社会声望提供环境和条件，可以使人得到更多情感交流沟通和乐生休闲的机会，可以使人的生活更丰富多彩。人际关系好坏主要取决于两种因素，一是德性状况，二是情感状况。善良、诚实、守信、正直、宽厚、慷慨、仁慈、谦虚等德性是营造良好人际关系的必要条件，而友爱、同情、义务感、责任感、使命感、正义感等情感则是营造良好人际关系的充分条件。没有上述的德性，不可能形成良好的人际关系，但只具有德性而不具有以上所述的情感，人际关系也不可能达到真正的协调。德性加真情是人际关系协调的保证。实际上，德性与情感是相互关联的，特别是善良的情感（良情）都是以德性的品质（德性）作为前提条件的，没有德性就不会有良情，同时良情又使德性得以充分体现。另一方面恶性常常与那些负面的、消极的情感相伴而生，自私、贪婪、猜忌、嫉妒、冷酷、仇恨、歹毒之类的东西既可以说是恶性，也可以说是恶情。无论是恶性还是恶情都是破坏人际关系协调的罪魁祸首，有了这些东西不但形成不了协调的人际关系，相反会感到别人处处与自己作对，会感到人际关系对自己的压力。在人际关系方面，只有以真情才能换取真情，以友爱换取友爱，以尊重他人换取受人尊重，以对他人负责换取他人对自己负责。在这方面的投机取巧做法，最终只能以牺牲人际关系为代价。

现代文明导致的人们对社会资源过份追求以及由此形成的竞争压力，使人们普遍感到不开心、不幸福，甚至感到痛苦。面对被激起的无限欲望和巨大竞争压力，人们的心态问题日益突显出来，心态不好已经成为人们不幸和痛苦的重要根源。心态也与人们的德性和情感有直接的关系。要在现代文明条件下培养和保持健康、良好的心态，最重要的是要克服自私、贪婪、猜忌、嫉妒、歹毒、残酷、忿懑、艾怨、憎恨、仇视这些恶性和恶情。一个自私、贪婪的人，他的心灵永远不可能安宁，因为他即使得到了整个世界，也还会想得到整个宇宙。一个猜忌、嫉妒的人，他的心灵也永远不可能安宁，因为他总感觉别人自私、贪婪，别人是通过不正当手段获得所得的一切，别人有的自己也应该一应俱有。一个歹毒、残酷的人，心灵更不可能安宁，因为他的心灵阴暗，见不得阳光。至于忿懑、艾怨、憎恨、仇视的人，心灵则由于为不良的激情所激荡而不得安宁。心灵永远得不到安宁的人，不可能以良好的心态为人处世。要有良好的心态，关键是要坚决除掉一切恶性和恶情，形成丰富、持久而又美好的健康情感。

由以上分析可以看出，情感状况对人生活的不同方面都会产生重要影响，并会通过这些方面对整个人生产生影响。不仅如此，情感实际上还可以直接对整个人生质量产生影响。人生是一个整体，人的情感也是一个整体。整个情感状况可以影响整个人生（包括人生历程和人生整体），某方面的情感状况也可以影响整个人生。一个情感整体上是健康、丰富、持久、美好的人，他才会有幸福的人生，在一定意义上可以说，他就会有幸福的人生。就某方面的情感而言，一种健康持久的情感不一定能使人生幸福，但一种负面的、消极的情感却足以破坏整个人生的幸福。负面情感和消极情感中的任何一种都足以毁灭整个人生的幸福，足以使人陷入苦难的深渊。要使人生幸福，紧要的是要克服一切负面情感和消极情感，并严防此类情感产生。

五、寻求情感与理智的和谐

人生幸福需要有丰富、持久、高尚、美好的健康情感。那么，怎样才能培养这样的情感、怎样使这样的情感根据人更好生存的需要得以调节和释放呢？这就需要人的另一种能力，即理智。人可以说一半是理智、一半是情感。理智与情感以更好生存为取向实现和谐，才会有完整意义上的真正人生，才有人生的幸福。笔者曾经提出，智慧是人生幸福之路。智慧的重要体现之一就是在以幸福为终极目标的前提下实现情感与理智的和谐。

理智是人认知、判断、选择和控制的能力和机制。理智具有诸多功能和作用，其中之一，就是要认识和反思人生，规定人生目标和制订人生发展方案，利用、开发和控制活动能量，制造和选择实现目标的手段等。认识和反思情感及其在人生中的地位和作用，利用好人的情感，将人的情感纳入到有利于人的幸福的范围，这也是理智的重要功能和作用之一。

情感原本是以本能和欲望为基础的一种求生存和自我保护的心理能量。这种能量虽然是人对环境的反应，但本身是不具有认识、判断和选择的功能。在没有理智的情况下，情感是受本能和欲望控制的，并服从和服务于本能和欲望。当人类在本能和欲望的基础上逐渐获得了理智之后，情感就不再完全受本能和欲望的控制，而不同程度上受理智的控制，并服从和服务于理智的控制和选择。人的情感存在着培养、呵护与激发的问题，也有调节、宣泄和表达的问题，这就需要认识、判断、选择和控制。这种职能是需要理智来完成的。在人正常的情况下，情感是与理智交织在一起的，是能够并事实上程度不同地受理智控制和接受其指导的。情感与理智的交互作用就构成了人生，但只有两者达到了和谐，人生才会幸福；反之，两者不和谐，人生就不会有幸福。两者达到和谐的关键在于理智，因为只有理智才能给情感导向并对情感予以控制。

但是，理智对情感的导向和控制必须是合理的，否则即使理智对情感实现了有效的导向和控制，两者也并不和谐。历史事实已经表明，理智对情感的那种“断激情”、“灭人欲”式的控制，所导致的是人生的不幸和悲哀。之所以如此，原因就在于导向和控制不合理。对情感的导向和控制要成为合理的，理智就必须以人更好地生存为根据进行导向和控制，也就是要培养、呵护丰富、持久、高尚、美好的健康情感，并在合适的时间和地点、对适当的对象激发这种情感，使之释放出来。同时，要扼制那些负面的、消极的情感产生，对于已经产生的负面、消极情感要制止或限制其宣泄和表达。

具体地说，理智对情感的合理导向和控制作用主要体现在以下六个方面：

第一，根据人更好生存的需要确定培养什么样的情感、这些情感培养到什么程度。人的情感潜能是一种无目标的盲目心理能量，可以朝不同的方向发展成不同程度的不同现实情感。当然，这种心理能量也可以被压抑。理智对情感的引导和控制作用不是要压抑情感的产生，而是要区分哪些是人更好生存所需要的健康情感，哪些是不利于或有害于人生存的情感，要确定那些健康的情感培养到什么程度为好，并引导人们培养合适程度的健康情感，从而使这些情感促进人的幸福，成为幸福生活的丰富内容。我们前面把情感划分为正面的与负面的、积极的与消极的，就是一种理智的一般划分。每个人都可以根据自己的实际情况参照这种一般性的划分作出自己的理智划分，从而为自己的情感培养提供依据。

第二，根据不同情感主体的自身情况及其具体环境和情景确定怎样培养和呵护并适时激发健康的情感。情感主体是各不相同的，不同的主体有不同的培养和呵护情感的方式和方法。女性与男性、青年人与老年人在这方面就存在着巨大的差异，不同的个人之间的差异更大。不同人的不同培养和呵护情感的方式方法需要不同人的理智通过对自己和环境的认识来选择和确定。人的情感有很多时候是需要激发的，在什么时候以及怎样激发情感、将情感激发到什么程度，也需要理智来判断和决定。例如，在祖国被外敌侵略的时候，就需要激发爱国热情，但这种热情必须在理智的控制之下，否则就有可能激发到一见敌国的人就攻击的程度。

第三，根据不同人的特点确定如何使人的各种情感保持动态平衡又突出重点。每一个人的主观条件和客观条件都不同，每一个人所形成的情感结构也各不相同。怎样因人而异地形成合理的情感结构，怎样使各种情感因素保持动态的平衡，同时根据不同情感主体突出培养和增强什么情感，使不同的情感主体形成自己的情感特色和个性特色，这也需要理智的判断和决定。例如，一个很有天赋且接受过良好教育而专业技能高超的人，就需要在理智的指导下，突出自己的业感和德感特色。有了强烈的业感和德感，这个人就有可能成为一位伟大的科学家或工程师。

第四，根据不同的时间、地点、情景或对象确定情感主体在什么程度上表达什么样的情感。不少情感是对象性的，需要表达出来。例如：同情、爱情、性爱、友情、仁爱、博爱、德感等就是这种情感。理智对情感的作用之一就是要确定在什么时候针对什么对象突出表达哪种情感，表达到什么程度。理智的这种作用十分重要，没有理智的作用，一种看起来是健康美好的情感可能由于表达的时间、地点、情景或对象不合适而成为有问题的。例如，夫妻之间的性爱本来是健康美好的，如果地点、情景不对，就会是有伤风化或让人出丑的。

第五，在情感压抑、得不到满足的情况下确定怎样适度宣泄。任何人都有失意、压抑的不开心时候，在这种情况下，使情感得到适度宣泄是有助于身心健康的。宣泄不足和宣泄过度、宣泄的方式和时机不对都有可能引起不良后果。例如，不少人在遇到烦心的事时独自借酒消愁，喝得酩酊大醉，甚至被送进医院抢救，结果是“借酒消愁愁更愁”。如果不是独酌，不是喝得进医院，以喝酒这种方式消愁也无可厚非。这里就有一个消愁的方式和“度”的问题。要把握好情感宣泄的方式和“度”得靠理智。

第六，确定怎样抑制那些负面情感和消极情感的产生和表达的对策。负面和消极情感虽然对人生存不利，但很容易产生并很容易表达出来。自私这种情感就是如此。人有利己的天然倾向，这种倾向没有理智特别是德性的引导就很容易演化成自私的情感，而且这种情感一旦形成就会表现出来。这种情感尽管因为其丑恶而常常被隐藏起来，但总会在生活的方方面面露出尾巴。正因为如此，就存在着认识负面和消极情感对人生存的损害问题，存在着怎样抑制这些情感产生、诱发和表达的问题。这种认识和控制的职责无疑要由理智来承担。

需要指出的是，理智要能对情感进行正确合理的引导和控制，自身也需要培养和提高。人由于进化而具有理智的潜能，但要使理智的潜能变为现实，特别是要变成适合于人生存需要的认知、判断、选择和控制能力，需要长期培养和不断提高。只有当理智通过培养和提高达到一定的程度时，它才能正确合理地引导和控制情感。在理智形成和增强的过程中，情感也起着重要的作用，情感可以作为动力促进理智的提高，特别是在理智引导和控制情感的过程中，情感所产生的反引导和反控制的作用，可以对理智的提高起重要促进作用。从这个意义上看，理智形成和增强的过程、理智引导和控制情感的过程，也是理智与情感交互作用的过程。当这种相互作用在有利于人生存的前提下达到协调一致的状态，人就具有了智慧。有了智慧，人就走上了幸福之路。

人格：人性之现实化*

在以往的研究中，研究人性的很多，研究人格的也不少，但较少有人将人性与人格联系起来研究，这里笔者试图将两者联系起来讨论，并从两者的关系的角度考虑人性与人格。

一、人性的含义及其一般结构

关于人性（human nature）问题，古今中外思想家提出过无数不同的观点。“人性是人类倾向于具有的一组内在的区别性特性的概念，这些特性包括思维、感受和行为方式。”① 这个一般性定义是准确的。这个定义表达了四方面的基本意思：一是人性是人内在具有的，不是获得的；二是人性是人倾向于具有的，而不是现实具有的，或者说，是潜在的，而不是现实的；三是人性是人倾向于具有的，也就可现实化，从这种意义上看，人性是人的潜能，是人自身具有的可以实现的现实可能性；四是人性是人区别于其他事物的特性。

前面三层意思是大家都可以接受的，关键是第四层意思怎么理解。我国许多学者将人的本性或本质看作是人区别于动物的特性。这种理解是有偏差的。王海明教授针对这种观点提出：“人性、一切人的共性无疑可以分为两部分：一部分是更为一般的、低级的，是人与其他动物的共同性，是人所固有的动物性，如能够自由活动、都同样有食欲和性欲等等；另一部分则是比较特殊的、高级的，是使人与其他动物区别开来而为人所特有的属性，是人的特性，如能制造生产工具，以及具有语言、理性和科学等。”② 相对于流行的看法，王海明教授的看法更具有合理性。不过，人性可能比他所说的两个部分还要丰富。“按照科学的观点，人是从动物进化而来的，动物是从生物进化而来的，生物是从无生物进化而来的。这种进化不是一种完全否定的过程，而是一种继承和变革的过程，是一种外延缩小内涵丰富的过程。就其规定性而言，生物性统摄而又超越了无生物性，动物性统摄

---

* 原发表于《江汉论坛》2012年第7期，中国人民大学复印报刊资料《伦理学》2012年第11期转载，原标题为《论人性与人格》。

① “Human nature”，in Wikipedia，the Free Encyclopedia，http：//en.wikipedia.org/wiki/Human_nature.

② 王海明：《新伦理学》，商务印书馆，2001年，第180页。

而又超越了生物性和无生物性，人性统摄而又超越了动物性、生物性和无生物性。假如把这种统摄和超越的结果看作是一座宝塔的话，那么人性就不是这座宝塔的顶尖，而是这座宝塔的整体。”[①]这就是说，人作为人具有区别于动物的特性，作为动物具有区别于生物的特性，作为生物具有区别于无生物的特性。因此，人的特性不是平面的、单向度的，而是多层次的、多向度的，是各种潜在特性有机统一的整体。

如果把人性看作是由人之所以为人的潜在规定性构成的整体，那这个整体又是什么呢？这个整体就是由人谋求存在、生存、生存得好、生存得更好的各种潜在的特性构成的统一整体。因为人作为存在物，要谋求存在；人作为生物，要谋求生存；人作为动物，要谋求生存得好；作为人，则要谋求生存得更好。生存得更好统摄了存在、生存、生存得好，因此，人性是由谋求生存得更好的各种潜在特性构成的统一整体。这个整体就是一个人的人性，而谋求存在、生存、生存得好、生存得更好则是人性的根本特性，是人性的一般内涵（或者说一般人性），也是人之所以为人的根本规定性。这种人性的根本特性、人的一般内涵还是抽象的，而不是现实的。我们可以把这种人性称作“人的本性”（human essential nature），即人本来如此的规定性。只有具有这种规定性，人才是人。人的本性在不同时代、不同地域的不同个人身上体现为不同的特性，谋求生存得更好的本性在不同个体那里有不同的体现，构成各种不同的潜在特性的统一整体。这种整体才是现实的人性。具体人性是人的本性的具体体现，是人的现实的历史的规定性，它比人的本性更具体、更现实、内涵更丰富。人的本性或一般人性是从源头上、从根本上看人，而具体人性则是从断面上、总体上看人。

人的本性是人在自然竞争和自然选择中积淀下来的有助于人更好生存的潜在特性，因而一般来说，人的本性在价值论的意义上对于人而言是好的，是最有利于人更好生存的。因此，人的本性越全面、越充分地实现，人就会生存得越好。但是，人类的这种有利于自己更好生存的本性，由于环境的不利影响特别是人与人之间的负面相互作用、人生理心理的某些局限以及人的作为不够等因素的影响，并不一定能在整个人类全面而充分实现，更不是在每一个人类群体和个体那里都能全面而充分地实现的。在不同时期的人类整体、群体或个体，其本性的有些方面没有得到实现，有些方面只得到了不充分的实现，在有些时候、有些情况下还会发生违反本性的情况。例如，虽然人的本性中本来包含协调性、互利性，但在

① 江畅：《理论伦理学》，湖北人民出版社，2000 年，第 33 ～ 34 页。

一些情况下由于多种因素的作用，协调性变成了敌对性，互利性变成了互害性。人类是有自我意识的，只有当人类意识到自己的真正本性，并创造条件努力普遍地实现这种本性并防止其向恶转化时，人类本性有利于人更好生存的性质才能充分体现出来。

人的本性是人生存的出发点，实现和复归人的本性是人生存的终极目的，同时也是人生存的过程。人是为了谋求生存得更好来到世间的，来到世间后的一切活动归根到底都是在谋求生存得更好，其目的是为了生存得更好。生存得更好是一个不确定的动态目的，人不可能一蹴而就地达到这一目的，而且永远也不可能完全达到这一目的，因而人的一生实际上就处于不断谋求生存得更好的活动之中。从这种意义上看，人的本性决定着人的终极目的，决定着人的全部活动，决定着人的生命过程。人的整个一生都在体现着人自己的本性，都在实践着自己的本性，都在实现着自己的本性。人的本性是对人全部活动起操纵作用的“看不见的手”。然而，人的本性在实现的过程中会受到环境和人性的惰性的消极影响，这些消极影响对“看不见的手”起“掣肘”作用，使这种本性不能得以完全而充分的实现，甚至在实现的过程中发生偏离或异化。人生就是在本性要求与环境制约、遵循本性要求与违背本性要求的矛盾中展开的，始终面临着排除干扰以进一步实现人性和复归人性的重负。

人的本性是一般的人性，它在不同的时代、不同地域的个人身上的具体体现则是具体的人性。具体的人性即是我们通常所说的“人性”，构成具体人性的各种潜在特性实际上也是人性的各种规定性，从人性现实化的角度看就是人的各种潜能。这里所说的“潜能”，实际上就是人性所具有的那些可以实现的可能性或现实的可能性，包括潜在的能量（如需要、情感、意志，其中需要是根本性的）、潜在的能力（如潜在的体力、认识能力、情感能力、意志能力、行为能力等）和潜在的品质。人性的结构主要是由能量的潜能、能力的潜能和品质的潜能构成的，或者说，能量的潜能、能力的潜能和品质的潜能是人性结构的三大支柱。人的所有潜能，最终都可以归结为这三种潜能。只要具备必要的主客观条件，这些潜能就可以实现，如一个正常的人只要生活在社会中就能将“说话”的潜能变为现实。

就当代人类而言，人的三种基本潜能及其实现之间相互影响，相互制约，它们之间的关系越来越密切。在人的能量潜能中，需要的潜能是根本性的，情感和意志的潜能归根到底是从属于、服务于人的需要潜能的。需要潜能包括生存需要的潜能、发展需要的潜能和享受需要的潜能三个基本方面，它们可归结为更好生存的需要的潜能。需要的潜能是在能力潜能开发的过程中伴随着开发的，深受能力潜能开发数量和程度的影响。人的能力潜能十分复杂，从人活动的角度看，主要包括生理能力的潜能、认识能力的潜能、情感能力的潜能、意志能力的潜能和实践能力的潜能。能力潜能从人性结构上是服务于需要潜能的，要通过能力的开发来开发需要潜能并满足开发出来的现实需要。人的品质潜能是服务于人的能力潜能的，所涉及的是各种能力本身的品质，同时涉及能力运用与个人自己更好生存的关系以及与人更好生存所需要的他人、群体、环境的关系问题，特别是道德不道德或善恶问题。

人的本性对于所有人而言，都是共同的，但人性并非如此，不同时代的人之间，同一时代的不同人群之间，以及同一人群的人与人之间，在人性方面都存在着差异。人性这种综合体是由人的各种潜能或可能性构成的，它们也可以说就是人的禀赋。人的禀赋具有不同的维度和程度。在有的人那里，人性的构成要素可能出现缺失的情况；在不同的人那里，相同的人性构成要素有程度的不同；在同一个人那里，人性构成的各要素的程度也会不同。每一个人禀赋的构成要素及其程度各不相同，因而每一个人的禀赋结构、每一个人的禀赋也迥然不同。每一个人的禀赋不同意味着潜能不同，潜能不同意味着人性不同。我们通常承认每一个人的禀赋不同，也承认每一个人的潜能不同，但一般不说每一个人的人性不同。实际上，尽管人的本性是相同的，但每一个人的人性是不同的。世界上之所以没有两个完全相同的人，其根源就在于人们的人性不同，而人性的差异是不能通过后天的培育来消除的。

人性的差异可以大致上划分为三类：一是数量上的差异，即不同人的人性构成要素是不尽相同的。有些人具有的人性构成要素是别人根本不具有的，如女性具有的怀孕潜能是男性不具有的。二是程度上的差异，即不同人的同一人性要素的潜能不尽相同。有些人在某一人性要素上所具的潜能是别人难以具有的。达·芬奇所具有的绘画艺术潜能是一般人所达不到的，我们许多人可能多少有些绘画艺术潜能，但不具有达·芬奇所具有的程度。三是质量上的差异，即不同人相同程度的潜能在质量（广义上也可以说是品质）上有所不同。正是这三个方面的差异使不同人的人性从总体上看千差万别，丰富多彩，同时也使不同人的人性存在着好坏优劣问题。这一点应该是能得到公认的，要不然今天为什么普遍接受“优生”的观点呢？一般地说，一个人的人性结构要素构成越完整，他的人性结构和人性越完整、越全面；一个人的人性结构要素程度越高，他的人性结构的层次越高；一个人的人性结构要素质量越好，他的人性质量就越好。不过，就人性的潜能而言，不存在道德不道德或善恶这种社会性质的问题。我们不能因为一个人的人性不优而说他的人性是不道德的，更不能说这个人是不道德的。

人性是潜在的东西，它需要通过人的作为现实化。这里说的“作为”指人有意识地使人性现实化的活动。人的活动丰富多彩，而有意识的活动主要包括认识活动、情感活动、意志活动和行为活动几大类。并不是所有人的活动都能开发人的潜能，只有人的有意识的活动才能使人性现实化。也不是所有人的有意识的活动都开发人的潜能，只有人有意识地开发潜能的活动才能开发人的潜能，这种活动通常是旨在开发潜能的学习、训练和践行活动。所有这些活动都可以看作是人开发潜能的作为。离开了人的这种作为，人性就不能现实化，就不能变成现实的人生。人开发潜能的作为是在环境中进行的，环境既给作为提供了空间、平台和条件，同时又会给作为设置障碍、增加阻力，有时还会对作为施加消极影响。因此，人性的现实化是人性、作为和环境三者的函数，是人在环境中通过认识、意志、情感、行为等有意识的活动实现人性的各种可能性的结果。

二、人性与人格的关系

人性是一个人的潜能或禀赋（或者说是一个人禀赋的潜能），是一个人的潜在自我。这种潜在自我的现实化，就是一个人的现实自我，现实自我就是一个人的人格（personality，亦译为“个性”）。英语中的personality，将其直译为汉语就是“个人性”，即一个人的现实规定性或现实规定性的总和。如果说人性是人之所以为人的潜在规定性，是由使人成为人的各种可能性构成的统一整体，那么可能说人格是人之所以为人的现实规定性，是使人成为人的各种现实性构成的统一整体。人性与人格的关系极其复杂，这里我们作些初步的分析。

人格是心理学、社会学、伦理学研究的重要问题之一。关于人格的理解分歧很大，定义很多。personality这个词起源于拉丁文的*persona*，意思为“面具”（mask）。值得注意的是，在古拉丁语世界的剧场，面具不是用作装扮一个人物身份的情节设计，而是用来代表那个人物或使那个人物典型化的惯例或程式。心理学家一般将人格看作是人的内在本性的外在表现。奈克曼（R. Ryckman）将人格定义为一个人具有的一组在各种情境中独一无二地影响他或她的认知、动机和行为的动力和有组织特征。[①]大致来说，可以从外延和内涵两个方面来理解人格。从外延上看，人格是“人的心理倾向、心理过程的特点，个性心理特征，以及心理

① Cf. R. Ryckman. Theories of Personality. Belmont，CA：Thomson / Wadsworth，2004.

状态等综合的心理结构”①。它主要包括需要、欲望、兴趣、动机、理想、信念、世界观、价值观、人生观等人格倾向性，观念、知识、能力、品质等个性心理特征，以及心理过程和心理状态。从内涵上看，人格是“个体内在的在行为上的倾向性，它表现一个人在不断变化中的全体和综合，是具有动力一致性和连续性的持久的自我，是人在社会化过程中形成的给予人特色的身心组织”②。这个定义把人格理解为全面整体的人、持久统一的自我、有特色的个人和社会化的客体这四个方面。从以上对人格的理解可以看出，人格十分复杂，几乎涉及个人内在的以及外表的各个方面。

人格问题是近代开始进入心理学视野的，到目前为止在心理学领域，人格研究已经形成了丰富多彩的理论，但还没有在“人格”的定义上形成共识。大多数心理学家都不鲜明地宣称自己的理论主张，而是根据研究的需要选用理论。一些研究更重视经验方法，如“大 5 人格模式”（Big 5 personality model）③；另一些研究者则强调发展，如心理动力学；也有一些研究者强调人格测验这样的应用领域。在心理学家大量研究人格的同时，社会学家也对人格问题给予了注意。社会学家通常从自我与社会化之间的关系的角度研究人格。著名社会学家米德（George Herbert Mead）认为，自我起源于以个人的世界为利益中心。年纪较小的儿童在周围环境中，会想象以自己为中心，因而很难从他人的角度思考。这种以自我为事件中心的倾向从来没有完全消失。随着年龄的增长，自我中心有所改变，儿童会开始注意其他人的反应。父母、朋友、同事、教练以及老师都是塑造个人自我的主要人物。米德用“有意义的他人”（significant others）这一词汇来意指对个人自我发展具有重要影响的人物。例如，许多年轻人会被父母从事的工作领域所吸引。④

伦理学则主要从道德的角度研究人格。国外这方面的研究并不多见，但国内不少伦理学家关注并研究人格问题。罗国杰教授主编的《伦理学》认为，伦理学研究人格，仅仅与处在社会道德关系之中的、进行着社会道德活动的个人相联系，与人的本性相关系。“所谓人格，就是指人与其他动物相区别的内在规定性，是个人做人的尊严、价值和品质的总和，也是个人在一定社会中的地位和作用的统

---

① 参见高玉祥：《个性心理学概论》，陕西人民教育出版社，1985 年，第 8 页。

② 陈仲庚、张雨新：《人格心理学》，辽宁人民出版社，1987 年，第 50 页。

③ 参见［美］卡拉・西格曼、［美］伊丽莎白・瑞德尔：《生命全程发展心理学》，陈英和审译，北京师范大学出版社，2009 年，第 369 页。

④ ［美］理查德・谢弗：《社会学与生活》（插图修订第 9 版），刘鹤群、房智慧译，赵旭东译校，世界图书出版公司，2009 年，第 79 ～ 80 页。

一。”在罗国杰教授等学者看来，人格虽然实际上是个人的人格，但每个人的人格之间却有着同一性，人格都是建立在人性基础之上，都是从人的族类那里获得规定性的，都有做人的尊严。在这个意义上，人格就是人与动物相区别的规定性，有着人的尊严和权利，因而应当在社会中受到人的待遇。在狭义上讲，人格只是个人的品格，是个人的价值和品质的总和。[①]唐凯麟教授对人格的含义、特征、结构和功能作了更系统的研究和阐述。他认为，人格或道德人格是指个体的人格的道德规定性，是一个人做人的尊严、价值和品格的总和，也就是一个人在社会道德生活中的地位和作用的统一。在他看来，道德人格具有意志自主性、自我同一性、主体完整性，是个体的道德准则意识、道德责任意识和道德目标意识这三个要素构成的统一体，其中每个要素都是以个体道德认识、道德情感、道德意志、道德信念和道德习惯作为其道德心理基础的。道德人格具有对外和对内两种功能。对外的功能指道德人格对周围环境的适应和改造；对内的功能包括动机整合、行为动力、价值定向和自我调控等功能，而对内功能更充分地体现着道德人格的本质力量，具有更重要的意义。[②]

虽然心理学、社会学、伦理学以及其他学科对人格作过不少研究，但是，它们都较少涉及人格与人性的关系。我们认为，人性是人格的现实化，两者有着密切关联。

首先，人性是一个人自我的潜在可能性的集合，而人格是一个人自我的现实规定性的集合，是一个人现实的总体状态。每一个人一来到世间就禀赋了各种可能性，用海德格尔的话说，是一种“能在”，即可能的存在。他有生理成长、成熟的可能性。因为有这种可能性，他可以成为一个体魄强健的人，也可能成为一个体弱多病的人。他有说话的可能性，他可能成为一个口若悬河的人，也可能成为一个不善言辞的人。他有思维的可能性，他可能成为一个思想深邃的人，也可能成为一个思想浅薄的人。所有这些可能性就构成了一个人的人性。当所有这些可能性不同数量、不同程度、不同质量、不同性质地变为现实时，就变成了一个人的现实状况，一个人就获得了他的人格。就不同数量而言，有的人性的可能性更多地变为现实，而有的人性的可能性较少地变为现实。例如，几乎每一个人都有唱歌的可能性，但有的人一辈子不练习唱歌，他们的这种可能性就完全没有变为现实。一般来说，人性的可能性变为现实的越多，一个人的人格越丰富。就不同

① 参见罗国杰：《伦理学》，人民出版社，1989年，第438～439页。
② 参见唐凯麟：《伦理学》，高等教育出版社，2001年，第181～188页。

程度而言，有的人性的可能性更充分地变为现实，而有的人性的可能性较不充分地变为现实。仍以唱歌为例。当代中国，有许多人利用卡拉 OK 唱歌，但唱歌的水平差异很大。这固然有唱歌的天赋问题，但更主要的是一个人是否充分地学习和练习，以使自己的唱歌潜能开发出来。就不同质量而言，有的人性的可能性优质地变为现实，而有的人性的可能性则非优质地甚至劣质地变为现实。两个有大致相同唱歌天赋的人，一个人接受严格的学习和训练，他的歌喉变得像百灵鸟一样娓娓动听，而另一个人没有接受学习训练，只是经常跟着 OK 唱唱，他的歌喉就完全不可与前一个人相提并论。就不同的性质而言，有的人性的可能性道德地变为现实，而有的人性的可能性则不道德地变为现实。两个都练习唱歌的人，一个人每天清晨到公园去“吊嗓”，不影响他人，也有可能给晨练者带来一些音乐的享受，而另一个人则大清早在家放声高歌，吵得四邻不安。他们练就了一副好嗓子之后，一个人只要有钱赚，什么歌都唱，什么场合都唱，“有奶便是娘”，而一个人则出于社会责任感有选择地唱。一个人的人格就是他人性的各种可能性不同数量、不同程度、不同质量和不同性质地变为现实的结果，是所有这些结果构成的整体。也正因为人格是人性各种可能性各不相同地变为现实的结果，所以即使两个人的人性完全相同，也不会有两个相同的人格。当然，事实上，世界上没有两个完全相同的人性，不同人的人性本身也是各不相同的。

其次，人性是人格的阈限，但人格的结构并不等于人性的结构。人性在现实化的过程中，受外在环境和条件以及个人作为的影响而会发生诸多变化，因而人格不会是与人性一一对应的。人性与人格的关系不像工程的施工图纸与根据图纸施工的结果的关系那样，工程是根据图纸施工出来的。人格不是根据人性塑造出来的，而是在人性的阈限内自觉或自发产生的。一个人在进行人格塑造的时候，他并不知道他的人性状态，他只是后来才逐渐了解一些自己的人性。这种了解需要个人的反思，需要苏格拉底所主张的“认识你自己”，如果不反思，也许一个人一辈子都不了解自己的人性。而且，即使一个人反思也未必完全了解自己的人性。因此，一个人的人性对于他自己来说具有很大的盲目性。正因为有这种盲目性，一个人可能就会忽略了人性的某种可能性，或者使某些可能性实现得不充分，而使某些可能性过分实现。在人性现实化的过程中，人性原来的结构必定会改变，出现人格偏离人性、人性发生变异的情况。

再次，不同人的人性虽然存在着质量的区别，但不存在道德不道德的区别，人们一般不对一个人的人性作道德评价，但人们通常会对一个人的人格作道德评价。虽然一个人的人格会在很大程度上受环境条件的制约，但主要还是他作为的结果——人格是塑造的结果。这就是我们经常说的“个人是自己的作者”。在相同环境长大的孪生兄弟，会有很不相同的人格，这要从个人作为方面作出解释。既然人格主要是个自己作为的结果，那么个人要对自己的人格负道德责任。人性则不同，它是与生俱来的，不能通过作为改变，因而人们对自己的人性不应该负道德责任。

人在使自己人性现实化的过程中存在着两个问题：其一，一个人是不是努力去实现自己的人性。努力去实现自己人性的人不仅对自己有利，使自我得到尽可能充分的实现，而且对社会有利。因为一个人努力实现人性意味着他努力追求马克思所说的全面而自由发展。如果一个社会的每一个成员都追求全面而自由发展，这个社会就会是美好的。其二，一个人是不是通过有利于社会来实现有利于自己的途径来努力实现自己的人性。通过有利于社会（包括社会整体、不同群体和其他人）的途径实现自己的人，会达到个人自我实现与社会利益共进和协调。这两个方面都存在道德问题。传统道德只强调有利于社会，现代道德则强调有利于社会与有利于自己的协调统一。

三、人格的主要特性

就其实质而言，人格是人性的现实化。那么，作为人性现实化的人格本身具有什么特性呢？我们认为，人格是人类的共同规定性与个人区别于任何其他人的独特自我规定性的统一。它以人性禀赋的潜能为基础，以满足更好生存的需要为旨归，通过人的认识、情感、意志和行为等各种活动塑造并体现在这些活动中；它由观念、能力、知识、品质等方面的个性心理特征构成，表现为一个人的具有一致性和稳定性的总体个性特征和完整精神面貌。一个人的人格也可以说是这个人不同于任何其他人的独特自我，这种自我是与环境交互作用的，表现为一个持续的社会化过程。

人格是个人独特的，也是人类的共同规定性与个人独特规定性的有机统一。人格是每一个人之所以成为他这样一个人的综合规定性。人格可能发生分离（二重人格），但综合规定性是人的真实人格。真实的人格包括两个方面：一方面是所有人具有的作为人的规定性（如理性），即人不同于其他种类的事物包括动物的共性方面；另一方面是每一个人独特具有的规定性，即人各不同的个性方面。这两个方面不是分离的，而是有机统一的，这种统一是共性寓于个性之中的统一。大家都是人，但又是各不相同的人。因此，考察一个人的人格既要考察他作为一般人的共同规定性，又要考察他作为特殊人的独特规定性。作为一般人的共同规定性更具有根本性，不具有一般人的规定性，或作为一般人的规定性有缺陷，那他就是有缺陷的人，甚至不是真正的人。

人格作为人性的现实化，是以人性禀赋的潜能为基础的。人性禀赋的潜能是人格的阈限，对人格具有根本性的、总体性的制约作用，人格的形成是以此为基础和前提的。弗洛伊德将人格划分为本我（伊底）、自我和超我，认为本我是人格中原始的、与生俱来的、无意识的结构部分；自我是人格中意识的结构部分，处于本我与外部世界之间，根据外部世界需要而活动，其主要能量用于对本我的控制和压抑上；而当自我的力量还不足以控制本我的时候，就出现了超我，即通常所谓的良心。[①]弗洛伊德对人格的这种划分虽然遭到不少批评，但有一点是值得重视的，他注意到人格不是一个平面结构，而是一个有深度的立体结构，既包括要素结构，也包括层次结构。不过，他将本我仅限定于本能、欲望等无意识内容是有局限的。如果我们将这种本我看作为是一个人人格的潜在形态，除无意识方面的潜能之外也包括意识方面的潜能，也许更能说明人格的本来面目。

人格都是人出于自己更好生存的需要，通过认识、情感、意志和行为等有意识活动塑造并体现出来的。尽管从抽象人权的观点看，人一出生就获得了人格，但实际上这还只是一种潜在的人格，一个人的人格是人在成长的过程中通过与环境的互动逐渐形成的。“多样性的互动会塑造人类的发展。”[②]因此，人的人格并不是与生俱来的，而是后天获得的。在人格获得的过程中，虽然环境、教育等因素具有重要的作用，但最终的决定因素还是在于个人自己的活动和作为。人格是个人自己塑造的，是通过自己有作为的活动塑造的。人之所以要塑造人格，归根到底是人本性的要求，是出于自己更好生存的需要。人的本性就是谋求更好地生存，它也要求人们去谋求更好地生存。无论自觉与否，他都会在这种本性的驱动下活动，并在这种实现本性的活动中塑造自己的人格。尽管不少人的人格连他自己也不满意，但这种情况改变不了他是在谋求更好地生存的驱动下或者说是以这种本性为根本动因塑造自己人格的事实，只是他的塑造不成功甚至适得其反。每一个人都为谋求更好生存的本性和更好生存的目的塑造人的。

在人格中和在人格塑造的过程中，自我意识具有重要的作用，它是人格形成的前提，并标志着人格形成的水平。有研究表明，儿童把自己作为主体从客体中

---

① 参见高觉敷：《西方近代心理学史》，人民教育出版社，1982 年，385 ～ 387 页。

② ［美］理查德・谢弗：《社会学与生活》（插图修订第 9 版），刘鹤群、房智慧译，赵旭东译校，世界图书出版公司，2009 年，第 75 页。

区分开来是人格开始发展的主要标志之一。儿童从十二岁开始从脱离对父母的依赖，一直到十八岁，这种倾向表现得越来越明显，此后自我意识随着年龄的增长而进一步增强。[①]正常人都具有自我意识，因而在人格方面具有自我塑造的能力，也负有自我塑造的责任，或者说应该塑造自己的人格。每一个人之所以在人格上都能够有所作为，根本原因在于人有自我意识。

人格不仅是通过人的各种活动形成的，也是通过各种活动体现出来的，活动是人格呈现的载体。人格隐而不现，不可能通过经验直接把握，但真实人格总会体现在人的各种活动中，因而可以通过人的认识、情感、意志和行为等活动洞察人的真实人格。不过，这里会出现这样的问题，即真实人格与在各种活动中呈现的人格以及人们通过呈现人格产生的印象之间的差异问题。一般来说，真实人格与呈现人格和印象人格多少是会有差异的，而人们只能通过一个人的认识、情感、意志和行为等活动来认识他的作为内在自我的人格，这就使我们的人格评价变得困难，而且容易发生偏差。因此，要了解和评价一个人的人格，需要对他的活动表现进行较长时间的综合考察，而不能根据对一个人的一时印象。

由于人格会体现在人的各种活动中，体现在人生活的各个方面，因而也可以从不同的角度看人格。从不同的角度看同一个人似乎有不同的人格，如道德人格、政治人格、宗教人格等，也有所谓的“资本人格化”之说。但是，对于一个人来说，人格只有一个，人们从不同角度看出的人格只是同一个人格在不同方面的不同呈现而已。在实际生活中，人们更注重从道德方面特别是从德性方面看一个人的人格。人们之所以特别重视人格的德性方面，是因为人格中的德性因素对其他因素（特别是知识和能力）朝着有利于人更好生存方向发挥功能具有根本性的规定作用。

人格是观念、能力、知识、品质等要素构成的一个人的总体个性特征和完整精神面貌。有心理学家认为，个性心理特征主要由能力、气质和品质或性格三个要素构成。[②]这种划分可能不是那么准确，因为气质不是与能力对应的独立心理特征，而是品质或性格的禀赋方面。另一方面，这种划分忽视了对人的心理活动具有重要影响、体现个性心理特征或内在人格的观念、知识这两种因素。也有心理学家将个性心理特征划分为能力和人格两个部分。[③]这种观点将能力置于人格之外

① 参见高玉祥：《个性心理学概论》，陕西人民教育出版社，1985 年，第 194 ～ 199 页。

② 例如，曹日昌主编的《心理学》（吉林科学出版社，2007 年）就将能力、气质和性格看作是个性心理特征。

③ 彭聃龄：《普通心理学》，北京师范大学出版社，2004 年。

与之并列起来并不合适，因为能力如何是人与人之间区别的重要标志之一。人格实际上是人的综合规定性，而其规定性的要素主要是观念、能力、知识和品质这四个方面。这四个方面是人的内在人格要素，虽然它们是人各具有的，但观念正确与否、知识是否丰富、能力是强是弱、品质是否优良共同规定着一个人的真实人格。人们在这些要素方面的差异决定着人们人格的差异。这些要素共同构成一个人的总体个性特性和完整精神面貌，因而一个人的人格主要不是一个人的生理状况或身体形象，而是这个人的心理特征的综合体现，是他内心世界的呈现。从这种意义上看，人格主要是心理的人、精神的人，与生理的人并没有直接的关联。一个残疾人也可能有完善的人格，一个体魄强健的人也可能是一个人格扭曲的人。这种心理的人、精神的人就是人的真实人格，但这种真实的人格可能有不同的呈现。正常的人格是真实的人格与呈现的人格大致上是相一致的，如果严重不一致，人格就是不正常的。人格一旦形成就具有相对稳定性或同一性，尽管人格有变化的可能性，但正常人格变化是缓慢的。

人格形成变化是在环境特别是社会环境中实现的，因而人格形成变化的过程也是一个不断社会化的过程。人的社会化实际上就是通过自我与环境的交互作用使自我成为一种社会的存在。一般来说，每一个成熟的人格都是社会化了的人格，人的社会化完成是人格形成的重要标志。在人社会化的过程中，家庭、学校、同辈群体和大众传媒起着重要的作用。①社会学研究发现，人的自我形成发展过程是一个毕生持续的社会化过程。随着社会化过程的持续，人格会相应发生变化。除了正常的社会化之外，对于那些社会化发生严重问题的人还要进行再社会化。“再社会化指的是为了彻底改变儿童或病人的人格而详细控制其环境的过程”②，如监狱和精神病医院将犯人或病人隔离起来，限制他们打电话、写信和被访。监狱或医院成为他们惟一生活的环境，这样的环境有利于工作人员改变犯人或病人的人格，起码能使其变得顺从。

一个人的人格有一个形成发展过程，对于这一过程的阶段，不同学者有不同的划分。例如，著名精神病学家沙利文（H. S. Sullivan）将一个人从婴儿到成年的人格发展过程划分为婴儿期、儿童期、少年期、前青年期、成人后期六个阶段。他认为，在人格发展的各个阶段中，生理成熟与社会认可之间往往产生矛盾和冲突，可以引起焦虑、倒退和自我中心的人格。因此，个人只有注意自己的发展各

---

① 参见［美］约翰·J. 麦休尼斯：《社会学》，风笑天等译，中国人民大学出版社，2009年，第150页。
② ［美］约翰·J. 麦休尼斯：《社会学》，风笑天等译，中国人民大学出版社，2009年，第161页。

阶段之间的协调，才能获得完善发展的人格。[①]无论心理学家和社会学家将人格的发展过程分为几个阶段，有一点是可以肯定的，那就是人格有一个发展过程，而且呈现为阶段性。无论是对于个人的人格塑造来说还是对于社会的人格教育来说，了解人格的发展规律性都是十分重要的。

人性总体上看是有利于人更好生存的，一般不涉及道德不道德问题，但人格却不仅存在着正常不正常、健全不健全问题，还存在着道德不道德、高尚不高尚的问题。人格的各种要素在正常情况下是一个完整的集合，但可能会发生缺损，即所谓的人格缺损。真实的人格和呈现的人格应该是有机统一、协调一致的，但可能发生分离。一旦发生分离，就是通常所谓的双重人格。人格的各种因素及其集合还可能发生扭曲、分裂、变形等情况，出现人格扭曲、人格分裂、人格变形等人格病态。人格出现问题就是人出现了问题，导致精神性的疾病。这种疾病比生理的疾病更难治愈，对人的生存和发展、对人的幸福威胁很大。正常的人格一般可看作是健全的人格，但健全的人格还存在是否道德、是否高尚、是否个性化的问题。一个人人格健全、道德、高尚并具有个性，其人格就是完善的。

① 参见高觉敷：《西方近代心理学史》，人民教育出版社，1982 年，第 405 ～ 407 页。也见［美］卡拉·西格曼、［美］伊丽莎白·瑞德尔：《生命全程发展心理学》，陈英和审译，北京师范大学出版社，2009 年，第 368 页。

人生境界之提升

我国改革开放以来，特别是实行市场经济体制以来，一方面出现了社会物质文明的高度繁荣，另一方面也出现了许多影响社会稳定和谐、影响个人安宁幸福的社会问题。笔者以为，德性问题、精神生活问题、人生境界问题是我国当代社会诸多问题之根，值得引起全社会高度重视。本文试图在当代中国人普遍忙于资源占有而忘却人生境界的氛围中，重提人生境界提升这一古老话题，希望能给忙碌的人们某些启迪。

一、哲学家的共同期待

人不能局限于物质欲望的满足或感官的快乐，不能醉心于功名利禄的占有，成为物质利益的奴隶，而要有所超越，有所提升。这是自古以来中外哲学家共同的结论和期待。

孔子把“仁”看作是人之所以为人的根本，以“仁”为人生理想。“仁”的含义很丰富，而其主旨不是占有财富，而是爱人，即以“孝”为前提的“泛爱众”，包括尊重人、同情人、关切人。显然这是一种不贪图利益的道德境界。古代希腊哲学家苏格拉底曾经针对当时的人们过于看重金钱和财富发出呼唤：“不管男女老少，都不要只顾个人和财产，首先要关心改善自己的灵魂，这是更重要的事情。”①改善自己的灵魂就是要使其具有美德，而这是金钱所不能带来的，“金钱并不能带来美德，美德却可以带来金钱，以及个人和国家的其他一切好事”②。当代法国哲学家萨特把自由看作人的存在本身并因而作为人生的最高追求，而自由就是要使人从现实世界中的各种利益束缚中解脱出来。“所谓自由，首先就是要使自己的生存从万物中分离出来的那股力量，即那股要说一声‘不’的不可克制的力量。”③

---

① ［古希腊］柏拉图：《苏格拉底的申辩》，北京大学哲学系外国哲学史教研室编译：《西方哲学原著选读》（上卷），商务印书馆，1981年，第69页。

② ［古希腊］柏拉图：《苏格拉底的申辩》，北京大学哲学系外国哲学史教研室编译：《西方哲学原著选读》（上卷），商务印书馆，1981年，第69页。

③ 转引自黄颂杰、吴晓明、安延明：《萨特其人及其人学》，复旦大学出版社，1986年，第202页。

人为什么不能沉溺于物质的追求和感性的快乐？因为人不同于动物，人有理性、智慧以及与之相应的道德和人格追求。中国古代哲学家荀子说："水火有气而无生，草木有生而无知，禽兽有知而无义；人有气、有生、有知亦且有义，故最为天下贵也。"[①]如果人沉溺于物质欲望的满足，那就与动物禽兽无异。"（猪）在污泥中取乐"[②]，如果人只满足于耳目感官之乐，那与动物又有什么两样呢？所以，在西方流行一句名言："宁可做一个不满足的苏格拉底，也不做一头满足的猪。"就是说，也许哲学家苏格拉底一辈子没有获得满足，但他也比天天在污泥中取乐的猪活得有价值。孔子在讲到人为什么要追求"仁"时，认为是因为"仁者，人也，亲亲为大"[③]，即"仁"是人的类本质，是人之所以为人之道，是以亲爱亲人为起点的道德感，是孝敬父母等亲情的扩大。

人原本是自然界的一部分，像动物一样满足于感性物质生活似应是人性之自然，那么人为什么要超越感性物质生活而追求更高的人生境界呢？这是因为人本质上不是既定的，而是未完成的，需要人通过运用自己所特有的智慧（包括理性）不断超越和完善自己。早在古希腊时期，一些思想家就注意到人必须选择和决定自己的生活。在他们看来，人始终如"赫刺克勒斯站在十字路口"（普罗第库斯语），必须"选择"其生活模式（柏拉图语），并且"偏爱"更好的（亚里士多德语）。近代开始，人们在更广泛的意义上谈论人的自我规定、自我完善的本性，人被看作是在一个其余方面都已规定了的世界中掌握着自我规定的唯一者。近代德国哲学家尼采把人看作是未限定的可塑性，认为人完全可能设定任何形式，并将这种形式赋予自己。"在人类身上，创造物和创造者是统一的。"人生存的模式是不确定的，每一模式"为了未来"都必须重新打破。人最大的危险是"过早停息，如同我们所见，动物以及大多生物物种很早就到达了终点"。当代法国哲学家萨特认为，既然人被抛进可能性之中，人就不得不处置这些可能性，不得不从他的可能性方面去筹划。这种筹划，就是向未来开放，向着种种可能性开放，就是不断地超出自己，领先于自己。正是通过筹划，人才不断地获得更新，不断地获得自身的内容。

人超越感性物质生活的方向不能是感性物质生活本身，而只能是与人的智慧相宜的精神生活。德国哲学家康德在谈到大自然为什么要赋予人以理性时指出，

---

① 《荀子·王制》。

② 《赫拉克利著作残篇》，北京大学哲学系外国哲学史教研室编译：《西方哲学原著选读》（上卷），商务印书馆，1981年，第24页。

③ 《中庸》。

如果大自然赋予人以理性是为了人的物质需要得到满足，那大自然就太笨了，因为只要有理性，人就不可能获得物质的满足；相反，如果没有理性，人就能像猪一样很容易获得满足。在他看来，大自然赋予人以理性是另有意义的，那就是意志自律，即自己给自己订立道德法则同时约束自己按这种道德法则行事。哲学史上也有哲学家把快乐作为人生终极目标，但这种快乐不仅仅是指耳目感官之乐。“当我们说快乐是最终目的时，我们并不是指放荡者的快乐或肉体享受的快乐，而是指肉体上的无痛苦和灵魂上的无纷扰。”①

虽然不同时代、不同国家、不同流派的哲学家对人生境界的看法众说纷纭，但其中有一些共同的内容，这些共同的东西正是需要我们特别重视的。

首先，达到人生境界重要，追求境界提升的过程更重要。哲学家们之所以要提出不同的人生境界，一方面因为人生是一个漫长的过程，可以不断地涵养锻炼，逐步推进，不断提高，需要为这个过程提供不断追求的目标，以便人们活到老、学到老、追求到老；另一方面因为不同的人因生活环境不同、自身素质不同、自觉程度不同，不可能起步相同、速度相同，因而也不可能整齐划一，需要给不同的人提供不同的追求目标。在这里，人生达到某种最高境界固然重要，但更重要的是有这种追求的愿望和行动，有不断提升的努力。有了这种朝着不同层次境界提升的努力，人就不会满足现状，也不会搞错方向，导致物质贪欲恶性膨胀。

其次，把精神性的东西而非物质性的东西作为超越的追求目标和价值取向。在主张人生不能局限于感性的物质追求及其满足而应有所超越这一点上，古今中外哲学家的看法是一致的。他们虽然对人生境界是什么和有哪些意见不一，但鲜见有把物质财富的占有和感性欲望的满足作为人生追求方向和最高境界的，而一般都把精神追求及其满足作为修养的目标。之所以如此，是因为哲学家注意到人类的物质资源十分有限，人的正常欲望在其所指向的资源紧张的情况下会被强化成贪欲，贪欲盛行必然导致“人对人是狼”的战争状态。在这种情况下，一方面不能再过分刺激和鼓励人的欲望，特别是人的物质欲望；同时要给人的欲望的释放或升华提供途径，特别是不仅不能刺激和鼓励人的物质欲望，而且要使人的物质欲望通过合适的途径释放出来或升华为精神欲望。哲学家倡导提升人生境界，就是既要反对过分以物质的东西刺激和鼓励人的欲望，同时

---

① ［古希腊］伊壁鸠鲁：《致美诺寇的信》，周辅成主编：《西方伦理学名著选辑》（上卷），商务印书馆，1964年，第104页。

又要给人的欲望指出释放或升华的途径，把人们的追求引导到塑造品德、完善人格、净化心灵上面来。

再次，把个人的精神追求与社会的和谐发展联系起来。哲学家所倡导的人生境界的价值取向是内涵极其丰富的精神追求，用亚里士多德的话说，就是“过理智的生活，做有德性的人”。过理智的生活，就是要明智审慎，妥善处理局部与全局、眼前与长远、个体与整体等人生的基本关系，与社会环境和平共处，通过互助合作达到互利互惠，共赢共享。做有德性的人，就是不仅行为和情感都要无过无不及，要以人为本，爱人、尊重人、关心人、帮助人，而且要为社会的繁荣发展作自己力所能及的贡献。《大学》中讲，“古之欲明明德于天下者，先治其国；欲治其国者，先齐其家；欲齐其家者，先修其身；欲修其身者，先正其心；先正其心者，先诚其意；欲诚其意者，先致其知；致知在格物。”这里阐述的就是个人的精神追求对于国家和天下的意义。在哲学家看来，精神追求不仅有助于社会安宁和和谐，而且当人们普遍追求道德完善和精神满足时，社会的安宁和和谐就有了根本保障。

最后，追求人生境界的提升并不简单地否定物质欲望适度满足的必要性。哲学家一般都把物质欲望的满足和对物质资源的占有看作是人生境界的较低层次，但并不完全否定它，只是要求人们不能满足于它，更不能沉溺于它，陷入其中不能自拔，而要在此之外、在此之上有更多、更高的人生追求。孔子说：“富与贵，是人之所欲也；不以其道得之，不处也。”[①]就是说，升官发财，是人人所盼望的，然而不能用不正当的手段去得到它。德国哲学家康德更把道德上的德行和物质上的幸福的结合看作是至善即最高的人生追求目标。即使是中世纪哲学家托马斯·阿奎那，也充分肯定具有“审慎、公正、节制、刚毅”四种世俗美德获得的“世俗幸福”对于人生的意义。一般说来，人生境界的不同层次之间不是否定的关系，而是较高的层次包含同时又超越较低的层次，较高的层次驾驭和统帅较低的层次。

二、现实迫切需要提升人生境界

市场经济是人类走向富裕的康庄大道，但没有与之相配套的完善政治社会制度，不能将市场经济的利益最大化的法则的运行范围严格地限定在经济领域，

① 《中庸》。

整个社会就有可能发生资本化，即利益最大化法则在全社会泛化，并由此导致各种社会问题。我国处于市场经济起步阶段，与市场经济相配套的法制还有待完善，社会资本化问题已经十分突出，出现了不少影响社会公正和社会和谐的社会问题。最为严重的是那些为占有更多的金钱和财富而利用手中权力“寻租”和贪污受贿、为获得权力而弄虚作假和跑官买官、为获得名誉地位而剽窃他人学术成果等腐败现象，而更为常见的是日常生活中的“假冒伪劣”、坑蒙拐骗之类的勾当，以及由对别人疯狂占有的愤懑而产生的能捞什么捞什么、能捞多少捞多少的“捞一把”心态。导致这些问题的根本原因是社会的资本化，而导致社会资本化的社会土壤则是人们的人生价值追求发生了某种偏差甚至扭曲。突出表现在，把对诸如金钱、财富、权力、名誉、地位等社会有限资源的占有看作是人生的终极价值目标，看作是人生的主要追求甚至唯一追求，而忽视甚或湮没了人生价值追求中应有的其他一些重要方面和层次，淡忘了丰富的精神生活，忽略了心灵的净化和人生境界的提升，人生追求日趋平面化、单一化和物质化。在今天的中国，理想、信念、人格、节操、修养等名词已然在一些人的视野中完全消失。

在过分热衷于追求占有更多资源动机的驱动下，我国社会当前出现了两种不良的心态：一是有可能和条件获得满足的人，觉得占有得越多越好，没有限度，没有止境，像发疯的机器，人成为贪欲的奴隶，即“贪婪之心”。二是没有可能和条件获得满足的，对占有得多的人不满，以至对政府不满，对社会不满，发生所谓仇富心理和反社会心理，即“愤懑之心”。这两种心态已经导致并将继续导致许多社会问题。就“贪婪之心”而言，导致个人躁动不安，拼命地甚至不择手段地追求占有资源，最严重的当数各种腐败问题。但决不止于此，如社会为了满足人们的这种需要，不断地人为地扩张一些社会资源，如增加机构，增加职位，导致我国社会政府和事业机构越来越多、官员多来越多、高级技术职称越来越多，使社会和百姓不堪重负。就“愤懑之心”而言，导致个人对社会的不满，弱者对强者的不满，处于不利地位的人对处于有利地位的人不满，并由此导致通过各种不正常的渠道直接或间接地发泄，如群体事件频发。

一般地说，人生活在世界上总要占有一定的资源的而且总是要追求占有资源的。不言而喻，人要生存下去就需要一定的金钱、财富，权力、名誉、地位对于人的自我实现特别是对于人的社会情感的满足具有重要价值，而且也是人们获得金钱、财富的重要途径。人们追求这些东西应无可厚非，而且在一定限度内也有利于社会的发展和进步。但是，社会有限资源的占有是不是人生的主要目的甚至唯一目的？特别是当人们占有了生存所需的必要社会资源的情况下，是否还要去无限制地甚至不择手段地占有更多的资源，以致于贪得无厌？换句话说，人生活在世界上究竟是要无限地占有有限的社会资源，还是在适度占有社会资源的前提下不断追求人生境界的提升？这是很值得研究的问题。

人生价值追求发生偏差或扭曲决不只是个人的问题，当这种情况普遍发生的时候就会导致严重的社会问题。从我国目前的情况看，人生价值追求偏差或扭曲所导致的各种问题已经成为严重影响我国社会安定和和谐的危害因素和不良风气。在我国举国上下致力于构建和谐社会的今天，我们很有必要认真反思和重新审视我国当代社会人们的人生价值追求，并在此基础上作出正确的选择。

通过反思和审视我们会发现，以资源占有为人生的主要追求与以境界提升为人生的主要追求这两种不同的价值取向会产生迥然有异的社会后果。

以资源占有为人生的主要追求，就是以获得金钱、财富、权力、名誉、地位等社会有限资源中的一项或多项为人生的主要目标，毕生致力于对这些资源占有的追求。当这种追求转变成为无限制的欲望时，这种追求就会变成欲壑难填的贪欲。人对资源占有的欲望在其所指向的资源紧缺的情况下会得到强化，如果再加上社会导向或环境的刺激或鼓励，就会膨胀起来，成为贪欲。这种贪欲是人类一切祸患的总根源。人通常主要是两种情况下有意作恶：一是饥饿，即所谓“饥荒起盗心”；二是贪婪，即所谓“饱暖思淫欲”。现代社会基本上解决了千百年来的饥饿问题，因而当代社会中各种罪恶和社会问题的主要根源是贪婪或贪欲。

对社会资源的无限追求不仅会转变成贪欲并因而成为社会祸患的根源，而且还会使人日益被对社会资源的占有欲所主宰、所奴役，使人的心灵始终躁动不安，不能得到片刻的安宁，导致人生活在世界上越来越累而不能解脱，成为功名利禄的奴隶。由于社会资源总是相对有限的，当一个社会的成员普遍以资源的占有为人生的主要追求时，就会导致社会资源以及作为其基础的自然资源的全面紧张。任何一个社会不可能使每一个人都成为富翁，也不可能使每一个人都成为名人，更不可能使每一个人成为国家总统。当一个社会的大多数成员都为占有这些资源而不懈奋斗的时候，这个社会就会成为争权夺利的战场，从而导致人与人之间关系的恶化。同时，人们在生理和环境条件方面存在着不可克服的不平等，任由人们对社会资源无限制地追求，不可避免地会导致人与人之间事实上的不平等，其突出表现就是社会两极分化。至于人类为了满足贪得无厌的占有欲而导致的环境污染、生态平衡破坏、有限自然资源迅速消耗等生存环境问题，更是举世公认的事实。

与以资源占有为人生的主要追求不同，以提升境界为人生的主要追求，则不是以获得更多社会有限资源为人生的主要目标，而是以完善人格、丰富个性、充实精神为主要目标，毕生致力于对这些非资源性的人生境界的追求。这种追求并不否认追求和占有资源的必要性和重要性，但强调这种追求和占有必须适度，必须控制在一定的限度内，而且不能满足于这种追求和占有，而要在此之外、在此之上有更多、更高的人生追求。

对资源占有的欲望与资源多寡成反比，资源越紧缺，这种占有欲越强烈。这就会提出两方面的问题：一是不能过分刺激和鼓励人对资源占有的欲望，因为人类的社会资源是有限的；二是要给人的欲望的释放或升华提供途径，使人的欲望能通过合适的途径释放出来，使对资源欲望得以转化或升华。以提升境界为人生的主要追求，就是既要反对过分刺激和鼓励人的资源欲望，同时又要让人的欲望通过合适的途径释放出来，使对资源的贪欲转化或升华为对人的全面发展和精神的丰富完善的追求。欲望是心理能量，如果不转移、不释放，相反一味压抑，可能会导致心理疾病。追求境界提升不是简单的抑欲或节欲，而是要使欲望升华为对全面发展和境界提升的理性追求。一旦实现了这种升华，贪欲这一总病根就能被挖掉，人就能从贪欲的束缚中解脱出来，使身心关系和人际关系得到协调发展，就会从容地为人处世，不再感到活得很累，更不会活得提心吊胆，惶恐不安。

以境界提升为人生主要目标也助于缓解自然环境的压力。这是因为：首先，这种人生目标会改变人的追求方向，要求人们不断追求自我实现而不是不断追求资源占有。自我实现虽然要有一定的物质条件作为基础，但物质条件只是基础，不是目标。自我实现主要是精神方面的，如个性发展、人格完善、创造性发挥等。如果社会成员大多数人不再以资源的占有，特别是物质资源的占有为目标，作为物质资源原材料的自然资源的耗费就会大大减少。其次，以境界提升为人生的主要目标也会改变人的享受方向，要求人们更多地获得精神性的享受而不是更多地获得物质享受，鼓励人们在精神享受水平方面无限地提高。以境界提升为人生主要追求的人们不再把享受的目标放在资源方面，不强调资源的无限占有和尽情享受，这对于环境来说可以产生两方面的积极效果：一是人们会因此而少消费自然资源；二是人们会因此而少产生污染环境的废弃物。在目前的情况下，少向自然索取，少向自然丢弃，是解决环境问题的主要途径，而只有当人们确立了以提升境界为人生的主要追求时，才能做到这一点。

总之，注重人生境界提升不会导致拼命追求资源占有所导致的各种社会问题和人生问题，有助于克服当前普遍存在的“贪婪心态”和“愤懑心态”，促进和谐社会和精神生活的建设。

三、人生境界的不同层次

对于人生的境界，古今中外不同思想家有不同的看法，但所有这些看法对于提升我们的人生境界都有借鉴和启示意义。

19 世纪丹麦哲学家克尔凯郭尔把人的存在划分审美、道德和宗教三个阶段或三种境界。最低的阶段是审美的阶段，即感性的阶段。其特点是停留在感性认识的水平上，受感觉、冲动和情感所支配的。儿童就是完全审美的，因为儿童仅仅生活在当前顷刻的快感或痛感之中。一些人即使长大成人，也仍然保持着这种儿童般的境界。审美阶段由于缺乏永恒而变得空洞和没有意义。正是在极度失望的情况下，审美的人要求进入一种更完善的存在形式，这样就“跳跃”到了存在的第二阶段，即伦理的阶段。伦理阶段的重要表现之一就是在善恶之间进行选择。这种选择对于处于这一阶段的人具有绝对意义，选择的结果则是自觉遵守的客观普遍道德规范。普遍的道德规范正因为它普遍，所以不可能把整个的自我、把具有自我的具体性的个人包括在内，因此就不得不超越这一规则，使自己成为任何普遍的东西所永远不可能完全所摄的一个具体的存在。一个人只有当他面对上帝时，才具有真正的存在。这就是宗教阶段。在这个阶段人进入了与“无限”、“绝对”的无限、绝对的关系，成为任何普遍的东西所永远不可能完全包摄的具体的存在。宗教境界是存在的最高阶段，到达这个阶段，人才具有了真正的存在。在克尔凯郭尔看来，存在的三个阶段是通过否定的形式上升的。①

著名哲学家冯友兰先生认为，人与其他动物的不同，在于人做某事时，他了解他在做什么，并且自觉他在做。正是这种“觉解”，使他正在做的对于他有了意义。他做各种事，有各种意义，各种意义合成一个整体，就构成他的人生境界。不同的人可能做相同的事，但是各人的觉解程度不同，所做的事对于他们也就各有不同的意义。每个人各有自己的人生境界，与其他任何个人的都不完全相同。

---

① 参见汝信：《克尔凯郭尔》，侯鸿勋、郑涌编：《西方著名哲学家评传》（第八卷），山东人民出版社，1985 年。

他据此将各种不同的人生境界划分为四个从低到高的概括的等级：自然境界，功利境界，道德境界，天地境界。一个人做事，可能只是顺着他的本能或其社会风俗习惯。这样，他所做的事，对于他就没有意义，或很少意义。这种人的人生境界就是自然境界。一个人可能意识到他自己，为自己而做各种事，所以他做的各种事，对于他有功利的意义。他的人生境界就是功利境界。还有的人可能了解到人是社会的存在，他是社会的一员，为社会利益做各种事，他所做的各种事都有道德意义。所以他的人生境界就是道德境界。一个人可能了解到超乎社会整体之上，还有一个更大的整体，即宇宙。他不仅是社会的一员，同时还是宇宙的一员。他是社会的公民，同时还是孟子所说的“天民”。这种觉解为他构成了最高的人生境界，即天地境界。冯先生认为，自然境界、功利境界的人，是人现在就是的人，道德境界、天地境界的人，是人应该成为的人。前两者是自然的产物，后两者是精神的创造。道德境界有道德价值，而天地境界有超道德的价值。①

著名哲学家张世英先生提出，按照人的自我发展历程、实现人生价值和精神自由的高低程度，人的生活境界可以分为四个层次，即欲求境界、求知境界、道德境界和审美境界。“欲求的境界”是最低的境界。人在这种境界中只知道满足个人生存所必需的最低欲望，舍此以外，别无他求。孟子所谓的“食色性也”(《孟子·告子上》)，大概就是指的这种境界。“求知的境界”是一个人由主客不分达到主客二分后，自我作为主体不再满足于最低生存的人，而这一步有了认知作为客体之物的规律和秩序的要求，此种要求是科学的求实精神的萌芽，因而这种境界也可称为“求实的境界”。达到这个境界中的人可以不断从知识和行为中获得精神上的自由和满足。“道德的境界”是指人逐渐产生了区分“好人”与“坏人”的意识，以至达到对他人负有责任和义务的真正意义的道德意识，并因而有了自我选择、自我决定的能力，他“把自己看作是命运的主人”，“而不是听凭命运摆布的小卒”。人生的最高精神境界是“审美的境界”。在这个境界，人所具有的审美意识完全超过了主客二分的思维方式，而进入了主客融为一体的领域。“自我”由“原始的主客融合”经过“主客二分”达到高级的“主客融合”，最终实现“高级的天人合一”。②

美国“成长热线”的创始人和总裁罗伊·帕斯勒（Roy Posner）把人修养的

① 参见冯友兰：《中国哲学简史》第2版，北京大学出版社，1996年，第291～292页。
② 张世英：《人生的四种境界》，《新华文摘》2010年第7期。

目标划分四个层次：存活（survival）、生长（growth）、发展（development）和进化（evolution）。在存活层次的人有意识或无意识地欲望现状，没有改变现状、提高生活水平的试图，也没有提高自己能力的努力。生长则是对一个人现状的扩展，如提高技能、丰富知识、赚更多的钱，但它是在现行水平层次上的扩展。发展则是向一个更高层次的扩展。在这个层次人们可以获得新知识或更高的技能、接受或补充一种更高的个人价值、将消极的人生态度变成积极的态度、获得更高层次的知识、在生活方面或在从更高的中心而不是某个人现行发展和意识层次的一般反应方面发展一种新的生活信念。进化是一个人的存在整体提升到一个新的更高的意识和存在情形的平台。①

综合不同思想家关于人生境界的观点并考虑当代人类的整体生存状况，我们大致可以将人生境界从低到高划分为生存、发展和超越三个层次。“生存境界”大致相当于冯友兰先生所说的“自然境界”和“功利境界”、张世英先生所说的“欲求境界”。这一境界也是与马斯洛所说的基本需要或生存需要相对接的。处于这种境界的人，他们的一切活动都以自己生存下去为取向，以自己生存欲望满足为活动轴心。“发展境界”大致相当冯友兰先生所说的“道德境界”、张世英先生的“求知境界”和“道德境界”相同。这一境界是与马斯洛所说的发展需要或自我实现需要相对接的。处于这一种境界中的人已经不以满足基本生存欲望为轴心活动，而追求自我实现和个人的全面而自由发展。“超越境界”大致与冯友兰先生所说的“天地境界”、张世英先生所说的“审美境界”。处于这种境界的人不仅追求自我实现和发展，而且走出自我、超越自我，将个人溶入整体、社群之中，追求个人的自我实现，以至达到与他人的自我实现、组织的繁荣和谐的共进、双赢。

在三种境界中，现代社会平常人在社会环境特别是教育的影响下都会处于生存境界，只是有的人自觉一些，有的人不那么自觉。因此，这种境界一般不需要通过修养就能达到。人们修养所要追求达到的境界通常是发展境界和超越境界。这里有两点值得注意，其一，正如张世英先生指出的，在现实的人生中，上述境界总是错综复杂地交织在一起的，很难想象一个人只有其中一种境界而不掺杂其他境界。只不过现实的人，往往以某一种境界占主导地位，其余次之，于是我们才能在日常生活中区分出不同的人。②其二，高层次境界不是对低层次境界的简单

---

① Roy Posner. Accomplishment in Life. Growth Online，http：//www.gurusoftware.com/GuruNet/Personal/Topics/Accomplishment.htm#Levels%20of%20Accomplishment.

② 张世英：《人生的四种境界》，《新华文摘》2010 年第 7 期，第 34 页。

否定，而是一种升华，这种升华是在更高的层次、从更广的视野追求低层次欲望的满足，并使之服从于、服务于对高层次欲望满足的追求。

四、提升人生境界之路

谈到“境界”一词，人们通常只注意到它的高度，而忽视了它的广度。实际上“境界”既有高低层次的差别，也有广狭范围的差别。提升人生境界，不只是指要提高人生的境界，而且也指要拓宽人生的境界。就当代而言，提升人生境界，就是要超越以占有社会资源为人生主要目标或唯一目标的狭隘而又低级的人生境界，在此基础上加以拓宽和提高，从追求资源占有拓宽到追求体魄强健、心理健康、品德高尚、人格完善、事业成功、家庭和睦等人生活的方方面面，从追求基本需要层次的满足提高到追求自我实现需要层次的满足，以丰富和升华人生追求。

提升人生境界关键是要运用智慧。什么是智慧？一位当代哲学家说：“一个有智慧的人不仅知道实在是什么，而且知道它能成为什么。当一个人必须接受像他所发现的那样的世界时，他还能做另外两件事情：①区分世界的哪些方面更有价值；②以这样的方式行动：改进这个世界。”[①]就是说，有智慧的人能作出正确的价值判断并努力追求更好的价值。古希腊哲学家柏拉图认为，“真实的善是每个人心灵所追求的，是每一个人作为他一切行为的目的的。每一个人的心灵对于这个善都有预觉，都有这样一个目的。”[②]如果不运用智慧反思，这个目的就不能被意识到，更不会自觉地去追求。对人生境界的认识和追求只能是理性自觉的结果。冯友兰先生说，人与其他动物的不同，在于人做某事时了解他在做什么并且自觉他在做。他称这种理性自觉为“觉解”[③]。正是根据人的觉解不同，他将人生境界划分为自然境界、功利境界、道德境界和天地境界。

提升境界要明智地（即运用实践智慧）选择和行动。明智被古希腊哲学家伊壁鸠鲁看作是一切善的开始和最大的善。明智要求人们注重整体观照，妥善处理个体与整体、局部与全部、眼前与长远、私利与公益、情感与理智、物质（物欲）

---

① Gerald Runkle. Theory and Practice：An Introduction to Philosophy. Holt，Rinehart and Winston：The Dryden Press，1985：208.

② ［古希腊］柏拉图：《理想国》第六篇“善的范型”，周辅成主编：《西方伦理学名著选辑》（上卷），商务印书馆，1964 年，第 166 页。

③ 参见冯友兰：《中国哲学简史》第 2 版，北京大学出版社，1996 年，第 291 页。

与精神（心灵）这些人生基本关系，注重从根本上总体上认识和处理各种问题，并力求兼顾到各方面，立足于根本、着眼于总体认识和处理问题，切忌顾此失彼，抓住一点，不及其余。明智还要求人们恪守推己及人，“己所不欲，勿施于人”，时时事事处处想到别人也是人，也有与自己一样的自由、权利和追求，这一切都应该得到尊重，切忌强人所难，把自己不想要的、不想做的强加给别人。明智还要求人们践行中庸之道，为人处世要遵循中道原则，无过无不及，力求做到恰如其分，合情合理，切忌走极端，无所顾忌。正如古希腊哲学家德谟克利特所指出的：“从智慧中引申出这三种德性：很好地思想，很好地说话，很好地行动。”①

提升境界要努力培养入世出世精神。冯友兰先生在谈到中国哲学的基本精神时，认为它“既入世而又出世”。有了这种精神，它就是最理想主义的，同时又是最现实主义的；它是很实用的，但是并不肤浅。提高人生境界，就是需要中国哲学的这种精神，一方面要以积极的态度追求成功，为自己和所在集体（包括单位、国家等）谋求福利，同时又要以超然的态度对待追求的结果，适度淡化对功名利禄的占有，切忌成为物质的奴隶，成为贪欲的奴隶。既进取又超脱，既重视物质追求又重视精神超越，既关注眼前境遇又关注终极状况，这是提升境界所应努力培养的精神。

提升境界的一切努力和功夫最后都要落实在修养上。所谓修养，主要是指人们为了达到某种人生境界根据环境和主客观条件所进行的旨在提高自己的综合素质或某种素质的学习和实践活动，或者说，是人在理性指导下运用智慧进行的一种修身养性的涵育锻炼的自觉活动。修养的直接目的是提高综合素质或某种素质，而最终目的在于达到某种人生境界，它标志着人生的自觉。修养是学习和实践交融的活动，也是主客观因素相互作用的与时俱进过程。修养是人提升人生境界的必由之路。孔子曾说他所最忧虑的事情就是“德之不修，学之不能讲，闻义不能徙，不善不能改”（《论语·述而》）。《大学》中把“诚意”、“正心”、“修身”提到“齐家”、“治国”、“平天下”的高度，并断定“自天子以至于庶人，壹是皆以修身为本”，认为“其本乱而末治者否”。修养是有意识的、能动的、积极的努力，是一种不断自我设计、自我规定、自我创造，同时又自我反思、自我批判、自我超越的自我实现过程、人格完善过程。这个过程也就

---

① 《德谟克利特著作残篇》，北京大学哲学系外国哲学史教研室编译：《古希腊罗马哲学》，商务印书馆，1961年，第107页。

是一个人成为主体的过程，成为你自己的过程。成为你自己，并不是成为你现在的样子，而是成为你可能成为的样子，成为你应该成为的样子，成为你努力追求的样子。换言之，成为你自己就是成功地实现自我，达到更圆满和更高层次的人生境界，获得完善的人格。

人生境界是人生状态的综合指标，而这种综合指标是人综合素质所达到的水平。因此，人要达到更高的人生境界就需要提高综合素质。对人的综合素质人们有不同的表达，从人格构成的角度看，主要包括人的观念、知识、能力、品质等基本方面。就观念而言，存在着丰富不丰富、正确不正确、先进不先进的问题；就知识而言，存在着渊博不渊博的问题；就能力而言，存在着强弱、大小的问题；而就品质而言存在着是德性恶性以及德性是否完善的问题。修养的目的就是通过提高综合素质达到人生境界的提升，而提高综合素质是修养的直接目的。修养从总体上看就是要提高观念、知识、能力和德性的水平，但由于每个人的情况不同，所处的环境和情境不同，而且通常不可能四个方面齐头并进，因而在实际的修养活动中，人们常常从某一个方面着手，于是就有了所谓的宇宙观念（世界观）、社会观念（社会历史观）、人生观念（人生观）、价值观念（价值观）等观念方面的修养；有所谓一般知识修养、专业知识修养、理论知识修养等知识修养；有所谓智力修养、专业能力修养、技能修养等能力修养；有所谓利己德性修养、利他德性修养、利群德性修养、利境德性修养，等等。当然，当人们有了人生境界提升的自觉追求时，也有可能同时在各方面同时都注意提高自己的素质。不过，即使在这样的情况下，由于多种因素的影响，各种素质的提高一般也有先有后，不可能齐步走。

既然修养是由个别素质到全部素质、从低层次素质到高层次素质的扩展和提升过程，那么，虽然一个人没有总体上达到某一人生境界，但已经具备这种境界所需要的某种素质，在这种情况下，我们可以说某人在某方面具备了良好的修养。一个工程师在追求发展境界的过程中，特别注重提高艺术欣赏的素质并具备了这方面的素质，我们就会说他有良好的艺术修养。当然，也有这样的情形，即本来并没有提升人生境界的追求，但对某方面的知识有特殊的爱好并有一定的造诣，我们也会说他具有某方面的修养。这种造诣虽然并未通过严格意义上的修养获得，但由于客观上有利于人生境界的提升并具有修养的一些特征，因而也可以称为修养。

人的综合素质的提高主要是通过学习和实践实现的，但作为修养的学习和实践活动与其他的学习训练不同。这主要体现在它是着眼于提升人生境界来提高综合素质，或者说是为了丰富自我、提升自我、完善自我、超越自我，而不是为了功利的目的。其前提是对人生的反省和对人生价值的觉悟。一个学生在学校的学习和实践一般不认为是修养活动，因为这种活动的目的是功利性的，比如为了提高学历或为了就业，而且这种活动不是基于对人生的反省和对人生价值的觉悟产生的。相反，一个参加了工作而且工作也很出色的人还出于完善自我的需要而注重学习一些与工作并无直接关系的知识，并努力将这种知识运用于生活实践，他的这种学习和实践就属于修养。正因为如此，有学者将修养的学习实践活动看作自我“涵育锻炼”的工夫，以与其他的学习实践活动相区别。所谓自我涵育锻炼，就是自己自觉进行的涵养培育自己的综合素质，并在各种环境和情境下对这种素质进行锻造熔炼，以使之达到运用自如的炉火纯青程度。

修养不是一个单纯的主观涵育过程，而是一系列主观因素与各种客观因素相互作用的过程。参与修养过程的主观因素有观念、知识、能力、德性等个性心理特征因素以及认识、情感、意志、行为等活动，参与修养过程的客观因素有社会经济、政治、文化环境，人际关系环境、家庭环境、个人的生理状态，等等。修养是所有这些因素相互作用的结果，其中自我反思意识、自我实现意识、自我完善意识和自我超越意识等自我意识以及人的智慧因素具有关键性的作用。自我意识越强、越有智慧的人越会注重修养，而自我意识和智慧通常也是通过修养获得的，是修养的结果。由于综合素质的形成非一日之功，而且修养过程中的主观因素和客观因素是变动的，因而修养是一个无止境的过程，即使一个人达到了某种较高的境界也还需要不断的修养来维护，更不用说追求更高的境界。因此，人生修养不仅不能停滞下来，而且还得与时俱进。

修养是一个艰苦、长期的过程，那么，人为什么要走这条漫长、艰辛的修养之路呢？这是因为只有通过修养，人的综合素质才能得到不断提高，人的境界才能得到不断提升。这里的关键问题是人为什么要不断通过提高综合素质来提升自己的人生境界。人类在漫长的进化过程中积淀了许多动物和其他事物所不具有的规定性，这些规定性集中体现为人性。然而，人性与本能不同，它并不是人一出生就现实地存在，而是以潜在的形式存在的，需要开发才能变成现实的人性，变成人的现实规定性。提高综合素质说到底就是开发人性的潜能，而修养则是在人的潜能已经有所开发的基础上进一步开发潜能，在已经获得的综合素质的基础上进一步提高综合素质，使人性更充分的体现出来，使人格趋于完善。就现代社会而言，人的修养的主要任务就是发展。所谓发展就是开发，就是进一步开发人的潜能，使潜能更充分地变为现实。人是群体性、社会性动物，在人性中有人类的类性，即哲学家们经常说的“类本质”。这种人类的类性较之人类的个性需要更充分、更深入的开发才能获得。这种开发是一个更艰难的过程，需要人的高度自我意识和人性自觉，需要通过修养的途径来开发。这种开发就是修养。从这个意义上看，人要充分而深入地实现人性的潜能，还不能停留于通过修养达到发展境界，还需要进一步通过修养超越个人的个性，达到人类的类性，即达到人生超越境界。当然，超越境界并不是对发展境界和生存境界的否定，而是包含它们在其中的，是前面较低层次境界的升华。当一个人将人性全面而深刻地开发出来并展现出来时，他就达到了最完善的自我实现，就成就了完善的人格。一个人的人生会由于最完善地实现了人性，达到了人格完善，而是最圆满的，最具有价值的，也最值得度过。

参考文献

1. 中共中央文件、中央领导著作和讲话

《邓小平文选》第二卷，人民出版社，1994年第2版。

《邓小平文选》第三卷，人民出版社，1993年。

江泽民:《全面建设小康社会，开创中国特色社会主义事业新局面——在中国共产党第十六次全国代表大会上的报告》(2002年)。

江泽民:《在庆祝中国共产党诞生八十周年大会上的讲话》,《人民日报》2001年7月1日。

胡锦涛:《高举中国特色社会主义伟大旗帜　为夺取全面建设小康社会新胜利而奋斗——在中国共产党第十七次全国代表大会上的报告》(2007年)。

胡锦涛:《坚定不移走中国特色社会主义道路　夺取中国特色社会主义新胜利——在中国共产党第十八次全国代表大会上的报告》(2012年)。

习近平:《迈向命运共同体 开创亚洲新未来——在博鳌亚洲论坛2015年年会上的主旨演讲》,《人民日报海外版》2015年3月30日第2版。

《习近平在纪念孔子诞辰2565周年国际学术研讨会暨国际儒学联合会第五届会员大会开幕会上的讲话》,《人民日报》2014年9月25日第2版。

习近平:《青年要自觉践行社会主义核心价值观——在北京大学师生座谈会上的讲话》,《人民日报》2014年5月5日第2版。

习近平:《在第十二届全国人民代表大会第一次会议上的讲话》,《人民日报》2013年3月18日第1版。

云杉:《文化自觉、文化自信、文化自强》,《红旗文稿》2010年第15、16、17期。

《中共中央关于全面推进依法治国若干重大问题的决定》，2014年10月28日新华社。《关于培育和践行社会主义核心价值观的意见》,《人民日报》2013年12月24日第1版。

《中共中央关于全面深化改革若干重大问题的决定》，2013年11月15日新华社。

《中共中央关于构建社会主义和谐社会若干重大问题的决定》,《人民日报》2006年10月19日第1版。

2. 英文著作（以作者姓氏字母为序）

Hooft Stan van. Understanding Virtue Ethics. Acumen Publishing Limited，2006.

Kekes John. Moral Wisdom and Good Lives. Ithaca and London：Cornell University Press，1995.

Runkle G. Theory and Practice：An Introduction to Philosophy. New York：CBS College Publishing，1985.

Sherman Nancy. The Fabric of Character：Aristotle’s Theory of Virtue. Oxford：Clarendon Press，1989.

Slote Michael. Moral from Motives. Oxford：Oxford University Press，2001.

Swanton Christine. Virtue Ethics：A Pluralistic View. New York：Oxford University Press，2003.

3. 中文译著（以作者国别为序）

[德]马克思、恩格斯:《共产党宣言》，中共中央编译局编译:《马克思恩格斯文集》2，人民出版社，2009年。

[德]霍克海默、阿道尔诺:《启蒙辩证法：哲学片断》，渠敬东、曹卫东译，世纪出版集团/上海人民出版社，2006年。

[法]卢梭:《社会契约论》，商务印书馆，1982年。

[古希腊]亚里士多德:《尼各马科伦理学》，参见苗力田主编:《亚里士多德全集》(第八卷)，中国人民大学出版社，1992年。

[古希腊]亚里士多德:《政治学》，吴寿彭译，商务印书馆，1965年。

[荷]斯宾诺莎:《伦理学》，贺麟译，商务印书馆，1958年。

[美]阿伦特:《极权主义的起源》，林骧华译，生活·读书·新知三联书店，2008年。

[美]博登海默:《法理学——法哲学及其方法》，华夏出版社，1987年。

[美]大卫·格里芬:《后现代科学》，中央编译出版社，1995年。

[美]戴维·迈尔斯:《心理学》(第7版)，黄希庭等译，人民邮电出版社，2007年。

[美]马尔库塞:《单向度的人：发达工业社会意识形态研究》，刘继译，世纪出版集团/上海译文出版社，2008年。

[美]马塞多:《自由主义美德》，马万利译，译林出版社，2010。

[美]马斯洛:《动机与人格》，华夏出版社，1987年。

[美]内尔·诺丁斯:《幸福与教育》，龙新宝译，教育科学出版社，2009年。

[美]庞德:《通过法律的社会控制》，沈宗灵译，楼邦彦校，商务印书馆，1984年。

[美]塞缪尔·亨廷顿:《文明的冲突与世界秩序的重建》第3版，周琪等译，新华出版社，2002年。

[美]桑德尔:《金钱不能买什么——金钱与公正的正面交锋》，邓正来译，中信出版社，2012年。

[美]约翰·J. 麦休尼斯:《社会学》，风笑天等译，中国人民大学出版社，2009年。

[英]哈耶克:《自由秩序原理》上，邓正来译，生活·读书·新知三联书店，1997年。

4. 中文著作（以作者姓氏拼音为序）

北京大学外国哲学史教研室:《古希腊罗马哲学》，商务印书馆，1961年。
陈真:《当代西方规范伦理学》，南京师范大学出版社，2006年。
戴茂堂、周海春、江畅等:《我国主流价值文化及其构建调查》，人民出版社 2014年。
冯平:《现代西方价值哲学经典》，北京师范大学出版社，2009年。
冯天瑜、何晓明、周积明:《中华文化史》，上海人民出版社，1990年。
冯友兰:《中国哲学简史》第2版，北京大学出版社，1996年。
高觉敷:《西方近代心理学史》，人民教育出版社，1982年。
龚群:《当代中国社会价值观调查研究》，北京师范大学出版社，2012年。
韩震:《社会主义核心价值观凝练研究》，北京师范大学出版社，2012年。
江畅、戴茂堂、周海春等:《我国主流价值文化及其构建研究》，人民出版社，2013年。
江畅、戴茂堂:《西方价值观念与当代中国》，湖北人民出版社，1997年。
江畅、周鸿雁:《幸福与优雅》，人民出版社，2006年。
江畅:《比照与融通——当代中西价值哲学比较研究》（主编），湖北人民出版社，2010年。
江畅:《德性论》，人民出版社，2011年。
江畅:《教育考试公正论》，湖北人民出版社，2007年。
江畅:《理论伦理学》，湖北人民出版社，2000年。
江畅:《论价值观与价值文化》，科学出版社，2014年。
江畅:《社会主义核心价值理念研究》，北京师范大学出版社，2012年。
江畅:《现代西方价值理论研究》，陕西师范大学出版社，1992年。
江畅:《现代西方价值哲学》（主编），湖北人民出版社，2003年。
江畅:《幸福与和谐》，人民出版社，2005年。
江畅:《自主与和谐——莱布尼茨形而上学研究》，武汉大学出版社，1995年。
李德顺、孙伟平:《道德价值论》，云南人民出版社，2005年。
李德顺:《价值论》（第2版），中国人民大学，2007年。
罗国杰:《道德建设论》，湖南人民出版社，1997年。
罗国杰:《伦理学》，人民出版社，1989年。
彭聃龄:《普通心理学》，北京师范大学出版社，2004年。
彭富春:《论中国的智慧》，人民出版社，2010年。
孙伟平:《价值差异与社会和谐——全球化与东亚价值观》，湖南师范大学出版社，2008年。

孙伟平:《事实与价值》，中国社会科学出版社，2000 年。
陶德麟、何萍:《马克思主义哲学中国化的理论与历史研究》，北京师范大学出版社，2011 年。
万俊人:《现代性的伦理话语》，黑龙江人民出版社，2002 年。
万俊人:《寻求普世伦理》，北京大学出版社，2009 年。
万俊人:《20 世纪西方伦理学经典》(Ⅰ)(伦理学基础：原理与论理)，中国人民大学出版社，2004 年。
王海明:《新伦理学》，商务印书馆，2001 年。
王玉樑:《价值哲学》，陕西人民出版社，1989 年。
王玉樑:《价值哲学新探》，陕西人民教育出版社，1993 年。
谢立中、孙立平主编:《二十世纪西方现代化理论文选》，上海三联书店，2002 年。
尹汉宁:《社会主义历程与中国道路》，中国和平出版社，2013 年。
余纪元:《德性之镜：孔子与亚里士多德的伦理学》，林航译，中国人民大学出版社，2009 年。
张岱年:《中国哲学大纲》，中国社会科学出版社，1982 年。
周辅成:《西方伦理学名著选辑》(上卷)，商务印书馆，1964 年。
周辅成:《西方伦理学名著选辑》(下卷)，商务印书馆，1987 年。

人名术语索引

丛书编后记

1994年，为振兴和发展湖北大学的哲学事业，我们两个人（江畅、戴茂堂）分别从湖北大学政治教育系和《湖北大学学报》编辑部调到湖北大学哲学研究所，当时我们信心满满地想建立中国哲学的“沙湖学派”。从那时到今天，已经整整20年了。20年来，沙湖学派从小到大，从弱到强——从当时的几位老师和几位学生，到今天的几十位老师和几百位毕业生和在校生；从没有一个学位点，到今天拥有本科、硕士、博士学位点，以及博士后流动站；从没有任何重点学科到今天具有省级一级哲学重点学科；从当时单二级学科的西方哲学或伦理学研究到今天的作为一级学科的哲学研究，以及更广范围的文化研究，搭建起了湖北大学基础文科的文化发展研究平台。我们正在组织出版五本集刊（《德国哲学》、《价值论与伦理学研究》、《文化发展论丛》（中国卷、世界卷、湖北卷）和三本蓝皮书（《文化建设蓝皮书：中国文化发展报告》、《世界文化蓝皮书》、《湖北文化蓝皮书》）；正在组织有关中国、世界、湖北文化发展的学术论坛。今天，沙湖学派已经成为中国哲学和文化研究的一支重要力量。我们希望本丛书能以更突出的个性特色为沙湖学派的发展壮大、为我国哲学与文化的繁荣昌盛做出一份贡献！

在2000年开始出版的“价值论与伦理学丛书”的总序中，我们第一次明确宣告了沙湖学派的宗旨，即：“以关注和研究人类（特别是中国）价值与道德问题为宗旨，以个体自主和整体和谐为旗帜，以重反思、重批判、重对话为指针，以出思想、出观点、出理论为使命，力求在哲学和伦理学上有所突破，有所创新，形成独树一帜的‘沙湖学派’，以成为哲学百花园中的一簇充满生机和活力的鲜花。”我们还阐明了出版丛书的基本思路，即：“从广义上理解伦理学，把道德问题作为其中的一部分并放到更广泛的价值问题中去审视和探讨，使伦理学与价值论沟通、统一起来。从哲学的高度研究伦理学，使伦理学成为幸福哲学、价值哲学、人生哲学，成为能为社会和个人观念构建、反思、更新提供一般价值原则和基本行为准则的真正意义的哲学”；“立足中国当代现实，着眼人类未来发展，借鉴现代世界文明，弘扬中国传统文化。不拘一格，广泛吸纳人类已有的一切有价值的思想理论成果，在批判、选择、综合的基础上创新，构建一种理论与应用内在一致的，具有兼容性、开放性、创新性的动态伦理学体系”。在2002年创办的《价值论与伦理学论丛》(后改名为《价值论与伦理学研究》)的发刊词中，我们又强调了这些沙湖学派的基本观念。

上述观念仍然是本丛书的基本观念，我们还会将这些观念进一步运用于文化问题的研究。文化问题的核心是价值问题，价值问题的难题是道德问题。我们将着眼于文化问题研究道德和价值问题，以解决道德问题为突破口破解价值问题和文化问题，以价值问题的研究加强道德问题与文化问题之间的关联，使道德问题、价值问题与文化问题贯通起来，融为一体。我们希望通过我们持续不解的学术探索为我国主流价值观和主流价值体系构建提供理论支持和智库服务。

江　畅
（湖北大学高等人文研究院院长、教育部“长江学者”特聘教授）
戴茂堂
（湖北大学哲学学院院长）
2014年10月